베단따의 힘

왜 인도를 대표하는 사상은 베단따인가?

KB143471

베단따의 힘

왜 인도를 대표하는 사상은 베단따인가?

박효엽 저

모든 인도철학은 연결망 속에서 존재한다. 모든 사유는 연결되어 있다. 베단따는 그 연결망의 중심에 있다. 위치의 견지에서도 중심이다. 중요도의 견지에서도 중심이다. 연결망에서는 하나의 사유가 지배하지 않는다. 연결된 채로 공생공존한다. 연결망에서는 단지 전형이 존재한다. 전형이란 공통성과 고유성을 균형 있게 갖추고 있는 본보기이다. 베단따가 바로 그 전형이다. 사유의 연결망에서 가장 전형적인 사유이다. 이 전형성으로 말미암아 베단따는 인도철학을 대표한다.

씨
아이
알

이 저서는 2016년 정부(교육부)의 재원으로 한국연구재단의 지원을 받아 수행된 연구임
(NRF-2016S1A6A4A01019116)

훗날의

그 파란에게

이 책은 학술적인 내용을 교양의 견지에서 서술하는 '학술교양서'이다. 우선 이 책에서는 전문 분야로는 매우 생경한 인도의 베단따 사상을 꽤 상세하게 다룬다. 베단따의 핵심 사상을 심도 있게 전할뿐더러 그와 관련된 심각한 논쟁을 소개하기도 한다. 다만 그러한 내용을 쉽게 이해할 수 있도록 주제마다 단계적으로 접근하고 또 되도록 알기 쉬운 용어나 표현을 사용한다. 특히 몇몇 핵심 개념을 산스끄리뜨 원어로 쓰는 것을 제외하고는 그 뜻을 짐작하기 어려운 말은 거의 쓰지 않는다. 또한 전문적인 내용과는 별도로 인도 사상과 힌두교 사상에 관해 교양적인 내용도 상당 부분 포함시킨다. 물론 학술교양서일 수밖에 없는 불가피한 이유도 있다. 인도 사상이나 힌두교 사상에 관해서라면 어떤 화제를 꺼내든지 간에 쉬운 이야기부터 어려운 이야기까지 한꺼번에 다 해야 하는 어려운 사정이 있는 것이다. 하나를 설명하기 위해서는 배경지식이 되는 다른 하나를 불러와야 하고, 그렇게 불러온 것마저 처음부터 꼼꼼하게 다시 설명해야 한다. 게다가 너무 어렵기만 하면 이해 불가능한 것으로 오인되고, 너무 쉽기만 하면 깊이가 없는 것으로 폄하된다. 이러한 점에서 이 책이 학술교양서라는 것은 오랜 타협의 결과일지도 모르겠다.

그러다 보니, 이 책은 베단따 사상의 '개론서'인 동시에 '전문서'이다. 실제로 이 책에서는 개론서에 어울리는 내용과 전문서에 어울리는 내용이 꽤 적절하게 배분되어 있다. 더 나아가 이 책은 저자의 베단따 공부를 담은 '수양서'이기도 하다. 20여 년간 베단따 사상을 붙들고 있으면서 저자가 얻은 여러 통찰과 체험이 이 책에 고스란히 녹아 있다. 마지막으로, 이 책은 베단따 사상을 넘어 인도 사상 또는 힌두교 사상의 '안내서'이다. 인도와 힌두교의 전형적인 사상인 베단따를 기술하는 것은 자연스럽게 인도 사상과 힌두교 사상을 소묘하는 것으로 이어질 수밖에 없다.

이 책의 제목인 '베단따의 힘'은 '베단따학파가 자체적으로 가진 사상적 힘'을 뜻한다. 베단따는 그 자체의 어떤 힘을 통해 인도를 대표하는 사상이 될 수 있었을까? 베단따의 사상적 힘은 수천 년 동안 인도적인 사유와 수행에 어떤 흔적을 남겼을까? 베단따의 힘을 아는 것은 바로 이러한 질문에 대답하는 방식을 통해 가능할 것이다. 이로부터 이 책은 대체로 베단따의 사상적 가치 혹은 사상사적 가치를 조명하는 데 집중한다. 우빠니샤드부터 시작되어 현대까지 전해져온 베단따 사상을 단일한 이론체계와 실천체계로 간주하면서 그 힘의 정체를 파악하고 그 힘의 영향을 추적한다. 역사학적 접근, 사회문화사적 접근은 최소한도 내에서 이루어질 것이다. 결국 이 책의 목적은 베단따 사상의 다채로운 면모를 인도의 대표적인 사상이라는 관점에서 제시하고, 이를 통해 인도적 사유의 전형과 인도인의 원형적 사고방식을 확인하고, 그러한 베단따 전통의 힘이 오늘날 어떻게 계승될 수 있는지 그 가능성을 탐색하는 데 있다.

이 책은 15개의 '장'으로 이루어져 있다. 대학에서 15주나 16주에 걸쳐 '베단따 철학'을 주제별로 강의한 원고가 그 기초자료이기 때문이다. 서론에 해당하는 1장은 베단따 사상을 총괄적으로 소개한 것이고, 2장은 베단따 사상의 역사를 압축적으로 정리한 것이다. 본론에 해당하는 것은 3장부터 13장까지 11개의 장이다. 본론에서는 저자가 생각하기에 가장 순차적이고 체계적인 방식으로 베단따 사상의 11가지 주제를 다룬다. 14장은 베단따 사상과 다른 사상들의 상호작용을 개진한 것이고, 결론에 해당하는 15장은 베단따 사상의 의의, 한계, 전망 등을 종합해서 제시한 것이다.

문체와 관련하여 이 책에서는 전략적으로 짧은 문장을 대부분 사용하고 구어 투의 문장을 꽤 자주 구사한다. 다소 부담스러울 수 있을 정도로 그러한 문장들이 끝없이 이어지는데, 생소한 인도 사상을 리듬감 있게 펼치는 것이 더 잘 전달할 수 있는 방법이라고 생각하기 때문이다. 짧은 구어투의 문장이 난해한 내용을 좀 더 쉽고 명료하게 서술할 수 있다는 점도 그러한 생각에 한몫했을 것이다. 더군다나 짧은 문장의 연쇄가 호기심을 자극하고 긴장을 유지시키기에 적합하므로 독자에게 마치 낯선 세계를 여행하는 것처럼 인도 사상을 탐구하는 듯한 느낌을 줄 수 있을지도 모르겠다. 다만 예외적으로 베단따의 원전들로부터 가져온 인용문은 긴 원문 그대로 번역해서 싣는다. 짧은 문장의 연쇄가 주는 피로감이 긴 인용문에서 조금이나마 완화되었으면 하는 바람이다.

한 가지 미리 변명하고 싶은 것도 있다. 이미 했던 말을 또 하거나 이미 했던 설명을 또 하는, 일종의 '중언부언'에 대해서이다. 중언부언이 퍽 눈에 띄는 것은 베단따 사상을 주제별로 묶은 뒤에 그 주제를 잘 전달하기 위해 가능한 모든 지식과 정보를 총동원하기 때문이다. 어떤 주제 아래 짧게 언급한 것을 뒤의 다른 주제 아래 본격적으로 언급하는 경우는 양호한 편이다. 다소 지루할 정도로 반복적인 언급이 계속되는 경우도 있다. 예를 들어 베단따 사상의 핵심을 몇 문장들로 간단하게 정리한 것은 책의 곳곳에서 시시때때로 등장한다. 다양한 각도에서 최선을 다해 설명하려고 애쓴 자취라고 곱게 봐주었으면 하는 바람이다.

이 책에서 저자가 스스로 경계하고자 하는 점도 몇 가지 말할 필요가 있을 듯하다. 먼저, 베단따가 누구에게나 전적으로 매력적인 사상이어야 한다고 결코 생각하지 않는다는 점이다. 모든 사람과 모든 영역에 걸쳐 힘을 발휘할 수 있는 진리란 없기에 베단따는 단지 어느 누구의 삶에서 특정한 영역과 관계하여 크거나 작은 울림을 줄 수 있을 뿐이다. 그나마 이 책에서는 오늘날 소수에게나마 울림을 줄 수 있을 만한 주제를 중심으로 베단따 사상을 선별적으로 보여준다. 다르게 말해, 베단따 사상의 전모를 다 다루지는 못한 점이 이 책의 한계이다. 또 다른 한 가지는, 이 책에서 그러한 것처럼 베단따 사상을 단순화해서 이해하는 것을 극도로 조심해야 한다는 점이다. 베단따 학파가 천년 이상 지속되면서 셀 수 없이 많은 학자와 문헌을 낳은 이상 그 방대한 학파의 사상을 단순화하는 것은 꽤 위험한 일일 수 있다. 물론 어떤 가르침에 대해서는 그러한 단순화가 가능할 수도 있지만, 그 경우마저 그 가르침에 대해 다양한 해석이 존재한다는 것을 간과해서는 안 된다. 마지막으로 이 책에서 제시된 것은 베단따 사상에 대한 주류 해석이 아닐 수도 있다는 점이다. 저자의 인생관과 저자의 편견과 저자의 선택이 개입된 또 하나의 베단따로서 '나의 베단따'가 제시된 셈이다.

이 책은 저자가 20여 년간 공부한 베단따를 총 정리한 결과물이다. 저자가 베단따를 공부한 시간은 그야말로 베단따를 혼자 배우는 시간이었다. 베단따 철학에 관해 수십 편의 연구논문을 썼지만 빈궁한 습작에 지나지 않고, 베단따 원전을 오랫동안 번역하여 두꺼운 역서를 펴냈지만 미비한 졸작에 지나지 않는다. 공부한 시간은 늘 당당하지만 그 결과물은 늘 초라하다. 이렇게 또 하나의 저서를 출간하는 것은 '나의 베단따'를 온전히 그려냄으로써 공부의 한 단계를 마무리하고 또 어떤 공백의 시간을 거쳐 새로운 공부를 시작하고자 하는 속내일지도 모르겠다. 그저 이 생애에서 나 자신에게 부끄럽지 않은 작업으로 남기를 넌지시 소망해본다. 그리고 '나의 베단따'가 잔잔히 어느 영혼의 끝자락에 닿아 또 다른 '나의 베단따'를 낳는 작은 힘이 되기를 소박하게 기원해본다.

2019년 여름
박효엽 합장

| 일러두기 |

1. 산스끄리뜨로 쓰인 베단따 원전들에 대한 한글 번역은 예외 없이 저자가 직접 옮긴 것이다. 단, 『브라흐마 수뜨라 주석』과 『베단따 사라』(번역서 우리말 제목은 『베단따의 정수』)의 경우는 저자가 번역한 출간물의 번역문을 거의 그대로 가져온다.

2. 우빠니샤드에 대한 번역은 대체로 샹까라의 주석에 근거한다. 이 책의 목적이 베단따 사상을 드러내는 데 있는 이상 우빠니샤드를 베단따에서 이해하는 방식으로 읽을 필요가 있기 때문이다.

3. 산스끄리뜨 낱말의 한글 표기는 저자가 세운 특정한 기준을 따른다. 저자의 기준은 대체로 북인도가 아닌 남인도 현지의 발음에 가깝다고 할 수 있다.

4. 이 책에서 대체로 '인도'는 힌두교의 나라로 간주되고 '인도인'은 힌두교도로 한정된다. 이 책이 힌두교의 정통철학을 다루기 때문에 불가피하게 다소 편향된 의미로 이러한 말들을 사용한다. '인도'가 이슬람교 등의 나라이기도 하고 '인도인'에 무슬림 등이 포함된다는 것을 저자는 누구보다도 잘 의식하고 있다.

5. 인용한 베단따 원전들의 장절 번호는 판본에 따라 상이한 경우가 있다. 상이한 판본이 있는 경우에 이 글에서 사용한 판본은 책 뒷부분의 참고문헌에서 제시한다. 그리고 본문에서 베단따 원전을 인용한 경우는 책의 가독성을 높이려는 의도에서 그 제목과 장절 번호를 '〈 〉' 안에 함께 기입한다(예: 〈브리하다란야까 우빠니샤드 1.4.1-2〉).

6. 이 책에서 저자 자신의 생각이 아닌 부분은 각주를 통해 출처를 명시함으로써 이차 자료에 의존하고 있다는 것을 밝힌다. 다만, 저자 자신(박효엽)이 쓴 수십 편의 논문은 특별히 출처를 표시하지 않고 그 주요 내용을 가져온다.

| 목차 |

12. 죽음을 두려워하지 않기

13. 지금 여기의 생생한 깨우침

14. 베단따와 함께 성장한 다른 전통들

15.   인도의 힘 베단따의 힘

1.
힌두교의 정수 베단따 사상

1.
힌두교의 정수 베단따 사상

베단따, 자기초극의 서사시

인간은 홀로 있을 때 더 두려울까? 아니면 관계 속에 있을 때 더 두려울까? 이 질문에 대해 베단따Vedānta[1]는 대답한다. 홀로 있을 때는 두려울리가 없다. 두려움이란 '무엇무엇'에 대한 두려움이지 않는가. 마치 폭력적인 어떤 사람에 대한 두려움과 같다. 또는 미지의 죽음에 대한 두려움과 같다. 온전하게 홀로 있을 때는 관계 자체가 없다. 관계를 맺고 있는 것이 아무

---

1 '베단따'라는 말에는 여러 의미가 있다. 여기서는 '아드바이따(비이원론적) 베단따'라는 하나의 철학 학파만을 가리키고자 한다. 우빠니샤드를 계승한 이 학파는 8세기경 '샹까라'라는 철학자에 의해 체계화되고, 최고의 원리인 브라흐만과 참된 자아인 아뜨만을 동일시하는 '범아일여'의 가르침을 그 핵심으로 삼는다.

것도 없다. 온 세상에 그 '무엇'도 없이 홀로 존재한다. 과연 무엇을 두려워할 것이란 말인가.

　　인도철학은 홀로 존재함을 찬양한다. 우주적 차원에서 그렇게 한다. 스케일이 아주 크다. 자주 그러하듯이 인도철학은 당면한 문제에 우주적 스케일로 접근한다. 가장 오래된 우빠니샤드Upaniṣad[2]에서 그 실례를 확인할 수 있다. 홀로 존재함을 직접 체험한 성자들의 찬양이다. 웅대한 고백이다.

> 태초에 이것(우주)은 뿌루샤(사람)의 모양새인 아뜨만(참된 나) 그
> 자체였다. … 그는 두려워했다. 그래서 혼자인 자는 두려워한다. 실
> 로 이러한 그는 마음으로 바라보다. '만약 나 이외에 다른 것이 없
> 다면, 과연 무엇 때문에 내가 두려워해야 하는가!' 바로 이로부터 그
> 의 두려움이 사라졌는데, 그가 무엇 때문에 두려워했겠는가? 두려움
> 이란 실로 제2자(다른 것)로부터 생긴다.<브리하다란야까 우빠니샤
> 드 1.4.1-2>

　　태초에 소위 '우주적인 자아'가 존재했다고 한다. 그 자아는 신(神)이라고 해도 좋다. 홀로 존재하던 그는 갑자기 두려워하기 시작한다. 사람이 대개 혼자라서 두려워하는 것처럼 말이다. 아무래도 그에게는 굉장히 낯선 경험일 터이다. 불편하다. 이 상황을 타개해야 한다. 그는 곰곰이 생각한

2　우빠니샤드는 인류 역사상 가장 오래된 철학적 문헌이다. 매우 많은 수의 우빠니
　샤드들이 존재한다. 여기서는 대략 기원전에 쓰인 '초기(고전) 우빠니샤드'만을
　지칭한다. '초기 우빠니샤드'라고 불리는 우빠니샤드는 대략 15개 전후이다. 가장
　오래된 우빠니샤드는 기원전 700년경에 쓰였다고 한다.

다. 오직 나만 존재하는데, 도대체 내가 무엇을 두려워한다는 말인가. 그러자 두려움이 곧장 사라졌다고 한다. 두려움이란 한갓 다른 것과의 관계 속에서만 생기기 때문이다. 관계가 존재하지 않으면 두려움도 존재하지 않기 때문이다.

홀로 존재함을 전문적으로 '독존'(獨存)kaivalya이라고 부른다. 몇몇 인도철학 학파들이 이 독존을 중요시한다. 인간의 가장 이상적인 상태로 간주한다. 이 입장에서는 타자와 대면하는 것을 고통으로 본다. 타자와 분리되는 것을 환희로 본다. 특이하다. 상식적으로 고개를 갸우뚱거릴 만한 입장이다. 타자를 중요시하는 현대 서구적 사유의 흐름과도 들어맞지 않는입장이다.

그런데 홀로 존재함이라는 것은 베단따의 관점에서 이해해야 한다. 일반적인 관점이 아니라 자기초극의 관점에서 그래야 한다. 자기초극이다. 베단따는 마치 '자기초극의 서사시'와 같다. 현재의 자기를 뛰어넘는구도(求道)의 여정을 제시한다. 결코 골방 속에 갇혀 은둔형 외톨이로 살라고 가르치지 않는다. 관계를 끊은 채 홀로 고독하게 살라는 것이 아니다. 외롭게 살라는 것이 아니다. 가장 이상적인 상태는 고독의 상태가 아니라 절대고독의 상태이다. 자기초극을 통해 그 절대고독에 자발적으로 도달하라고 가르친다. 절대고독에는 상대성이 없다. 상대가 없기 때문에 비교할거리조차 없다. 비교가 없기 때문에 외로움 따위의 감정이 있을 리도 없다. 그 상태에서는 모든 상대성으로부터 해방되어 온전한 자유를 누린다고한다. 자유자재이다. 이처럼 홀로 존재함은 특별한 상태인 것이다.

자기초극이란 인간이 가지고 있는 현재의 잣대를 바꾸는 것이기도 하다. 인간은 인간만의 잣대를 가지고 있다. 여러 잣대들 가운데 하나에 불과하다. 다른 수많은 존재들은 각각의 다른 잣대를 가지고 있다. 인간은 수많은 존재들 가운데 딱 중간에 위치하는 존재이다. 인간 위에 더 우월한 존재들이 수두룩하다. 인간 아래에 더 열등한 존재들이 수두룩하다.

> 인간에서 시작하여 풀무더기로 끝나는 것들이 생명체라는 점에 차이가 없을지라도, [아래로 갈수록] 지식·권능 등에 대한 장애가 점점 더 증가한다고 알려진다. 마찬가지로 바로 그 인간에서 시작하여 히란야가르바로 끝나는 것들 가운데 [위로 갈수록] 지식·권능 등에 대한 현시도 점점 더 증가한다는 점이 계시서와 전승서의 교의들에서 수차례 전해짐으로써, [신들이 경험작용을 지속하지] 않는다고 말할 수는 없다.<브라흐마 수뜨라 주석 1.3.30>

인간 아래의 존재들은 잡초에 이르기까지 점점 더 많은 결점을 가진다. 인간 위의 존재들은 창조주인 히란야가르바[3]에 이르기까지 점점 더 많은 장점을 가진다. 인간을 중간에 놓은 채 모든 존재들의 서열이 매겨진다. 그런 만큼 인간은 초극을 꿈꿀 수 있다. 중간적 존재이기 때문에 더 높은 곳에 도달하고자 한다. 인도철학에서는 그것이 실제로도 충분히 가능한 일이라고 본다. 잣대를 바꾸면 된다. 인간이 스스로 한계를 가진 존재라고 생각하지 말아야 한다. 스스로 절대의 영역에 다다를 수 있다고 생각해야 한다.

----

3   히란야가르바Hiraṇyagarbha는 황금 알 또는 황금 자궁을 뜻한다. 창조주이지만 첫 번째로 태어난 존재이기 때문에 윤회를 겪는다. 창조를 담당하는 브라흐마Brahmā 신과 유의어로 쓰이는 경우가 많다.

6

잣대를 바꾼다. 그러면 홀로 존재함의 절대고독이 진정한 현실이 된다. 일상에서 느끼는 보통의 고독이 오히려 비현실적인 것으로 보인다. 일상의 고독에서는 홀로 있으면 있을수록 고독감이 심화된다. 괴로움이나 슬픔으로 이어지기도 한다. 절대고독에서는 오로지 환희심(歡喜心)만 가득하다. 관계의 무더기가 불가피하게 남아 있더라도 그 환희심에 영향을 미치지 못한다. 잣대가 바뀌었기 때문이다.

베단따는 '반(反)관계의 사유'가 아니다. '탈(脫)관계의 사유'이다. 관계를 유지할 것인가? 아니면 관계로부터 벗어날 것인가? 일상적인 인간으로 계속 살아가고자 한다면 관계만큼 중요한 것이 없다. 자기초극을 원한다면 반드시 그 관계로부터 탈피해야 한다. 베단따는 하나를 선택하라고 강요하지 않는다. 단지 자기초극도 가능하다는 점을 알려준다. 넌지시 알려준다. 일상적 삶을 부정하지 않기 때문에 관계를 부정하지는 않는다. 초극하는 삶이 더 고귀하다고 알려줄 뿐이다. 그것을 위해서라면 관계를 넘어서라고 역설할 뿐이다.

존재의 습관 버리기

인도철학은 습관의 위험성에 대한 위대한 통찰이다. 사람들은 몸과 말과 마음의 습관을 가지고 있다. 좋은 습관도 있고 나쁜 습관도 있다. 그런데 습관을 가진 사람은 자신이 그 습관을 가지고 있는지 잘 모른다. 워낙 오랫동안 천천히 형성되면서 굳어진 것이기 때문이다. 이로부터 습관은 업

(業)과 유사하다고 볼 수 있다. 과거의 업이 현재의 습관에 영향을 미친다. 현재의 습관이 미래의 업에 영향을 미친다. 충분히 그럴 듯하다. '삼업'(三業)이라고 불리는 3가지 업이 잘 알려져 있다. 그것은 신업(身業), 구업(口業), 의업(意業)[4]이다. 업은 고통으로 가득한 윤회를 야기한다. 업 때문에 다람쥐 쳇바퀴 돌듯이 윤회를 거듭한다. 대부분 인도철학은 바로 이 업의 연쇄를 끊는 것을 목적으로 한다. 한 생애의 업이 다음 생애로 이어지는 그 연쇄를 단절시키고자 한다. 결국 모든 문제의 출발점이 습관인 셈이다. 습관의 위험성을 잘 들여다보아야 한다.

가령 야채를 먹지 않고 고기만 먹으려고 하는 것은 몸의 습관이다. 시시때때로 남을 가르치려고 하는 것은 말의 습관이다. 안 좋은 일이 있을 때마다 남을 탓하는 것은 마음의 습관이다. 습관은 많고도 많다. 사람들은 이러한 습관을 마치 자신의 일부인 양 긍정하는 경향이 있다. 습관이 자신의 정체성을 이룬다고 생각한다. 인도철학은 다른 시선을 보여준다. 습관은 발각되고 또 파쇄되어야 한다. 좋은 습관이든 나쁜 습관이든 습관은 다 그래야만 한다.

습관은 일종의 병이다. 각각의 질병에는 그에 걸맞은 치료법이 있다. 습관에도 그에 걸맞은 치료법을 찾아야 한다. 인도철학은 집중한다. 수행론, 해탈론 등을 핵심으로 삼아 그러한 치료법을 제시하는 데 집중한다. 타인의 심신에 상해를 가해서는 안 된다. 거짓말을 해서는 안 된다. 음란한 생

---

4 신업은 육체적 행위가 낳는 업, 구업은 언어적 행위가 낳는 업, 의업은 심리적 행위가 낳는 업을 가리킨다.

각을 해서는 안 된다. 이러한 것들은 윤리적 치료법이다. 이 치료법을 통해서는 몸, 말, 마음의 습관을 되돌아볼 수 있다. 좌법(坐法)이나 호흡법이나 감각제어를 통해서는 몸과 마음의 습관을 바꿀 수 있다. 묵언이나 명상을 통해서는 말과 마음의 습관을 바꿀 수 있다. 신에게 집중하는 수행을 통해서는 모든 습관들을 전면적으로 조정하거나 폐기할 수 있다. 인도철학의 실천론은 그 자체로 습관에 대한 차분하고 냉철한 대응이다.

베단따는 어떠한가? 베단따는 한술 더 뜬다. 망치로 뒤통수를 친다. 일종의 충격요법이다. 몸과 말과 마음의 습관을 이야기하는 것에서 한층 더 나아간다. 존재의 습관을 이야기한다. 존재의 습관을 버리기만 하면 다른 습관들은 자연스럽게 해소된다고 가르친다.

타성은 쉬이 타락에 가까워지곤 한다. 그래서 몸의 습관을 버리라고 한다. 말의 습관을 버리라고 한다. 마음의 습관을 버리라고 한다. "얼마나 많은 생애에서, 몸과 마음과 말을 통해 고통스럽고 힘든 일을 행하지 않았던가! 그러니 오늘만이라도 멈추어야 하리라."<아슈따바끄라 상히따 10.8> 그렇게 멈추지 못하면 타성의 노예가 된다. 윤회의 수인(囚人)이 된다. 베단따는 믿는다. 타성들 가운데 가장 강력한 것이 존재하는 방식에 대한 잘못된 믿음이라고 믿는다. 오직 눈에 보이는 것들을 전부라고 여기는 믿음이다. 바로 이 믿음이 존재의 습관이다. 이 믿음을 버리지 못하면 결코 타성으로부터 자유로워지지 못한다. 윤회로부터 자유로워지지 못한다. 그런데 버릴 수 있다. 누구든 앉아서 다리를 떠는 습관을 버릴 수 있다. 그렇다면 존재하는 방식에 대한 습관을 왜 못 버리겠는가.

베단따에서는 신성(神性)을 이야기한다. 인간의 신성이 잘못된 믿음 때문에 가려져 있다고 본다. 잘못된 존재의 습관을 바꾸면 신성을 되찾을 수 있다고 본다. 무지무능한 존재에서 전지전능한 존재가 될 수 있다는 것이다. 이를 테면 다음과 같이 생각을 바꾸어야 한다. "나는 마치 대양(大洋)과 같고, 저 우주는 마치 파도와 같다."<아슈따바끄라 상히따 6.2> 보통은 거대한 우주가 대양이고 미약한 인간이 파도라고 생각하기 마련이다. 하지만 그 반대이다. 알고 보면, 인간이 대양이고 우주가 파도이다. 인간이 곧 신이고, 우주는 그 신의 작은 파동에 불과하다.

존재의 습관을 바꾸면 윤회에 대한 생각도 바뀐다. 나 자신이 곧 신인데 어찌 윤회를 겪을 것인가. "예컨대 배에 탄 자에게 [움직이지 않는 강변의] 나무들이 [움직이는 것처럼 보이듯이], 그와 마찬가지로 [윤회하는 자에게는 윤회하지 않는 아뜨만이] 윤회한다는 착각이 [생긴다]."<우빠데샤 사하스리(운문) 5.2> 이 비유는 움직이는 것과 움직이지 않는 것에 관해서이다. 윤회는 하나의 생애에서 다른 생애로 '움직이는 것'이다. 반면에 '아뜨만'Ātman(참된 자아)이라고 불리는 것은 나무처럼 '움직이지 않는 것'이다. 결코 윤회하지 않는 것이다. 나무는 본래 움직이지 않는 것인데 움직이는 것처럼 보였을 뿐이다. 결국 자기 자신은 움직이는 존재가 아니라 움직이지 않는 존재라고 발상을 바꾸어야 한다. 윤회하는 존재가 아니라 아뜨만과 같은 존재라고 생각해야 한다. 아뜨만이라는 것은 신과 다를 바가 없는 것이다. 인간에 내재된 신적 요소인 것이다.

존재의 습관을 바꾸면 홀로 존재함에 이른다. 홀로 존재한다는 것은 곧 아뜨만으로 존재한다는 것이다. 잘못된 습관을 내던짐으로써 모든 관계의 망들이 허상이라는 것을 알 수 있다. 헛치레인 관계 자체를 넘어설 수 있다. 관계의 바깥에 있고 관계의 영향을 받지 않는 무언가에 이를 수 있다. 종착지는 아뜨만의 독존이다.

참된 자아를 찾아가는 여정

　베단따는 아뜨만을 위한 사상이다. 베단따를 베단따이게끔 하는 것은 '아뜨만'이라는 말이다. 베단따의 가르침은 제자가 '나는 누구입니까?'ko'ham라고 질문함으로써 시작된다. 그 질문에 스승이 '너는 그것이다'tat tvam asi라고 대답함으로써 끝난다. '너는 그것이다'라는 문장은 '너 자신은 아뜨만이다'라는 뜻이다. 이 외의 가르침은 사족이다. 따라서 베단따를 공부하는 과정은 '아뜨만'이라는 말을 이해해나가는 과정과 거의 다르지 않다. 베단따는 아뜨만에 의거하는 인간학이자 구원론이다.

　'아뜨만'에 반대되는 것은 '아뜨만이 아닌 것'anātman이다. 가짜 아뜨만이다. '진짜 자기'에 반대되는 것이 '가짜 자기'인 것과 같다. 이 둘을 분별viveka하는 것이 베단따의 최대 과제이다. 분별할 줄 모르고 혼동하는 상태에 빠져 있는 것은 속박bandha이다. "아뜨만이 아닌 것에 대해 '나'라고 생각하는 경우에 그 사람은 속박을 가진다. 그 [생각은] 무지로부터 나온다. 그 [생각은] 태어남, 죽음, 번뇌에 빠지는 원인이다."<비베까 쭈다마니 139> 그 반대로 분별할 줄 아는 것이 자유이자 해탈mokṣa이다. 해탈은 누구나가 인정할 수밖에 없는 지고선(至高善)이다. 이 지고선은 가짜 자기로부터 진짜 자기를 구별해내는 방식으로 도달된다. 아뜨만이 아닌 것으로부터 아뜨만을 분별해내는 방식으로 가능하다.

분별이란 하나로부터 다른 하나를 분리하는 것을 가리킨다. 베단따는 분리의 방법론이다. 합일의 방법론이 아니다. 아뜨만이 아닌 것으로부터 아뜨만을 분리하는 방법론이다. '너'로부터 '나'를 분리할 수 있는 안목을 가지기 위한 도정이다. '너'와 '나'는 각각 비(非)실재와 실재Reality로서 어둠과 빛처럼 섞일 수 없다. 둘 사이에는 건널 수 없는 강이 놓여 있다. '너'와 '나'를 뒤섞지 않고 분리할 줄 아는 안목이 필요하다. 그 분리의 안목이 곧 분별이요 참된 지식jñāna이다.

아뜨만은 차치하고 아뜨만이 아닌 것이란 무엇인가? '거짓된 자아'란 무엇인가? 그것은 육체, 감각기관, 행위기관, 마음, 자아의식, 지성5 등이다. 쉽게 말해, 육체나 정신과 관련된 모든 것들은 아뜨만이 아니다. 일상적으로 '나'라고 지시되는 모든 것들은 아뜨만이 아니다. 오히려 그것들은 '너'이다. 몸은 참된 자아가 아니라 거짓된 자아인 '너'이다. 에고ego조차도 뛰어난 지성intellect조차도 참된 자아가 아니라 거짓된 자아인 '너'이다. 인간이 일상적으로 '나'라고 간주하는 것들은 모조리 '너'인 셈이다. '나'라고 믿는 것들은 '나'가 아니다. 인간이 경험 속에서 '나'라고 생각할 수 있는 것

---

5   인도철학에서는 우리말의 '마음'이나 '정신'에 해당되는 인간의 심리적 요소를 다양한 용어로 세분화한다. '아뜨만'이라는 순수하고 참된 자아를 제외한다면 '마음, 자아의식, 지성'이라는 3가지가 대표적인 심리적 요소들이다. 마음보다 자아의식이 더 높고 자아의식보다 지성이 더 높다. 짙은 안개가 낀 숲속에서 강도를 만나는 상황을 예로 들자면, 험상궂게 생기고 칼을 든 사람을 강도라고 인지하는 것이 마음의 역할이고, 그 강도로 인해 내 목숨이나 재산이 위험할 수 있다고 인식하는 것이 자아의식의 역할이고, 가진 것을 다 내놓아야 하는 상황인지 도망갈 수 있는 상황인지 판단하는 것이 지성의 역할이다.

들은 전부 '너'에 불과하다.

베단따는 사이비성(似而非性)에 주목한다. 사이비란 겉으로는 비슷하지만 실제로는 완전히 다른 것을 의미한다. 아뜨만이 아닌 것들은 얼핏 아뜨만과 비슷하다. 하지만 그것들은 실제로 아뜨만과 전혀 다르다. 몸에 대해 아뜨만이 아니라고 아는 것은 어렵지 않다. 눈, 귀 등이나 손, 발 등의 기관들에 대해 아뜨만이 아니라고 아는 것도 어렵지 않다. 문제는 마음 등과 같은 정신적인 것들에 대해서이다. 그것들은 아뜨만과 워낙 비슷해서 아뜨만이라고 속기 십상이다. 알고 보면, 그 정신적인 것들은 사이비 아뜨만이다. 참된 자아와 유사하지만 실제로 전혀 다른 거짓된 자아에 지나지 않는다. 유사하다. 너무나 유사하기 때문에 사이비 아뜨만으로부터 아뜨만을 분별하는 것은 무척 어렵다. 베단따는 사이비 정신성으로부터 참된 정신성을 분리하는 데 골몰한다. 정신적 세계의 복잡한 좌표를 그 형이상학으로 제시하는 것도 이러한 까닭에서이다.

참된 자아를 찾는 것은 윤회의 관점에서 더 잘 이해된다. 윤회란 오래된 육체를 버리고 새로운 육체를 얻는 과정의 반복이다. 마치 전에 살던 낡은 집을 버리고 새로 지은 집으로 이사를 가는 것과 같다. 인간은 새로운 육체를 얻고서 무수한 가짜 자기들을 만든다. 하나의 삶은 가짜 자기들의 총화이다.

윤회의 나무에서 무명은 씨앗이다. 육체를 아뜨만으로 여기는 생각은 싹이다. 애욕은 잎이고, 행위(업)는 물이다. 육체는 둥치이고, 생기들은 가지들이며, 감관들의 접촉은 잔가지들이다. 대상들은 꽃들이다.

다양한 행위로부터 발생하는 여러 종류의 괴로움은 열매이다. 그곳에서 먹는(향유하는) 자인 개별 영혼은 새이다.<비베까 쭈다마니 147>

윤회하는 하나의 삶은 나무에 비유된다. 윤회의 나무이다. '관계의 나무'라고 불러도 좋다. 관계를 만듦으로써 윤회가 이어지기 때문이다. 이 윤회의 나무에서 씨앗부터 열매까지 모든 것들은 가짜 자기이다. 이 세상에서 아름다운 꽃을 피우고 풍성한 열매를 맺은들 그건 헛된 일일 뿐이다. 영혼은 마치 새처럼 존재한다. 새는 나무의 열매를 따 먹지 말아야 한다. 기어이 따 먹는다. 그럼으로써 영혼은 윤회의 사슬에 다시 묶인다. 이 윤회로부터 벗어나기 위해서는 가짜 자기들의 무더기로부터 벗어나야 한다. 가짜가 아닌 진짜 자기를 추구해야 한다. 무명(무지)의 씨앗으로부터 나무가 자라므로 그 무명의 어둠을 물리쳐야 한다. 지식을 얻으면 무명이 사라진다. 진짜 자기에 대한 지식을 얻으면 윤회 자체가 무화(無化)된다. 다시는 윤회하지 않는다.

가짜 자기와 진짜 자기를 구분하는 것은 힘든 일이다. 아니, 양자를 받아들이는 것이 더 힘든 일이다. 무엇이 가짜이고 무엇이 진짜인가. 가짜와 진짜가 뒤섞여 있는 것이 현실 아닌가. 그러니 약간만 더 현대적으로 이해할 수도 있다. 진짜 자기를 찾아가는 과정을 진정한 자기를 만나는 과정으로 이해하는 방식이다. '나'에게서 '나 아닌 것'을 버리는 과정 말이다. 이는 무수한 '너'로부터 벗어나 '나'에게 충실하며 살자는 것과 같다. 자신을 속이는 생각, 감정, 욕망에 휘둘리지 말고 자신의 중심을 잘 잡자는 것과 같다.

자신의 시선을 더 두려워해야 한다. 참된 자아를 찾아가는 베단따의 여정에서는 줄곧 '자기 시선'의 중요성이 강조된다. 외부 시선을 신경 쓰지 말라는 것이다. 인간은 불가피하게 관계를 맺으면서 살아간다. 그 관계 속에서 얼마나 많은 가면들을 쓰고 있는가. 베단따는 가면을 쳐다보는 남의 눈에 익숙해지지 말라고 권고한다. 남의 시선은 두려운 것이 아니다. 남의 눈에 익숙해지면 가면이 자기 자신인 줄 착각하게 된다. 베단따는 가면 아래 숨어 있는 자기를 제대로 대면하라고 권고한다. 가면 아래의 자기는 오로지 자기 눈으로만 보거나 알 수 있을 뿐이다.

요컨대 베단따는 자기 시선을 통해 진짜 자기를 찾아가는 여정을 보여준다. 이를 '추방된 자아의 귀환'이라고 부를 만하다. 추방된 채 망각된 자아가 거짓된 자아의 소멸과 함께 귀환하는 것이다. "병의 원인이 파기될 때 환자가 [본성을 되찾는] 것처럼, 저는 본성을 되찾고 싶습니다." <우빠데샤 사하스리(산문) 2.47> 베단따의 제자는 이와 같이 소망한다. 무엇이 귀환의 동력이 될 수 있을까? 어떤 약이 처방될 수 있을까? 그러면 대답한다. "지식과 무욕을 치료약으로 삼아 갈애의 열병을 소멸시키는 치료를 받으면 … 괴로움으로 나아가지 않는다." <우빠데샤 사하스리(운문) 19.1> 잘 알려져 있다시피 지식과 무욕이라는 것이 귀환의 수단이다. 지식이란 아뜨만에 대한 앎이다. 무욕이란 그 지식을 만개시키기 위해 심신을 깨끗하게 하는 것이다. 지식과 무욕이야말로 참된 자아가 귀환하는 데 핵심 수단이다. 이는 우빠니샤드 시대부터 전승된 가르침이다. 자아의 귀환에 관한 우빠니샤드의 서사는 베단따 전통에서도 그대로 이어진다.

'베단따'라는 말이 가리키는 것

'베단따'라는 말에는 몇 가지 의미들이 있다. 크게 2가지 의미로 나눌 수 있다. 첫째, 기원전에 쓰인 초기 우빠니샤드를 '베단따'라고 부른다. 둘째, 그 우빠니샤드를 체계적으로 연구하는 학파들을 '베단따'라고 부른다. 여기서 그치지 않는다. 어떨 때에는 오직 비이원론적Advaita 베단따학파만을 '베단따'라고 부르기도 한다.

우선 베단따는 우빠니샤드의 유의어이다. '우빠니샤드'라는 꼬리표를 단 수많은 문헌들이 존재한다. 그 가운데 15편 정도의 초기 우빠니샤드들이 베단따이다. 베다Veda 시대에는 여러 분파śākhā들이 경쟁했다고 한다. 각 분파들은 오랜 시간에 걸쳐 제각각 문헌을 산출했다. 연대순으로 상히따saṃhitā, 브라흐마나brāhmaṇa, 아란야까āraṇyaka, 우빠니샤드라는 문헌을 산출했다. 예를 들어 따잇띠리야Taittirīya 분파는 '따잇띠리야 상히따', '따잇띠리야 브라흐마나', '따잇띠리야 아란야까', '따잇띠리야 우빠니샤드'를 편찬했다. 우빠니샤드는 하나의 분파가 최후에 편찬한 문헌인 셈이다. 그래서 말 그대로 '베다Veda의 끝anta', 즉 '베단따'로 불렸다고 한다. 나중에 베단따학파들은 우빠니샤드의 중요성을 크게 부각시켰다. 우빠니샤드는 시기적으로 베다의 끝일뿐만 아니라 의미상으로 베다의 결론이라고 풀이했다. 대개 논의의 끝부분에 결론이 놓이기 때문이다.

우빠니샤드 자체에도 '베단따'라는 말이 몇 차례 등장한다. 예를 들어 "베단따의 지식을 통해 대상을 철저히 확정하고, 탈속의 요가를 통해 제어된 채 마음이 정화된 그들은"<문다까 우빠니샤드 3.2.6>이라고 한다. '베단따'라는 말은 우빠니샤드 문헌을 가리킨다. 의미가 비교적 명료한 편이다. 그와 달리 '우빠니샤드'라는 말은 꽤 많이 등장한다. '우빠니샤드'라는 말의 의미는 아직까지 명료하게 밝혀지지 않았다. 우빠니샤드의 의미로는 '비밀스러운 지식, 명상, 관계, 등치, 연결, 실재 등'이 제안된 바 있다. 우빠니샤드를 '베단따'라고 부르는 경우는 거의 문헌으로서 우빠니샤드를 가리킨다.

초기 우빠니샤드들은 대략 기원전에 모두 성립된다. 수백 년 동안 조심스럽게 연구된다. 그러다가 기원후 8세기경부터 학파로 부흥하기 시작한다. 베단따학파의 시대가 열리는 것이다. 8세기의 샹까라Śaṅkara는 베단따학파의 시조로서 '비이원론적 베단따'를 창시했다. 11-12세기의 라마누자Rāmānuja는 '한정 비이원론적 베단따'를, 13세기의 마드바Madhva는 '이원론적 베단따'를 창시했다. 각각 베단따학파의 분파들이다. 이 외에도 몇 개의 분파들이 더 존재한다. 이들은 모두 공통적으로 우빠니샤드 사상을 계승한다. 우빠니샤드가 곧 베단따이기 때문에 이들은 '베단따학파'로 불리는 것이다. 이들이 연구하는 경전은 3개이다. 초기 우빠니샤드, 『바가바드 기따Bhagavad-gītā』, 『브라흐마 수뜨라Brahma-sūtra』가 3대 경전이다.

이리하여 '베단따'라는 말은 베단따학파를 지칭한다. 베단따학파가 인도의 주류 사상으로 자리 잡으면서 이 말은 학파를 가리키는 데 주로 사용된다. 현재에도 '베단따'라는 말은 대개 학파를 가리킨다. 물론 베단따학파는 역사적으로 여러 개의 하위 분파들로 나뉜다. 분파들 사이에 심각한 대립이 발생하기도 한다. 그럼에도 베단따학파에는 하나의 공통점이 있다. 바로 최고의 실재를 브라흐만Brahman으로 간주한다는 것이다. 어느 분파이든지 최고의 실재를 '브라흐만'이라고 부른다. 이 브라흐만은 우빠니샤드의 핵심어이다. 베단따학파가 우빠니샤드 사상을 계승했다는 사실은 이렇게 뒷받침된다.

베단따학파의 분파들은 크게 두 부류이다. 무신론적 경향과 유신론적 경향이다. 샹까라의 비이원론적 베단따 분파는 무신론에 가깝다. 최고의 실재인 브라흐만이 곧 아뜨만(참된 자아)이라고 본다. 우빠니샤드의 범아일여(梵我一如)를 전격적으로 계승한 셈이다. 그와 달리 라마누자, 마드바 등 나머지 모든 베단따 분파들은 유신론이다. 최고의 실재인 브라흐만이 곧 비슈누Viṣṇu 신이라고 본다. 이들은 브라흐만을 받아들이기 때문에 베단따학파에 속한다. 동시에 브라흐만이 비슈누 신 그 자체라고 보기 때문에 '비슈누주의'Vaiṣṇavism(비슈누교)에 속한다. 비슈누교는 모니어 윌리엄스Monier-Williams (1819-1899)[6]가 유일하고 진정한 힌두교라고 주장한 것이다.

전문적으로 무신론적 베단따를 '무속성 브라흐만주의'Nirguṇa-brahma-vāda라고 부른다. 브라흐만으로서 아뜨만은 아무런 속성을 가지지 않는다. 아뜨만은 순수의식Pure Consciousness이다. 마치 아무런 글자도 쓰이지 않은 백지와 같다. 유신론의 베단따를 '유속성 브라흐만주의'Saguṇa-brahma-vāda라고 부른다. 브라흐만으로서 비슈누 신은 전지함, 전능함 등의 속성을 가진다. 위대한 신에게는 무한에 가까운 탁월한 속성들이 존재한다. 무신론

---

6   인도에서 태어나 영국에서 교육을 받은 영국인으로 가장 저명한 초기 인도학자들 가운데 하나이다. 그가 펴낸 산스끄리뜨 – 영어 사전은 전무후무한 역작이다.

적 베단따는 비이원론nondualism의 양상을 띠는 편이다. 유신론의 베단따는 만유내재신론(萬有內在神論)panentheism[7]에 가까운 편이다. 인도 문헌에서 비이원론과 만유내재신론을 구분하기란 쉽지 않다.

비이원론적 베단따가 아무래도 우빠니샤드의 본류에 더 가깝다. 범아일여가 우빠니샤드의 핵심 가르침이기 때문이다. 이 분파는 매우 일관적이고 통일적인 가르침을 견지한다. 그 정체성이 비교적 선명한 편이다. 일반적으로 비이원론적 베단따를 베단따의 적통으로 간주하는 경향이 강하다. 그래서인지 '베단따'라는 말은 종종 비이원론적 베단따만을 지시하기도 한다. '비이원론'이라는 것은 이원성(二元性)에 대한 부정이다. 대우주적 실재인 브라흐만만이 존재하고 세계는 부정된다. 즉, '범'(梵)만이 존재한다. 소우주적 실재인 아뜨만만이 존재하고 개별자아는 부정된다. 즉, '아'(我)만이 존재한다. 궁극적으로 대우주적 실재와 소우주적 실재는 동일하다(一如). 이렇게 하여 '범아일여'이다. 반면에 유신론의 베단따는 가지각색이다. 다양한 이름을 가진 분파들이 존재한다. 그들은 '베단따'로 불리기도 하고 '비슈누주의'로 불리기도 한다. 매우 정교한 철학 체계를 세우기도 하고 믿음 중심의 교리를 세우기도 한다. 그들은 매우 복잡한 정체성을 가진 편이다.

---

7   만유내재신론에 따르면 우주의 영혼으로서 신은 삼라만상 속에 존재하는 동시에 삼라만상을 초월해서 존재한다. 힌두교에서는 베다부터 『바가바드 기따』, 『브라흐마 수뜨라』 등까지 만유내재신론을 암시하는 문헌들이 매우 많다. 신학적 체계를 갖춘 힌두교의 상당수 종파는 일신론인 동시에 만유내재신론의 형태이다. 심지어 무신론적 베단따에서도 브라흐만과 창조 사이의 관계는 만유내재신론의 형태이다.

베단따는 만들어진 전통일까?

인도의 힌두교도에게는 4가지 인생 목표가 있다. 그것은 욕망kāma, 실리artha, 의무dharma, 해탈mokṣa이다. 욕망과 실리는 세속적인 것들로서 높게 평가되지 않는다. 의무와 해탈은 종교적인 것들로서 높게 평가된다. 의무와 해탈 중에서는 해탈이 지고하다. 의무가 인간의 수준에서 지켜야 할 도리라면, 해탈은 신의 수준에 도달하는 것이기 때문이다. 베단따(비이원론적 베단따)는 인도철학에서 해탈을 담당한다. 가장 고귀한 인생 목표를 책임지는 학파인 셈이다. 그 해탈은 자력구원의 방식으로 가능하다. 역시 무신론적이다. 해탈은 영적인 자유로서 인간 스스로 신이 되는 것과 같다.

힌두교도는 '이상적으로' 해탈에 최고의 가치를 부여한다. 현실적으로는 해탈이 다수의 목표일 수 없다는 말이다. 그럼에도 욕망이나 실리만을 추구하면서 살아서는 안 된다는 점에 누구나가 동의한다. 다음 이야기는 욕망이나 실리의 한계를 시사해준다.

한때 한 여행자가 숲속을 지나다가 매우 피곤하여 어느 나무 아래에 앉아 휴식을 취한다. 그러면서 그는 이렇게 생각한다. '부드러운 침대에서 휴식을 취한다면 얼마나 좋을까! 그러면 꿀맛 같은 낮잠을 잘 수 있을 텐데….' 그런데 그가 앉아 있던 곳의 그 나무는 공교롭게도 '소원을 들어주는 나무'였다. 신기하게도 그가 원한 바에 따라 옆에 멋진 침대가 준비된다. 그는 매우 놀랐지만 너무 피곤해서 이유를 따지지도 않은 채 침대의 편안함에 몸을 맡긴다. 그러고 나서 그는 또 생각한다. '하녀가 나의 아픈 다리를 주물러준다면 얼마나 좋을까!'

그러자 곧 아름다운 처녀가 나타나 그의 다리를 주무른다. 그는 한없이 기뻐한다. 좀 지나지 않아 그는 배고픔을 느끼면서 이렇게 생각한다. '내가 원하는 것은 무엇이든 이루어졌어. 그렇다면 이제 좋은 음식을 얻을 수는 없을까?' 그 즉시 멋진 접시 위에 최고의 음식이 담긴 채로 나타난다. 그는 침대에 누운 채로 그 음식을 먹는다. 그러면서 잠시 동안 자신에게 벌어진 황홀한 일을 돌이켜보다가 문득 이렇게 걱정하기 시작한다. '숲에서 호랑이가 나타나 나를 공격하면 어쩌지?' 그러자 곧바로 숲에서 호랑이가 나타나 그를 죽여 버린다.

여행자의 욕심 채우기는 끝 간 데가 없다. 여행자의 이익 구하기도 끝 간 데가 없다. 결말은 다소 당황스럽기까지 하다. 욕망과 실리를 추구하는 삶은 자승자박에 이른다는 것을 보여준다. 애초에 거친 땅에서나마 짧게 낮잠을 자는 편이 더 나았다는 것을 알려준다. 안락함의 반대편에 서야 해탈을 향할 수 있다. 해탈의 길을 가기 위해서는 욕망과 실리의 헛길을 끊어 버려야 한다.

해탈의 길은 브라흐만 사제들의 이상향이다. 인도의 카스트 제도는 깨끗함과 더러움이라는 이분법에 바탕을 두고 있다고 한다. 상위 카스트는 의례적으로 더 깨끗하다. 대부분의 카스트 집단은 더 깨끗해짐으로써 상위 카스트로 나아가고자 한다. 의례적으로 좋은 평판을 얻으면 그렇게 된다. 해탈도 마찬가지이다. 정신이나 영혼의 깨끗함과 더러움이라는 이분법에 바탕을 둔다. 해탈을 추구하는 자는 깨끗한 영성을 가진다. 아니, 그럴 것이라고 사람들이 믿는다. 대부분의 사람들은 그 영성을 좇아가야만 하는 줄 안다. 욕망 등처럼 더러움은 어떤 종류의 것이든 반드시 피해야만 하기 때문이다. 결국 금욕적인 브라흐만 사제들이 원하는 세상이 만들어진다. 해탈이라는 목표 아래 적어도 세상은 더 금욕적으로 된다. 아니, 금욕적으로 되게끔 관리되고 통제된다. 인도 역사에 브라흐만 사제들의 이상이 투영되지 않은 것이 어디 있겠는가.

해탈의 길은 소수의 전유물이다. 특히 자력구원의 해탈은 소수를 위한 이론이자 실천이다. 이 해탈은 베단따의 심장과도 같다. 베단따도 엘리트주의를 벗어나지 못한다. 철저하게 소수를 위한다. 인간이 신처럼 초월적인 존재가 되려는데 어찌 다수를 위할 수 있겠는가. 베단따는 좁은 문이다. 해탈을 성취하기가 어렵다지만 해탈에 입문하기부터 무척 어렵다. 정통 브라흐만주의를 대변하는 사상이다. 브라흐만 사제들을 위한, 브라흐만 사제들에 의한, 브라흐만 사제들의 사상이다.

베단따의 위명에는 거품이 적지 않다. 식민지 시대가 주요 계기이다. 영국 식민지 시대에 다수의 인도 지식인들은 베단따를 소환했다. 그것은 '신베단따'Neo-vedānta라고 불린다. 서구의 기독교 문명에 대항하기 위해서였다. 그들은 힌두교가 여성적인 종교이기에 인도가 영국에 굴복했다고 생각했다. 영국의 힘은 기독교에서 나온다고 생각했다. 힌두교를 기독교에 가깝게 탈바꿈시키고자 했다. 예를 들어 힌두교 개혁의 아버지인 람 모한 로이Ram Mohan Roy(1774-1833)가 있다. 그는 힌두교와 베단따에 기독교 윤리를 주입해야 한다고 역설했다. 기독교의 남성적이고 가부장적인 윤리 말이다. 여기에는 힌두교가 기독교를 닮으면 인도가 영국처럼 힘을 기를 수 있다는 논리가 깔려 있다. 베단따는 힌두교의 전통에서 찾은 대항마였다. 외부의 힘에 대항하기 위해 만들어진 전통이 된 것이다. 이로부터 베단따는 점점 신화가 되어 갔다.

1896년 비베까난다Vivekananda(1863-1902)는 런던에서 4회 강연을 실시했다. 주제는 '실용적 베단따'Practical Vedānta였다. 실용적 베단따는 현대 힌두교를 이해할 때 중요한 하나의 풍경이다. 실용적 베단따는 신베단따의 또 다른 이름이다. 비베까난다는 통합적 사유를 추구했던 도이센Paul Deussen (1845-1919)의 영향을 받았다. 또한 힌두 민족주의자들의 담론을 종합했다. 결과물이 실용적 베단따이다. 그는 왜 실용적 베단따를 내세웠을까? 베단따가 윤리적이고 사회적인 의의를 가진다고 보았기 때문이다. '실용적'이라는 수식어를 붙인 이유이다. 이는 서양 사상과 기독교에 대응하여 인도적인 전통을 찾으려는 노력의 소산이었다. 하지만 실용적 베단따는 미봉책의 대응에 불과하다. 가장 인도적인 것을 찾아내서 서양의 옷을 입힌 꼴인 셈이다. 베단따와 윤리는 잘 어울리지 않는다. 인도에서 윤리는 형이상학이나 구원론의 선행조건일 뿐이기 때문이다. 또한 고전베단따Classical Vedānta[8]에서 비인격적인 실재(브라흐만)는 인간적인 윤리의 토대가 될 수 없기 때문이다.[9] 19세기의 신베단따는 이러한 한계를 가진다.

베단따의 새로운 사조를 마냥 부정할 이유는 없다. 그럼에도 신베단따와 고전베단따는 마치 다른 부류 같다. 고전베단따와 신베단따 사이에 전통의 연속성이 있다고 말하기는 무척 어렵다. 문제는 혼동이다. 고전베단따와 신베단따는 자주 뒤섞인 채로 호명된다. 신베단따가 고전베단따

8 　'신베단따'와 대비되는 '고전베단따'라는 말은 널리 사용되지 않는다. 여기서 고전베단따란 비이원론적이고 무신론적인 베단따학파를 가리킨다.
9 　Halbfass(2007) pp. 174-175 참조.

인 양 잘못 알려지는 경우가 많다. 현재 대중적으로 수용되는 베단따의 몇 몇 얼굴은 고전베단따가 아니다. 그것은 한갓 신베단따이다.

힌두교는 뭐라고 규정하기 힘든 종교이다. 하나의 신, 하나의 종파, 하나의 경전이 힌두교를 대변할 수 없다. 종교이지만 철학이자 수행이다. 논리와 믿음이 거리낌 없이 어울리기도 한다. 주류와 비주류를 나누는 것도 적절치 않다. 베단따를 엘리트의 사상이라고 규정하는 것도 편향적이다. 만들어진 전통도 전통의 다른 버전으로 수용된다. 학자들의 철학을 대중들이 일상에서 속삭이기도 한다. 한 가지 확실한 것은 베단따가 힌두교의 중심에 놓여 있다는 점이다. 19세기에 베단따가 소환된 것에도 다 이유가 있다.

힌두교를 대변하는 영혼학

힌두교의 두 축은 의례와 금욕이다. 인도의 문화적, 종교적 전통은 마치 '회선하는 보리수나무'와 같다. 새로운 뿌리와 새로운 가지가 영원히 생성하고 소멸하면서 돌고 또 돈다. 장구한 전통의 흐름 속에서도 의례와 금욕은 항상 중심적이었다.[10] 제의, 자선(보시), 금욕, 고행, 공부 등은 고대 문헌에서 자주 언급되는 개념들이다. 이것들은 크게 의례와 금욕으로 정리될 수 있다. 의례는 공동체의 유지를 위해 필수적인 듯하다. 금욕은 개인의

----

10   Lipner(1994) p. 5 참조.

자유를 위해 필수적인 듯하다. 두 축은 서로 구분될 수 없는 경우도 많다. 의례는 금욕적인 활동이다. 금욕은 내밀한 의례이다. 그래서 공동체가 금욕을 추구한다. 개인이 의례를 실행한다. 축과 축이 서로 회선한다. 두 축은 힌두교의 바탕이라고 부를 만하다. 힌두교는 의례와 금욕을 두 바퀴로 삼아 움직인다.

의례를 연구하는 학파는 미맘사Mīmāṃsā이다. 제의의 의미와 방식을 치밀하게 연구한다. 종교적인 행위를 통해 공덕을 쌓거나 천국에 가는 것을 목표로 삼는다. 금욕을 핵심으로 삼는 학파는 베단따이다. 상크야 Sāṃkhya학파, 요가Yoga학파, 불교, 자이나교 등에서도 금욕이 중요하다. 금욕을 중요시하는 학파는 '해탈의 학문'mokṣa-śāstra이라고 부를 수 있다. 구원이 최종 목표이다. 고행적, 탈속적, 초월적인 삶의 방식을 추구한다.

베단따는 힌두교도의 영혼을 책임진다. 우빠니샤드의 가르침을 따르는 공부를 '영혼학'ātma-vidyā이라고 부르기도 한다. 영혼에 관해서라면 우빠니샤드와 베단따에 맡겨두라는 것이다. 영혼을 다룬다는 것은 곧 구원을 다룬다는 것이다. "생과 사의 거대한 상어가 [득실거리는] 윤회의 바다를 건너가고 싶습니다."<우빠데샤 사하스리(산문) 1.10> 구원을 바라지 않는 영혼은 존재하지 않는다. 영혼은 항상 충만되기를 원한다. 구원 없이 영혼이 충만될 리는 없다. 마하뜨마 간디Mahatma Gandhi(1869-1948)의 동지이자 계승자인 비노바 바베Vinoba Bhave(1895-1982)는 종교 공부의 결론을 말한다. 모든 종교는 '정신적인 충만'이 목적이라고 결론 내린다. 베단따는 적극적으로 이 결론을 지지할 것이다. 베단따는 영혼이 정신적 빈곤으로부터 정신적 풍족을 향하는 길을 안내한다.

힌두교도의 세계관과 가치관에 핵심적인 것은 무엇일까? 베단따는 대답한다. 인생무상과 자기초극이다. 인생무상과 자기초극은 힌두교도를 지배하는 두 정서이기도 하다. 힌두교의 위대한 서사시『마하바라따 Mahābhārata』[11]도 이를 여실히 보여준다. 사촌인 왕자들끼리 왕위쟁탈전을 벌리다가 그들 대부분이 죽는다. 살아남은 자들은 회한에 사로잡히다가 속죄의 길을 떠난다. 힌두교도는 생각한다. 이 한 번의 생애는 너무도 짧고 덧없는 것이다. 부귀와 명예를 누린들 인생은 금방 끝나고 만다. 극복할 수 있는 방법은 자기 자신의 영혼을 닦는 것뿐이다. 자기 자신의 한계를 알고 본성을 깨달아야 한다.

심지어 소년도 인생무상을 안다. 인생무상을 알고 자기초극을 달성한다. 정신의 결핍으로부터 충만으로 나아간다.『까타 우빠니샤드Katha-upaniṣad』의 소년 나찌께따스Naciketas 이야기이다. 요약해보면 다음과 같다.

> 나찌께따스는 제의에 대해 믿음이 굳건한 소년이다. 그는 자신의 아버지인 바자슈라바스Vājaśravas가 모든 재물을 바쳐야 하는 사르바메다Sarvamedha 제의를 지내는 것을 본다. 아버지가 형편없는 암소 등을 제의의 사례품으로 바치자 염려스러워진 그는 아버지에게 자신은 누구에게 바칠 것인지 묻는다. 두 번 세 번 나찌께따스가 묻자 화가 난 아버지는 "나는 너를 야마(죽음의 신)에게 바칠 것이다."라고 소

---

11 서사시『라마야나Rāmāyana』와 더불어 힌두교의 양대 서사시를 이룬다. 양대 서사시는 힌두교도들이 가장 좋아하는 두 이야기로서 다른 그 어떤 문헌들보다도 깊숙이 그들의 삶에 영향을 미친다.

리친다. 나찌께따스는 불가피하게 자신의 운명을 받아들인 뒤에 야마의 처소에서 3일 동안 대접받지 못하고 굶은 채로 출타 중인 야마를 기다린다. 돌아온 야마는 브라흐만 손님을 대접하지 못한 것에 대한 보상으로 나찌께따스에게 3가지 은혜를 내린다. 이에 나찌께따스는 첫 번째 은혜로 '자신이 아버지에게 되돌아갈 때 아버지가 자신을 용서하고 반겨줄 것'을 요구한다. 두 번째 은혜로 '천국으로 이끄는 불에 대한 지식'을 요구한다. 세 번째 은혜로 '사후에 영혼의 존재 여부에 대한 지식'을 요구한다. 야마는 나찌께따스의 첫 번째 은혜와 두 번째 은혜를 모두 들어주지만 세 번째 은혜를 들어주지 않으면서, 그 은혜 대신에 온갖 물질적인 것들을 누리게 해주겠다고 꾄다. 하지만 나찌께따스가 흔들림 없이 세 번째 은혜를 요구하자 야마는 결국 그에게 비밀스러운 가르침을 전한다. 가르침을 들은 나찌께따스는 확실한 깨우침을 얻는다.

나찌께따스는 아버지를 떠나 죽음의 신 야마의 제자가 된다. 제자가 되는 과정은 순탄치 않다. 스승 야마의 시험이 기다리고 있는 것이다. 어떤 시험일까? 나찌께따스는 세 번째 은혜로 영혼의 존재 여부를 알고 싶다고 한다. 야마가 기다리고 있던 질문이다. 하지만 야마는 짐짓 그 질문을 철회하라고 요청한다. 신들조차도 사후에 영혼이 존재하는지 이해하기 힘들었다고 강변한다. 영토와 재물과 장수와 후손과 미녀 등등을 제시하면서 꾀기도 한다. 나찌께따스는 철회하지 않는다. 그러한 것들이 덧없다고 외친다. "더욱이 모든 삶은 짧을 뿐입니다."<까타 우빠니샤드 1.26>라고 덧붙인다. 나찌께따스는 시험을 통과한다. 야마는 만족하면서 제자로 받아들인다. 가르침을 받은 나찌께따스는 브라흐만을 획득한다. 그럼으로써 노화와 죽음을 극복한다. 나찌께따스 이야기는 전형적으로 인생무상과 자기초극을 상연한다.

힌두교도의 정서는 영웅상마저 바꿔 놓는다. 정복자는 영웅이 아니다. 깨달은 자, 즉 붓다buddha가 영웅이다. 모든 게 무상한데 세상을 정복한들 무슨 소용이 있겠는가. 자기를 넘어설 수 없는 자는 세상을 정복해도 영웅일 수 없지 않겠는가. 우빠니샤드 시대에 '영웅'vīra이라는 단어는 외부적 지배자나 정복자를 지칭하지 않는다. 스스로에 대해 주인이 된 성자를 지칭한다.[12] 베단따학파를 성립시킨 샹까라는 영웅이다. 그는 물리적으로 세상을 정복하지 않았다. 논쟁하고 전도하고 수도원을 설립한 게 전부였다. 그럼에도 그의 여정을 '천하 정복'digvijaya이라고 부른다. 지성을 통해 인도 전역을 마치 왕처럼 정복했다는 의미이다. 힌두교의 영웅은 자기초극을 구현한 자이다.

베단따는 인생무상과 자기초극을 가장 잘 보여줄 수 있다. 인간의 유한한 삶을 환영이라고 규정하기 때문이다. 그 유한함을 넘어 불멸의 해탈에 이를 수 있다고 확신하기 때문이다. 이 두 가지가 베단따의 전부일 수도 있다. 베단따는 단순하다. 인도의 무수한 학자들이 베단따에 매료된 것도 단순함 때문일 것이다. 복잡한 사상을 펼치지 않는다.

과거 인도에는 베단따 학자들이 넘쳐났다. 힌두교에서는 전통적으로 특정 분야의 전문가를 '빤디뜨'pandit(paṇḍita)라고 부른다. 빤디뜨는 베다, 다르마dharma, 철학, 음악 등에 정통한 스승이다. 20세기에는 학자 빤디뜨

---

12 Zimmer(1969) p. 74 참조.

들 대다수가 베단따 추종자였다고 한다. 그들 가운데 5/6가 비이원론적 베단따 계열이었다고 한다.[13] 현재에는 빤디뜨 전통이 거의 사라지고 있는 추세이다. 현대화된 인도에서 힌두교도 변화를 겪는 중이다. 그럼에도 현재 힌두교에서 베단따 학자나 성자의 영향력은 여전히 강한 편이다. 종교 지도자들 가운데 다수는 베단따 계보이다. '샹까라짜르야'Śaṅkarācārya라고 불리는 수도원장들은 일종의 법황(法皇)에 비견될 만하다.

영혼학으로서 베단따는 인도 정통철학의 정수이다. 인도철학은 한때 힌두교철학과 불교철학의 대결장이었다. 그 시절이 인도철학의 황금기였다. 형이상학의 관점에서 베단따는 불교의 영원한 맞수였다. 베단따는 유아론(有我論)을 이끌었고, 불교는 무아론(無我論)을 이끌었다. 불멸하는 영혼을 인정하는 이론과 인정하지 않는 이론이다. 힌두교철학은 일원론과 이원론의 경연장이었다. 일원론과 이원론은 서로 영향을 주고받은 관계였다. 베단따는 강력한 일원론을 주창했다. 이원론적인 요소가 완전히 없는 것은 아니었다. 또한 힌두교철학은 무신론과 유신론의 각축장이었다. 무신론과 유신론은 각각 자력구원과 타력구원을 표방했다. 서로 배타적인 관계는 아니었다. 베단따는 미맘사학파와 더불어 무신론의 경향을 보였다. 미맘사와 베단따는 자매학파로서 힌두교 정통철학의 핵심으로 꼽힌다. 베단따는 유아론, 일원론, 무신론의 입장에 서 있다. 영혼은 불멸한다. 궁극적으로 오직 그 영혼만이 존재한다. 신은 존재하지 않는다.

---

13   Nakamura(1983) p. 3 참조.

현재에도 살아 있는 전통

베단따는 흔히 말하는 '동일성의 철학'이다. 차이를 철저하게 부정한다. 그 어떤 차이조차 개입될 만한 여지를 남기지 않는다. 나와 너, 남자와 여자, 부자와 빈자, 귀족과 노예 등의 사이에 차이가 없다. 차이가 없으니 개성도 인정하지 않는다. 본질적으로 나와 너는 똑같은 존재이다. 차이가 없으니 변화도 인정하지 않는다. 모든 변화는 헛것이다. 세상을 바꾸겠다고 힘쓰는 것은 헛일이다. 그러니 베단따는 현대화된 인도에서 유효하지 않을 수 있다. 다원주의에 반하는 사상이 어찌 현대에 살아남겠는가. 차이와 다양성을 부정하는 베단따는 과거의 영화(榮華)인 듯하다. 위대한 학파로서 베단따는 그 명맥만 남은 듯하다.

베단따는 철학이자 신학이자 실천학이었다. 얼핏 종교처럼 보인다. 브라흐만주의Brahma-vāda는 일종의 종교적 도그마처럼 들리기 때문이다. 브라흐만 이외에 그 어떤 것도 존재하지 않는다. 브라흐만은 동일자(同一者)로서 영원하고 불변하다. 이렇게 확정적인 결론을 믿음으로 받아들이라고 요구하는 듯하다. 철학처럼 보이지 않는다. 서양철학과는 다른 결을 가진 철학이다. 무신론적인 요소가 강하지만 신학임에는 틀림없다. 신에 대한 언급도 매우 잦다. 힌두교 신학 전반에 베단따가 미친 영향은 광대하다. 실천학으로서 베단따는 돈오돈수이거나 돈오점수이다. 직관을 통한 깨우침[14]을 제시한다. 인도인의 특성에 맞는 수행론인 셈이다. 또한 베단

---

14   여기서는 '깨달음'이라는 말 대신에 '깨우침'이라는 말을 사용하고자 한다.

따는 문학이자 교육학이기도 하다. 힌두교 역사에서 베단따는 다양한 영역에 영향을 미쳤다. 얽히고설킨 힌두교의 복잡한 전통에 베단따는 확고한 중심이었다.

베단따는 현재에도 살아 있는 전통인가? 당연히 그럴 수밖에 없다. 힌두교도의 사고방식에 베단따의 요소가 강력하게 뿌리내리고 있기 때문이다. 마치 한국인에게 유교적 요소가 그러한 바와 같다. 아니, 현대 힌두교도에게는 전통이 더 큰 힘을 미친다. 인도가 가진 힘의 근원은 살아 있는 전통이라고 말하지 않는가. 인도는 전통과 현대의 교차 속에서 창발적인 힘을 이끌어내지 않는가. 힌두교가 위력을 잃지 않는 한 베단따는 힌두교도의 사고방식을 지배할 것이다. 베단따는 힌두교도의 정신세계에서 생생하게 살아 있다.

전통에 따르면 베단따의 창시자 샹까라는 수도원 4곳을 세웠다. 수도원은 '마타'matha라고 불린다. 인도의 동서남북 중요한 지점에 세웠다. 그는 4대 제자를 각각 수장으로 임명했다. 자신을 최초의 스승으로 삼는 베단따 교단을 완성한 것이다. 현재에는 5개의 수도원이 있다. 수도원마다 '샹까라짜르야'라고 불리는 수도원장이 존재한다. 4대 제자의 시기부터 현재까지 각 수도원마다 샹까라짜르야가 법통을 이어왔다. 수많은 샹까라짜르야가 존재하는 셈이다. 샹까라짜르야의 계보를 통해 베단따 전통이 계승되어왔다. 현재에도 큰 변화 없이 수도원에서는 전통을 잇고 있다. 이것이 바로 전통의 힘이다. 믿는 것이 전통이고, 믿기 때문에 전통은 살아 있다. 샹까라는 수도원을 건립하지 않았을 것이다. 수도원 건립은 훨씬 더 후대에 이루어졌을 가능성이 크다. 그렇게 역사적 사실로 밝혀지고 있다. 그래도 베단따의 전통은 전혀 흔들리지 않는다. 현대 인도는 서양 학문을 받아들였지만 베단따 전통을 버리지도 않았다. 학파로서 베단따는 지금도 생존하고 있다.

베단따는 현대 요가Modern Yoga에 기대어 살아 있기도 하다. 현대 요가는 매우 복잡한 기원을 가진다. 그 기원들 가운데 중요한 하나가 베단따 사상이다. 역사적으로 베단따와 요가는 친밀한 관계를 유지했다. 서로 영향을 주고받았다. 현대 요가가 형성될 때도 베단따의 주요 이론들이 유입되었다. 현대 요가의 사상을 낱낱이 해부해보면 그 절반이 베단따일지도 모른다. 21세기에 요가는 인도를 대표하는 브랜드가 된다. 세계 곳곳에서 문화로 자리 잡는다. 베단따는 덤으로 살아남는다.

한국에서 베단따는 불교와 현대 요가의 형태로 존재한다. 불교 속에 베단따가 존재한다. 현대 요가 속에 베단따가 존재한다. 이 두 가지는 인도와 한국을 이어주는 문화적 연결고리이다. 한국인의 현재가 불교의 영향을 받고 있다면 베단따의 영향도 존재한다. 현대 요가의 경우도 마찬가지이다. 또 있다. 한국의 마을운동이나 평화운동은 간디와 비노바 바베의 영향을 받았다. 간디와 비노바 바베는 베단따의 영향을 받았다. 베단따는 이런 식으로 한국에도 존재한다. 베단따 전통은 멀고 먼 한국 땅에서도 살아 있다.

2.
베단따와 전통 계승의 역사

2.
베단따와 전통 계승의 역사

인도는 버전들의 천국

경전을 읽는 데 반드시 교정본만을 사용해야 할까? 온전한 교정본이 있으면 당연히 좋다. 하나의 텍스트를 앞에 두고 함께 강독할 수 있다. 함께 논의할 수 있다. 서로 다른 텍스트를 사용한다면 공부에 불편함이 많을 것이다. 극단적으로 학문 활동이 불가능하다고도 말할 수 있을 것이다. 그런데 반드시 그러하지 않아도 된다. 교정본이 없으면 없는 대로 장점이 있다. 공통적인 기반이 있어야 한다고 반드시 생각할 필요는 없다. 기준이나 표준에 대한 과도한 집착일 수 있다.

인도는 유난히 표준에 얽매이지 않는다. 힌두교만 해도 그렇다. 신의 수가 3억 3천만이라고 한다. 그보다 적은 수를 언급하는 경우도 잦다. 문헌에 따라 상이하다. 무수히 많은 신이 존재한다는 것을 알릴 뿐이다. 어느 종파에서는 비슈누가 최고의 신이다. 다른 종파에서는 쉬바Śiva가 최고의 신이다. 최고의 신은 시대마다 종파마다 다르게 등장할 뿐이다. 힌두교 경전에는 표준이 없다. 성경과 같은 단일한 경전이 존재하지 않는다. 종파에 따라 경전의 중요도도 달라진다. 어느 종파에서 가장 중요한 경전이 다른 종파에서는 참고문헌 정도인 경우도 있다. 각각의 경전들이 각각의 의미를 가질 뿐이다. 심지어 하나의 경전에도 표준이 없다. 예를 들어 『브라흐마 수뜨라Brahma-sūtra』가 있다. 샹까라는 이 경전에서 수뜨라의 수가 555개라고 본다. 라마누자는 543개, 마드바는 563개라고 본다. 세 인물은 이 중요한 경전에 주석을 단 대표적인 주석가들이다. 각자에게는 각자의 경전이 존재할 뿐이다. 카스트 제도도 표준과는 거리가 멀다. 4개의 계급 아래 수천 개의 카스트가 존재한다. 카스트는 일종의 직업을 알려주는 표시이다. 높고 낮음의 서열을 매기는 게 무척 어렵다. 실제로 서열 다툼이 심하다. 동일한 카스트가 어느 지역에서는 꽤 높은 서열이고 다른 지역에서는 꽤 낮은 서열이기도 하다. 시간에 따라 장소에 따라 카스트의 역사가 다를 뿐이다.

　『라마야나Rāmāyaṇa』라는 서사시가 있다. 다양한 버전version을 알려주는 좋은 예시이다. 이 서사시는 손오공 이야기의 모태이다. 주인공은 라마Rāma와 시따Sītā이다. 아내인 시따가 악마에게 납치되자 라마가 구출하는 내용이다. 구출한 뒤에 라마는 시따의 순결을 의심한다. 시따는 스스로 자신의 정절을 증명함으로써 두 사람은 행복하게 산다. 이것은 하나의 버전이다. 시대마다 지역마다 『라마야나』는 수많은 버전이 있다. 라마가 시따를 버리는 버전도 있다. 시따가 라마를 버리는 페미니즘 버전도 있다. 심지어 시따를 납치한 악마를 훌륭하게 묘사하는 버전도 있다. 인도에서 지역색과 언어의 차이 때문에 가능한 일이다. 한국의 『춘향전』에도 여러 버전이 있었다고 한다. 춘향의 정절이 보상을 받아 행복한 결말에 이르는 하나의 표준적 버전만이 살아남았다. 인도의 『라마야나』에는 다양한 버전들이 온전하게 살아남았다.

흔히 인도를 '다양성 속의 통일성'이라는 말로 꾸미곤 한다. 인종, 언어, 문화, 종교 등이 한없이 다양하면서 기묘하게 통일을 이루고 있다는 것이다. 인도는 다양성의 천국이다. 다른 말로 '버전들의 천국'이라고 부를 수 있다. 그러면서 통일을 이루는 것은 놀랍다. 그 통일성이란 두 가지 의미이다. 하나는 변형들이 느슨한 원형을 공유한다는 것이다. 다른 하나는 변형들이 조화롭게 공존한다는 것이다. 『라마야나』의 원형은 존재하지 않는다. 단지 조화롭게 공존하는 여러 버전들의 『라마야나』를 통해 원형을 느슨하게 추정할 수 있다. 여러 버전들의 『라마야나』는 제각각 의의를 가지면서 또 다른 버전을 준비하고 있다. 여러 버전들의 존재는 인간과 삶에 대한 이해의 폭을 넓혀준다.

인도의 철학 학파는 오랫동안 유지되어왔다. 서양과는 다르다. 서양 철학사는 오류 극복의 역사이다. 지속적으로 과거와 결별하고 새로움과 완전함을 향해 나아간다. 인도철학사는 전통 확장의 역사이다. 과거의 것을 더 잘 이해하려고 발버둥 친다. 오히려 앞선 것이 더 완전하다고 간주하기도 한다. 하나의 학파가 이루어지면 좀체 사라질 줄 모른다. 전통은 끝없이 확장되기만 한다. 하나의 사유가 다양한 버전을 가진 채로 계승된다. 철학 학파마저 다양성 속의 통일성을 보여준다. 버전들은 느슨한 원형적 사유를 공유한다. 버전들은 조화롭게 공존한다.

베단따학파도 수많은 버전들의 집합이다. 수많은 학자들이 사유한 결과물의 총화이다. 어떤 학자는 비교적 무난한 버전을 만들었다. 어떤 학자는 '베단따'라고 부르기도 쉽지 않은 특이한 버전을 만들었다. 예컨대 15-16세기의 비즈냐나빅슈Vijñānabhikṣu는 상크야, 요가, 베단따, 비슈누주의 등이 혼합된 사상을 펼쳤다. 그의 사상도 베단따이다. 베단따의 버전들은 유사성과 차이성을 가진 채로 복잡하게 배열되어 있다. 다양한 목소리는 오히려 베단따의 힘이다. 그렇지만 학파로서 통일성은 매우 굳건하다. 통일성을 가지기 때문에 그 힘은 더욱 강력하다.

우빠니샤드와 베단따의 기원

초기 우빠니샤드는 베단따학파의 기원이다. '베단따'라는 말도 맨 처음에는 초기 우빠니샤드를 가리킨다. 이러니 베단따학파는 항상 우빠니샤드를 떠받들 수밖에 없다. "'베단따'라는 것은 우빠니샤드에 권위를 두"<베단따 사라 3.1>는 사상이다. 그뿐만이 아니다. 초기 우빠니샤드는 베단따의 전부나 마찬가지이다. 샹까라는 "이와 같이 내가 이렇게 언급한 '실재에 대한 지식'은 베단따에서 확정된 것이기 때문에 지고하다."<우빠데샤 사하스리(운문) 10.14>라고 한다. 자신의 사상은 우빠니샤드에서 이미 확정된 것이라고 고백한다. 자신의 견해는 곧 우빠니샤드의 견해이다. 초기 우빠니샤드는 베단따의 '완성된 기원'인 셈이다.

초기 우빠니샤드로는 대략 15종 내외가 알려져 있다. 그 목록은 다음과 같다:『브리하다란야까 우빠니샤드Bṛhadāraṇyaka-upaniṣad』,『찬도그야 우빠니샤드Chāndogya-upaniṣad』,『아이따레야 우빠니샤드Aitareya-upaniṣad』,『까우쉬따끼 우빠니샤드Kauṣītaki-upaniṣad』,『따잇띠리야 우빠니샤드Taittirīya-upaniṣad』,『이샤 우빠니샤드Īśā-upaniṣad』,『쁘라슈나 우빠니샤드Praśna-upaniṣad』,『문다까 우빠니샤드Muṇḍaka-upaniṣad』,『까타 우빠니샤드』,『슈베따슈바따라 우빠니샤드Śvetāśvatara-upaniṣad』,『께나 우빠니샤드Kena-upaniṣad』,『만두끄야 우빠니샤드Māṇḍūkya-upaniṣad』. 이러한 우빠니샤드들은 비교적 연대가 확실하다고 간주된다. 기원전 700년경부터 약 700년 동안 형성되었다. 열거된 순서대로 앞의 것이 시대적으로 앞서는 편이다.[1] 목록에서 빠진 몇몇 우빠니샤드는 과연 초기에 속하는지 논란의 여지가 많다.

우빠니샤드를 연구하는 것은 무척 도전적인 일이다. 최근에는 새로운 성과들이 꽤 등장했다. 우빠니샤드는 단일한 철학을 제시하지 않는다고 한다. 700여 년의 시간 동안 동일한 철학이 지속될 리는 없다. 우빠니샤드가 통일된 사상을 제공한다는 것은 샹까라의 영향이다. 우빠니샤드의 가르침은 새로운 것이 아니라고 한다. 그 이전의 문헌들에서 이미 존재했다. 그저 가르침을 전하는 방식이 새로울 뿐이다. 예를 들어 개별 철학자의 이름으로 가르침이 등장한다. 우빠니사드의 범아일여는 일부 텍스트에서만 제한적으로 가르쳐진다고 한다. 핵심 가르침은 아뜨만이다. 아뜨만에 관해 다양한 가르침이 펼쳐진다. 시대적으로 브라흐만을 추구하는 것이

---

1   Cohen(2008) p. 287 참조.

앞서고 아뜨만을 추구하는 것이 뒤따른다.

우빠니샤드에는 상당수의 개별 철학자들이 등장한다. 대표적으로 샨딜르야Śāṇḍilya, 웃달라까 아루니Uddālaka Āruṇi, 야즈냐발끄야Yājñavalkya를 들 수 있다. 샨딜르야는 『찬도그야 우빠니샤드』 3.14에서 짧게 등장한다. 그는 가장 선명하게 범아일여를 설파하는 철학자이다. 『찬도그야 우빠니샤드』의 웃달라까 아루니는 존재sat의 철학을 제시한다. 이 세계는 유일무이한 존재로부터 생겼다고 주장한다. 비존재 또는 무(無)로부터 생길 수 없다는 것이다. 그는 아들 슈베따께뚜Śvetaketu에게 "그것이 너이다."tat tvam asi[2]라는 유명한 가르침을 전한다. 야즈냐발끄야는 『브리하다란야까 우빠니샤드』를 대변하는 철학자이다. 가장 선명하게 아뜨만 사상을 주창한다. 자신의 아내에게 가르친다. 남편을 사랑하는 이유는 무엇인가? 자식을 사랑하는 이유는 무엇인가? 재물을 사랑하는 이유는 무엇인가? 이 모두 자신의 아뜨만을 사랑하기 때문이라고 가르친다. 아뜨만에 대한 사랑 없이는 그 무엇도 사랑할 수 없다. 아뜨만이 진정한 승자이다. 이 세계의 진정한 지배자는 '내부의 지배자'antaryāmin인 아뜨만이라고 역설한다.

초기 우빠니샤드는 기원전에 분파별로 형성된다. 분파별로 전승된다. 분파의 경계는 서력기원을 전후로 희미해진다. 분파의 전통보다는 학

2　브레레톤에 따르면 tat tvam asi라는 문장은 '그것이 너이다'라는 뜻이 아니다. 그는 tat를 대명사로 간주하지 않고 부사로 간주한다. 그러면 이 문장은 '너는 그렇게 존재한다'(In that way are you)라는 뜻이다. 보다 구체적으로 이 문장은 '너는 생명의 정수인 아뜨만으로서 존재한다'라고 풀이된다. Brereton(1986) pp. 108-109 참조. 이와 같은 해석은 이 문장이 범아일여의 가르침을 담고 있다는 오래된 믿음을 파기한다.

문śāstra의 전통이 중요시된다. 우빠니샤드도 '베단따'라는 이름 아래 하나의 학문으로 자리 잡는다. 물론 베다의 일부로서 베다에 의존적인 하나의 학문이 된다. 통일된 가르침으로 해석되지도 않는다. 다만 우빠니샤드는 브라흐만 사제들의 공동자산으로 간주되기 시작한다. 분파를 넘어 통합적 전체가 된 우빠니샤드를 어떻게 해석할 것인가 하는 문제가 제기된다. 우빠니샤드에 학문적 체계를 부여하려는 시도가 일어난다. 바로 그 결과물이 『브라흐마 수뜨라』, 즉 『베단따 수뜨라Vedānta-sūtra』이다. 베단따학파를 성립시킨 경전이다. 이 경전은 초기 우빠니샤드 사상을 압축적으로 요약하고 정리한 것이다. 수백 년 동안 증보되고 편집된다. 기어이 기원후 400-450년경에 완성된다. 이 경전이 성립됨으로써 우빠니샤드는 '지식편'jñānakāṇḍa으로 불린다. 브라흐만에 대한 지식을 주제로 다루는 문헌이라는 뜻이다.

초기 우빠니샤드는 『브라흐마 수뜨라』에서 재구성된다. 『브라흐마 수뜨라』는 '샹까라'라는 주석가에 의해 재해석된다. 샹까라는 철저하게 우빠니샤드 사상이 범아일여라고 해석한다. 우빠니샤드 사상이 완벽하게 일관적이라고 강조한다. 우빠니샤드는 베단따학파에 의해 새롭게 규정되는 것이다. 베단따학파의 우빠니샤드가 탄생한 셈이다. 결국 우빠니샤드 자체와 베단따학파의 우빠니샤드는 다르다. 같은 우빠니샤드이지만 베단따학파의 우빠니샤드는 신성화된 형태이다.

샹까라 이전의 베단따

베단따 학자들은 기원전부터 존재한다. 이미 형성되어 있던 우빠니샤드를 연구하는 자들이 기원전에 존재했다는 말이다. 그들은 형성되고 있던 우빠니샤드에 영향을 미치기도 한다. 서력기원을 전후로는 문헌 해석학에 열중한다. 제의와 관련된 문헌을 해석하는 자들을 모방하며 지식과 관련된 우빠니샤드를 해석한다. 문헌 해석학을 중요시하지 않은 학자들도 등장한다. 서력기원을 전후로 베단따는 느슨한 학파로나마 존재한 셈이다. 아마 '미맘사와 유관한 베단따'와 '미맘사와 무관한 베단따'가 공존했을 것이다. 전자는 제의와 해석을 중요시한다. 후자는 덜 중요시한다. 베단따의 창시자 샹까라는 전자에 속했다고 한다. 샹까라 이후의 베단따는 전자가 주류를 차지한다.

기원후 5세기경에 『브라흐마 수뜨라』가 완성된다. 베단따 철학이 사상적 근거를 확보하게 된다. 『브라흐마 수뜨라』에 대한 여러 주석도 쓰인다. 안타깝게도 현존하지는 않는다. 그 와중에도 다양한 베단따 전통들이 경쟁을 벌인다. 베단따 철학이 교양인들에게 알려지고 다른 학파들도 베단따를 의식한다. 5세기의 바르뜨리하리Bhartṛhari는 『바끄야빠디아Vākyapadīya』에서 '베단따 학자'Vedāntin라는 말을 쓴다. 그는 언어철학자이고 문법학자이다. 또한 베단따 학자에 가깝기도 하다. 6세기의 불교학자 청변Bhāviveka은 『중관심론Madhyamakahṛdaya-kārikā』(中觀心論)에서 베단따학파를 언급한다. 쉬바 계열의 우빠니샤드를 추종하는 베단따 학자들을 소개한다. 그는 '베단따주의자'라는 명칭을 사용한다. 베단따주의자들이 불교 교리를 차용했다고 믿는다.

6세기와 7세기의 베단따 학계는 매우 복잡한 그림이다. 대다수 베단따 학자들은 샹까라와는 다른 견해를 보인다. 비이원론조차 샹까라의 것과는 다르다. 베단따는 학파로 인정되지만 그에 걸맞은 비판도 따른다. 미맘사와의 갈등도 심화된다. 미맘사는 제의를 실행해야 하는 가정기의 인생단계āśrama를 중시한다. 베단따는 그 단계를 거치지 않고 곧바로 출가하는 것을 정당화한다. 미맘사로서는 달갑지 않다. 미맘사로부터 베단따를 분리시키려는 경향도 강해진다. 제의(행위)로부터 지식을 분리시키려는 움직임이다. 이 또한 미맘사로서는 달갑지 않다.

6세기에는 아디셰샤Ādiśeṣa가 『빠라마르타 사라Paramārtha-sāra』를 쓴다. 그의 사상은 동세기의 가우다빠다Gauḍapāda가 제시한 사상과 상당 부분 흡사하다. 가우다빠다는 샹까라의 스승인 고빈다Govinda의 스승이다. 샹까라의 스승의 스승인 셈이다. 가우다빠다는 불교의 영향을 크게 받는다. 앞 세대인 바르뜨리하리도 불교의 영향을 받은 바 있다. 가우다빠다는 『만두끄야 까리까Māṇḍūkya-kārikā』를 쓴다. 이 책의 뒷부분은 중관불교와 유식불교의 색채가 매우 강하다. 그럼에도 그가 우빠니샤드를 비이원론으로 해석하고 있는 것은 틀림없다. 이 외에도 매우 많은 철학자가 『브라흐마 수뜨라』와 샹까라 사이의 시대에 존재한다. 샹까라의 『브라흐마 수뜨라 주석Brahma-sūtra-bhāṣya』을 통해 상당수 학자의 철학적 면모가 알려진다.

베단따 사상은 일종의 환영주의이다. 환영주의적 세계관은 샹까라 이전부터 이미 존재하고 있던 것이다. 아니, 베다 시대부터 그 원형이 존재한다. 이 세계를 마치 마술사의 마술과 같은 것으로 이해하는 사고방식이다. 우빠니샤드에서는 더욱 심화된다. 『슈베따슈바따라 우빠니샤드』에서는 환영주의적 사고가 비교적 선명하다. 가우다빠다는 "이것이 그 신의 환술(幻術)이다. 그것(환술)에 의해 [신은] 스스로 미혹된다."<만두끄야 까리까 2.19>라고 한다. 샹까라 이전에 존재했던 『요가 바시슈타Yoga-vāsiṣṭha』도 유사하다. 이 세계를 자기 속임수에 의한 환영으로 본다. 샹까라의 당대에는 비슈누 계열의 환영주의도 존재한다. 불교와 밀접하게 연관된 것으로 간주된다. 환영주의는 힌두교에 광범위하게 퍼진 세계관이다. 샹까라는 이러한 세계관을 자기 사유에 끌어들인다. 『브라흐마 수뜨라』는 실재론에 가까운 편이다. 그런데 샹까라는 그 주석에서 환영주의적 해석을 선보인다. 이 세계는 결코 '보이는 바대로의 것'이 아니라는 사고방식이다.

샹까라와 그 이후의 베단따

종종 베단따와 샹까라는 마치 유의어처럼 들린다. 샹까라는 베단따학파의 창시자이다. 베단따학파의 완성자이다. 샹까라에 이르러 베단따는 인도철학계의 주류가 된다. 영향력 있는 학파가 된다. 베단따 학계 내에서 샹까라의 입지는 탄탄하지 않았다고 한다. 샹까라가 독창적으로 제시한 사상도 별로 없었다고 한다. 그럼에도 그는 베단따의 중심으로 우뚝 선다. 불교의 영향권에 있던 베단따를 전통으로 복귀시킨 것도 샹까라이다. 적극적으로 불교적 요소를 베단따에 포섭하고 용해시킨다. 재미있게도 샹까라가 불교 멸망의 주범으로 알려져 있다. 흔히 그가 인도에서 불교에 마지막 카운터펀치를 날렸다고 회자되곤 한다. 또한 샹까라는 미맘사를 활용하여 미맘사를 넘는다. 미맘사의 해석학을 우빠니샤드에 적용하여 독립된 학파를 출범시킨다. 미맘사의 방법론을 도입하는 순간 베단따는 탁월한 '브라흐마 미맘사'Brahma-mīmāṃsā[3]가 된다.

샹까라의 생존 연대는 약 700-750년이다. 오랫동안 그 연대에 관해 논란이 있었다. 애초에는 788-820년이 수용되었다. 인도에서는 아직도 이 연대를 받아들이는 편이다. 그의 시대는 거대 왕국이 붕괴되고 군소 왕국들이 난립하던 난세였다. 문화적으로는 매우 역동적인 시기였다. 미맘사학파는 강력했고 불교는 쇠퇴를 겪고 있었다. 유신론을 바탕으로 하는 대중 힌두교의 물결이 일고 있었다.

그의 생애는 신화와 전설로 각색되어 있다. 32년의 생애는 두 시기로 나뉜다. 전반기는 공부와 저작의 시기이다. 후반기는 선교와 조직화의 시기이다. 8살에 홀어머니를 떠나 고빈다 문하에 들어간다. 12세부터 4년 동안 대부분의 저작들을 집필한다. 16세에 『브라흐마 수뜨라 주석』을 완성한다. 17세부터 시작된 인생 후반기는 '천하 정복'digvijaya이라고 불린다. 논쟁을 벌이고 베단따를 전파하고 수도원을 설립한다. 마침내 전지성의 왕좌에 오르고 '세계의 스승'jagadguru이 된다. 인도의 동서남북 성지에 수도원을 설립한다. 각 수도원에 자신의 4대 제자를 수장으로 임명한다. 32세에

---

3 '미맘사'라는 말은 고찰, 검토, 탐구 등을 뜻한다. 미맘사학파가 베다의 브라흐마나 문헌을 해석학적으로 고찰한 데서 기원한다. 베단따학파는 베다의 우빠니샤드 문헌을 해석학적으로 고찰한다. 우빠니샤드의 주제는 브라흐만이다. 결국 베단따학파는 브라흐만에 대해 고찰하는 '브라흐마 미맘사'이다.

제자들과 신들 앞에서 임종한다.

샹까라는 300종 이상의 저작을 남겼다고 한다. 전통적인 관점에서 그러하다. 4개 수도원의 수장들이 '샹까라짜르야'라고 불렸다는 점을 고려해야만 한다. 그들의 저작이 샹까라의 이름으로 전승되었을 가능성이 크다. 대표작인 『브라흐마 수뜨라 주석』은 인도철학사의 최대 걸작이다. 10개의 초기 우빠니샤드에 대한 주석은 가장 오래된 현존 주석서이다. 10개는 다음과 같다. 『브리하다란야까 우빠니샤드』, 『찬도그야 우빠니샤드』, 『아이따레야 우빠니샤드』, 『따잇띠리야 우빠니샤드』, 『이샤 우빠니샤드』, 『쁘라슈나 우빠니샤드』, 『문다까 우빠니샤드』, 『까타 우빠니샤드』, 『께나 우빠니샤드』, 『만두끄야 우빠니샤드』. 진작(眞作)인지 논란이 되는 것은 『슈베따슈바따라 우빠니샤드』이다. 『바가바드 기따 주석Bhagavad-gītā-bhāṣya』도 위작 논란을 피하지 못한다. 이 작품이 진작이라면, 그는 베단따의 3대 경전에 현존하는 최초의 주석을 남긴 셈이다. 주석서가 아닌 독립적인 작품으로는 『우빠데샤 사하스리Upadeśa-sāhasrī』가 있다. 이외 몇 개의 작품이 더 거론된다.

샹까라의 사상은 브라흐만 일원론이다. 참으로 존재하는 것은 오직 브라흐만이라는 이론이다. 브라흐만은 유일무이하다. 세계는 브라흐만으로부터 창조된다. 실제로 창조된다면 세계도 존재하는 것이어야 한다. 브라흐만의 유일성이 훼손된다. 그래서 세계의 창조 등은 무지avidyā의 관점에서 이해되어야 한다. 창조된 세계는 마치 환영과 같은 것이다. 지식의 관점에서는 브라흐만이 불변으로 존재할 뿐이다. 바로 이 브라흐만은 아뜨만이다. 브라흐만 일원론은 곧 아뜨만 일원론이다. 육체, 감각기관, 마음 등 아뜨만이 아닌 것을 아뜨만이라고 착각해서는 안 된다. 그 착각은 아뜨만에 대한 무지에 근거한다. 아뜨만에 대한 지식을 얻어야 한다. 오직 지식을 통해서만 해탈할 수 있다. 해탈이란 브라흐만 상태 또는 아뜨만 상태가 되는 것이다.

샹까라보다 조금 앞서는 만다나 미슈라Maṇḍana Miśra는 주목해야 할 베단따 학자이다. 전통에 따르면, 그는 본디 탁월한 미맘사 학자이다. 샹까라와 유명한 논쟁을 벌여 패배한다. 그의 부인이 나서지만 역시 패배한다. 샹까라의 제자가 되면서 수레슈바라Sureśvara로 개명했다고 한다. 전통을 따르지 않는다면, 만다나 미슈라와 수레슈바라는 확연히 다른 인물이다. 만다나 미슈라는 베단따에 관해 『브라흐마 싯디Brahma-siddhi』라는 단 하나의 걸작을 남긴다. 그는 해탈을 이루기 위해서는 지식만으로 불가능하다고 본다. 지식과 행위의 공조론(共助論)을 주창한다. 긍정적 실재뿐만 아니라 부정적 실재도 인정한다. '무지의 파기', '복합현상계의 부재'와 같은 것을 부정적 실재로 간주하는 것이다. 샹까라와는 꽤 다른 비이원론이다. 말할 수 없음anirvacanīyatā, 은폐력āvaraṇa-śakti, 산출력vikṣepa-śakti, 가현vivarta 등 중요한 개념을 제안한다. 그는 베단따에 논리적 언어를 도입한 철학자로 기억될 것이다.

만다나 미슈라는 샹까라 이후 얼마 동안 샹까라보다 더 유명했다. 샹까라보다 더 존경을 받았다. 아예 그가 베단따의 대표 인물이었다. 다른 학파에 그렇게 비춰졌다는 것이다. 샹까라의 사상으로 알려진 것도 상당수가 만다나 미슈라의 사상이다. 역사는 샹까라만을 위대한 반열에 올려놓았다. 만다나 미슈라는 잊히다시피 한 인물이 되었다. 아마도 베단따의 적통 경쟁이 있었을 것이다. 승리자는 샹까라였다. 베단따에서 샹까라의 지위와 영향력은 10-14세기에 걸쳐 꾸준히 상승한다. 그 시기에는 베단따의 하위 학파인 바마띠Bhāmatī학파와 비바라나Vivaraṇa학파가 성립되었다.[4] 베단따가 인도철학계를 장악하던 시기였다.

샹까라에게는 상당수의 제자들이 존재했다. 4대 제자가 잘 알려져 있다. 수레슈바라, 빠드마빠다Padmapāda, 하스따말라까Hastāmalaka, 또따까Toṭaka이다. 앞의 두 제자는 베단따의 위대한 학자로 명성을 떨친다. 뒤의 두 제자는 샹까라의 4대 제자라는 점 때문에 유명하다.

수레슈바라는 베단따에서 샹까라에 이어 두 번째로 위대한 학자라고 평가된다. 스승 샹까라의 사상에 가장 충실하다고 전해진다. 그는 스승을 태양에 비유하고 자신을 반딧불에 비유한다. 대단한 존경심이다. 스승의 우빠니샤드 주석에 복주석을 남긴다. 『브리하다란야까 우빠니샤드 주석 해제Bṛhadāraṇyaka-upaniṣad-bhāṣya-vārttika』, 『따잇띠리야 우빠니샤드 주석 해제Taittirīya-upaniṣad-bhāṣya-vārttika』라는 두 저작이다. 『나이슈까르므야 싯디Naiṣkarmya-siddhi』도 중요한 작품이다.

빠드마빠다는 샹까라의 첫 번째 제자로서 가장 아꼈던 제자라고 전승된다. 샹까라의 사상에 형이상학적 색채를 가미한다. 어떤 해석은 스승의 사상과 상당한 괴리를 보이기도 한다. 유일한 저작으로 『빤짜빠디까Pañcapādikā』가 있다. 『브라흐마 수뜨라 주석』의 앞부분 4개 수뜨라에 대해 복주석을 쓴 것이다. 하스따말라까는 『하스따말라까 슐로까Hastāmalaka-

---

4   Hacker(1995) p. 30 참조.

śloka』를 남긴다. 14개의 이행시로 이루어진 짧은 작품이다. 또따까는『슈루띠 사라 사뭇다라나Śruti-sāra-samuddhāraṇa』등의 작품을 남긴다. 스승의 사상과 매우 큰 유사성을 보여준다.

샹까라의 시대 이후 후기 베단따는 크게 두 하위 학파로 나뉜다. 바마띠학파와 비바라나학파이다. 바마띠학파의 창시자는 약 9-10세기의 바짜스빠띠 미슈라Vācaspati Miśra이다. 인도철학사에서 가장 탁월한 지성을 가진 철학자이다. 모든 학파의 사상에 정통했다고 한다. 베단따와 관련해서는 만다나 미슈라의 전통을 계승한다. 그 전통에 서서 샹까라의 사상을 수용한다. 그는 샹까라의『브라흐마 수뜨라 주석』에 복주석을 남긴다. 작품명은『바마띠Bhāmatī』이고, 이 명칭이 그대로 하위 학파의 명칭이 된다. 비바라나학파의 창시자는 약 10세기의 쁘라까샤뜨만Prakāśātman이다. 후기 베단따 시대를 대표하는 철학자이다.『빤짜빠디까 비바라나Pañcapādikā-vivaraṇa』라는 작품을 남기고, '비바라나'라는 명칭이 그대로 하위 학파의 명칭이 된다. 이 작품은 빠드마빠다의『빤짜빠디까』에 대한 주석이다. 빠드마빠다가 비바라나학파의 시조가 되는 셈이다.

바마띠와 비바라나학파는 베단따의 근본 가르침을 공유한다. 세부 가르침에서는 크게 엇갈린다. 형이상학에서 바마띠는 대우주적 무지와 소우주적 무지가 모두 개별자아에 존재한다고 본다. 비바라나는 대우주적 무지만큼은 브라흐만에 존재한다고 본다. 바마띠는 무지가 동작적 원인이기만 하다고 본다. 비바라나는 무지가 동작적 원인이면서 물질적 원인이기도 하다고 본다. 수행론에서 바마띠는 명상하기nididhyāsana를 주된 것으로 받아들인다. 지식을 심리적 행위의 형태로 간주하기 때문이다. 비바라나는 듣기śravaṇa를 주된 것으로 받아들인다. 지식을 심리적 행위의 형태로 간주하지 않기 때문이다. 인식론에서 바마띠는 지각을 심리적인 것으로 규정한다. 비바라나는 지각을 심리적인 것인 동시에 언어적인 것으로 규정한다. 이 외에도 두 학파는 여러 문제들에 대해 상이한 입장을 표명한다.

후기 베단따에는 몇 가지 특징이 살펴진다. 초기 베단따의 위대한 저작들에 대해 주석, 복주석, 복복주석이 쓰인다. 요약하는 형태의 주석도 쓰인다. 베단따의 핵심을 알려주려는 소책자가 등장한다. 교화나 감화의 내용을 담은 소책자도 등장한다. 사상체계의 문제점을 보완하려는 노력이 심화된다. 세부적인 문제를 두고 논쟁하는 양상이 나타난다. 종합하고 통합하려는 움직임도 뒤따른다. 타 학파와 경쟁하면서 체계를 방어하려는 노력도 강화된다. 덕택에 베단따의 변증론이 크게 발달한다. 인식론을 더 정교화하는 작업도 가속화된다. 베단따가 학파로서 온전한 면모를 두루 갖춘다. 타 학파의 영향으로 체계가 변질되고 왜곡된다. 특히 베단따가 상크야와 요가 사상으로 경도된다. 비슈누주의, 쉬바주의Śaivism에 영향을 주지만 영향을 받기도 한다. 회통을 시도하는 움직임도 뒤따른다.

후기 베단따의 역사에는 수많은 철학자들이 활약한다. 그 수가 가늠할 수 없을 정도로 많다. 몇몇 철학자만 꼽으면 다음과 같다. 약 10세기의 사르바즈냐뜨만Sarvajñātman은 『상끄셰빠 샤리라까Saṃkṣepa-śārīraka』를 남긴다. 이 작품은 『브라흐마 수뜨라 주석』을 시구로 명쾌하게 요약한 것이다. 약 1,100년경의 아난다보다Ānandabodha는 타 학파를 방어적으로 논파하는 데 앞장선다. 특히 『느야야 마까란다Nyāya-makaranda』라는 저작을 통해서 그렇게 한다. 후대 변증론에 큰 영향을 미친다. 약 12세기에 활약한 슈리하르샤Śrīharṣa와 찟수카Citsukha는 변증론의 대가들이다. 전자는 타 학파를 파괴적으로 논파하는 데 주력한다. 논리적 진술은 그 내재적 결함으로 인해 사태를 설명할 수 없다고 주장한다. 『칸다나 칸다 카드야Khaṇḍana-khaṇḍa-khādya』라는 역작을 남긴다. 후자는 전자를 계승한다. 더불어 정의와 증명을 통해 자기 입장을 확립하는 것에도 관심을 기울인다. 『칸다나 칸다 카드야』에 대한 주석과 『땃뜨바 쁘라디삐까Tattva-pradīpikā』가 대표작이다. 약 1,200경의 비묵따뜨만Vimuktātman은 베단따의 인식론을 정립한다. 베단따의 인식론적 환영주의를 방어하는 데 주력한다. 대표작으로 『이슈따 싯디Iṣṭa-siddhi』가 있다. 약 14세기의 비드야란야Vidyāraṇya는 정치가이자 성직자이자 학자이다. 그는 『빤짜다쉬Pañcadaśī』 등의 개론서를 남긴다. 『사르바 다르샤나 상그라하Sarva-darśana-saṃgraha』라는 제목의 유명한 인도철학사도 남긴다. 『사르바 다르샤나 상그라하』의 저자인 마다바Mādhava가 바로 비드야란야이다. 약 17세기의 마두수다나 사라스바띠Madhusūdana Sarasvatī는 후기 베단따의 집대성자이다. 신에 대한 사랑을 추구하는 박띠bhakti 사상을 베단따에 가미한다. 지식과 사랑이 양립할 수 있는 길을 개척한다. 수많은 저작을 남기는데, 『아드바이따 싯디Advaita-siddhi』가 대표작이다.

근현대의 베단따

근대 인도의 베단따는 신베단따이다. 신베단따는 영국의 식민 지배가 가혹하던 시절에 탄생한다. 인도의 자존심 고취를 위해 탄생한다. 오리엔탈리즘Orientalism의 시야를 벗어나려는 인도의 욕망이기도 하다. 동양은 나약하고 미개하지 않다는 것이다. 인도에도 탁월한 사상과 종교와 윤리가 있다는 것이다. 신베단따는 식민주의와 오리엔탈리즘에 대한 인도 민족주의의 응전이다. 결과적으로 신베단따는 독립 운동의 한 추진력이 된다. '인도'라는 상상의 공동체를 현실화하는 데 기여한다.

신베단따는 '신힌두주의', '힌두 모더니즘', '힌두 보편주의'와 다르지 않다. 19세기판 힌두교라고 말할 만하다. 힌두교를 서양 사상에 비추어 재해석한 것이기 때문이다. 힌두교를 대변하는 베단따를 그렇게 재해석한 것이기 때문이다. 통합이 핵심이다. 힌두교를 동질적인 이념으로 제시하고자 한다. 하나의 세계 종교로서 힌두교의 전망을 내세운다. 그러기 위해서 베단따를 중심에 놓는다. 통합적 힌두교는 세계의 다른 그 어떤 종교보다 더 큰 가능성을 가진다고 믿는다. 라마끄리슈나Ramakrishna(1836-1886)의 말처럼 모든 종교는 자유를 향한 동등한 길이다. 하지만 궁극적으로 힌두교가 보편적 종교이다. 그 보편성은 베단따로부터 확인된다. 베단따는 통합적 사유를 보여주었고 또 보여줄 수 있기 때문이다.

'신베단따'라는 말은 애초에 부정적인 의미였다고 한다. 브라흐모 사마즈Brahmo Samaj와 같은 개혁 운동을 전통주의자들이 비판하던 용어였다. 브라흐모 사마즈 협회가 바람을 불러일으키자 상황은 달라진다. 고전베단따는 근대적이지 않은 사상으로 규정된다. 우주적 자기심취와 도덕적 니힐리즘에 빠진 구닥다리가 된다. 신베단따는 새로운 면모를 보인다. 종교개혁뿐만 아니라 사회개혁까지 주도한다. 베단따의 문호를 개방하고

민주주의도 수용한다. 브라흐모 사마즈를 창시한 람 모한 로이(1774-1833)는 지식인들에게 막대한 영향을 미친다. 비베까난다(1863-1902), 오로빈도 Sri Aurobindo (1872-1950), 라다끄리슈난S. Radhakrishnan(1888-1975)과 같은 신힌두주의자가 개혁을 잇는다. 비베까난다는 15-16세기 비즈냐나빅슈의 영향을 크게 받는다. 비즈냐나빅슈의 사상이 포괄적이고 통합적이었기 때문이다. 신베단따는 20세기에 비베까난다 덕택에 세계화를 이룬다. 그가 주도한 '라마끄리슈나 선교회'Ramakrishna Mission(1897년 설립)를 통해서이다. 라마나 마하리쉬Ramana Maharishi(1879-1950)와 같은 성자는 신베단따의 아이콘이다. 신베단따는 인도 남부의 따밀Tamil 지방에서 스마르따Smarta 브라흐만과 결합된다. 이 브라흐만 사제들은 샹까라의 베단따를 따른다. 그러면서 범 인도적 산스끄리뜨 – 브라흐만 사제 전통을 추종한다. 신베단따는 근현대 인도 문화에 거대한 족적을 남긴다. 혹자는 이를 '베단따화'Vedanticization라고 부르기도 한다.

신베단따가 고전베단따와 다른 점은 크게 두 가지이다. 하나는 세계 환영설의 부정이다. 고전베단따는 현상 세계를 환영으로 간주한다. 신베단따는 그렇지 않다. 다원주의를 받아들이면서 현상 세계를 평가절하하지 않는다. 실재의 유일성과 현상계의 다양성을 모두 인정한다. 신베단따는 샹까라보다 라마누자에 더 가깝다. 다른 하나는 성전(聖典)의 권위 축소이다. 고전베단따는 성전을 통한 깨우침을 중요시한다. 신베단따는 그렇지 않다. 신비체험을 더 중요시한다. 비베까난다는 『베단따 사라Vedānta-sāra』 계열의 전통을 이어받는다. 그 기원은 만다나 미슈라까지 거슬러 올라간다. 삼매를 해탈의 수단으로 수용한다. 성전을 듣고서 바로 깨우침을 얻지 못한다는 입장이다. 반드시 삼매와 같은 신비 체험을 거쳐야 한다는 입장이다. 신베단따는 마치 요가와 같다.

신베단따는 인도의 근현대에 걸맞게 재탄생한 베단따이다. 간혹 샹까라의 베단따로 보이기도 한다. 얼핏 라마누자의 베단따라고 생각되기도 한다. 무신론과 유신론을 넘나든다. 어쨌거나 통합의 정신을 놓치지 않는다. 통합적 실재 아래 더 이상 대립적인 것들은 존재하지 않는다. 일원론이나 일신론은 더 견고하게 견지된다. 실재의 유일성이나 신의 유일성을 배타성으로 이해하지 않는다. 그 유일성을 포괄성으로 이해한다. 요가의 이론과 실천도 받아들인다. 신힌두교가 보편 종교이기 위해서는 신비 체험의 보편성이 필수불가결하기 때문이다. 신베단따는 대중들에게 고전베단따인 양 인식되는 경우가 흔하다.

현대 서양 학자들의 주된 관심은 고전베단따였다. 19세기 말 독일에서 베단따 연구의 선구자들이 등장한다. 도이센은 1883년에『베단따의 체계Das System des Vedânta』라는 역작을 남긴다. 현재까지 베단따 연구는 철학적 접근에서 이 성과를 넘지 못했다고 평가되기도 한다. 도이센은 샹까라를 세계 3대 철학자로 간주한 바 있다. 철학적 접근 이외에도 다양한 접근이 존재한다. 클루니Francis X. Clooney는 현대 베단따 연구의 역사를 3가지 양상으로 정리한다.[5] 철학적 양상, 해석학적 양상, 종교학적 양상이다. 학자들과 대표작들은 다음과 같다. 철학적 양상에는 도이센의『베단따의 체계』, 더이치Eliot Deutsch의『아드바이따 베단따: 철학적 재구성Advaita Vedânta: A

---

5   Clooney(2000) pp. 30-31 참조.

Philosophical Reconstruction』이 있다. 해석학적 양상에는 학커Paul Hacker의 『문헌학과 대결Philology and Confrontation』, 할브파스Wilhelm Halbfass의 『전통과 반성: 인도 사유의 탐구Tradition and Reflection: Explorations in Indian Thought』가 있다. 특히 학커는 베단따 연구사에 한 획을 그은 학자이다. 종교학적 양상에는 드 스멧Richard De Smet의 『샹까라의 신학적 방법The Theological Method of Śaṃkara』, 모디P. M. Modi의 『브라흐마 수뜨라에 대한 비판A Critique of the Brahmasūtra』이 있다. 이와 별개로 교육학적 양상, 수행론적 양상, 문화학적 양상 등 다양한 접근법들이 존재한다.

인도의 스와미 삿치다난덴드라 사라스와띠Satchidanandendra Saraswati (1880-1975)는 매우 특별한 경우이다. 그는 스승인 아예르K. A. Krishnaswamy Iyer를 좇아서 베단따를 현대적으로 재해석한다. 예를 들어 고전베단따에서는 숙면 상태에도 무지가 존재한다고 한다. 스와미는 숙면 상태에 무지가 실재한다면 그것은 제거될 수 없다고 주장한다. 제거될 수 없다면 해탈이 불가능하다. 따라서 숙면 상태에서는 무지가 존재하지 않아야 한다. 그의 이러한 해석은 베단따에 과학적 사고방식을 적용한 결과이다. 생시, 꿈, 숙면이 인간 경험의 전부라면 그 경험 속에서 해탈이 가능해야 한다고 보는 것이다. 스와미는 산스끄리뜨 저작도 남긴다. 샹까라 사상에 대한 몰이해와 왜곡을 제거하는 데 평생을 바친다. 그는 고전베단따 학자이자 새로운 베단따의 가능성을 타진한 학자이다. 성자이기도 하다.

근현대의 베단따 연구는 상당 부분 성공적이다. 베단따의 진면목이 거시적으로나마 밝혀졌기 때문이다. 미시적인 문제에서는 겨우 첫걸음을 뗀 경우도 많다. 현대적으로 재해석하는 작업은 그다지 존재하지 않는다.

베단따의 문제의식을 자기 것으로 삼고 대결하는 작업도 마찬가지이다. 무엇보다도 베단따는 현대사회의 여러 논점들에 끼어들지 못하고 있다. 인도철학 또는 동양철학의 한계를 노정한다. 언어의 문제도 개입된다. 베단따의 대다수 문헌들은 아직 산스끄리뜨라는 난해한 언어의 장벽 뒤에 숨어 있다.

집단지성이 만든 전통

베단따의 역사는 장장 3천년에 이른다. 초기 우빠니샤드부터 신베단따까지 인도의 역사를 함께한다. 무려 3천년이다. 학파로서 베단따의 역사는 그 절반 정도이다. 기원후 400-450년경을 기점으로 잡는 경우이다. 『브라흐마 수뜨라』가 완성된 시기이다. 베단따학파가 인도철학의 주류로 자리 잡은 세월은 천년 이상이다. 무려 천년이다. 하나의 학파가 천년 이상의 시대를 지배한다. 존재한 것을 넘어 지배한다. 게다가 그 가르침은 크게 달라지지 않는다. 샹까라의 사상이 거의 그대로 계승된다. 전통의 융융한 계승이다.

인도철학은 흔히 육파(六派)철학으로 알려져 있다. 사실 힌두교철학이 그렇게 분류된다. 상크야, 요가, 느야야Nyāya, 바이셰쉬까Vaiśeṣika, 미맘사, 베단따이다. 아주 복잡한 사연이 있다. 베다 시대에는 수많은 학문분야가 존재한다. 기원전 4세기경 까우띨르야Kauṭilya는 『아르타 샤스뜨라Artha-śāstra』에서 4종류의 학문을 말한다. 베다학, 경제학, 정치학, 철학

ānvīkṣikī이다. 서력기원 직후에는 느야야, 미맘사라는 학파가 언급된다. 기원후 5세기경에는 주요 학파의 경전이 완성된다. 그 이후부터 학파에 대한 호명이 잦아진다. 느야야와 미맘사는 대부분의 목록에 포함된다. 상크야, 요가, 바이셰쉬까, 베단따는 목록에 포함되지 않는 경우도 많다. 12세기경 『구루 기따Guru-gītā(Viśvasāratantra)』에서 현재의 육파철학이 다 거명된다고 한다. 그 이후에도 육파철학의 목록은 종종 달라지곤 한다. 14세기의 『사르바 다르샤나 상그라하』에서는 16개의 학파가 열거된다. 베단따가 16번째에 놓이면서 최고의 사상으로 간주된다. 베단따 학자가 저술했기 때문이다. 아무튼 현재 형태의 육파철학으로 고정된 것은 그리 오래지 않다. 틀에 박힌 육파철학은 존재하지 않았다는 것이다.

바람직하지는 않다. 광대한 인도철학을 겨우 여섯 개의 학파로 한정짓는다. 아니, 힌두교철학을 그렇게 한정짓는다. 지나친 단순화의 오류이다. 인도철학의 다양성을 스스로 포기하는 일일 수 있다. 그럼에도 인도철학에서 학파의 중요성을 각인시킨다. 인도에서 철학적 활동은 학파 안에서 이루어진다. 학파 바깥에서 활동하는 철학은 거의 존재하지 않는다. 철학자에게 자기 정체성은 학파이다. 자신의 사유는 곧 학파의 사유이다.

하나의 철학 학파는 역사성을 갖는다. 어느 날 갑자기 '스타 탄생'처럼 등장한 학파는 없다. 각 학파의 경전은 수백 년의 연구가 퇴적된 결과물이다. 수백 년 동안 편집의 과정을 겪었다는 말이다. 경전을 통해서 차별적인 교의를 내세워야 학파가 된다. 같은 영혼학이더라도 방법론이 달라야 한다. 게다가 논서 등을 통해 종합적 지식체계를 갖추어야 학파가 된다. 여러 철학적 문제에 대응책을 내놓아야 하는 것이다. 학파는 몇 명의 학자들이

단숨에 이룰 수 있는 것이 아니다. 장구한 집단지성의 산물이다.

베단따도 집단지성의 소산이다. 초기 우빠니샤드는 수많은 성자들이 깨우친 바를 집적한 것이다. 앞선 세대의 사유를 편집한 내용도 많다. 우빠니샤드를 요약한『브라흐마 수뜨라』의 저자는 바다라야나Bādarāyaṇa이다. 그의 단독작품은 아니다. 수백 년에 걸쳐 편집되고 증보되고 수정된 것이기 때문이다. 바다라야나는 어느 시점에 큰 역할을 했을 수 있다. 샹까라의 사상마저 온전히 개인의 것이 아니다. 그의 주석서들은 일종의 논문과 같다. 여러 선행연구를 제시하고 비판하고 자신의 해석을 최종결론으로 내세우는 구조이다. 집단지성을 반영한 연구이다.

샹까라의『브라흐마 수뜨라 주석』은 논증으로 가득하다. 베단따의 가르침을 체계적으로 증명한다. 가상의 논적을 만든 채 논쟁을 벌인다. 논쟁마다 베단따가 승리한다. 베단따의 교리가 우월하다는 점이 지속적으로 되풀이된다. 이러한 과정은 왜 필요할까? 논증마저 베단따의 집단적 활동이기 때문이다. 아니, 논증은 베단따 학자들에게 가장 중요한 학파 차원의 활동이기 때문이다. 논증의 과정을 통해 베단따 학자들은 베단따를 '느낀다'. 베단따의 오래된 역사를 직접 체험한다. 베단따의 전체성을 온몸으로 배운다.

베단따의 성전은 우빠니샤드이다. 베단따의 경전은『브라흐마 수뜨라』이다. 베단따의 주역은 샹까라이다. 그렇지만 베단따는 집단지성의 관점에서 온전하게 알려진다. 베단따는 무수한 성자들과 학자들이 집단적으로 만든 것일 뿐이다. 익명의 저자들도 베단따를 이룬다. 구분조차 불가능한 수많은 '샹까라짜르야'들도 베단따를 이룬다. 무명의 성자들과 학자들도 베단따를 이룬다. 베단따의 3천년 역사는 그들 모두의 이야기이다. 베단따는 그들에게서 삶의 방법론이기 때문이다. 버전들은 다르더라도 하나의 방법론을 선명하게 공유한다.

전통적인 접근법이 필요할까?

20세기 인도학은 문헌학을 통해 최대의 성과를 거둔다. 베단따도 예외는 아니다. 특별히 학커의 공헌은 절대적이다. 그는 문헌학을 통해 샹까라의 사상과 샹까라의 사상이 아닌 것을 가려낸다. 샹까라의 진작과 위작을 가려낸다. 이를 위해 샹까라가 사용한 용어를 철저하게 분석한다. 샹까라의 사상은 무척 왜소한 것이 된다. 300종 이상이던 샹까라의 저작은 15여 종만 남겨진다. 물론 그의 연구 성과가 '사실'은 아니다. 다수의 학자들이 수용하고 있을 뿐이다.

문헌학적 접근법은 베단따 연구의 신기원을 연 듯하다. 동시에 전통적 접근법의 붕괴를 가져온 듯하다. 전통적으로는 다음과 같이 생각한다. 비이원론적 베단따는 하나의 목소리를 낸다. 다른 목소리를 내더라도 그 하나의 목소리는 전제되어 있다. 그 하나의 목소리는 샹까라의 것이다. 샹까라가 언급하지 않더라도 언급한 것이나 마찬가지이다. 예를 들어 샹까라는 세계가 환영이라고 직접 말하지 않는다. 그러나 세계 환영설은 샹까라가 주창한 것이다. 저자와 연대는 그다지 중요하지 않다. 저자보다는 내용이 중요하다. 무궁한 우주의 시간 앞에서 연대를 따지는 것은 쓸데없는 일이다. 이론이라는 것은 그저 존재의 변신을 위한 도구에 지나지 않는다. 이론에만 얽매이는 것은 본령을 놓치는 짓이다. 바로 이러한 생각들이 위기에 처한다. 종교적 믿음에 불과한 것으로 치부된다.

인도에서는 베단따의 전통적인 공부법이 합당하다. 인도인에게 역사는 그다지 중요하지 않기 때문이다. 힌두교도는 변화하는 것보다 변화하지 않는 것을 우위에 둔다. 역사는 변화와 관련된다. 불변의 형이상학적 실재보다 낮은 것이다. 궁극적으로 중요하지 않은 것이다. 그러니 저자, 연대, 개인 등에 크게 관심을 두지 않는다. 더욱이 힌두교도에게 역사란 좀 색다른 것이기 때문이다. 객관적이고 실증적인 사건만이 역사는 아니다. 집단의식으로 전승되는 이야기도 역사이다. 하나의 사건에 덧붙여지는 상상마저 역사로 인정되는 것이다. 그러니 사실보다 믿음에 기반을 두는 전통적 방법이 발달할 수밖에 없다.

전통적 방법과 문헌학적 방법 사이의 충돌은 현재 진행형이다. 샹까라의 생존연대가 그 예이다. 샹까라의 수도원 중에는 슈링게리Sṛṅgeri에 설립된 것이 최고의 권위를 가진다. 슈링게리 전통에서는 샹까라가 기원전 44년에 태어났다고 믿었다. 20세기에는 기원후 788-820년을 받아들였다. 과감하게 새로운 것을 받아들인 것이다. 현재 서구의 학계에서는 기원후 700-750년을 수용하는 편이다. 문헌학적 방법을 적용한 결과이다. 슈링게리 전통에서는 다시 한번 연대를 변경해야 할까? 그럴 필요는 없을 것이다. 문헌학은 베단따의 역사를 질서 지었다. 세부적인 내용에 수정을 가했다. 하지만 베단따의 가르침이 변경된 것은 결코 아니다. 베단따 전통에서는 무엇을 전승하느냐 하는 것이 중요하다. 또 전승한 것이 삶을 변화시키느냐 하는 것이 중요하다. 문헌학적 방법은 전통의 기준에서 주변적인 정보를 제공할 뿐이다. 사소한 변화를 유도할 뿐이다.

더 나아갈 수 있다. 문헌학적 성과도 결국 베단따의 한 버전이 된다. 기어이 베단따의 일부가 된다. 그 성과는 현재 어떤 버전에 균열을 내고 있는 중이다. 현재 다른 버전과 결합하고 있는 중이다. 전통을 풍성하게 만든다. 전통에 새로운 이야깃거리를 제공한다. 버전들의 천국에서는 품지 못할 게 없다. 이미 한 버전으로 깊이 품었을 것이다.

베단따는 '인도'라는 세계를 배경으로 빛나는 가르침이다. 보편성을 결여한다는 말은 아니다. 전통적인 관점에서 베단따를 들여다볼 때 더 잘 이해된다는 말이다. 전통 속의 베단따를 강제로 실험실의 수술대 위에 눕혀야 할 필요는 없다. 외부자의 시각보다는 내부자의 현실이 더 진실에 가까울 수도 있다. 비록 사실은 아닐지라도 그럴 것이다. 전통의 내부에서는 자발적인 변화도 만들어낸다. 신베단따는 새로운 시대정신으로 변모했지 않는가. 19세기의 베단따 버전이다. 스와미 삿치다난덴드라 사라스와띠는 베단따 내부에서 과학적 방법을 도입했지 않는가. 20세기의 베단따 버전이다. 신베단따는 시대를 앞세워 베단따를 다시 썼다. 스와미는 시대를 앞장서서 베단따를 다시 썼다.

베단따 전통은 마치 바다와 같다. 바다로부터 생명체가 시작된다. 물로부터 모든 생명체의 생명이 시작된다. 물과 생명의 관계는 지속적이다. 바다는 지속적으로 생명의 근원이다. 베단따의 모든 버전은 바다와 같은 전통 속에서 길러진다. 그 때문에 통일성이 유지될 수밖에 없다. 모든 베단따 버전들은 베단따이다. 사라진 버전들도 베단따이다. 전통 바깥의 것도 전통으로 들어와 베단따 버전이 된다. 베단따는 버전들의 총합이다. 생명체가 생성소멸하듯이 버전도 생성소멸한다. 다만 바다는 그 바다이다. 태초의 바다가 현재의 바다이다.

바로 그 전통의 바다에 뛰어들어야 전통을 볼 수 있다. 태초의 흔적부터 현재의 파동까지 느낄 수 있다. 베단따에서는 브라흐만을 알면 브라흐만이 된다고 한다. 실재인 브라흐만을 알면 실재인 브라흐만이 된다는 말이다. 베단따 전통에 관해서라면, 안다고 되지는 않는다. 베단따를 안다고 베단따가 되지는 않는다. 그 반대이다. 되어야 안다. 되는 것이 아는 것일지도 모른다. 브라흐만 사제가 되어야 브라흐만 사제의 세계를 안다.

3.
세속적 삶에 대한 탈속적 삶의 우위

3.
세속적 삶에 대한 탈속적 삶의 우위

개별성을 버리는 사유

'산'이라는 것은 과연 존재할까? 불교는 아니라고 대답한다. '산'은 존재하지 않는다. 보이는 것은 나무, 풀, 흙, 바위, 계곡물 등이다. 어디를 둘러봐도 산이라는 것은 없지 않는가. '나무'도 존재하지 않는다. 보이는 것은 뿌리, 둥치, 가지, 이파리 등이다. 아래위를 훑어봐도 나무라는 것은 없지 않는가. 불교는 보편을 거부한다. 보편은 인간의 생각이 만든 것에 지나지 않는다. 보편을 받아들이면 영속성을 받아들여야 한다. 불교는 모든 사물이 찰나마다 변화한다는 사실에 주목한다. 변화만이 진리이다. 영속성을 받아들일 수 없으니 보편을 거부한다. '산'은 존재하지 않는다.

개별은 변화하고 보편은 불변한다. 세상의 모든 개는 각각 변화하지만 '개' 자체는 불변한다. 개별을 선호하는 사상도 있고 보편을 선호하는 사상도 있다. 불교는 개별을 선호한다. 불변을 꿈꾸는 것이 고통을 낳는다는 점을 간파한다. 베단따는 보편을 선호한다. 불변만이 진리이다. 변화에 휩쓸리는 것이 고통을 낳는다는 점을 파악한다. 고통을 피해 불변의 환희로 나아가야 한다. 불멸로 나아가야 한다. 보편을 긍정하지 않으면 그 불멸에 결코 도달할 수 없다.

베단따의 자매학파인 미맘사는 개별을 선호한다. 단, 행위의 관점에서 그러하다. 미맘사는 제의를 다루는 학파이다. 우빠니샤드 문헌 이전에 발달한 브라흐마나 문헌을 중요시한다. 흔히 브라흐마나 문헌을 '행위편'karmakāṇḍa이라고 부른다. 우빠니샤드 문헌을 '지식 편'이라고 부른다. 미맘사는 행위를, 베단따는 지식을 각각 주제로 삼기 때문이다. 행위란 제의 행위 또는 의례 행위이다. 그러한 행위는 개별자와 관련될 수밖에 없다.

> 예컨대, 나무라는 것은 단일성이고, 가지들이라는 것은 다양성이다. 또한 예컨대, [바다는] 바다를 본질로 함으로써 단일성이고, 물거품·물결 등을 본질로 함으로써 다양성이다. 그리고 예컨대, [찰흙은] 찰흙을 본질로 함으로써 단일성이고, 항아리·접시 등을 본질로 함으로써 다양성이다. 이 경우에 단일성이라는 측면에서 지식을 통한 '해탈의 실천'이 확립될 것이다. 반면에 다양성이라는 측면에서 행위편(行爲篇)에 의존하는 세속적인(일상적인) 실천과 베다적인 실천이 확립될 것이다.<브라흐마 수뜨라 주석 2.1.14>

지식편에 의존하는 해탈은 단일성을 통해 확립된다. 행위편에 의존하는 모든 실천은 다양성을 통해 확립된다. 즉, 실천적 행위는 개별자의 다양성과 관련된다. 왜냐하면 개별적 인간이 제의를 실행하기 때문이다. 카스트, 인생단계, 나이, 지위 등을 가진 각각의 인간에게는 그에 걸맞은 제의가 규정된다. 반면에 보편적 인간이 제의를 실행할 수는 없다. "모든 카스트 등을 자기 것으로 하는 경우에 그에게는 [의례를 실행할] 근거가 전혀 가능하지 않다. 왜냐하면 특수성(차이)이 주어지지 않고서는 결코 행위가 착수되지 않기 때문이다." <나이슈까르므야 싯디 1.74> 차이가 있어야만 행위가 가능하다는 말이다. 차이를 넘은 보편의 세계에서는 행위가 불가능하다는 말이다. 미맘사와 베단따가 갈라서는 지점이다.

미맘사의 행위는 '사람에 의존한다'puruṣa-tantra. 베단따의 지식은 '사물에 의존한다'vastu-tantra. 가령 '꽃이 피고 지는 것'은 사물에 의존하는 지식이다. 누구에게나 꽃이 피는 것과 지는 것이 똑같이 알려진다. 피고 지는 사실은 변하지 않기 때문이다. 그런데 꽃이 피고 지는 것을 보고서 어떤 이는 기뻐서 흥얼거린다. 어떤 이는 슬퍼서 한숨을 쉰다. 이것은 사람에 의존하는 행위들이다. 사람이 그렇게 해도 되고 그렇게 하지 않아도 된다. 행위는 상대적일 뿐이다. 지식은 절대적이다. 특히 실재에 대한 지식은 절대적이다. 사물의 보편성에 의존하기 때문이다. 실재에 대한 지식을 위해서라면 보편의 길을 택할 수밖에 없다.

베단따는 개별성을 버린다. 개별성을 바탕으로 삼는 변화도 버리고 행위도 버린다. 대신에 불변과 지식을 챙긴다. 보편성의 이상에 도달하고자 한다. 이로부터 베단따는 세속적인 것에 크게 관심을 기울이지 않는다. 개인이 개성을 발휘한다. 성공을 거둔다. 의무를 다한다. 죄다 덧없을 뿐이라고 여긴다. 베단따는 탈속적인 것을 추구한다. 궁극적으로 반개성적이고 반세속적이다. 그 정도는 아니더라도 이렇게 생각하기는 할 것이다. 현실적이고 세속적인 것을 추구하는 삶보다 더 바람직한 삶도 있다.

베단따의 이상은 보편적인 인간 본질을 깨우치는 것이다. 아뜨만을 아는 것이다. 흙으로 만든 모든 물건들은 나중에 흙으로 되돌아간다. 접시, 물병, 항아리 등은 '명칭과 형태'nāmarūpa만 다를 뿐 모두 흙이다. 마찬가지로 각 인간의 이름과 생김새를 지우면 인간 보편만 남는다. 아니 아니다. 오히려 인간 보편이 개별성에 가려져 있다. 숨겨져 있는 인간의 보편적 본질을 깨우쳐야 한다. 참된 자아인 아뜨만을 직시해야 한다. 그러기 위해서는 청정지대가 필요하다. 더러워진 세속을 벗어날 필요가 있다. 베단따는 속된 영혼을 정화하는 청정지대에 관한 담론이다.

베다의 이상으로 회귀하기

베다는 인도-유럽어족의 문화권이 남긴 가장 오래된 문헌이다. 인도 문명은 서양 문명이 잃어버린 한쪽 날개이다. 베다는 그 날개의 축이다. 유럽은 베다를 호기심으로 들여다본다. 인도는 다르다. 베다를 경외심으로 떠받든다. 힌두교도에게 베다는 매우 특별하다. 신성한 말씀이다. 영원한 진리이다. 삶의 표준이다. 산스끄리뜨에서 '세속적'laukika이라는 말의 반대말은 '베다적'vaidika이라는 말이다. 베다의 위상을 짐작하게끔 해준다. 베다는 일상과 통념과 세속을 넘어선 세계를 보여준다. 성전이다.

베다는 '지식'을 뜻한다. 좁은 의미의 베다는 신에 대한 찬송가인 상히따(본집)만을 지시한다. 4개의 베다가 있다. 리그Ṛg 베다, 사마Sāma 베다, 야주르Yajur 베다, 아타르바Atharva 베다이다. '베다'라는 말 대신에 '상히따'라는 말을 붙여도 된다. 넓은 의미의 베다는 상히따 이후에 산출된 문헌들을 포함한다. 상히따에 브라흐마나, 아란야까, 우빠니샤드 문헌들을 포괄하여 그 전체를 '베다'라고 부른다. 이러한 문헌들이 산출된 시기를 '베다 시대'라고 부른다. 베다 시대에는 여러 지식 분파들이 존재한다. 분파마다 여러 베다 문헌들을 산출해낸다. 베다는 정말 방대한 지식체계인 셈이다. 고대 인도의 모든 지식을 총집결한 것이 베다이다.

그 지식은 일종의 계시이다. 진리 그 자체로서 계시이거나 신이 들려준 계시이다. 계시를 '슈루띠'śruti라고 부른다. 슈루띠는 '들은 것'이라는 뜻이다. 인간이 저작하지 않고 인간이 그저 듣기만 한 것이다. 인간이 저자가 아니므로 결함이 없다. 인간이 저자가 아니므로 영원하다. 미맘사학파는 베다가 영원한 이유를 다음과 같이 증명한다. 베다 자체가 영원성을 언급한다. 베다가 영원하지 않다면 베다 공부의 오랜 전통이 설명될 수 없다. 베다가 영원한 다르마(법도, 의무)를 알려주므로 베다도 영원하다. 전통적으로 인간 저자에 대한 언급이 없다. 말과 의미 사이에 본유적이고 영원한 관계가 있다. 약간은 당황스러운 증명이다. 슈루띠에 대한 일종의 찬사로 이해할 수도 있다. 슈루띠는 마치 실체substance와 같다. 다른 것에 의존하지 않고 그 자체로 권위를 가지기 때문이다. 그 자체로 권위를 가지는 것은 기원의 특징이다. 후대 힌두교의 수많은 문헌들은 슈루띠인 베다에 의존한다. 베다는 기원에 해당된다.

베다는 주로 제의를 위해 존재한다. 제의는 찬송과 주문을 읊고 세부 규정들을 준수하면서 실행된다. 그것들은 상히따와 브라흐마나에 실려 있다. 상히따는 운문, 즉 만뜨라mantra로 쓰인 것이다. 브라흐마나는 산문으로 쓰인 것이다. 두 문헌은 쌍을 이루면서 삶의 방식을 제시한다. 제의와 의례로 채워지는 삶의 방식이다. 이것이 곧 다르마이다. 어원은 '지지하다, 떠받치다'dhṛ이다. 세상을 지지하는 것이란 기준이나 표준과 다르지 않다. 다르마는 힌두교에서 삶의 기준이다. 힌두교 자체가 '다르마'로 불리기도 한다. 산스끄리뜨로 종교에 가까운 말이 다르마인 것이다. 힌두교도에게는 종교가 기준인 셈이다. 힌두교도에게는 베다에서 제시하는 다르마를 따르면서 사는 것이 모범적인 삶이다.

베다는 힌두교의 정체성을 확인하는 기준이다. 베다의 권위를 인정해야 힌두교일 수 있다는 말이다. 예컨대 인도철학을 정통 학파와 이단 학파로 나눌 때 그 기준은 베다이다. 베다의 권위를 인정하는 학파가 정통이다. 형식적으로만 인정해도 정통이다. 정통에는 육파철학 등이 있다. 그 권위를 인정하지 않는 학파는 이단이다. 이단에는 유물론, 자이나교, 불교 등이 있다.

그런데 베다가 늘 무소불위의 권위를 가진 것은 아니다. 베다의 역사는 실패와 상실의 역사이기도 하다.[1] 민중들에게는 베다가 그리 중요하지 않았다. 베다의 권위를 부정하는 양상들도 많았다. 베다의 내용 중 일부는 존중받지 못하기도 했다. 힌두교에서 베다를 수용하는 것은 보편적이지

---

1   Renou(1965) p. 53 참조.

않았다. 미맘사조차 비(非)베다적인 사유를 따르기도 했다. 실제로 베다의 권위는 대단하지 않았다. 그 때문에 베다의 권위를 그토록 강조했던 것이다. 일종의 지배 이데올로기로 사용되었던 것이다.[2] 어디에서든 그렇다. 권위가 약화될수록 권위를 강조하는 목소리는 높아지게 마련이다.

힌두교에서 베다는 이상적인 권위이다. 이상적으로 힌두교의 기준 역할을 한다. 그러다 보니 기원을 향한 회귀를 낳는다. 베다 시대가 이상의 시대라고 인식한다. 그 이상의 시대를 재현하려고 노력한다. 곧장 의고주의적 태도로 이어진다. 회고적 성향이 만연한다. 그 시대에는 다르마가 가장 온전하게 보존되었다. 인간과 우주 사이의 조화가 올바르게 구현되었다. 브라흐만 사제의 권위가 제대로 존중받았다. 이런 식이다. 어쩌면 미맘사학파와 베단따학파도 이러한 틀을 벗어나지 못했을 것이다. 기원으로서의 베다에 대한 회고적 인식을 떨칠 수 없었을지도 모른다.

미맘사의 연장으로서 베단따

미맘사학파와 베단따학파는 동전의 양면과 같다. 애초에 두 학파는 베다 해석학에서 출발한다. 둘 다 '성전 해석학'pāribhāṣika이다. 베다의 성립 이후부터 베다를 적절하게 해석하려는 학자들이 존재한다. 그 연구를 '미맘사'(고찰)라고 부른다. 브라흐마나 문헌을 고찰하는 자들이 먼저 학파

---

2   Halbfass(1992) p. 2; 29; 31 참조.

를 이룬다. 행위 또는 의례가 주제이므로 '행위 미맘사'Karma-mīmāṃsā로 불린다. 우빠니샤드 문헌을 고찰하는 자들은 나중에 학파를 이룬다. 브라흐만에 대한 지식이 주제이므로 '브라흐마 미맘사' 등으로 불린다. 이 둘을 더 선명하게 구분하는 명칭도 있다. '행위 미맘사'는 '뿌르바pūrva 미맘사'(앞의 고찰)로 불린다. '브라흐마 미맘사'는 '웃따라uttara 미맘사'(뒤의 고찰)로 불린다. 시대적으로 브라흐마나가 앞서고 우빠니샤드가 뒤따르기 때문이다. 즉, 브라흐마나가 앞선 문헌이고 우빠니샤드가 뒤따르는 문헌이기 때문이다. 두 학파는 초기에 두 문헌을 모두 고찰했다고 한다. 형제 사이에 비견될 수 있을 듯하다.

영혼의 불멸성은 두 학파의 공통점이다. 미맘사는 제의적 행위를 통해 천국에 도달하는 것이 목표이다. 베단따는 브라흐만에 대한 지식을 통해 해탈 상태가 되는 것이 목표이다. 이를 위해서는 영혼이 불멸해야 한다. 미맘사에서는 제의의 결과가 제의를 지낸 자에게 돌아가야 한다. 다른 사람이 내 노력의 결과를 가져서는 안 된다. 살아서 내가 지낸 제의는 죽어서 내가 그 결과를 가져야 한다. 영혼에 동일성과 연속성이 있어야 가능하다. 베단따에서는 영혼의 불멸성을 아는 것 자체가 해탈이다. 영혼의 불멸성은 당연히 전제된다. 이로부터 두 학파는 신성한 영혼을 만드는 데 골몰한다. 미맘사에서는 제의를 통해 영혼이 신성해져야 천국에 간다. 베단따에서는 신성한 영혼 자체가 되려고 한다.

문헌 해석학은 두 학파의 가장 큰 공통점이다. 아니, 베단따가 미맘사를 전적으로 계승한다. 미맘사는 오랫동안 성전 해석에 몰두한다. 철학적 문제가 아니라 해석학적 문제를 다루던 시절이 길었다는 것이다. 해석학

학파로 먼저 존재한다. 그러다가 기원후 6세기경에 온전한 철학 학파로 탄생한다. 꾸마릴라 밧따Kumārila Bhaṭṭa와 쁘라바까라Prabhākara와 같은 거장들이 이룬 성과이다. 학파의 본령은 그래도 성전 해석이다. 제의의 다르마를 해석한다. 베단따는 해석해야 하는 성전을 달리할 뿐이다. 브라흐마나가 아니라 우빠니샤드가 해석의 대상인 성전이다. 해석의 방법론은 미맘사로부터 고스란히 빌려온다. 미맘사와 베단따는 베다의 확장을 이룬 학파들이다. 그래서 두 학파는 정통 중의 정통으로 간주된다.

샹까라는 미맘사에 친화적인 베단따 학자이다. 방법론에서 그러하다. 미맘사보다 더 철저하게 미맘사의 해석 방법론을 적용한다.『브라흐마 수뜨라 주석』에서 40여 개의 미맘사 해석 원칙을 사용한다. 30여 개의 미맘사 전문어도 활용한다. 미맘사의 경전을 20회 이상 언급한다. 잘못 해석한 것을 미맘사에 기대어 꾸짖고 더 철저하게 미맘사에 기대어 해석한다.[3] 샹까라의 노력 덕택에 베단따는 해석학적 작업을 완료한다. 우빠니샤드 성전이 조화롭다는 것을 확립한다. 그가 학파의 전설이 된 것은 아마 이러한 성과 때문일 것이다.

미맘사와 베단따는 서로 다른 학파이다. 뿌리는 하나지만 서로 다른 곳을 쳐다본다. 다른 곳을 쳐다보면서 서로를 의식한다. 미맘사에서 갈라져 나온 베단따가 미맘사를 더 의식한다. 베단따의 저자세이다. 빚을 진 측의 부담일 것이다.

미맘사는 브라흐마나가 베다의 핵심이라고 간주한다. 우빠니샤드는

---

3   Moghe(1984) pp. 1-5; 7-8; 11 참조.

일종의 부록이라고 본다. 베단따는 브라흐마나가 예비적인 것이라고 본다. 우빠니샤드가 베다의 최종 결론이라고 간주한다. 미맘사 입장에서는 베다란 곧 행위편이다. 행위로서의 제의가 전부이다. 우빠니샤드는 제의의 결과를 누릴 아뜨만을 찬양하는 내용에 지나지 않는다. 없어도 그만인 부분이다. 베단따 입장에서는 제의만이 전부가 아니다. 제의를 통해 신성하게 된 다음에 실재에 대한 지식을 얻어야 한다고 역설한다. 제의는 수단에 불과하다. 지식을 통한 해탈이 목표이다. 그러니 행위 편과 지식 편은 대립적이지 않다. 오히려 상보적이다. 미맘사처럼 베다에 '명령'만 존재한다고 봐서는 안 된다. 명령이 중요하긴 하지만 더 중요한 것은 '사실'이다. '해야 한다'에서 출발하여 '이다'에 도착하는 것이 베다의 취지이다. 즉 행위가 아니라 지식이 베다의 취지이다.

베단따가 변명조의 태도를 보이는 것은 틀림없다. 다만 학파 성립의 초기에 그러하다. 샹까라의 저작에서도 그러한 분위기가 감지된다고 한다. 미맘사는 베단따를 내치려고 한다. 하나의 전통에 속하지 않았고 속할 수 없다는 입장이다. 베단따는 미맘사에 기대려고 한다. 미맘사 전통의 한 부분이었다는 입장이다.[4] 두 학파의 차이는 미묘하다. 미맘사는 자신만만하게 그 자체로 완결적이라고 어깨에 힘을 준다. 베단따는 미맘사가 홀로 완결적일 수 없지 않느냐며 고개를 숙인다. 학파 성립의 초기에 아쉬운 측은 베단따일 수밖에 없다.

---

4   Bronkhorst(2007) p. 78 참조.

미맘사를 비판하는 베단따

베단따는 미맘사에게 구애만 하지는 않는다. 미맘사를 강력하게 비판한다. 비판을 통해 베단따의 정체성을 분명하게 만든다. 비판의 핵심은 무엇일까? 제의를 통해 얻는 천국은 참다운 구원이 아니라는 것이다. 지식을 통해 얻는 해탈만이 참다운 구원이라는 것이다. 베단따의 비판은 이미 존재하던 비판의 반복이다. 왜냐하면 우빠니샤드에서 브라흐마나의 제의를 그렇게 비판했기 때문이다. '브라흐마나 - 우빠니샤드'의 역사는 '미맘사 - 베단따'에서 거의 그대로 재현된다.

우빠니샤드는 패러다임의 전환을 이룬다. 제의의 패러다임이 지식의 패러다임으로 바뀐다. 당시에는 획기적인 사건이다. 삶의 전반적인 방향이 새롭게 조정되었기 때문이다. 브라흐마나 시대에는 제의 만능주의가 판을 쳤다고 한다. 제의는 본디 우주와 인간 사이의 조화를 목적으로 한다. 제의가 고도로 발달하자 주객전도가 일어난다. 제의 그 자체가 목적이 되어버린다. 제의의 규정도 매우 복잡해진다. 제의의 힘이 신의 힘보다도 더 막강해진다. '제의를 위한 제의'의 시대가 오고 만다. 그러자 제의 만능의 시대에 환멸을 느낀 자들이 새로운 시대를 연다. 제의가 결코 바람직한 삶을 이끌지는 못한다고 비판하기 시작한다.

열등하다고 말해지는 행위를 담은 이러한 제의의 열여덟 형태들은, 실로 연약한 일엽편주(一葉片舟)이다. 이것을 지선(至善)이라고 우쭐대는 무지한 자들은, 늙음과 죽음을 다시 또다시 겪는다.<문다까

우빠니샤드 1.2.7>

행위를 통해 얻은 세상들을 검토한 뒤에 브라흐마나는 무심에 도달해야 한다. '행하지 않은 것'은 '행한 것'에 의해 생기지 않는다. 그것에 대한 지식을 위하여 그는 장작을 손에 든 채, 오직 '베다에 정통하고 브라흐만에 몰두해 있는 스승'을 찾아가야 한다.<문다까 우빠니샤드 1.2.12>

제의에 빠진 자들에 대한 신랄한 비판이다. 행위를 통해서는 구원을 얻을 수 없으니 그 대안을 찾는다. 그 대안으로는 지식이 제시된다. 단숨에 패러다임이 전환되지는 않는다. 제의나 행위로부터 지식으로 바뀌는 데 오랜 시간이 걸린다. 수백 년 동안 제의의 중요성이 천천히 약화된다. 지식의 중요성이 천천히 강화된다.

이 전환을 '제의의 내면화' 또는 '제의의 내재화'라고 부른다. 외적인 제의가 내적인 제의로 바뀌었다는 뜻이다. 내적인 제의란 이른바 명상이다. 외적인 제의가 명상으로 대체된 것이다. 세속화된 제의의 적폐를 자각한 자들은 숲으로 들어간다. 숲에서 지내며 제의의 본래적인 의미를 성찰한다. 그들은 상상으로 제의를 실행한다. 예를 들어 제의의 판과 인간의 몸을 상상적으로 대응시킨다. 그들은 일상과 제의를 연결한다. 예를 들어 숨쉬는 과정을 불의 제의와 연결한다. 실제 제의가 아닌 상상적 제의를 행하는 것이다. 그럼에도 효과나 결과는 동등하다. 명상의 힘을 깨닫게 된다. 명상이 강화되면서 생각과 관념의 힘을 점점 더 자각한다. 우빠니샤드는 생각의 무한한 힘을 믿는 자들의 경전이다. 복잡한 제의를 통해 힘을 얻으려고 할 필요가 없다. 명상만으로 쉽게 강력한 힘을 얻을 수 있다. 명상에 관한 다양한 종류의 지식들이 유행한다. 그 가운데 범아일여에 대한 지식이 으뜸이다. 명상의 힘이 나올 수 있었던 것은 가장 내면에 존재하는 아뜨만 때문이다. 아뜨만이 곧 힘의 원천이다. 인간 내면의 아뜨만은 우주적 힘의 원천인 브라흐만과 동일한 것이다. 이리하여 내적인 제의는 아뜨만이라는 하나의 원천에서 끝을 맺는다. 하나의 실재에서 끝을 맺는다. 가장 깊숙한 내면에서 종결된다.

베다 시대의 초기에는 대우주의 신들이 지배하는 세상이었다. 브라흐마나 시대에는 제의의 힘이 더 커졌다. 아란야까(숲과 관련된 책) 시대에는 명상이 등장했다. 우빠니샤드 시대에는 명상하는 인간의 본질이 가장 위대하다는 것을 깨닫는다. 이것이 거칠게나마 내재화의 과정이다. 우주에서 제의로, 제의에서 인간으로 내재화를 겪는다. 인간의 경우도 명상에서 아뜨만으로 내재화가 더 진행된다. 즉 생각에서 생각의 근원으로 나아간다. 이 과정에서 대우주의 원리인 브라흐만이 소우주의 원리인 아뜨만과 동일시된다. 사람들의 관심은 이제 대우주가 아니라 소우주이다. 소우주를 알면 모든 것을 안다는 사고방식이 생긴다.

우빠니샤드는 영혼학을 펼친다. 대우주에서 소우주로 관심이 이행함으로써 가능하다. 인간이 대우주를 온전하게 알 수는 없지 않는가. 인간에게 주어진 것은 소우주이지 않는가. 소우주는 대우주의 축소판이다. 소우주를 올바르게 아는 것이 이 세상 모든 것을 아는 것이다. 성자들은 이렇게 깨닫는다. 소우주의 변화를 알면 대우주의 변화를 알 수 있다. 소우주의 불변하는 실체를 알면 대우주의 불변하는 실체를 알 수 있다. 영혼학은 소우주에 대한 탐구이다. 개별 영혼 또는 개별자아ᵃjīva[5]에 대한 탐구이다. 영혼학이 맹위를 떨친다.

우빠니샤드는 인도철학의 여명이다. 진리를 향한 여정이 우빠니샤드에서 결실을 맺는다. 어둠이 끝나고 진리의 빛이 다가온다. 우빠니샤드는 신들을 향한 제의가 아니다. 사제들을 위한 제의가 아니다. 진리에 의한 내면의 제의이다. 지식의 혁명이다. '무엇을 위한 지식'이 아니라 '진리로서의 지식'이 숭배 받는다. 지식은 용도가 있기 때문에 좋은 것이 아니라 그 자체로 좋은 것이다. 행위를 위한 지식이 아니라 지식 그 자체를 추구해야 한다. 우빠니샤드에는 미맘사를 비판하는 베단따의 입장이 이미 존재한다. 역사는 반복된다.

베단따가 미맘사를 비판하는 요지는 간단하다. 제의와 같은 행위를 통해서는 해탈을 얻을 수 없다는 것이다. 해탈은 무지를 없앰으로써 가능하다. 행위는 무지로부터 나온 것이기 때문에 무지를 없앨 수 없다. 따라서 행위를 통한 해탈은 불가능하다. "무지를 폐기하는 것은 지식일 뿐 행위(업)가 아니다. [행위는 무지와] 상치되는 것이 아니기 때문이다."<우빠데샤 사하스리(운문) 1.6> 무지로부터 나온 행위가 어떻게 무지를 없앨 수 있

---

5   개별자아는 아뜨만이 무지에 의해 한정된 자아이다. 모든 윤회하는 존재는 개별자아이다. 개별자아에 대해서는 세부적으로 매우 다양한 견해가 있다. 그 정의 가운데 하나를 살펴보자면, 『상끄셰빠 샤리라까』 3.20에서는 '미시적 육체'sūksma-śarīra에 속하는 숨, 외부기관, 내부기관이 아뜨만과 연계된 것을 개별자아로 규정한다. 미시적 육체에 포함되는 내부기관은 '마음, 자아의식, 지능, 지성'이라는 4가지 중 '마음, 지성'이라는 2가지를 가리킨다. 자아의식은 마음에 포함되고 지능은 지성에 포함되기 때문이다.

겠는가. 결과가 원인을 없앨 수는 없다. 하나의 이유가 더 있다. 해탈은 영원하다. 행위는 무상한 결과를 낳는다. 따라서 행위를 통한 해탈은 불가능하다. 오직 지식만이 영원한 결과인 해탈을 낳을 수 있다. 심지어 수행이라는 것도 행위이다. "우둔한 자들은 [대상에 대한] 집중이나 [마음의] 지멸을 계속해서 수련한다. 현명한 자들은 숙면하듯이 자신의 자리에 머무른 채 행해야만 하는 것을 찾지 않는다."<아슈따바끄라 상히따 18.33> 몸의 수행도 마음의 수행도 모두 행위에 지나지 않는다. 주객으로 분리된 채 행해지기 때문이다.

행위와 지식의 대결은 힌두교의 전 역사를 관통한다. 힌두교에는 4개의 인생단계가 있다. 학습기brahmacarya, 가정기gṛhastha, 은퇴기vānaprastha, 유랑기saṃnyāsa이다. 차례대로 공부하고 가정을 꾸리고 은퇴 준비를 하고 세상사를 떠난다. 나이마다 단계마다 각기 다른 삶의 의미를 부여한다. 그에 걸맞은 역할을 부여한다. 상당히 합리적인 제도처럼 보인다. 학습기는 상위계급에 속하면 누구나가 다 거쳐야 한다. 그 다음에 가정기로 들어가야 한다. 즉 행위가 중심인 시기를 살아야 한다. 그런데 학습기 다음에 바로 유랑기로 들어가야 한다고 주장하는 자들이 있다. 그들은 평생 지식을 추구해야 한다고 생각한다. 가정기를 생략해버린다. 2단계와 4단계 사이에 다툼이 벌어진다. 행위와 지식 사이의 대결이다. 의례 중심적 삶과 구원 중심적 삶의 경쟁구도이다. 미맘사와 베단따는 서로 비판할 수밖에 없다.

미맘사는 행동하는 인간이 이상이다. 현실에 발붙이고 올바르게 사는 것을 추구한다. 베단따는 초월하는 인간이 이상이다. 참된 진리를 찾아 영적인 자유를 얻는 것을 추구한다. 미맘사는 의무(다르마)가 목표이고,

베단따는 해탈이 목표이다. 두 학파의 지향점은 '나'라는 말을 이해하는 방식에서도 드러난다. 미맘사에서 '나'는 보통의 자아를 가리킨다. 내용을 가진 심리적인 자아이다. 베단따에서 '나'는 순수자아이다. 내용이 전혀 없는 초심리적인 자아이다. 순수자아란 순수주관, 순수의식 등으로 표현되는 아뜨만이다.[6]

베단따는 미맘사의 불멸을 부정한다. 행위를 통해 천국에 가는 것은 상대적인 불멸이라고 본다. 또 다시 윤회의 세계로 되돌아와야 한다. 베단따의 불멸은 절대적이다. 행위로부터 완전히 벗어남으로써 가능하다. 상대적인 불멸에서 절대적인 불멸로 나아가야 한다. '행위를 추구하는 길'pravrtti에서 '행위를 부정하는 길'nivrtti로 나아가야 한다. 불멸을 향한 영혼의 여정은 오직 해탈에서 끝난다. "앞의 세 가지 인생단계에 속하는 자들은 덕 있는 세상을 가지고 오직 남겨진 출가자만이 불멸성을 가진다."<브라흐마수뜨라 주석 3.4.20>

베단따의 결론은 탈속이다. 세속적 삶보다 탈속적 삶이 우위에 있다는 것이다. 마치 뜨거운 젊음의 욕망을 식히는 장송곡과 같다. 베단따는 다음과 같이 외친다. 눈에 보이는 세상이 전부라고 생각해서는 안 된다. 가시적인 것보다는 미시적인 것이 참된 존재이다. 눈앞에 있는 육체야말로 가장 큰 장애이다. 마음도 별반 다르지 않다. 모두 업(행위)의 영향을 받는다. 업의 영향을 전혀 받지 않는 순수의식을 깨우쳐야 한다. 욕망 때문에 행위를 한다. 욕망을 제어할 줄 알아야 한다. 욕망에 냉정하고 욕망으로부터 초

---

6   Hacker(1995) p. 156 참조.

연하게 살아야 한다.

> 시간은 떠나지 않는데 오직 우리들만 떠난다네. 갈애는 늙지 않는데
> 오직 우리들만 늙는다네. 얼굴은 주름살로 가득하고 머리는 백발이
> 성성하고 사지는 쇠약해졌는데, 갈애만이 유일하게 젊어졌다네.<바
> 이라그야 샤따깜 7-8>

욕망은 늙지 않는다. 욕망의 노예가 되지 않으려면 가짜 자아를 벗어
나야 한다. 진짜 자아에만 집중해야 한다. 개성이나 관계를 강조하는 것은
속박으로 가는 길이다. 헛길이다. 욕망을 강화시키고 가짜 자아를 강화시
키기 때문이다. 개성이나 관계를 떠나 보편성에 도달하는 것이 자유이다.
베단따의 모든 외침은 탈속을 향하고 있다.

무상한 것은 무상한 것을 낳고 영원한 것은 영원한 것을 낳는다. 행위
는 윤회를 낳고 지식은 해탈을 낳는다. 미맘사의 성전은 행위를 하라고 다
그친다. 성전이 행위를 낳는 산출자kāraka이다. 윤회의 쳇바퀴에서 빠져나
오지 못한다. 베단따의 성전은 지식을 보여주기만 한다. 성전이 지식을 제
시하는 지시자jñāpaka이다.[7] 불멸의 해탈을 누릴 수 있다. 성전은 인간을 해
방시켜야 한다. 그렇지 못한 성전은 신성하지 않다. 미맘사의 성전은 행위
를 통해 인간을 구속할 뿐이다. 베단따의 성전은 인간이 본래부터 자유롭
다고 알려주기만 한다. 그 어떤 구속도 없다. 해방의 성전을 마주한 인간은

---

7 『브리하다란야까 우빠니샤드 주석』 1.4.10; 2.1.20 참조.

스스로 선택해야 한다. '성전의 노예'로 살 수는 없다. 육체 등을 아뜨만이라고 생각하는 자가 성전의 노예이다. '성전의 주인'으로 살아야 한다.[8] 지시하는 바를 제대로 깨우쳐야 한다. 보석을 돌인 듯이 사용하지 말아야 한다.

연속적 계승이라는 관점

베다의 브라흐마나와 우빠니샤드는 단절되는 전통이 아니다. 연속되는 전통이다. 상히따와 브라흐마나도 연속적이다. 넓은 의미의 베다는 통합적 전체일 뿐이다. 처음부터 끝까지 전통의 연속성을 가진다. 브라흐마나에도 훌륭한 철학적 사유가 존재한다. 우빠니샤드의 상당 부분은 앞 세대가 물려준 사상을 편집한 것이다. 우빠니샤드에도 제의적인 내용들이 꽤 많다. 제의의 중요성을 역설하기도 한다. 정신의 중요성은 우빠니샤드만의 산물도 아니다. 브라흐마나 시대에도 정신의 중요성을 강조한다. 제의의 필수요소를 구하지 못하면 상징으로 대체하는 것이 가능했다고 한다. 믿음과 진실이 제의에서 가장 중요하다는 언급도 있다. 제의 실행의 유연성이 정신주의에 여지를 준다. 브라흐마나는 우빠니샤드에 길을 터 준다.

브라흐마나 시대의 제의는 연결bandhu에 근거를 둔다. 무엇을 연결하는 것일까? 대우주의 요소들과 제의의 요소들 사이를 연결한다. 왜 연결하

---

8   『나이슈까르므야 싯디』 1.39; 1.40 참조.

는 것일까? 제의를 잘 지내야만 우주가 잘 존속되기 때문이다. 어떻게 연결하는 것일까? 대응관계를 통해 연결한다. 대우주의 삼라만상을 제의의 무대로 옮겨놓는다. 즉 제의의 무대를 우주의 축소판으로 만든다. 대우주의 요소들과 제의의 요소들을 적절하게 대응시키는 것이다. 연결의 결과는 무엇일까? 제의를 통해 우주를 조절하는 힘을 가질 수 있다. 필연적으로 제의의 만능성으로 나아갈 수밖에 없는 듯하다. 이 연결은 우빠니샤드 시대로 이어진다. 대우주의 요소들과 소우주의 요소들 사이를 연결하는 것이 핵심이다. 제의는 소우주로 대체된다. 제의를 비판하면서 명상을 통해 인간의 본질에 관심을 가진 결과이다. 우빠니샤드는 그렇게 연결로 가득 찬 텍스트가 된다. 연결의 끝에는 범아일여가 남는다. 모든 연결을 가능케 하는 대우주의 본질과 소우주의 본질이 하나라는 선언이다. 연결은 열쇠와 같다. 베다 문헌들을 통합적인 것으로 간주할 수 있도록 해주는 열쇠이다. 브라흐마나와 우빠니샤드는 연결을 통해 연결된다.

미맘사와 베단따의 관계도 다르지 않다. 두 학파는 연속적인 전통이다. 마치 큰집, 작은집과 같다. 공동의 조상을 섬기듯이 통합적인 베다를 성전으로 간주한다. 두 학파 모두 반드시 베다를 공부해야 한다. 이 세상에서 알려지지 않은 대상을 다루는 것도 유사하다.[9] 각각 다르마와 브라흐만을 다룬다. 작은집이 큰집으로부터 분가를 했으니 다른 가풍을 가질 수밖에 없다. 두 학파는 나중에 꽤 다른 학설을 주장하기도 한다. 큰집, 작은집도 세월이 흐르면 다른 집안인 듯이 보인다.

---

9   『나이슈까르므야 싯디』1.91 참조.

자연스럽다. 미맘사가 베단따를 경시하는 것은 자연스럽다. 대부분의 체계는 그 자체로 완전하다고 확신하지 않는가. 앞선 전통은 그 자체로 자기 완결적이라고 선언하지 않는가. 베단따가 미맘사에 이중적인 태도를 취하는 것도 자연스럽다. 인정받기 위해 비판한다. 수용하면서 차이를 만든다. 한편에선 미맘사와 베단따가 상보적이라고 목소리를 높인다. 다른 한편에선 베단따가 더 우월하다고 낮게 소곤거린다. 미맘사의 다르마도 중요하다고 치켜세운다. 그래 놓고선 브라흐만을 최종목표로 삼아야 한다고 선언해버린다.

전통을 계승하는 자의 고민은 샹까라에게서 잘 드러난다. 그는 베다 근본주의자이다. 철저한 의고주의자이다. 브라흐마나 문헌을 존중한다. 미맘사의 역할을 전면적으로 부정하지 않는다. 행위로서의 제의가 지식을 발생시키는 데 필요하다고 본다.

> 그러므로 인생단계에 따르는 제의 등과 마음억제, 감각철회 등은, 즉 인생단계에서의 바로 그 모든 행위들은 지식이 발생하는 데 필요해야만 한다. 그중에서도 마음억제 등은 "이와 같이 아는 자는"이라며 지식과 연계됨으로 말미암아 가까운 '지식의 성취수단'이지만, 제의 등은 '알고자 함'과 연계됨으로 말미암아 보다 외적인 '지식의 성취수단'이므로, [각각] 분별해야만 한다.<브라흐마 수뜨라 주석 3.4.27>

그런데 제의는 지식의 외적인 수단이다. 지식의 간접적 수단이다. 반면에 우빠니샤드의 행위인 마음억제 등은 지식의 내적인(가까운) 수단이다. 지식의 직접적 수단이다. 분명 '제의'와 '마음억제 등'은 똑같이 행위에 지나지 않는다. 샹까라는 이 둘을 차별화한다. 분별해야만 한다고 주장한다. 그는 우빠니샤드의 행위가 더 우월하다고 본다. 브라흐마나의 행위를 포용하되 우빠니샤드의 행위를 더 높이 산다. 우빠니샤드 자체의 완결성을 위해서이다. 우빠니샤드 자체에서 지식이 가능하다는 것을 말하기 위해서이다. 그렇게 샹까라는 우빠니샤드 전통이 베다의 최종적 진리라는 것을 정당화한다. 그는 미맘사를 '지양'하지 않고 '계승'한다. 더 나은 목표를 향한 비판적 계승이다.

인생의 2단계와 4단계도 대립구도는 아니다. 행위와 지식은 서로서로 보완한다. 세속과 탈속은 서로서로 보완한다. 보완을 통해 서로를 건강하게 만든다. 인도인의 삶은 실제로 세속과 탈속이 잘 조화되어 있다. 『바가바드 기따』에서 그 조화를 엿볼 수 있다. 힌두교의 대표적 경전이 된 주된 이유이다. 산스끄리뜨 중심의 고급문화에서는 탈속적 경향이 강하다. 민중들의 삶은 더 세속적이다. 고급문화와 민중문화도 서로를 견제하며 보완한다. 부처가 태어나기 전에 한 예언이 있었다고 한다. 자라서 전륜성왕이 되거나 붓다(깨달은 자)가 된다는 예언이다. 전륜성왕은 행위를 통해 영웅이 되는 것이다. 붓다는 지식이나 지혜를 통해 영웅이 되는 것이다. 전륜성왕과 붓다는 동등하다. 무엇이 되든지 영웅이 될 뿐이다. 고대인도에서는 세속과 탈속이 쉽게 균형을 이룬다.

베단따의 역사가 많은 것을 암시한다. 베단따가 탈속의 가르침만을 내세웠다면 어떻게 되었을까? 지금까지 존속했을까? 제의는 그 자체로 힌두교의 본령이다. 제의와 동떨어진 채로 그 어떤 전통도 존속하기 힘들다. 베단따는 제의와 제의를 전승하는 환경에 그 가르침을 조화시킨다.[10] 덕분

에 더 강한 전통으로 살아남는다. 현실에서 베단따는 미맘사와 함께 살아
가면서 미맘사보다 더 먼 곳을 응시한다.

조용한 혁신과 인문정신

우빠니샤드의 성자는 당대의 인문학자이다. 베단따의 샹까라도 당
대의 인문학자이다. 전통 속에서 탐구하고 전통 속에서 진리를 발견했기
때문이다. 당대를 살아가는 삶의 방향을 오래도록 고민했기 때문이다. 그
들은 시대를 살지만 시대를 벗어나 있다. 사람들 안에 존재하지만 사람들
바깥에 있다. "모든 존재들에게 밤일 때에 제어된 자는 깨어 있으며, [모든]
존재들이 깨어 있을 때가 [진리를] 보고 있는 현자에게는 밤입니다."<바가
바드 기따 2.69> 그들의 정신은 늘 표면보다 이면을 향한다.

인도철학사에서는 창조가 미덕이 아니라는 말이 있다. 전통을 파괴
하는 시도가 거의 없었다는 차원에서 나온 말이다. 인도철학은 닫힌 원 안
에서 움직인다. 새로운 논의는 오래된 논의의 변용이다. 어느 정도 일리는
있는 말이다.[11] 창조는 해악에 가깝기도 했다. 여러 가지 원인이 있을 것이
다. 인도사회가 불변했다는 서구인의 시선도 있다. 세상이 불변하므로 새
로운 것이 필요치 않았다. 역사의 전개를 쇠퇴와 노쇠로 보는 인도인의 태

---

10   Dubois(2013) p. 348 참조.
11   Raghuramaraju(2006) p. 4 참조.

도도 있다. 원형을 그저 보존하기만 하면 되었다. 개인적 가치보다 집단적 가치를 더 중요시한 것도 있다. 개인은 개인을 지운 채 집단 속에서 사라져야 했다. 죄다 일리가 있지는 않다. 유구한 역사 동안 창조를 꾀하는 인문학자들이 상당수 등장했을 것이다.

상까라는 단지 주석가이기만 할까? 새로운 사상을 전혀 만들어내지 못했을까? 그의 문체를 보면 다른 전망도 가능하다. 그의 문체에는 변명과 확신이 공존한다. 인문학자로서 고민이 곳곳에 숨어 있다. 고통스러워했던 흔적이 역력하다. 내용 면에서도 갈등의 날이 서 있다. 전통주의와 합리주의, 성전과 이성 사이의 충돌을 엿볼 수 있다.[12] 예를 들어 그는 우빠니샤드 문장을 자기 식대로 풀이하곤 한다. 수뜨라의 문장도 그렇게 하곤 한다. 전해진 바를 넘어서 말하고픈 욕구가 꿈틀거렸던 것이다. 그는 많은 것을 숨긴다. 숨죽이면서 말하는 인문학자이다. 더 나아가면, 상까라는 탁월한 창조적 사상가이다. 그의 해석 행위가 곧 창조적 행위이다. 범아일여는 우빠니샤드의 일부에서만 알려진다. 상까라는 모든 우빠니샤드에서 알려진다고 해석한다. 우빠니샤드가 일관적인 가르침을 제시한다고 치밀하게 풀이하는 것을 통해서이다. 우빠니샤드는 그를 통해 새롭게 태어난다. 상까라의 우빠니샤드로 재탄생한다. 당대에 변방을 맴돌던 베단따를 중심에 진입시키려고 그렇게 해석한다. 당대의 힌두교를 혁신하려는 시도이다. 그는 조용한 혁신가이다. 새로움은 행간을 통해 속삭이듯이 전해져 온다.

---

12 Nakamura(2004) pp. 722-733 참조.

샹까라의 혁신은 인도의 관점에서 더 잘 이해된다. 힌두교에서 진리란 발견되는 것이 아니다. 확인되는 것이다. 마치 우주가 창조되고 소멸되는 순환을 겪는 것과 같다. 인간의 삶이 탄생과 죽음의 순환을 겪는 것과 같다. 풀기와 감기의 연속이다. 진리도 풀거나 감는 과정을 통해 확인된다. '그것이 너이다'라는 진리는 해석을 통해 풀려야 한다. 풀린 해석은 또 누군가의 해석이나 체험을 통해 감긴다. 풀리고 감기면서 진리는 확인되고 재현된다. 베단따의 역사는 진리 확인의 역사이다. 그 정점은 샹까라이다. 이런 식으로 샹까라는 법고창신(法古創新)을 이룬다. 인도 특유의 혁신이다.

전통이란 재건축되는 것이 아니라 증축되는 것이다. 인도의 관점에서 그렇다는 말이다. 전통을 뜻하는 '삼쁘라다야'saṃpradāya라는 말은 '계승'에 방점을 찍는다. '빠람빠라'paraṃparā라는 말은 '계보'에 가깝다. 둘 다 전통에서 '주어진 것'을 전제한다. 둘 다 '주어진 것'이 '받아들이는 것'이 되게끔 하는 전승을 찬양한다. 해석의 작업은 바로 이러한 과정이다. 주어진 것을 당대의 형식으로 받아들이게끔 하는 과정이다. 받아들임으로써 전통은 증축된다. 베다의 권위가 강화되는 증축이다. 우빠니샤드의 가르침이 확장되고 확산되는 증축이다. 전통의 증축이 곧 창조이다. 창조적 행위란 주어진 것을 받아들여 이론적으로 확장하고 실천적으로 재현하는 것이다. 베단따의 수많은 학자들과 성자들이 이 조용한 혁신을 실현한다. 또 그것을 전승한다.

새로운 것은 요란스럽지 않고 조용히 만들어진다. 오래된 것에 덧붙여진다. 오래된 것은 폐물이 아니라 패물이 된다. 인문정신은 오래된 패물로 치장을 하고 새로운 춤사위를 보여주려는 데서 나온다. 진리 탐구의 정신은 기본으로 깔린다. 베단따는 우빠니샤드의 인문정신을 이어받는다. 그 인문정신을 힌두교의 역사적 변곡점마다 다시 불러낸다. 새롭지 않은 듯하지만 당대마다 새로운 활력을 만든다. 베단따의 역사는 차분한 격정으로 채워져 있다.

4.
신성한 우빠니샤드의 가르침

4.
신성한 우빠니샤드의 가르침

인간 이성에 대한 불신

　이성에 대한 인간의 신뢰는 언제까지 지속될까? 끝 간 데가 없을 듯하다. 현재의 문명은 서구적 이성이 건설한 것이다. 그 이성을 '도구적 이성'이라고 부른다. 도구적 이성이란 이익을 최대화하기 위해 계산하는 이성이다. 지독하게 효율성만 추구한다. 이 이성은 현실의 모순과 병폐를 은폐하는 역할까지 한다. 이성이 마비된 이성이다 보니 거의 비판을 받지도 않는다. 이성은 자기비판 능력을 삭제한 채로 탐욕에 봉사한다. 서구적 이성은 스스로 영생의 길을 선택한 것처럼 보인다.

　고대인도는 달랐다. 현재의 힌두교에 이르기까지 인도는 다르다. 이성을 전적으로 신뢰하지는 않는다. 그들은 이성적인 분석과 논의를 무척 즐겨한다. 다만 이성을 통해 실재(혹은 진실)를 파악할 수는 없다고 본다. 실재의 깊은 면모에 다가서지 못한다는 것이다. 이성은 차이나 비교를 통해 작동하고 있기 때문이다. 실재는 그런 것을 초월해 있기 때문이다.[1]

이로 말미암아 또한, 성전을 통해 알려질 수 있는 대상과 관계하여 단독적인 논리(논증)가 대립해 있어서는 안 된다. 성전을 벗어나고 단지 사람의 추측에 근거하는 논리들은 '확증되지 않는 것'인 까닭에서이다. 추측은 무제한적이기 때문이다. 그러한 증거로서, 어떤 숙달자들이 공들여 추측한 논리들은 더 나은 다른 숙달자들에 의해 사이비가 된다고 알려진다. 심지어 그들이 추측하고 있는 것들도 더 나아가 다른 자들에 의해 사이비가 되므로, 논리들이 확증적이라는 것은 받아들일 수 없다. 사람의 생각은 다양하기 때문이다.<브라흐마 수뜨라 주석 2.1.11>

이성은 확증과는 거리가 멀다. 모든 사람들이 이성으로써 동의하는 것은 존재하지 않는다. 이것이 이성의 한계이다. 이성의 대안으로 내세울 수 있는 것은 하나뿐이다. 그것은 계시이다. 이미 존재하고 있는 것으로서 계시이다. 진리 그 자체로서 계시이다.

힌두교에서는 이성보다 계시가 우위에 있다. 종교이기 때문에 당연하다고 생각할 수 있다. 그런데 힌두교는 예외적인 종교이다. 종교라기보다 그저 삶의 한 방식이다. 일상적 삶이 곧 종교적 삶이다. 단지 종교이기 때

---

1   존 M. 콜러(2003) p. 25 참조.

문에 계시를 우위에 두는 것은 아니다. 계시를 삶의 핵심으로 인정하기 때문에 계시가 중요하다. 계시는 일상의 깊숙한 곳까지 스며들어 있다. 계시는 눈에 보이지 않는 영역에 대해 답을 내려준다. 삶은 그러한 영역으로 채워져 있다. 살다보면 알 수 없는 문제들이 늘어난다. 풀 수 없는 문제들도 무수하다. 계시의 역할이 요청될 수밖에 없다. 계시가 우위에 있을 수밖에 없다.

이성은 전체에 대한 통찰을 막는다. 이성이 힘을 쓰는 영역은 삶의 일부와 관계할 뿐이다. 눈에 보이는 경험의 영역 말이다. 대개 경험을 벗어난 것은 규칙 속에 들어오지 않는다. 마음대로 생각하고 마음대로 말할 수 있다. 이성은 이것을 용납하지 않는다. 또한 경험을 벗어난 것은 계산이 되지 않는다. 효율성을 따질 수 없다. 이것도 용납하지 않는다. 이성은 그저 경험의 영역이 전부라고 강요한다. 나머지는 미개하거나 신비한 영역이라고 폄하한다. 이렇게 하나의 전망을 열어젖히면 다른 전망들은 닫히게 마련이다. '이성의 눈'만이 올바르다고 믿으면 다른 눈은 영영 암흑 속에 머문다. 그 눈은 통합적인 전망에 도달할 수 없다. 폐쇄성을 넘어서지 못한다. 경험을 넘어서는 초감각적인 것들은 외면당한다. 실제로 인간의 삶을 지배하는 것들이 망각된다.

베단따의 관점에서 경험적 지혜는 볼품없는 것이다. 단편적 지혜이다. 파편적 지혜이다. 잠시 이성이 합리화한 것에 불과하다. 순간순간 고개를 끄덕이게 만드는 통찰은 전혀 대단한 것이 아니다. 한때 철썩 같이 믿었던 삶의 지침은 쉬이 한심해지기도 한다. 자신이 믿었던 경험적 진실과 정반대되는 진실을 믿는 사람들도 수두룩하다. 베단따는 그러한 진리 조각을 거부하라고 말한다. 지속적이고 최종적인 전망을 향해 나아가라고 소리친다. '하나에 대한 지식을 알면 모든 것에 대한 지식을 안다.' 하나의 통합적인 전망에 도달하면 경험적 지혜는 아무것도 아니게 된다. 찬란해보였던 한때의 지혜가 어둠 속에 잠겨 버린다. 베단따의 관점에서 이성의 빛은 계몽의 빛이 아니다. 무지몽매의 어둠이다. 한평생 이성을 통해 최고의 지식에 도달한들 희미한 촛불 하나조차 될 수 없다.

문제는 기준이다. 베단따의 기준이 다르다는 것을 인정해야 한다. 베단따의 기준은 이렇게 표현될 수 있을 것이다. '부정되는 것'보다는 차라리 '받아들여지지 않는 것'이 더 낫다. 한 사람의 이성적 판단은 다른 사람에 의해 부정된다. 부정되는 것은 불완전하다. 따라서 불완전한 이성에 기대지 말아야 한다. 진리 그 자체인 계시는 믿지 않는 사람에게 받아들여지지 않는다. 받아들여지지 않는 것은 불완전하지는 않다. 장애 때문에 받아들여지지 않을 뿐이다. 따라서 완전한 계시에 기대야 한다.

베단따는 이렇게 만들어버린다. 감각을 통해 확실하다고 간주되는 것은 불확실하다. 가장 불확실하다고 간주되는 것은 가장 확실하다. 베단따는 이렇게 결론짓는다. 지각되는 것은 비존재이다. 지각되지 않는 것이 존재이다. 지각되지 않는 것이 더 선명하게 알려진다. '정신의 지각'과 같은 것을 통해서이다. 베단따는 더 나아간다. 살아가면서 각 개인이 경험하는 것은 착각과도 같다. 시공간을 초월하여 보편적으로 주어진 것을 출발점으로 삼아야 한다. 그게 더 진실에 가까운 삶이다. 그게 더 가능성 있는 삶이다. 이런 식으로 베단따의 기준이 주어진다. 바로 '우빠니샤드'라는 위대한 계시에서 주어진다.

'우빠니샤드'라는 이름의 계시

베단따의 3대 경전은 우빠니샤드, 『바가바드 기따』, 『브라흐마 수뜨라』이다. 각각 계시서(슈루띠)śruti, 전승서(스므리띠)smṛti, 논리서nyāya라고 간주된다. 우빠니샤드란 초기 우빠니샤드만을 가리킨다. 성자들이 체험한 진리를 드러낸다. 계시된 진리를 담은 책이다. 『바가바드 기따』는 비슈누 신의 화신(化身)인 끄리슈나Kṛṣṇa 신의 말씀을 전한다. 전승된 진리를 담은 책이다. 『브라흐마 수뜨라』는 우빠니샤드의 가르침을 체계적으로 요약해놓은 것이다. 논리에 의해 뒷받침되는 진리를 담은 책이다.

힌두교에서는 베다를 설산(雪山)에 비유하곤 한다. 설산은 인간의 발길이 전혀 닿지 않은 시원과 순수를 상징한다. 우빠니샤드는 실개천이다. 설산이 녹아 흐르면서 만들어진 것이다. 인간에게 필요한 물로 바뀌는 지점이다. 『바가바드 기따』는 그 실개천들이 모여서 형성된 산정호수이다. 인간의 삶에 유용한 물을 풍부하게 얻을 수 있다. 이러한 비유는 『바가바드 기따』의 특별성을 강조하기 위한 것이다. 『바가바드 기따』는 전통을 벗어나지 않는다. 종합의 묘미를 보여준다. 그렇게 특별한 경전임을 알리기 위해 만들어진 비유이다.

베단따학파에서는 우빠니샤드와 『바가바드 기따』의 관계가 무척 복잡하다. 공식적으로 전자는 계시서이다. 후자는 전승서이다. 계시서란 그 자체로 독립된 권위를 가지는 문헌이다. 글자 그대로 '들은 것'(들린 것)을 의미한다. 인간의 저작이 아닌 문헌이다. 계시서로는 유일하게 베다가 있다. 우빠니샤드는 베다에 포함되므로 계시서이다. 전승서란 계시서에 의존한 채로 권위를 가지는 문헌이다. 글자 그대로 '기억한 것'(기억된 것)을 의미한다. 인간이 저작하여 전승되는 문헌이다. 『바가바드 기따』등 대부분의 힌두교 문헌이 전승서이다.[2] 둘 가운데 공식적으로는 계시서의 권위가 더 높다. 베단따뿐만 아니라 힌두교에서도 그러하다. 그러나 비공식적으로는 상황이 달라진다. 형식적 권위와 실질적 권위가 다른 경우도 있는 것이다. 비슈누 계열의 베단따학파들에서이다. 그들은 비슈누를 최고의 실재로 간주한다. 『바가바드 기따』는 비슈누의 화신인 끄리슈나의 직접적인 설교이다. 『바가바드 기따』야말로 진정한 계시서인 셈이다. 신의 말씀이 계시가 아니고 무엇이겠는가. 그들에게 계시서는 공식적으로 우빠니샤드이지만 실질적으로 『바가바드 기따』이다.

계시서와 전승서의 차이는 그리 대단하지 않다. 둘은 쌍으로 힌두교를 지탱한다. 전승서도 계시서만큼 존중받는다. 전승서의 가르침은 대체로 계시서와 일치한다. 간혹 일치하지 않을 때 계시서의 가르침이 우선적으로 고려되어야 한다. 둘 사이에 차이가 있다면 독립성과 의존성이다. 계시서는 독립적이고 전승서는 의존적이다. 계시서는 일차적이고 전승서는 이차적이다. 계시서는 직접적이고 전승서는 간접적이다.

> 만약 [신격의 육화 상태가 용인되는 경우에 베다의] 말과 관계하여 [확립된 진리성에 모순이 수반된다고] 한다면, [그러한 모순마저] 없

---

2 슈루띠를 '비밀리에 전승하는 것', 스므리띠를 '공개적으로 전승하는 것'이라고 풀이하는 학자도 있다.

다; 그것(말)으로부터 [세계가] 발생하기 때문이다; [이는] 지각(계시서)과 추론(전승서)으로부터 [알려진다].<브라흐마 수뜨라 1.3.28>

더 나아가 [요가 수행자들은] 완전한 명상에서 [미현현자인 그 아뜨만을 본다]; [이는] 지각(계시서)과 추론(전승서)을 통해서 [알려진다].<브라흐마 수뜨라 3.2.24>

지각과 추론은 각각 계시서와 전승서를 가리킨다. '계시서'와 '전승서'라는 말 대신에 '지각'과 '추론'이라는 말을 사용할 수 있는 것이다. 계시란 직접적이므로 지각이다. 전승이란 간접적이므로 추론이다. 지각은 감각기관을 통해 직접 아는 것이다. 예컨대 눈을 통해 비가 내리는 것을 직접 본다. 지각은 독립적인 인식수단이다. 반면에 추론은 간접적으로 아는 것이다. 예컨대 땅이 젖어 있는 것을 봄으로써 비가 내린 것을 안다. 비를 직접 보지는 않는다. '땅이 젖어 있음'이라는 표징을 통해 비를 추리할 뿐이다. 추론은 의존적인 인식수단이다. 그 추론은 '땅이 젖어 있음'을 지각함으로써 시작된다. 반드시 지각에 의존해야만 한다. 지각은 독립적이지만 추론은 의존적이다. 이러한 논리가 계시서와 전승서에도 적용된다. 각각 독립적 권위와 의존적 권위를 가진다. 계시는 우빠니샤드 성자들이 직접 체험한 것이다. 누가 알려준 것이 아니다. 스스로 깨우친 것이다. 오직 계시서만이 독립적이다. 독립적이기 때문에 완전무결성으로 나아갈 수 있다.

비이원론적 베단따에서는 우빠니샤드가 계시서이다. 완전무결하기 때문에 신성불가침의 권위를 가진다. 기독교의 성경과 유사하다. 우빠니샤드의 바깥에 그 어떤 가르침이 따로 존재하지 않는다. 선(禪)불교의 교외

별전(教外別傳)과는 다르다. 이론상으로 그러하다. 이론상으로 경전과 별도로 전하는 것은 없다. 현실에서는 라마나 마하리쉬처럼 스스로 깨우친 성자도 존재한다. 이론적으로 베단따는 '우빠니샤드 절대주의'이다. '계시 절대주의'이다.

우빠니샤드는 '수단'이기 때문에 베단따에서 중요하다. 지고선인 해탈을 성취하기 위한 수단이다. "베단따(우빠니샤드)의 의미를 탐구함으로써 최상의 지식이 생긴다. 그 이후에 윤회의 고통이 완전히 소멸하게 된다."<비베까 쭈다마니 47> 해탈을 성취한 이후에는 수단이 더 이상 필요하지 않다. 강물을 건넌 뒤에 뗏목을 버리는 것과 같다. '수단'이라는 말의 의미는 진중하게 받아들여져야 한다. 우빠니샤드는 지도 이상의 것이다. 안내서 이상의 것이다. 실재가 있음을 가르칠뿐더러 그것을 얻는 방법도 가르친다.[3] 우빠니샤드는 해탈의 수단도 친절하게 알려주는 계시서이다.

지식을 낳는 우빠니샤드의 말

우빠니샤드는 '지식수단'pramāṇa이라고 불린다. 수단 중에서도 지식을 얻기 위한 수단이다. 무엇에 대한 지식일까? 실재인 브라흐만에 대한 지식이다. 무엇을 낳는 지식일까? 해탈을 낳는 지식이다. 정리하면 이렇다. 수단인 우빠니샤드가 실재에 대한 지식을 낳고 그 지식이 해탈을 낳는다.

---

3   Comans(2000) p. 468 참조.

인도철학에서는 주로 인식수단 혹은 지식수단에 관한 이론이 인식론이다. 지각pratyakṣa, 추론anumāna, 증언śabda, āgama 등이 인식수단들이다. 인식수단들은 곧 지식수단들이다. '인식한다'는 말은 곧 '안다'는 말이기 때문이다. 가령 '불은 뜨겁다'라는 인식은 곧 '불은 뜨겁다'라는 지식이다. 인식수단이란 다른 방식을 통해서는 알 수 없는 것을 알게끔 하는 어떤 것이다. '불은 뜨겁다'라는 것은 오직 지각(촉각)이라는 방식을 통해 알려진다. 다른 방식을 통해 알려지지 않는다. 지각은 인식수단이 된다. 실재에 대한 지식은 어떠할까? 오직 우빠니샤드를 통해 알려진다. 다른 방식을 통해 알려지지 않는다. 우빠니샤드는 인식수단이다. '브라흐만'이라는 실재에 대한 유일한 지식수단이다. 지식수단들 가운데 증언에 해당된다. 성자들의 체험을 모아 놓은 언어의 집합이기 때문이다. 우빠니샤드는 언어로 이루어진 증언이다.

인도철학의 각 학파는 인식수단들을 상이하게 수용한다. 유물론을 표방하는 짜르바까Cārvāka[4]는 지각만을 받아들인다. 불교는 지각과 추론을 받아들인다. 상크야는 증언까지 셋을 받아들인다. 느야야는 유비(비교)를 더하여 넷을 받아들인다. 미맘사와 베단따는 여섯을 받아들인다. "이러한 인식수단들은 여섯이다. 지각, 추론, 유비(비교), 성언(증언), 추정, 비지각으로 나눠지기 때문이다."<베단따 빠리바샤 0.10> 역시 두 학파는 자매학파답다.

....

4   '로까야따'Lokāyata, '브리하스빠뜨야'Bṛhaspatya로 불리고, 유물론, 무신론, 회의주의를 따르는 고대인도의 이단 학파이다.

미맘사와 베단따에서는 여섯 가운데 증언이 특별하다. 두 학파의 핵심주제가 증언을 통해서만 알려지기 때문이다. 핵심주제란 각각 다르마와 브라흐만이다. 증언이란 베다를 가리킨다. 베다는 성스러운 말씀, 즉 성언(聖言)이다. 요컨대 다르마와 브라흐만은 오직 베다 성언을 통해서만 알려진다. "왜냐하면 태양이 [사물의] 색깔(형태)과 관계하여 독립적으로 진리성을 가지듯이, 베다는 자체적 내용에 대해서 독립적으로 진리성을 가지기 때문이다."<브라흐마 수뜨라 주석 2.1.1> 태양만이 온 세상 사물의 형태가 드러나게끔 한다. 베다만이 특별한 진리가 드러나게끔 한다. 다른 지식수단들을 통해서는 결코 다르마와 브라흐만이 알려지지 않는다. 베단따는 다음과 같이 덧붙이기도 한다. 지각 등은 세계의 다양성을 알려준다. 성언은 브라흐만의 유일성을 알려준다. 지각 등은 고통에 종속되는 것을 알려준다. 성언은 고통으로부터 자유로워지는 것을 알려준다. 이러니 성언은 특별할 수밖에 없다. 우빠니샤드는 특별한 지식수단인 것이다. 베단따의 성언은 좁은 의미에서 우빠니샤드뿐이다.

미맘사와 베단따는 '베다 근본주의'vedamūlatva이다. 성언 중심주의이다. 이는 필연적 귀결이다. 최상의 진리가 오직 고대 문헌에서만 드러난다고 보기 때문이다. '근본주의'라는 칭호가 어색하지 않다. 베다를 계시화하는 것은 베다 시대에 이미 기획된 일이다. 브라흐마나 문헌부터 도모되기 시작했다고 한다.[5] 베다의 권위는 학파로서 미맘사와 베단따에 의해 더 강화된다. 두 학파는 공동으로 베다의 권위를 더 높이고자 한다. 또 제각각 브

---

5   Radhakrishnan(1989) p. 129 참조.

라흐마나와 우빠니샤드의 권위를 더 높이고자 한다.

베다를 권위 있는 지식수단으로 만들기 위한 시도는 다양했다. 미맘사학파는 베다의 영원성을 논증한다. 미맘사의 꾸마릴라는 베다의 저자는 인간이 아니라고 강조한다. 또한 베다의 의례는 반드시 결과를 낳는다고 강조한다. 원인에도 결과에도 결함이 없다는 것이다. 느야야학파는 베다의 저자는 신이라고 논증한다. 신의 저작에 결함이 있을 리는 없다. 베단따는 타협안을 내놓는다. 미맘사와 느야야 사이의 타협안이다. 영원한 베다를 매 창조의 시기마다 신이 가져온다고 주장한다. 일종의 복사본을 우주가 시작될 때 가져온다는 것이다. "이와 같은 연관에서 지고한 신은 창조의 최초 시간에 앞선 창조에서 존립하던 베다의 순차와 동일한 순차의 베다를 구성했을 뿐 그것과 이종적인 베다를 구성하지는 않았다."<베단따빠리바샤 4.55> 어쨌든 베단따도 베다의 저자는 인간이 아니라는 것을 받아들인다. 즉 베다가 영원하다는 것을 받아들인다. 불교에서도 이와 유사한 논리가 있다. 붓다의 말씀은 지식수단이어야 한다. 그 말씀을 듣고 깨우침을 얻어야 하는 것이다. 그 말씀이 지식수단인 이유는 전지한 자에 의해 제시되었기 때문이다. 붓다는 전지하기 때문에 그 말씀에 결함이 없다는 논리인 셈이다.

베다 성언은 위대하다. 하지만 모든 영역에서 위대하지는 않다. 일상적이거나 세속적인 영역에서는 다른 지식수단들이 지배자이다. 성언에서 아무리 '불은 차갑다'라고 말한들 불은 차가워지지 않는다. '불은 뜨겁다'라는 것은 지각을 통해 확증된 것이기 때문이다. 부정될 수 없는 속세의 지식이다. 물론 성언에서 불이 차갑다고 말하지는 않는다. 미맘사도 베단따도 지식수단들이 서로의 영역을 침범해서는 안 된다고 생각한다. 남의 집 정원을 함부로 침범해서는 안 되는 것과 같다. 미맘사는 더 철저하게 영역을 분리한다. 더 철저하게 경계를 지킨다. 베단따는 성언이 다른 지식수단들에 개입할 수 있는 여지를 남겨둔다. 마치 성언이 다른 영역을 지배할 수 있는 듯이 말하기도 한다. 성언의 지배력은 베단따에서 더 강하다.

『브라흐마 수뜨라 주석』에서 샹까라는 상크야학파를 제1의 논적으로 삼는다. 이유는 간단하다. 계시서 또는 성언에 근거하지 않는 가르침을 펼치기 때문이다. 눈에 보이지 않는 원리들은 성언에서만 알려진다. 상크야는 추론을 통해 그것들을 증명하려고 애쓴다. 말도 안 되는 이야기이다. 베단따의 관점에서 상크야는 '추론의 형이상학'을 펼친다. 베단따는 '계시의 형이상학'이다. 상크야는 시쳇말로 족보가 없다. 족보도 없이 교묘한 말솜씨만으로 자기 철학을 뒷받침한다. 샹까라는 어떤 우둔한 자들이 상크야의 꾐에 넘어가는 것을 우려했던 것이다.

해석을 통해 권위 확립하기

우빠니샤드는 샹까라에 의해 실제로 성언의 반열에 오른다. 본디 성언이었지만 진정한 성언이 된다. 그는 우빠니샤드를 해석함으로써 우빠니샤드의 권위를 높인다. 우빠니샤드의 권위는 만들어진다. 그 작업은 『브라흐마 수뜨라』에서 이미 시작되었다. 이 경전의 상당 부분은 우빠니샤드의 일관적인 가르침을 논증하는 데 바쳐진다. 『브라흐마 수뜨라』 1.1.4에 등장하는 '조화'samanvaya라는 개념이 핵심이다. 우빠니샤드의 가르침들은 조화를 이루고 있다. 모순되는 내용이 없다는 것이다. 내용의 조화가 없는 텍스트가 권위를 가질 리는 없다. 샹까라는 이 '조화'라는 개념을 잘 이어받는다.

샹까라는 해석의 중요성을 잘 알고 있다. 해석이 어떤 결과를 낳는지 이해하고 있다. 그는 타고난 문헌 해석가이다.

> 어떻게? 조화 때문이다. 실로 모든 베단따(우빠니샤드)들에서 문장들은 이 대상을 취지로 제시함으로써 어울리게 된다. ….
> 그리고 그것(문장)들에 담긴 말들이 브라흐만의 본질과 관계하여 조화된다고 확정적으로 알려지는 경우에 다른 의미를 가정하는 것은 합리적이지 않다. 계시된 것을 폐기하고 계시되지 않은 것을 가정하는 부조리한 결말이 생기기 때문이다.<브라흐마 수뜨라 주석 1.1.4>

그는 이렇게 주장한다. 우빠니샤드 문장들의 숨은 취지tātparya는 브라흐만이다. 오직 브라흐만을 취지로 하여 그 문장들은 조화된다. 브라흐만이 아닌 다른 것이 취지일 수는 없다. 취지가 아닌 것을 받아들이면 신성한 계시가 무시되기 때문이다. 매우 간단하다. 브라흐만이 취지일 때는 그 문장들이 조화된다. 그렇지 않을 때는 조화되지 않는다. 조화되는 방식으로 문장들을 해석해야 한다. 무척이나 강력한 해석의 방법론이다. 샹까라는 편해진다. 우빠니샤드 문장들을 예외 없이 브라흐만에 호응시켜 해석할 수 있게 된다. 조화 덕택이다.

조화란 우빠니샤드 전체의 조화이다. 여러 종류의 우빠니샤드들에서 가르치는 내용들이 조화된다. 모두 브라흐만을 취지로 하기 때문이다. 조화는 또한 특정 텍스트의 내적 일관성이기도 하다.[6] 예를 들어 어느 우빠니샤드에 상충되는 문장들이 있다고 하자. 내적 일관성이 없다고 의심할 수 있다. 그런데 내적 일관성이 있고 조화가 있다고 해석한다. 모든 문장들이 브라흐만을 취지로 하기 때문이다. 물론 억지를 쓰지는 않는다. 억지로 브라흐만주의가 취지라고 막 몰고 가지는 않는다. 합리적인 방식으로 브라흐만이 취지라는 것을 증명한다.

우빠니샤드에서는 오직 브라흐만이 계시된다. 아니, 계시된다고 해석된다. 모든 성자들이 브라흐만을 보편적으로 깨우쳤다고 해석된다. 샹까라의 해석은 우빠니샤드를 보편적인 가르침으로 만든다. 모순이 없는 성전으로 이끈다. 우빠니샤드의 권위는 자연스럽게 강화된다. 다음은 해석이 권위를 만드는 것에 관한 한 예시이다.

> 더 나아가, 다만 모든 특징이 배제된 '지고한 신의 형태'를 가르치는 경우에는, "소리가 없고, 감촉이 없으며, 형태(색깔)가 없고, 소실이 없으며"<까타 우빠니샤드 3.15>라는 등의 성전이 적용된다. 하지만 [신은] 모든 것의 원인이기 때문에, "모든 행위를 하고, 모든 욕망을 가지며, 모든 냄새를 가지고, 모든 맛을 가지며"<찬도그야 우빠니샤드 3.14.2>라는 등을 통해, 심지어 변형물의 어떤 특성들을 가지는 지고한 신이 명상대상으로 지시된다.<브라흐마 수뜨라 주석 1.1.20>

---

6   Hirst(2005) p. 63 참조.

신은 소리도 감촉도 또 그 무엇도 없다. 아무런 속성도 없다. 어떤 우빠니샤드의 가르침이다. 반대로 신은 모든 속성을 다 가진다. 다른 어떤 우빠니샤드의 가르침이다. 두 가르침은 모순적이다. 샹까라는 모순적이지 않다고 해석한다. 앞의 신은 지고한 신이다. 속성이 없는 브라흐만에 대한 가르침이다. 지식과 관계하는 문장이다. '초월적인 실재'를 제시하는 문장으로서 권위가 있다. 뒤의 신은 창조주로서 신이다. 속성이 있는 브라흐만에 대한 가르침이다. 명상과 관계하는 문장이다. '현상계에 관여하는 실재'를 제시하는 문장으로서 권위가 있다. 둘 다 나름대로 권위가 있을 뿐 모순적이지는 않다. 브라흐만을 두 종류로 나눠서 해석했기 때문에 가능한 일이다. 두 종류의 브라흐만은 본디 하나의 브라흐만이다. 두 가지 관점에서 두 종류로 알려질 뿐이다. 마치 모순적인 듯한 두 문장은 브라흐만 주의를 지지하는 권위 있는 전거들이다.

참 아이러니한 상황이 아닐 수 없다. 우빠니샤드를 동원해서 우빠니샤드를 고양시키는 상황 말이다. 샹까라는 권위논증을 매우 빈번하게 사용한다. 권위 있는 우빠니샤드 문장을 인용하여 자신의 주장을 뒷받침한다. 논증의 목적은 우빠니샤드의 가르침이 진리라는 것을 밝히는 데 있다. 우빠니샤드의 권위가 높아지는 결과를 낳는다. 그는 우빠니샤드를 통해 우빠니샤드를 높이려고 하는 것이다. 마치 자신이 증인이 되어 자신에 대해 증언하는 것과 같다.

베단따와 권위논증은 잘 어울린다. 지식수단들 중에서는 성언이 으뜸이다. 최고의 실재를 알려주기 때문이다. 바로 이 성언의 권위를 빌려서 무언가를 증명하는 것은 어떤가? 성언은 완전무결하기 때문에 훌륭한 증명이 된다. 권위논증은 성언을 통한 증명이다. 권위논증을 통해 증명하면 게임 끝이다. 우빠니샤드에 그렇게 나와 있다고 인용 한 번 하면 상황이 종료된다. 대부분의 베단따 학자들이 권위논증을 즐겨한다. 샹까라는 특히 더 그러하다. 그 결과는 어떤가? 우빠니샤드로써 우빠니샤드의 권위를 높이게 되는 아이러니가 생긴다. 우빠니샤드는 더 많이 인용되면 될수록 그 신성불가침의 힘이 확인되는 것이다.

이렇게 생각해볼 수 있다. 베단따에서 우빠니샤드를 인용하는 것은 증명을 주목적으로 하지 않는다. 강조가 주목적이다. 주장을 강조하기 위해 인용할 뿐이다. 『브라흐마 수뜨라 주석』에는 다음과 같은 형식의 논증이 무수히 등장한다. 권위논증이다.

> 게다가 지고한 신이 형태를 가진다는 것은 합리적이지 않다. "소리가 없고, 감촉이 없으며, 형태(색깔)가 없고, 소실이 없으며"<까타 우빠니샤드 3.15>라고 계시되기 때문이다.<브라흐마 수뜨라 주석 1.1.20>

이 논증에서 앞의 문장은 주장이다. 뒤의 문장은 근거이다. 뒤의 우빠니샤드 문장은 주장을 뒷받침하기 위해 인용될까? 그러하기는 하다. 그런데 드러나지 않은 의도가 더 있다. 강조가 숨은 의도이다. 뒤의 문장은 앞의 문장을 강조한다. 주장이 이미 증명된 것이라는 점을 우빠니샤드 문장을 통해 강조한다. 계시는 증명을 넘어선 어떤 것이기 때문이다. 베단따의 주장은 우빠니샤드의 주장이다. 그 어떤 증명도 필요 없다. 권위논증은 베단따의 주장이 계시화되는 과정이다. 주어진 계시가 베단따에서 받아들여지는 과정이다.

아이러니가 해소될 여지가 생긴다. 베단따는 해석의 과정에서 우빠니샤드로써 우빠니샤드의 권위를 높이지 않는다. 오히려 우빠니샤드로써 우빠니샤드의 권위를 받아들인다. 우빠니샤드는 곧 베단따 사유이다. 둘은 동일한 사유이다. 우빠니샤드에 대한 인용은 베단따 사유의 본질적 부분이다.[7] 우빠니샤드 문장은 인용이 아니라 베단따 사유의 핵심이다. 그 문장을 인용하는 것은 베단따에서 우빠니샤드를 받아들이는 과정이다. 이 과정 없이는 우빠니샤드는 죽은 권위를 가질 뿐이다. 실제적으로 우빠니샤드가 가진 진리의 힘을 받아들여야 한다. 그게 진정한 권위이다. 해석의 과정은 계시의 힘을 내면화하는 과정인 것이다.

베단따의 역사에서는 일찍이 샹까라가 해석을 완성한다. 우빠니샤드의 권위를 확립한다. '베단따'라는 하나의 학파를 성립시킨 작업이다. 후대 계승자들의 짐을 덜어준 작업이다. 우빠니샤드의 방대한 가르침을 일관되게 해석하는 것은 현실적으로 거의 불가능하다. 그걸 해낸다. 일관되게 해석해야만 한다면 샹까라의 해석이 최고의 것이다. 고안할 수 있는 해석들 가운데 최고의 것이다.[8] 샹까라 이후 우빠니샤드의 권위를 의심하는 자는 없다. 우빠니샤드는 해석됨으로써 위대한 전통이 된다.

---

7   Bronkhorst(2007) p. 51 참조.
8   Thibaut(1992) Introduction, p. cxxii 참조.

재해석된 범아일여와 그 의미

샹까라는 '베단따의 우빠니샤드'를 성립시킨다. 문헌으로서 우빠니샤드는 누구에게나 동일한 우빠니샤드이다. 동일한 우빠니샤드는 해석에 따라 다소 상이하게 읽힐 수 있다. 샹까라는 자기 방식대로 우빠니샤드를 읽는다. 베단따의 우빠니샤드를 만든다. 엉뚱하지는 않다. 초기 우빠니샤드와 동떨어진 엉터리 가르침이라고 말할 수는 없다. 초기 우빠니샤드 자체에 많은 가르침이 존재한다. 다양한 해석이 뒤따를 수밖에 없다. 샹까라는 하나의 가르침만 수용한다. 그 가르침에 맞게 해석한다. 그에게 우빠니샤드란 참으로 존재하는 것을 깨우친 자들의 경전이다. 오직 범아일여의 경전이다.

참으로 존재하는 것은 브라흐만이다. 대우주의 원리이다. 그 원리가 인간에 내재한 것은 아뜨만이다. 소우주의 원리이다. 아뜨만도 참으로 존재하는 것이다. 이 둘은 참으로 존재하는 것으로서 동일하다. 범아일여이다. 이 가르침이 우빠니샤드에 존재하는 것은 틀림없다. 모든 우빠니샤드에 이 가르침이 존재하는 것은 분명 아니라고 한다. 이 가르침이 샹까라의 해석에도 존재하는 것은 틀림없다. 완전히 동일한 범아일여가 아닐 가능성은 상당히 크다.

범아일여는 오묘한 가르침이다. 대우주와 소우주의 상동(相同) 논리가 적용된 결과이다. '축소판의 원리'가 적용된 것이다. 가령 '아이들 교실이 어른들 세상의 축소판'이라고 말하는 경우가 있다. 아이들의 교실에서 벌어지는 일과 어른들의 세상에서 벌어지는 일이 유사하다는 뜻이다. 인간의 본질은 애나 어른이나 별반 다르지 않다. 우빠니샤드에서는 '소우주인 인간이 대우주의 축소판'이라고 본다. 그러다가 소우주나 대우주나 본질이 같다는 결론에 도달한다. 인간은 소우주이기 때문에 소우주가 언제나 출발점이다. 소우주를 대우주와 다를 바 없는 것으로 알아야 한다. 소우주의 본질이 대우주의 본질과 다르지 않다는 것을 직관해야 한다. 베단따에서도 이 가르침을 이어받는다. "그대는 이 우주에 고루 미쳐 있고, 이 우주는 그대 안에 꿰어져 있다."<아슈따바끄라 상히따 1.16> 한계를 만드는 헛것들을 모두 버리면 소우주는 대우주 그 자체가 된다. 축소판이 곧 원판이다. 축소판을 알면 원판을 안다. 원판이 된다.

샹까라는 단순화의 귀재이다. 잔가지들을 쳐내버린다. 단순화하지 않고 해석하기란 거의 불가능한 법이다. 일반화도 곁들인다. 틀을 가진 채로 우빠니샤드를 읽는 듯하다. 그는 우빠니샤드의 모든 문장들이 2가지만을 의도한다고 정리한다.

> 왜냐하면 베단따 문장들은 2가지 형태로 작동하기 때문이다. 어떤 경우에는 지고한 아뜨만의 본질을 확정하는 것을 의도하고, 어떤 경우에는 인식적 아뜨만과 지고한 아뜨만의 동일성을 가르치는 것을 의도한다.<브라흐마 수뜨라 주석 1.3.25>

하나는 브라흐만(지고한 아뜨만)의 본질을 확정하는 것이다. 다른 하나는 개별자아(인식적 아뜨만)와 브라흐만(지고한 아뜨만)의 동일성을 가르치는 것이다. 뒤의 것이 핵심이다. 우빠니샤드의 핵심 가르침은 '개별자아와 브라흐만의 동일성'이다. 둘 가운데 개별자아는 얼추 알 수 있다. 브라흐만은 알기 어렵다. 우빠니샤드는 브라흐만의 본질이 무엇인지 확정해주어야 한다. 논리적으로는 브라흐만의 본질 확정이 앞서야 한다. 미리 브라흐만의 본질을 확정해놓아야 개별자아와 브라흐만의 동일성을 가르칠 수 있다.

샹까라는 개별자아와 브라흐만의 동일성을 말한다. 이것은 과연 범아일여인가? 범아일여의 다른 버전인가? 범아일여는 브라흐만과 아뜨만의 동일성이지 않는가? 이러한 의문이 생긴다. 논란을 낳을 만한 의문이다. 결론부터 말하자면 이러하다. 우빠니샤드의 범아일여는 글자 그대로 브라흐만과 아뜨만의 동일성이다. 대우주의 브라흐만과 소우주의 아뜨만이 같다는 뜻이다. 샹까라는 이 범아일여를 받아들인다. 브라흐만과 아뜨만이 동일하다는 것은 전제된다. 이 범아일여가 소우주에 적용되면서 조금 변형된다. 소우주의 주인인 개별자아의 본질이 브라흐만이라는 식으로 변형된다. 개별자아의 본질이라고 믿어 왔던 것들은 파기된다. 진정한 본질만 수용된다. 따라서 개별자아와 브라흐만의 동일성이란 개별자아의 본질은 '브라흐만으로서의 아뜨만'이라는 뜻이다.

'브라흐만과 아뜨만의 동일성'은 미리 전제된다. '개별자아와 브라흐만의 동일성'을 위해 전제된다. 이 둘은 차이가 없는 가르침이다. 브라흐만이 곧 아뜨만이기 때문에 개별자아의 본질은 브라흐만으로서의 아뜨만일 수 있다. 이 둘은 차이가 있는 가르침이기도 하다. 브라흐만과 아뜨만의 동일성에서 동일성은 '같음'을 지시한다. 곧 브라흐만과 아뜨만은 완전히 같다. 개별자아와 브라흐만의 동일성에서 동일성은 '본질의 같음'을 지시한다. 곧 개별자아는 그 본질에서 브라흐만 같다. 결국 이 둘의 차이는 버전의 차이이다. 샹까라의 범아일여는 우빠니샤드에 나타난 범아일여의 다른 버전이다.

샹까라 이후에도 이 둘이 언급된다. 다양한 방식으로 범아일여가 표현된다. 용어들도 복잡하다. 개념들도 조금씩 상이하다. 비교적 선명한 예시도 많다.

> 참된 지식이란 브라흐만과 아뜨만의 동일성에 대한 지식이라는 것이 계시서의 가르침이다.<비베까 쭈다마니 204>

> 모든 한정자들을 '이러한 것도 아니고 그러한 것도 아니다(네띠 네띠)'라는 문장을 통해 부정하고 나서, 위대한 문장들을 통해 개별적 아뜨만과 지고한 아뜨만의 동일성을 알아야 한다.<아뜨마 보다 30>

앞의 것은 브라흐만과 아뜨만의 동일성이다. 뒤의 것은 개별자아와 브라흐만의 동일성이다. 앞의 동일성도 그 맥락을 따져보면 뒤의 동일성을 의미한다. '개별자아로서의 아뜨만'이 아니라 '브라흐만으로서의 아뜨만'을 가르치기 때문이다. 대부분 그러하다. 베단따의 최종 가르침은 개별자아와 브라흐만(아뜨만)의 동일성이다. 우빠니샤드도 이것을 가르친다고 해석한다.

개별자아와 브라흐만의 동일성은 '위대한 문장'mahāvākya[9]을 통해 알

---

9   우빠니샤드의 문장들 가운데 개별자아와 브라흐만의 동일성을 가르치는 핵심적

려진다. 위대한 문장은 우빠니샤드의 정수를 담고 있다. 핵심 중의 핵심이다. "그것이 너이다"tat tvam asi라는 문장이 가장 대표적이다. 위대한 문장들을 대표하는 문장이다. 베단따는 이 문장을 이렇게 해석한다. '그것'tat은 브라흐만을 가리킨다. '너'tvam는 개별자아를 가리킨다. '이다'asi는 동일성을 가리킨다. 이 문장에서는 개별자아와 브라흐만의 동일성이 온전하게 지시된다. '너'는 그 본질에서 브라흐만과 같다는 선언이다.

베단따에서 '그것이 너이다'라는 문장은 신화이자 전설이다. 베단따의 모든 전통이 응축된 말이다. 베단따 추종자들의 심장을 미치도록 두근거리게 하는 말이다. 어느 학자가 이 문장을 다르게 풀이한들 뭐가 달라지겠는가. 샹까라가 이 문장을 심각하게 오독한들 뭐가 대수이겠는가. 이 문장은 살아 있는 말이다. 죽은 말이 아니다. 베단따 전통에 생명력을 불어 넣어 주는 말이다. 평범한 인간에 전지성을 부여하는 파격이다. 유한한 인간을 신으로 간주하는 도발이다. 이 말이 살아 있는 말로 다가올 때 베단따에 입문하게 된다. 베단따주의자가 된다. 깨우침을 향해 나아갈 수 있다. 선불교의 화두와 비슷한 구석이 있다. '이뭣꼬'라는 말이 살아 있어야 깨우침에 다가갈 수 있는 것과 같다.

문장이다. 주로 4가지가 널리 알려져 있다: ① '그것이 너이다.'tat tvam asi, ② '나는 브라흐만이다.'aham brahmāsmi, ③ '이 아뜨만은 브라흐만이다.'ayam ātmā brahma, ④ '앎(지성)은 브라흐만이다.'prajñānam brahma. 이러한 4가지 위대한 문장들은 4종류의 베다에 하나씩 소속된다. ①은 『사마 베다』에 소속된 <찬도그야 우빠니샤드 6.8.7>, ②는 『야주르 베다』에 소속된 <브리하다란야까 우빠니샤드 1.4.10>, ③은 『아타르바 베다』에 소속된 <만두끄야 우빠니샤드 2>, ④는 『리그 베다』에 소속된 <아이따레야 우빠니샤드 3.3>에서 각각 등장하는 문장이다.

베단따의 우빠니샤드는 그 가르침에서 초기 우빠니샤드와 거의 다르지 않다. 특히 체험의 차원에서 그럴 것이다. 초기 우빠니샤드의 성자들은 아뜨만을 보았다. 불멸하는 아뜨만은 브라흐만과 다르지 않다. 베단따도 그 아뜨만 체험을 강조한다. 개별성이 헛된 것임을 깨우침으로써 아뜨만이 되라고 한다. 체험의 차원에서는 차이나 구별이 존재하지 않는다. 오직 그것tat만이 참으로 존재sat한다. 옴 따뜨 사뜨.

주어진 것과 받아들이는 것

베단따는 우빠니샤드 없이 존립조차 불가능하다. 베단따는 우빠니샤드에서 기원했다. 그렇지만 우빠니샤드를 완전한 기원으로 만든 것도 베단따이다. 해석을 통해서이다. 완전무결한 문헌으로 해석함으로써 완전무결한 기원으로 만든다. 우빠니샤드는 신성불가침의 계시가 된다. 분명 베단따는 우빠니샤드 안에서 노는 물고기이다. 결코 물 밖으로 뛰쳐나갈 수 없다. 물고기는 그 물속을 세상에서 가장 훌륭한 곳으로 만들어버린다.

우빠니샤드는 지고선을 담고 있는 계시이다. 지고선이란 아뜨만에 대한 진리이다. 계시는 아뜨만을 아는 유일한 수단이다. 계시에 비하면 이성은 초라하고 보잘 것 없다. 이성은 추리하고 판단하는 데 적합하다. 아뜨만이 무엇인지 아는 데 조금도 소용에 닿지 않는다. 이성은 그 자체로 공허하다. 독립적으로 지고선에 관한 앎을 제공하지 못한다. 이성을 통해 오늘 얻은 진리는 내일 부정된다. 이성을 통해 합의하는 것도 불가능하다. "과거·현재·미래의 추리학자들은 … 동일한 장소와 시간에 모일 수 없"<브라흐마 수뜨라 주석 2.1.11>기 때문이다. 이성의 선택은 정해져 있다. 계시를 따르는 방법밖에 없다. 베단따는 결정한다. 계시를 따르는 이성은 허용해야 마땅하다. 계시를 따르지 않는 이성은 독단에 불과하다. 이성은 계시에 종속적이다.

베단따에서 계시와 이성의 관계는 간단한 문제가 아니다. 계시의 절대적인 위상은 예외 없이 수용된다. 이성의 종속적인 위상은 종종 다르게 수용된다. 학자에 따라 이성에 더 큰 역할을 부여하기도 한다는 말이다. 한 가지는 확실하다. 계시와 이성이 갈등의 관계이자 협력의 관계라는 점이다.[10] 형이상학적인 대상에 대해 계시가 독점적일 때 양자는 갈등의 관계이다. 상대적인 이성은 아무것도 하지 못한다. 계시된 내용에 대해 이성이 승인할 때 양자는 협력의 관계이다. 이성의 역할은 강대해진다.

이성의 역할은 계시에 대한 믿음을 강화시키는 것이다. 이를 '숲속 사자의 논리'vanasimha-nyāya라고 부른다.[11] 사냥꾼은 훤히 트인 공간에서 사자를 만났을 때 무서워하지 않는다. 사자가 보이기 때문에 두려움이 생기지 않는다. 숲속에서는 어떨까? 사자가 어디서 튀어나올지 몰라 무서워할 수밖에 없다. 사자가 보이지 않기 때문에 두려움이 생긴다. 안전을 위해서는 어떻게 해야 할까? 사자가 숲속에 존재한다고 확신하는 편이 안전에 유리하다. 눈에 보이지는 않지만 존재한다고 믿으면 사전에 위험을 줄일 수 있

---

10 Halbfass(1992) pp. 145-148 참조.
11 Murty(1961) p. 148 참조.

다. 경계함으로써 안전을 지킬 수 있다. 요컨대 사냥꾼은 숲속 사자를 보지 못했지만 존재한다고 확신해야 한다. 마찬가지로 이성도 아뜨만에 관해 알려주지 못하지만 존재한다고 확신을 주어야 한다. 계시를 믿도록 만들어야 한다. 이렇게 해야만 이성이 그나마 존중받을 수 있다.

베단따는 인간의 가능성을 위해 인간의 모든 역량을 총동원한다. 계시는 가야 할 길을 알려준다. 이성은 그 길을 닦아준다. 체험은 최종 목적지로 이끈다. 계시와 이성과 체험이 힘을 합한다. 계시는 믿음이고, 이성은 합리성이고, 체험은 직관이다. 인간의 역량인 믿음, 합리성, 직관을 총동원한다. 어쩌면 전인적인 인간상을 향해 전인적인 노력을 기울이는 것일지도 모른다. 생각보다 이성의 역할이 더 커 보인다.

계시, 이성, 체험이라는 세 요소는 베단따에서 다양한 방식으로 나타난다. 세 요소는 인식수단 세 가지와 차례로 대응한다. 성언, 추론, 지각이다. 성언은 계시가 근간이다. 추론은 이성 안에서 작동한다. 지각은 곧 체험이다. 인간의 인식에도 세 요소가 녹아 있는 셈이다. 인식의 방식 세 가지는 논증의 방식 세 가지로 확장된다. 베단따에서는 주로 세 가지 논증 방식을 사용한다.

한편, 짜르바까 학자는, "실로 그러한 그 사람은 음식의 요체로 이루어진 것이다."<따잇띠리야 우빠니샤드 2.1.1>라는 등의 계시 때문에, 불타는 집에서 심지어 자신의 아들을 버리면서 자신이 탈출하는 것을 보기 때문에, 또한 '나는 뚱뚱하다', '나는 말랐다'라는 등을 경험하기 때문에, 가시적 신체가 아뜨만이라고 말한다.<베단따 사라 19.3>

'때문에'라는 말이 세 번 등장한다. 세 가지 논거가 제시된다. 논증도 세 종류가 있는 셈이다. 첫 번째 논증은 계시라는 권위와 관계한다. 두 번째 논증은 추리이다. 아들보다 자기 몸을 더 중시하는 사실로부터 몸이 곧 아뜨만이라고 추리한다. 세 번째 논증은 경험과 관계한다. 권위, 추리, 경험은 각각 성언, 추론, 지각과 다를 바 없다. 또한 각각 계시, 이성, 체험과 다를 바 없다. 더군다나 이 세 요소는 수행론으로도 이어진다. 베단따의 수행론은 '듣기śravaṇa, 숙고하기manana, 명상하기nididhyāsana'가 핵심이다. 계시를 듣는 것은 믿음이다. 들은 내용을 숙고하는 것은 합리성이다. 숙고한 내용을 명상하는 것은 직관이다. 이처럼 베단따는 세 요소를 그 중심에 둔다. 인간의 모든 역량을 총동원하라고 전 체계에서 암시한다. 인간이 가진 모든 요소들을 끌어 모아야 깨우침에 이를 수 있는 법이다.

　베단따의 이성은 출발점을 제공하지 못한다. 출발점은 계시의 몫이다. 그 이후에는 이성의 세상이다. 이성은 전 방위적으로 활약한다. 인간은 의심하는 존재이다. 계시된 것을 곧이곧대로 믿는 사람은 거의 없다. 계시는 이성의 시험을 통과할 때 더 굳건해진다. 비 온 뒤에 땅이 굳어지는 것과 같은 이치이다. 베단따의 체계 전체는 이성의 영역에서 성립된 것이다. 베단따의 역사가 그러하다. 베단따 학자들도 이 점을 알고 있다. 인정하지 않는 것도 아니다. 그들은 그저 출발점에 이성이 무용하다는 것을 강조할 뿐이다. 출발점은 계시의 영역이다. 더 나아가 도착점에도 무용하다는 것을 강조한다. 도착점은 체험의 영역이다.

　계시처럼 '주어진 것'을 출발점으로 삼는 일은 불편할 수 있다. 강제하는 듯한 인상을 준다. 종교적 도그마와 다를 바 없다. 그런데 베단따는 강제하지 않는다. 그냥 알려줄 뿐 그 길을 선택하라고 강요하지 않는다. 강요하는 것은 행위를 촉구하는 것이다. 그것은 무지의 헛길로 나아가라고 내모는 것이나 마찬가지이다. 베단따가 그래서는 안 된다. 베단따는 그저 정보를 준다. 결코 해소될 수 없는 문제에 관해서는 주어진 것을 일단 긍정해보라고 권유하는 듯하다.

에베레스트에 오르는 다양한 길이 있다. 누구든 어느 길이 더 좋은지 알려줄 수 있다. 영적인 자유에 이르는 다양한 길이 있다. 누구든 어느 길이 더 경쟁력 있는지 알려줄 수 있다. 베단따는 스스로 더 경쟁력 있는 프로그램이라고 자부한다. 영적인 자유에 더 잘 도달할 수 있다고 알려준다. 선택은 선택하는 자의 몫이다. 선택하는 자는 새로운 것을 더 선호할 수 있다. 새로운 것도 사실은 주어진 것의 변형이다. 하늘 아래 새로운 것은 거의 없다. 인간에게 의미 있는 것은 대부분 오래된 것에서 나온다. 그것은 궁극적으로 설명될 수 없는 경우가 대부분이다. 의미 있는 것은 주어진 것이다. 창조된 것이 아니다.[12] 베단따는 '인도'라는 환경에서 주어진 것을 받아들인다. 주어진 것을 스스로 만들었는지도 모른다. 어쨌든 그 환경에서 베단따는 가장 경쟁력 있는 프로그램일 수 있다.

핵심은 받아들임에 있다. 베단따는 맹목적으로 주어진 것을 받아들이지 않는다. 이성을 통해 철저하게 검토하고 확인한 뒤에 받아들인다. 이성을 통해 얻은 결론이 계시에 부합할 때 계시를 받아들인다. 그 결론이 계시에 부합하지 않으면 베단따가 아닌 다른 길로 갈 수밖에 없다. 그 계시는

---

12   D'sa(1980) p. 21 참조.

자신의 길이 아니다. 계시를 받아들이지 못한다. 물론 계시를 받아들이지 않는다고 해서 계시가 부정되지는 않는다. 계시는 그곳에 그렇게 있기만 하기 때문이다. 계시를 받아들일 수 있는 이성만이 그것을 받아들일 수 있다.

> 이와 같이 추리를 통해 아뜨만은 존재, 의식, 지고한 환희라고 [알려진다]. 지고한 브라흐만도 그러한 종류의 것이다. 그리고 이 둘의 동일성이 계시서의 끝에서 가르쳐진다.<빠짜다쉬 1.10>

추리나 이성을 통해 아뜨만의 위대한 본질이 알려진다. 그 본질은 계시된 내용과 일치한다. 계시에 따르는 이성이 작동한 것이다. 이성이 계시를 받아들이는 방식으로 작동한 것이다. 그 이성이 진리를 받아들이지 못한다면, 그건 그 사람의 몫이다. 아직 기회의 시간이 무르익지 않았을지도 모른다. 신의 은총이 모자란 경우일지도 모른다.

베단따의 수행론은 그 전체가 받아들임의 과정이다. 주어진 것이 제시된 이후에는 받아들이는 과정만이 길게 남는다. 이성을 통해 깐깐하게 추리하는 것은 받아들임이다. 이성의 검증 이후에 확신에 도달하는 것도 받아들임이다. 확신을 꿋꿋하게 지속시키는 것도 받아들임이다. 주어진 것을 마침내 재현하는 것은 마지막 받아들임이다.

베단따 문헌에서는 받아들임의 지난한 과정에 관해 거의 언급하지 않는다. 행간에 흔적만 남아 있다. 겨우 겨우 받아들인다고 고백하는 것은 계시에 대한 모독이었을까? 받아들임의 힘겨움을 기억하지 못할 정도로 다른 차원에 도달했을까? 받아들임이라는 것이 그들에게는 숨 쉬는 것처럼 쉬운 일이었을까? 알 수 없다. 다만 받아들임이 상대적으로 쉽거나 어렵다는 것만은 짐작할 수 있다. 누군가의 이성은 첫 단추조차 꿰려하지 않는다. 그 다음으로 나아간다. 누군가의 믿음은 딱 종이 한 겹만큼 모자란다. 그 다음으로 나아간다. 누군가의 수행은 마지막 낮은 문턱을 넘지 못한다. 이렇게 받아들임의 과정은 사람마다 색다른 사연을 만들어낸다. 무수한 사람들에게 베단따가 주어진다. 그들이 하나의 방식으로 베단따의 계시를 받아들이는 것은 꿈과 같은 일이다.

인도적인 합리성

20세기에 인도철학 연구자들은 인도철학을 선양하는 데 골몰했다. 주로 인도 출신 학자들이다. 라다끄리슈난, 모한띠J. N. Mohanty, 마띨랄B. K. Matilal 등이다. 이들은 인도에도 철학다운 철학이 있다는 것을 열심히 변호했다. 라다끄리슈난은 인도철학과 서양철학의 접점을 탐색했다. 인도철학에 대한 해석을 한 차원 승격시켰다. 그는 오래된 통찰이 시공간을 초월해서 의미를 가진다고 보았다. 모한띠와 마띨랄은 인도철학에 대한 시각 변화를 강조했다. 인도철학에서 '철학'을 의미하는 말은 주로 '다르샤나'darśana로 대표되었다. 직관이나 통찰을 의미한다. 두 학자는 '안빅쉬끼'ānvīkṣikī라는 말을 내세웠다. 탐구나 검토를 의미한다. 이론적이고 논리적인 철학에 가까운 말이다. 두 학자는 인도철학의 논리학적 전통이야말로 서양철학에 비견되는 위대한 성과라고 강변했다.

인도철학에 관한 두 작업은 묘하게도 닮았다. '주어진 것'을 과도하게 의식했다는 점에서이다. 라다끄리슈난은 주어진 것이 현재에도 유의미하다고 본다. 필요할 때는 주어진 것을 현재에 맞게끔 변용시킨다. 주어진 것을 당연시하는 인도철학을 긍정적으로 해석한다. 인도철학의 고유성을 통해 인도철학의 자존심을 세우려고 한다. 모한띠와 마띨랄은 인도철학에 주어진 것만 존재하지는 않는다고 본다. 주어진 것을 배제하는 무전제의 철학에 주목한다. 주어진 것을 따르는 전통을 무시하지는 않는다. 다만 서양철학에 가까운 인도철학을 내세워 잃어버린 자존심을 회복하려고 한다. 두 작업은 인도철학의 자존심을 지키려는 노력이다. 주어진 것에 과도한 의미를 부여하는 인도철학에 대한 성찰이다. 방향은 다르지만 주어진 것을 크게 의식한다. 주어진 것 없이 철학을 '하려는' 전통에 대한 부러움이기도 하다.

현재의 학문과 현재의 철학에 그 기준은 서양이다. 인도철학 연구자들은 그 기준을 내면화하곤 했다. 인도의 신비적 전통이 철학의 기준에 미달하는 것을 우려했다. 업, 윤회, 고통, 해탈 등을 주어진 전제로 삼은 채 사유를 펼쳤기 때문이다. 무반성적 사유로 평가될 수 있기 때문이다. 하나의 해결책은 신비적 전통을 합리적으로 해석하는 것이다. 다른 하나의 해결책은 합리적 전통을 전면에 내세우는 것이다. 두 해결책 모두 기준에 갇혀 있다. 기준을 빼앗긴 약자의 불가피한 대응책이다.

합리성에도 여러 기준이 가능하다. 절대적 합리성이라는 것은 존재하지 않는다. 어느 문화권에서 합리적이라고 간주되는 것은 다른 문화권에서 비합리적일 수 있다. 인도는 인도만의 기원을 가진다. 또한 인도만의 오래된 조건과 환경을 가진다. 이러한 것들을 배제한 채 규범적 합리성을 인도전통에 적용해서는 안 된다. 하나의 기준으로 평가해서는 안 된다. 상대적이고 제한적인 합리성을 허용해야 한다. 소통할 수 있는 공통의 기반은 마련한 채로 그렇게 해야 한다. 인도에서 만들어진 인도의 합리성은 다른 기준의 합리성에 의해 재단될 필요가 없다. 인도철학은 인도에서 가장 합리적인 사유체계이다.

서양에서는 인간이 이성적 존재인지 감정적 존재인지 묻는다. 이성을 통해 감정과 욕망을 통제하는 것에 중요한 가치를 부여한다. 인도에서는 그렇게 묻지 않는다. 대신에 인간이 한계를 가진 존재인지 한계를 가지지 않은 존재인지 묻는다. 한계를 넘어서는 특별한 방법에 중요한 가치를 부여한다. 인도철학에서 이성은 여러 한계들 가운데 하나에 불과하다. 이성은 사물의 이치를 생각하고 판단하는 능력을 가리킨다. 논리적 능력을 가리키기도 한다. 그나마 한계들 가운데 좋은 평가를 받는다. 궁극적으로는 고통이다. 이성은 업을 낳는 것으로서 지양되어야 한다. 과연 이렇게 생각하는 인도의 전통에서 어떻게 서구적 합리성을 따질 것인가.

베단따는 인도적인 합리성을 잘 보여주는 전통이다. 주어짐과 받아들임에 관한 담론이 바로 그것이다. 초월적인 것에 관해서는 주어져 있는 것을 따르는 편이 낫다. 분명 합리적인 구석이 있다. 주어진 것은 받아들이는 과정을 반드시 거쳐야 한다. 받아들이는 과정의 최종점은 주어진 것에 대한 체험이다. 주어진 것은 체험됨으로써 주어진 것으로서 가치를 강화한다. 분명 합리적인 구석이 있다. 그 과정은 한평생으로도 모자란다. 수많은 생애 동안 노력을 기울여야 겨우 끝낼 수 있다고 한다. 그만큼 어려운 길이다. 이 여로에서는 인간이 가진 모든 역량을 총동원해야 한다. 분명 합리적인 구석이 있다. 목적을 위해서는 모든 수단을 다 강구해야 한다. 지고선이 목적이라면 더욱 그러하다. 밀교 계통에서는 위악추(僞惡醜)마저 동원한다고 한다. 분명 합리적인 구석이 있다. 진선미(眞善美)를 동원한다면 위악추를 동원하지 못할 이유가 어디 있겠는가.

서양에서는 이성의 한계를 알면서 이성을 믿는다. 베단따는 끝까지 믿지 않는다. 서양에서는 이성의 영역을 넘는 데까지 이성을 적용한다. 종교마저 이성이 해부해버린다. 베단따는 확실하게 선을 긋는다. 계시와 이성은 크게 부딪칠 일이 없다. 각각의 영역을 지배한다. 둘은 공존한다. 덕택에 베단따에서는 종교와 철학이 공존한다. 종교와 철학 사이의 구분마저 사라진다. 우빠니샤드는 종교이자 철학이다. 베단따는 '철학'이라고 불리어도, '종교'라고 불리어도 좋다. 함께 불리는 것이 더 적절할지도 모른다. 굳이 '합리성'이라는 이름을 붙여야 한다면 베단따 식의 합리성이다. 인도적인 합리성이다.

5.
참으로 존재하는 참된 나

5.
참으로 존재하는 참된 나

인간을 격상시키는 사유

무엇이 인간의 본성에 가까울까? 인간의 동물성일까, 인간의 인간성일까, 인간의 신성일까? 『브리하다란야까 우빠니샤드』5.2에는 만물의 아버지 쁘라자빠띠Prajāpati의 유명한 가르침이 나온다. 자식들인 신, 인간, 악마에게 주는 삶의 교훈이다. 그는 신에게 '제어하라!'dāmyata라고 가르친다. 신은 자신의 탁월성에 심취해 있기 때문이다. 인간에게 '주라!'datta라고 가르친다. 인간은 탐욕스럽기 때문이다. 악마에게 '동정하라!'dayadhvam라고 가르친다. 악마는 잔인하고 해를 입히기 때문이다. 이 가르침은 '다다다'dadada라는 세 글자로 요약된다. 엘리엇T. S. Eliot(1888-1965)이 『황무지』에서 이 가르침을 인류의 희망으로 제시한 바 있다. 우빠니샤드는 이렇게 결론 내린다. 사람은 이 세 가지를 모두 잘 익혀야 한다. 주석가인 샹까라는 이렇게 풀이한다. 쁘라자빠띠는 세 부류의 존재들에게 가르침을 내린 것이 아니다. 인간의 세 가지 본성을 향해 가르침을 내린 것이다. 인간의 신성은 제어할 줄 알아야 한다. 인간의 인간성은 줄 줄 알아야 한다. 인간의 악마성은 동정할 줄 알아야 한다. 인간은 분명 세 가지 본성을 다 가지고 있다.

주류 인도철학의 대답은 정해져 있다. 베단따의 대답이다. 인간의 참된 본성은 신성이다. 인간은 신적인 존재인데 현재 그것을 모르고 있다. 거룩한 본성을 망각하고 있다. 망각한 채 동물성에 빠져 있거나 인간성에 만족하고 있다.

인간의 위계는 모든 존재들 가운데 중간이다. 인간 위로 고등의 존재들이 많다. 인간 아래로 하등의 존재들이 많다. 인간이 고등과 하등의 기준점이다.

> 성전에서는 인류로부터 시작하여 브라흐마에 이르는 육화된 자들이 행복의 단계를 가진다고 전한다. ··· 또한 인간에서 시작하여 지옥인(地獄人)과 비(非)동물에 이르기까지 단계적으로 존재하는 '소량의 행복'은 신성한 명령을 특징으로 하는 다르마의 결과 그 자체라고 알려진다.<브라흐마 수뜨라 주석 1.1.4>

절대나 절대자를 제외하고 모든 존재들은 육화(肉化)되어 있다. 절대나 절대자는 순수의식이다. 나머지는 무언가 물질적인 것으로 이루어져 있다. 심지어 우주의 창조주인 브라흐마 신도 육화된 존재이다. 어쨌거나 피조물의 일종이기 때문이다. 인간과 브라흐마 신 사이에는 뛰어난 존재들이 많다. 성자, 여러 종류의 간다르바gandharva(정령), 조상, 여러 위계의 신들이 있는 것이다. 위로 갈수록 더 많은 행복을 누린다. 인간 밑으로는 지옥인, 동물, 식물, 광물 등의 존재들이 있다. 아래로 갈수록 더 많은 불행을 겪는다. 인간은 딱 중간에 해당된다. 행복도 중간급이고 불행도 중간급이다.

인간이 중간적 존재라는 점은 상당히 특별하다. 중간이기 때문에 상승할 수도 있다. 추락할 수도 있다. 인간 자신에게 달려 있다. 중간이기 때문에 인간의 본성을 규정하는 문제가 중요하다. 인간을 어떻게 규정하느냐 하는 것이 삶을 좌우한다. 베단따는 인간을 신적인 존재라고 규정한다. 베단따의 모든 이야기는 인신(人神)을 향한 인간의 오디세이이다. 인간의 삶을 신적인 차원으로 격상시키고자 한다.

인간의 현재는 오염된 상태이다. 오염의 역사는 시초가 없다. 영혼은 그 기원부터 오염된 상태로 존재한다. 그럼에도 인간의 진면목은 순수한 상태이다. 오염 없는 순수한 영혼이 인간의 본질이다. 둘 다 현실이다. 오염된 상태도 현실이고 순수한 상태도 현실이다. 아니, 순수한 상태는 곧 현실이 될 수 있다. 오염된 상태는 '오래된 현실'이다. 순수한 상태는 '가능한 현실'이다. 오래된 현실은 속박이고 가능한 현실은 자유이다. 어느 현실을 택할 것인가? 개인의 몫이다. 가능한 현실을 향해 고된 여정을 시작하는 것은 선택자의 몫이다.

베단따는 인간을 격상시키는 사유이다. 인간 안에 존재하는 신성을 발견하게끔 함으로써 인간을 격상시킨다. 그 신성은 '브라흐만'이라고 불린다. 격상된 인간이 되는 것이란 브라흐만이 되는 것이다. 모든 존재들로부터 존경받을 수 있는 길이다. 브라흐만에 대한 생각을 버린 사람은 짐승과 다르지 않다고 한다. 항상 브라흐만에 몰두해 있는 사람은 모든 세상에서 존중 받는다고 한다.[1] 그 신성은 또한 '아뜨만'이라고 불린다. 분명히 인간 안에 존재하는 것이다. 인간 바깥에 존재하지 않는다. 우빠니샤드의 위대한 문장들이 이를 입증한다. '그것이 너이다.', '나는 브라흐만이다.'라는 문장들이다. 너는 브라흐만이라고 스승이 가르친다. 나는 브라흐만이라고 스스로 깨우친다. 모두 인간의 탁월성을 표현한 것이다. 인간의 자기 존엄을 표현한 것이다. 위대한 문장은 '당신 자신이 바로 이 세상에서 가장 위대한 존재입니다'라는 선언이다.

인간의 삶에 경의를 표하는 두 가지 방식이 있다. 하나는 모든 인간이 신성을 가진다고 생각하는 것이다. 예외가 없다. 세상의 모든 인간이 신성하다. 인간의 삶은 신의 삶이다. 미천하거나 보잘것없는 삶은 없다. 또 하나는 각 인간의 삶이 유일무이한 고유성을 가진다고 생각하는 것이다. 예외가 없다. 세상의 모든 삶은 다른 삶으로 대체될 수 없다. 단 하나뿐인 삶이다. 모든 삶은 우주의 유일무이한 사건이다. 베단따는 전자에 가까울 것이다. 베단따는 세상의 모든 '너' 안에 깃든 '신'에게 경의를 표한다.

브라흐만에 대한 정의

베단따의 첫 질문은 '참으로 존재하는 것'에 관해서이다. 베단따는 이

---

1   『아빠록샤 아누부띠』 130-131 참조.

렇게 묻는다. 세상에 존재하는 것들은 무수히 많다. 그것들이 죄다 참으로 존재하는 것은 아닐 터이다. 그 가운데 참으로 존재하는 것은 무엇일까? 대답은 의외로 간단하다. 부정되지 않는 것이 참으로 존재하는 것이다. "참으로 존재하는 것은 지양되지 않는다."<빠짜다쉬 3.29> 무엇이 부정되지 않는 것일까? 우빠니샤드에서 확립된 것이다. 브라흐만이다. 그렇게 주어져 있다. 심지어 정당화도 어느 정도 가능하다. 우빠니샤드 시대에 성자들이 집단적으로 체험한 것이 브라흐만이다. 그들은 참으로 존재하는 것을 체험했다. 그것을 '브라흐만'으로 명명했다.

부정되지 않는 것이란 변화하지 않는 것이다. 우빠니샤드의 성자들은 변화하지 않는 것을 체험했다. 변화하는 것들 가운데 변화하지 않는 것을 마주했다. 마치 태풍의 눈과 같은 것이다. 태풍은 세상을 휩쓸어버릴 듯한 거센 폭풍을 거느린다. 그 중심은 움직임 없는 정적(靜寂)이다. 성자들도 움직임 없는 정적을 보았다. 정적에 도달한 정신이 세상의 중심이라는 것을 알았다. 그러한 정적 속에서 살았다. 절대(絶對)는 정적 그 자체라는 것을 깨우쳤다. 참으로 존재하는 것은 고요하고 잠잠하다. 그 정적을 바탕으로 이 세계는 역동적으로 움직인다. 성자들이 체험한 것은 브라흐만의 정적이다.

참으로 존재하는 것은 우주의 원천이다. 원천이기 때문에 부정되지 않는다. 원인을 끝가지 추적해가다 보면 절대 원천인 브라흐만을 만난다. 브라흐만은 제1원인이다. 우주의 삼라만상을 낳는다. 빅뱅Big Bang과 같다. 인간은 별 먼지로 만들어졌다고 한다. 우주와 인간을 이루는 원소들은 97%가 동일하다. 만물은 브라흐만으로부터 태어난다. 브라흐만에 의해 살아가고 브라흐만으로 되들어간다.

> 정녕 그 무엇으로부터 이러한 존재들이 태어난다. 그 무엇에 의해서
> 태어난 것들이 살아간다. 그 무엇으로 [태어난 것들이] 나아가고 되
> 들어간다. 그것을 알고자 욕구하라. 그것이 브라흐만이다.<따잇띠
> 리야 우빠니샤드 3.1.1>

> 그 무엇으로부터 이것(세계)의 생성 등이 [초래되는데, 그 무엇이 곧
> 브라흐만이다].<브라흐마 수뜨라 1.1.2>

소우주인 인간만이 윤회하는 것은 아니다. 대우주도 윤회한다. '윤회'
라는 말보다는 '순환'이라는 말이 더 적합하다. 만물은 끊임없이 순환한다.
생성되고 유지되고 소멸된다. 변화를 겪는다. 변화를 겪는 것이란 부정되
는 것이다. 이리하여 만물이란 '참으로 존재하지는 않는 것'이다. 존재하기
는 하지만 참으로 존재하지는 않는다.

베단따에서 세계란 존재하지만 존재하지 않는 것이다. 인간이 무지
상태에 있는 동안 세계는 존재한다. 무지가 사라지면 세계는 존재하지 않
는다. '참으로 존재하지는 않는 것'의 운명이다.

> 아뜨만에 대한 무지로부터 세계가 나타나고, 아뜨만에 대한 지식으
> 로부터 세계는 사라진다. 예를 들어, 밧줄에 대한 무지로부터 뱀이
> 나타나고, 밧줄에 대한 지식으로부터 뱀은 사라진다.<아슈따바끄라
> 상히따 2.7>

밧줄과 뱀의 비유는 유명하다. 어둠 속에서는 종종 밧줄을 뱀으로 오인한다. 실제의 뱀을 본 듯이 깜짝 놀란다. 밧줄은 어둠 속에 은폐되어 있다. 그러다가 의구심이 생긴다. 뱀이 아닐 수도 있다고 생각한다. 불빛을 비춰보니 뱀은 존재하지 않는다. 뱀은 헛보임에 불과하다. 이제 밧줄이 밧줄로 보인다. 마찬가지이다. 무지 속에서는 세계가 참으로 존재한다고 오인한다. 브라흐만(아뜨만)은 무지 속에 은폐되어 있다. 무지가 물러가고 참된 지식이 비추면 세계는 존재하지 않는다. 세계는 헛보임에 불과하다. 이제 브라흐만이 브라흐만으로 보인다. 참으로 존재하는 것만 남는다. 참으로 존재하지 않는 것은 사라진다.

세계를 창조하고 유지하고 파괴하는 것은 신이다. 신 말고 다른 존재를 생각하기 힘들다. 브라흐만도 세계를 창조하고 유지하고 파괴한다. 브라흐만이 곧 신이라는 결론에 도달한다. 이 결론은 비슈누 계열의 베단따에서 원하는 바이다. 비이원론적 베단따에서는 전혀 원하지 않는 결론이다. 비이원론적 베단따에서는 신이란 '낮은 브라흐만'apara-brahman에 지나지 않는다. 낮은 브라흐만이 세계를 창조하고 유지하고 파괴한다. 세계를 창조하고 유지하고 파괴하는 것은 브라흐만의 본질이 아니다. 우연한 특성에 불과하다. 브라흐만이 우연히 연루된 사건에 불과하다. 이로부터 브라흐만에 대한 '우연적 정의'taṭastha-lakṣaṇa가 등장한다. 브라흐만은 세계를 창조하고 유지하고 파괴하는 것이다. 이러한 우연적 정의는 낮은 브라흐만에 대한 것이다.

당연히 '높은 브라흐만'para-brahman이 등장한다. 높은 브라흐만은 조금도 세계에 연루되지 않는다. 세계의 원인도 아니다. 항상 동일한 본질을 가진 채로 존재한다. 존재sat, 의식cit, 환희ānanda라는 본질이다. 이것이 브라흐만의 본질을 지시하는 '본질적 정의'svarūpa-lakṣaṇa이다. 이러한 본질을 파악하기란 매우 어렵다. 물에서 녹아버리는 소금인형은 심해의 깊이를 잴 수 없다. 보통 사람들은 브라흐만의 심오한 본질을 파악할 수 없다.

브라흐만에 대한 본질적 정의는 우빠니샤드에 처음 등장한다. "브라흐만은 존재이자 지식이자 무한이다."<따잇띠리야 우빠니샤드 2.1.1> 세 개의 개념, 즉 존재satya, 지식jñāna, 무한ananta이 병렬된다. 브라흐만은 이 셋의 총합이 아니다. 브라흐만은 그 각각이다. 브라흐만은 존재이다. 브라흐만은 지식 또는 의식이다. 브라흐만은 무한이다. 우빠니샤드의 본질적 정의는 후대에 변화를 겪는다. 존재, 지식, 무한이 존재sat, 의식cit, 환희ānanda로 바뀐다. 연결하면 '삿찌다난다'saccidānanda이다. 지식은 곧 의식이므로 바뀐 것이 아니라고 볼 수 있다. 무한이 환희로 바뀐 것은 큰 변화이다. '환희'라는 말은 우빠니샤드에 꽤 자주 등장한다. 고등의 존재로 올라갈수록 환희가 무한히 증대된다는 언급도 있다.[2] 무한과 환희는 서로 잘 어울릴 수 있다. 후대에 어떤 연유에서 환희만이 남게 되었는지 명확히 알 수는 없다. 깨우침의 상태를 긍정적으로 표현하려는 의도가 반영되었을 수도 있다. 깨우침의 상태는 부정적 상태가 아니다. 지고한 환희와 행복의 상태이다. 소극적 자유freedom from가 아니라 적극적 자유freedom to이다.

샹까라는 '삿찌다난다'라는 정의를 사용하지 않는다. 우빠니샤드의 정의를 그대로 인용하곤 한다. 샹까라의 제자인 수레슈바라는 '삿찌다난

---

2   예컨대 『따잇띠리야 우빠니샤드』 2.8.1 참조.

다'와 유사한 표현을 사용한다.[3] 그 이후에는 '삿찌다난다' 혹은 그와 유사한 표현이 널리 쓰인다. 예컨대 "속박으로부터 자유롭기 위해 식자는 아뜨만과 아뜨만이 아닌 것을 분별해야만 한다. 바로 이로부터 자신을 존재·의식·환희로 알고 나서 환희를 즐기게 된다."<비베까 쭈다마니 154>라고 한다. '삿찌다난다'를 순수존재, 순수의식, 순수환희라고 이해하기도 한다. '순수'pure라는 말을 붙이는 데는 특별한 의도가 있다. 일반적 존재, 일반적 의식, 일반적 환희가 아니라는 것을 강조하기 위해서이다.

브라흐만은 존재이다. 그것도 참 존재이다. 소멸하는 것은 참 존재가 아니다. 브라흐만은 소멸하지 않는 것이다. 그런데 소멸하지 않는 참 존재는 정신적인 것일 수도 있고 물질적인 것일 수도 있다. 브라흐만은 결코 물질적인 것이어서는 안 된다. 따라서 브라흐만은 의식이라고 한정되어야 한다. 브라흐만은 존재이고 또 의식이다. '존재', '의식', '무한(환희)'이라는 말은 서로 연계되면서 하나의 실재를 지시한다.

세계는 브라흐만의 반대편에 서 있다. 이 세계는 실재일 수 없다. 첫째, 지각되기drśyatva 때문이다. 지각되는 것은 참 존재가 아니다. 둘째, 무감각적이기jaḍatva 때문이다. 감각을 가지지 않은 것은 의식이 아니다. 셋째, 제한되기paricchinnatva 때문이다. 제한되는 것은 무한이 아니다. 세계는 무언가 물질적이면서 한계를 가진 채 눈에 보이는 것이다. 부유하는 듯하다. 실재가 아니기 때문에 떠다니는 듯하다.

....

3   『나이슈까르므야 싯디』 3.47 참조. 수레슈바라는 브라흐만에 대한 정의로 'satya, jñāna, ānanda'라는 표현을 쓴다.

한 가지 주의해야 할 점이 있다. 본질적 정의에 대한 오해를 경계해야 한다. 브라흐만은 존재, 의식, 무한 그 자체일 뿐이다. 존재를 가지거나 의식을 가지지 않는다. 무속성nirguna이기 때문이다. 브라흐만은 그 어떤 속성도 가지지 않는다. "마치 산의 본질이 '[항상] 서 있음'이듯이 아뜨만의 본질은 '[항상] 의식하는 자'이다."<나이슈까르므야 싯디 3.19> 환희의 경우도 마찬가지이다. 브라흐만은 환희를 가지지 않는다. 환희 그 자체이다. 브라흐만이 환희라고 그렇게 말하는 데는 이유가 있다. 브라흐만 즉 아뜨만이 바람직하고 욕구할 만하다는 것을 의도한다. 환희가 인식된다거나 경험된다는 것을 의도하지 않는다. 인식되거나 경험되면 깨우침의 비이원적인 경지가 훼손되고 만다.[4] 베단따의 공리가 훼손되고 만다.

요컨대 브라흐만은 불변적이고 비이원적인 실재이다. 영원히 자명한 자각awareness이다. 모든 한계와 제한에 대한 환희로운 초월이다.[5] 브라흐만에 대한 본질적 정의는 곧 아뜨만에 대한 정의이다. 참된 존재, 참된 의식, 참된 환희인 것은 참된 나이다. 베단따에서는 '아뜨만'이라는 말이 더 선호되어야 한다. 자기 자신인 소우주가 탐구의 주된 대상이기 때문이다. 참된 나를 알지 못하면 끝끝내 호기심이 채워지지 않는다.

4   Rambachan(2006) pp. 41-42 참조.
5   Indich(1980) p. 117 참조.

'참된 나'로서 아뜨만이란?

참으로 존재하는 것은 부정되지 않는다고 한다. 그러면서 다른 것을 부정한다. 부정의 토대가 된다. 베단따는 묻는다. '나'를 부정할 수 있는가? 내 아들은 내가 아니다. 내 육체는 내가 아니다. 내 마음은 내가 아니다. 이렇게 부정할 때 부정하는 자는 누구인가? 아무리 부정을 계속하더라도 결코 부정할 수 없는 존재가 있다. 바로 그 부정하는 자이다. 부정하는 자가 없으면 부정 자체를 할 수조차 없다. 부정하는 '나'는 반드시 인정해야만 한다. 그것이 아뜨만이다.

> 그것이 존재하지 않는다거나 알려지지 않는다고 말할 수는 없다. "그러한 이 아뜨만은 이러한 것도 아니고 그러한 것도 아닙니다." <브리하다란야까 우빠니샤드 3.9.26>에서 '아뜨만'이라는 말 때문이고, 또 '부정의 주체' 자체가 바로 그 아뜨만임으로 말미암아 아뜨만을 부정할 수는 없기 때문이다.<브라흐마 수뜨라 주석 1.1.4>

> 반면에 아뜨만은 지식수단 등의 경험작용에 대한 근저이기 때문에 지식수단 등의 경험작용보다 분명 그 이전에 확립된다. 그리고 이와 같은 것을 부인하기란 불가능하다. 실로 우연적인 어떤 것이 부인될 뿐 본질이 부인되지는 않는다. 왜냐하면 바로 그 부인하는 자가 그 자체의 본질이기 때문이다.<브라흐마 수뜨라 주석 2.3.7>

마치 데카르트R. Decartes의 '방법적 회의'와도 같다. 데카르트는 회의

할 수 있는 모든 것들을 회의했다. 자신의 감각이 자신을 속일 수도 있다는 식으로 회의했다. 그렇게 회의를 계속해도 결코 회의할 수 없는 것이 있다. 그것은 '회의하는 나'이다. 생각하는 자기 자신이다. 이렇게 결론이 난다. 나는 생각한다. 그러므로 나는 존재한다. 데카르트는 확실한 것을 찾기 위해 전략적으로 회의를 했다. 베단따는 그렇게 하지 않는다. 확실한 것은 이미 주어져 있다. 그것을 추인하기 위해 '부정하는 나'를 찾아낸다. 나는 나를 부정한다. 그러므로 나를 부정하는 나는 존재한다. 그것이 아뜨만이다.

아뜨만은 대우주의 신적인 원리가 인간 안에 깃든 것이다. 신적인 인간 영혼이다. 순수한 자아이다. 거짓된 나를 제외한 참된 나이다. 이렇게 생각해볼 수 있다. 유물론적 관점에서 우주는 물질로 이루어져 있다. 인간도 물질 덩어리이다. 영혼도 물질의 작용에 지나지 않는다. 참으로 존재하는 것은 오직 물질뿐이다. 베단따의 관점은 영 다르다. 참으로 존재하는 것은 오직 의식뿐이다. 우주는 물질로 이루어진 듯하다. 그렇지만 의식인 브라흐만이 우주의 본질이다. 인간도 물질로 이루어진 듯하다. 그렇지만 의식인 아뜨만이 인간의 본질이다. 알고 보면, 물질로 이루어진 것들은 의식의 작용에 지나지 않는다. 의식이 모든 것이다. 특히 소우주의 의식인 아뜨만이 모든 것이다.

아뜨만은 때때로 태양에 비유된다. 대우주에서 '보는 것'을 가능케 해주는 것은 태양이다. 태양이 없으면 아무것도 볼 수 없다. 소우주에서 '보는 것'을 가능케 해주는 것은 아뜨만이다. 아뜨만이 없으면 아무것도 볼 수 없다. 대우주라는 거대한 감옥에서 유일한 탈출구는 태양이다. 천구의 중앙에 위치한 태양이다. 태양을 통과해야 우주적 감옥을 벗어날 수 있다. 소우주라는 인간의 감옥에서 유일한 탈출구는 아뜨만이다. 몸의 가운데인 심장에 위치한 아뜨만이다. 자기 자신이 아뜨만이라고 알아야 인간의 감옥을 벗어날 수 있다. 고통의 감옥에서 탈출할 수 있다.

아뜨만이 태양이라면 다른 불빛은 더 이상 필요치 않다. 태양 아래 전등불이 왜 필요하겠는가. 맑은 날 대낮에 전등불을 켠들 무슨 소용이 있겠는가. 태양 아래서는 전등불을 켜지 않아도 된다. 마찬가지로 아뜨만이 존재하는 이상 다른 자아에 매달리지 않아도 된다. 과감하게 자아의 전등불을 꺼야 한다. 자아의 회로에 스위치를 내려야 한다. 두려워할 필요는 없다. 절대 어둠에 빠지지 않는다. 자아라는 것은 아뜨만을 흉내 내고 있다. 거짓된 아뜨만이요 거짓된 빛이다. 자아의 회로에 스위치를 내리면 오히려 더 밝은 빛의 세계가 열린다. 새로운 세계가 보이기 시작한다. 전등불의 수준에서 보이는 세계가 아니다. 태양의 수준에서 보이는 세계이다. 아뜨만의 빛은 온 우주를 다 비춘다.

태양은 다른 빛이 없이도 자체적으로 빛난다. 아뜨만도 그러하다. 다른 거짓된 자아가 없이도 자체적으로 빛난다. 이를 아뜨만의 '자기조명성'sva-prakāśatva, svayaṃ-jyotiṣtva이라고 부른다. '스스로 빛나는 특성'이라는 뜻이다. 베단따는 이를 매우 중요하게 여긴다.

> 더 나아가 ['자기조명'을 본질로 하는 아뜨만의 이와 같은 특성은 『바가바드 기따』에서] 전승된다.<브라흐마 수뜨라 1.3.22>

> 의식은 스스로를 비추는 데 자신의 의식과는 다른 의식을 요청하지

않는다.<우빠데샤 사하스리(운문) 15.41>

> 아뜨만은 무지에 의해 제한된 듯하지만 그것(무지)이 소멸되는 경우
> 에는 단독으로 [존재한다]. 왜냐하면 아뜨만은 자체적으로 빛나기
> 때문이다. 구름이 사라질 때의 태양과 같다.<아뜨마 보다 4>

아뜨만은 태양처럼 단독으로 빛난다. 아뜨만이 아닌 것들은 스스로
빛나지 못한다. "빛나는 바로 그것을 따라 모든 것은 빛나고, 그것의 빛에
의해 이 모든 것이 빛난다."<문다까 우빠니샤드 2.2.10> 아뜨만이 아닌 것
들은 아뜨만에 의존한 채로만 빛난다. 또 의존한 채로만 존재한다. 아뜨만
은 실체substance요, 아뜨만이 아닌 것들은 비(非)실체이다. 스스로 빛나는
것은 스스로 존재하는 것이다. 스스로 존재함은 실체의 자격요건이다. 아
뜨만만이 실체이다.

참된 나로서의 아뜨만은 윤회하지 않는 것이다. 실체가 윤회를 할 수
는 없지 않는가. 실체는 시간이나 공간에 지배되지 않는다. 윤회는 특정한
시간, 특정한 공간과 관계한다. 결론적으로 아뜨만은 윤회와 무관하다. 베
단따는 윤회하는 아뜨만이 존재한다고 믿는 사상이 아니다. '윤회하지 않
는 아뜨만'이 존재한다고 믿는 사상이다. 불교는 '윤회하지 않는 아뜨만'
이 존재하지 않는다고 믿는다. 불교는 실체를 부정하기 때문이다.

아뜨만은 윤회하지 않고, 개별자아는 윤회한다. 아뜨만은 참된 나이
고, 개별자아는 거짓된 나이다. 개별자아는 아뜨만과 유사하지만 아뜨만
이 아닌 어떤 것이다. 그 본질은 아뜨만 자체인 어떤 것이다. 혹자들은 아뜨

만의 사이비ābhāsa라고 주장한다. 혹자들은 아뜨만이 반사된 것pratibimba이라고 주장한다. 혹자들은 아뜨만이 제한된 것avaccheda이라고 주장한다. 어쨌거나 개별자아는 거짓된 것이자 가짜이다. 모든 윤회하는 자는 '개별자아'라고 불린다. 개별자아가 가짜인 만큼 개별자아의 행로인 윤회도 가짜일 수밖에 없다.

개별자아(개별 영혼)는 세 가지 신체를 가진다. 영혼은 탈것 없이 존재할 수 없다. 세 가지 신체가 영혼의 탈것이다. 그것들은 원인적 신체kāraṇa-śarīra, 미시적 신체sūkṣma-śarīra, 가시적 신체sthūla-śarīra이다. '신체'라고 불리는 데는 이유가 있다. 순수의식인 아뜨만 이외에 모든 것은 아뜨만의 신체나 다름없기 때문이다. 세 가지 신체는 아뜨만의 도구인 셈이다. 원인적 신체는 윤회하지 않는 아뜨만을 윤회하도록 만드는 원인이다. 무지를 가리킨다. 미시적 신체는 '5숨, 5인식기관, 5행위기관, 마음, 지성'의 열일곱 개 부분들로 이루어진 것이다. 간단하게 숨, 외부기관, 내부기관의 집합체이다. 가시적 신체는 물질적인 원소들로 이루어진 것이다.

살아 있는 동안 개별자아는 세 가지 신체를 모두 가진다. 죽음과 더불어 살덩이 등의 가시적 신체는 소멸된다. 미시적 신체는 소멸되지 않는다. "그 가시적인 육체가 화장 등을 기인으로 하여 소멸된다고 해서 다른 미시적인 육체가 소멸되지는 않는다."<브라흐마 수뜨라 주석 4.2.10> 죽음 이후에 개별자아는 미시적 신체와 원인적 신체라는 둘을 가진다. 다시 태어날 때는 또 다른 가시적 신체를 얻어 세 신체를 모두 가진다. 개별자아는 삶의 세계에서 가시적 신체를 탈것으로 삼는다. 죽음의 세계에서 미시적 신체를 탈것으로 삼는다. 남은 것은 원인적 신체이다. 원인적 신체로서 무지는 항상 존재한다. 항상 존재하면서 개별자아가 생사윤회를 겪게끔 한다. 윤회의 동력이다. 개별자아가 자신의 본질인 아뜨만을 깨우치지 못하게끔 한다. 속박의 원인이다. 무지가 모든 문제의 발단이다. 지식에 의해 이러한 무지가 파기되면 모든 신체가 파기된다. 탈것이 없으니 윤회도 사라진다. 아뜨만만이 남는다.

베단따는 윤회하는 것과 윤회하지 않는 것을 분별하라고 한다. 윤회는 인도철학의 주어진 전제이다. 대부분이 부정하지 않는다. 윤회를 넘는 방법에 대해서만 고심한다. 베단따는 윤회하지 않는 아뜨만을 받아들임으로써 윤회를 넘으려고 한다. 간단명료하다. 윤회한다는 생각에서 윤회하지 않는다는 생각으로 전환하기만 하면 된다. 거짓된 나로부터 참된 나를 분별하는 지식을 얻기만 하면 된다.

> 숙면의 시간에 마음이 소멸될 때는, 온전히 잘 알려져 있듯이, 결코 그 어떤 것도 존재하지 않는다. 따라서 윤회란 인간의 마음이 상상한 것에 지나지 않는다. 그것은 실재적으로 존재하지 않는다.<비베까쭈다마니 173>

윤회란 마음의 상상이다. 윤회하지 않는 아뜨만의 관점에서 그러하다. 아뜨만은 윤회로부터 벗어나 있기 때문이다. 윤회로부터 벗어나 있다는 것은 업으로부터 벗어나 있다는 것이다. 업이 윤회를 낳는다. 이렇게 아뜨만은 업과 무관하다. 아니, 아뜨만은 업과 무관해야 한다. 아뜨만은 순수한 영혼이어야 한다는 결론이 나온다. 아뜨만은 순수의식이다. 참된 나는 순수의식이다. 이 순수의식을 알면 윤회로부터 자유롭다.

순수의식과 관찰자

베단따는 순수의식에서 시작하여 순수의식으로 끝난다. 순수의식이 아닌 것이란 물리적이거나 심리적인 것들이다. 물질, 육체, 마음, 지성(정신) 등등이다. 순수의식이 아닌 것은 시간, 공간, 계기를 가진다. 윤회하는 모든 것들이 실제로 그러하다. 특정 시간, 특정 공간, 특정 계기에서 윤회를 거듭한다. 순수의식은 시간, 공간, 계기를 넘어선다. 영원불변한 것이다. 순수의식의 관점에서는 시간과 공간도 무지의 산물에 불과하다.[6] 이 순수의식은 참된 나이다. 다만 무지에 의해 가려져 있다. 여기서 베단따는 시작한다. 무지를 파기함으로써 순수의식인 참된 나가 된다. 여기서 베단따는 끝난다. 이렇게 베단따의 시작과 끝은 동일하다. 첫 번째 이야기가 곧 마지막 이야기이다. 매우 짧은 이야기이다. 이야기 뒤에 남는 것은 불망(不忘)과 정진(精進)뿐이다.

과연 순수의식은 존재하는 것일까? 반드시 존재한다. 의심해서는 안 된다. 체험의 집적인 계시에서 그렇게 전하기 때문이다. 이것으로 충분하다. 다른 방식으로도 증명될까? 추리를 통해서도 증명될 수 있다. 베단따는 이렇게 논증을 펼친다. 꿈도 꾸지 않은 채 잠자는 사람이 있다. 푹 자고

---

6   『나이슈까르므야 싯디』 4.58 참조.

일어난 뒤에 '참 행복하게 잘 잤다!'라고 생각한다. 그렇게 생각할 수 있는 것은 의식의 지속성 때문이다. 숙면에서 의식이 존재하지 않았다면 행복하게 잘 잤다고 말할 수 없을 것이다. 숙면에서는 대상이 존재하지 않지만 의식이 존재한다. 따라서 대상과 무관한 순수의식은 존재한다. 반박하는 자가 있을 수 있다. 숙면에서는 지각이 불가능하다. 대상이 존재하지 않기 때문에 지각이 불가능한 것이다. 지각이 없다면 지각하는 의식도 없다. 그렇다면 의식이란 본질적인 것이 아니다. 우연적인 것에 불과하다. 샹까라는 이렇게 대꾸한다. 그는 100년이 걸려도 그 우연성을 증명할 수 없다.[7]

순수의식은 24시간 존재한다. 인간은 깨어 있거나 꿈을 꾸거나 깊이 잠잔다. 그렇게 24시간을 채운다. 깨어 있는 상태에는 생각하고 행동하는 나의 근거가 되는 의식이 있다. 꿈을 꾸는 상태에는 꿈꾸는 나의 근거가 되는 의식이 있다. 깊이 잠자는 상태에는 홀로 존재하는 의식이 있다. 꿈을 꾸지 않을 때도 존재하는 의식이다. 의식은 이 모든 상태들에서 존재한다. 이것이 순수의식이라고 베단따는 주장한다.

브라흐만도 아뜨만도 순수의식이다. 소우주가 중요하다. 아뜨만이 순수의식이라는 점을 더 주목해야 한다. 참된 나는 순수의식이다. 그 어떤 경험에도 영향을 받지 않는 '초월적인 나'이다. '나'라고 규정되는 모든 것들을 부정한 뒤에나 알려지는 것이다. 육체적인 것과 심리적인 것과는 완전히 다른 것이다. 오히려 그것들의 바탕이 되는 것이다. '나'라는 모든 포장재들을 걷어냈을 때 최후에 포장재 없이 남는 것이다. '나'의 모든 경험

7   『우빠데샤 사하스리』(산문) 2.91 참조.

을 가능케 하는 초경험적인 토대이다.

윤회하는 모든 개별자아는 일종의 '영혼 기록부'를 가진다. 개별자아마다 각각의 영혼 기록부가 존재한다. 이 기록부에는 이전 생애들의 모든 선행과 악행이 기록되어 있다. 기록된 바에 따라 개별자아는 생사윤회를 거듭한다. 현생은 과거의 기록에 따라 주어진 것이다. 현생에서 기록되는 것들은 내생에 영향을 미친다. 그런데 기록은 허구이다. 기록은 전부인 것 같지만 아무것도 아닌 것이다. 사실은 아무것도 기록되지 않는다. 기록되는 듯이 보일 뿐이다. 인간 세계의 인과응보를 설명하기 위해 고안된 것일 뿐이다. 알고 보면, 영혼 기록부는 백지 상태로 존재한다. 순수의식은 백지 상태의 영혼 기록부와 같다.

베단따에서 순수의식은 '관찰자'sākṣin라고 불린다. 관찰자란 관찰하는 의식이다. 경험하는 자기를 지켜보는 자기이다. 약간은 당황스러울 수 있다. 관찰자로서 의식은 관찰이라는 경험과 관련되는 의식이다. 순수의식은 경험과 무관한 의식이다. 두 의식은 동일한 의식일 수 있을까? 서로 상충되는 의식은 아닐까? 동일한 의식임에 틀림없다. 상충되지 않는다. 왜냐하면 관찰자는 궁극적인 주관을 지시하는 말이기 때문이다. 관찰자는 오직 관찰하는 의식이지 관찰되는 의식이 아니다. 예컨대 마음은 '눈에 비친 대상을 관찰하는 의식'이자 '지성에 의해 관찰되는 의식'이다. 관찰하기도 하고 관찰되기도 한다. 주관이기도 하고 대상이기도 하다. 그런데 아뜨만은 다르다. 오직 관찰하기만 한다. 절대 관찰되지 않는다. 최후의 관찰자인 것이다. "그것은 보이지 않는 보는 자, 들리지 않는 듣는 자, … 인식되지 않는 인식하는 자입니다. 그것과는 다른, 보는 자는 없습니다. 그것과는 다른, 듣는 자는 없습니다. … 그것과는 다른, 인식하는 자는 없습니다."<브리하다란야까 우빠니샤드 3.7.23> 최후의 관찰자이기 때문에 궁극적 주관이다. 순수하게 주관이기만 한 순수주관이다. 순수주관은 대상과 관련되는 듯하지만 실제로 관련되지 않는다. 경험과 관련되는 듯하지만 실제로 관련되지 않는다. 순수주관은 곧 순수의식이다. 관찰자와 순수의식은 결코 다르지 않다.

관찰자 아뜨만은 마치 왕과 같다. 왕은 명령만 할 뿐 움직이지 않는다. 왕국이 잘 돌아가고 있는지 오직 관찰할 뿐이다. 그 누구에 의해서도 관찰되지 않는다.

> 아뜨만을 육체, 기관, 마음, 지성, 원형물(쁘라끄리띠)과는 상이한 것으로, 그것들의 기능(변형)에 대한 관찰자로 항상 알아야 한다. [아뜨만은] 왕과 같다. 분별이 없는 자들에게는 기관들이 작용할 때에 아뜨만이 작용하는 듯이 살펴진다. 마치 구름들이 움직이고 있을 때에 달이 움직이고 있는 듯이 살펴지는 것과 같다.<아뜨마 보다 18-19>

왕은 통치자이지만 통치하기 위해 움직이지 않는다. 어리석은 자들은 왕이 움직임으로써 왕국이 잘 통치되고 있는 줄 안다. 구름이 움직이는데 달이 움직인다고 아는 것과 같다. 왕은 실제로 움직이지 않는다. 신하들과 관리들과 백성들이 움직인다. 왕은 그저 관찰한다. 관찰하는 왕은 왕국 그 자체이다. 관찰하는 아뜨만도 소우주 그 자체이다.

베단따의 '관찰자'라는 개념은 독특하다. 관찰자는 가장 깊숙한 내면의 순수주관을 은유적으로 표현한 것이다. 실제로 대상을 관찰하는 것은 아니다. 은유를 통해 상식을 전도시킨다. 봄과 보임을 전도시킨다. 익숙한 나는 더 이상 관찰자가 아니기 때문이다. 내가 더 안에 존재하는 나에 의해 바깥이 된다. 안에서 바깥을 관찰하던 내가 바깥이 된 채로 관찰되고 만다. 내가 세상을 보는 게 아니라 내가 세상으로서 보이게 된다. 이렇게 뒤바뀐다. 나는 봄의 주체였다가 보임의 대상이 된다. 인식의 핵심을 바꾸는 전략이다. 위대한 인식의 주관을 대상의 수준으로 전락시킨다. 삽시간에, 익숙한 나는 낯설어진다. 알고 싶다. 나를 관찰하는 그것은 무엇인가?

베단따의 관찰자에는 특별한 신의 시선이 녹아 있다. 인간은 더 이상 바깥의 신을 보지 않는다. 내부의 신이 인간을 본다. 아니, 인간이 신의 눈으로 인간 자신을 본다. 직접 보지는 않지만 마치 보는 듯하다. 순간을 포착해서 잘게 잘게 음미하는 것은 아니다. 멀찍이 떨어져서 영원으로 관조하는 것이다. 베단따에는 음미보다 관조가 어울린다. 관찰하는 시선이 있다는 것만으로 삶은 달라질 수 있다. 자신은 구경거리가 된다. 광대가 된다. 갑자기 삶이 가벼워진다. 관찰됨으로써 자신이 헛된 존재인 듯이 느껴지기 때문이다. 세상은 온통 신의 시선으로 가득 찬다.

순수의식은 경험의 토대나 원천을 가리키는 말에 가깝다. 경험에 물들지 않기 때문에 순수한 의식이다. 관찰자는 인식의 토대나 원천을 가리키는 말에 가깝다. 인식의 궁극적인 주관이기 때문에 관찰하는 의식이다. 순수의식이든 관찰자든 오직 이것만이 존재한다. 유일무이하다. 일종의 자각awareness만이 존재한다. 특히 관찰자는 자각의 다른 이름이다.[8] 대상이 없으므로 자각만이 지속적으로 이어진다. 수행자의 체험이다. 아뜨만을 직접 체험하는 것은 자각의 상태가 계속되는 것이기 때문이다.

본질이 동일하다는 말의 뜻

베단따는 비이원론이다. '아뜨만 일원론'이라고 불러도 좋다. 으뜸인 것이 둘이 아니라 하나라는 이론이다. 으뜸인 것은 '브라흐만으로서의 아뜨만'뿐이다. 여러 종류의 아뜨만들이 가능하다. 즉 여러 가지 것들이 아뜨만이 될 수 있다.[9] 후보군이 많다. 육체로서의 아뜨만, 숨으로서의 아뜨만, 마음으로서의 아뜨만, 지성으로서의 아뜨만 등등이다. 다 헛것들이다. 거짓된 존재들이다. 단지 '브라흐만으로서의 아뜨만'이 유일한 참 존재이다. 일원론이자 비이원론이자 동일성의 사유이다.

베단따의 제1공리는 개별자아와 브라흐만(아뜨만)의 동일성이다. 동일성은 '합일'의 의미가 결코 아니다. 합일이란 둘이 하나로 합쳐지는 것을 이른다. 비슈누 계열의 베단따에서 즐겨 쓰는 말이다. 예를 들어 작은 물방울이 대양과 합일할 수 있다. 인간의 영혼은 신과 합일할 수 있는 것이다. 비이원론적 베단따에서는 이러한 합일이 존재하지 않는다. 둘이 합일하는 것이 아니라 애당초에 하나만 존재한다고 본다. 개별자아는 존재하지 않는다. 브라흐만(아뜨만)만이 존재한다. 동일성이란 '유일성'이나 마찬

---

8   Gupta(1998) p. 18 참조.
9   '아뜨만'이라는 말은 다의적이다. 심지어 인간의 육체를 의미하기도 한다. 자기 자신과 관계되는 많은 것들은 '아뜨만'이라는 말의 지시대상이 될 수 있다.

가지이다.

베단따에서는 두 가지 개념이 핵심적이다. 브라흐만과 무지이다. 브라흐만만이 참 존재이다. 나머지는 모두 무지의 산물이다. 매우 간단한 체계이다. 그렇다면 이러한 의문이 가능하다. 왜 제1공리는 '브라흐만의 유일성'이 아닐까? 대신에 '개별자아와 브라흐만의 동일성'일까? 더 나아가 이러한 의문도 가능하다. 왜 '일원론'이라는 명칭을 사용하지 않을까? 대신에 '비이원론'이라는 명칭을 사용할까? 그 이유는 베단따의 동일성이 '본질의 동일성'tādātmya을 의미하기 때문이다. "오직 지고한 브라흐만의 '들어감'이 계시됨으로 말미암아 본질의 동일성을 가르치기 때문에, 개별자아는 오직 지고한 브라흐만이라고 언급했다."<브라흐마 수뜨라 주석 2.3.29>

본질의 동일성이란 매우 특이한 개념이다. A와 B 사이에 본질의 동일성이 있다면 A가 B를 본질로 한다는 뜻이다.

> 하지만 바다의 변형들인 물거품, 물결 등은 물을 본질로 하는 바다와 동일함에도, 서로 동일한 것이 되지는 않는다. 그리고 비록 그것들이 서로 동일한 것이 되지 않을지라도 바다의 본질과 차이가 있지는 않다.<브라흐마 수뜨라 주석 2.1.13>

물거품 등과 바다(물) 사이에는 본질의 동일성이 있다. 물거품 등은 바다를 본질로 한다. 결코 양자가 동일한 것이 되지는 않는다. 물거품 등은 존재하지 않고 바다만이 존재하기 때문이다. 개별자아와 브라흐만 사이에도 본질의 동일성이 있다. 개별자아가 브라흐만을 본질로 한다는 뜻이다. 이로부터 '유일성'보다는 '동일성'이라는 말이 더 잘 어울린다. 일원론보다는 비이원론이 더 잘 어울린다. 하나(개별자아)와 다른 하나(브라흐만)는 본질적으로 분리되지 않기 때문이다. 어쨌거나 둘의 관계를 보여주어야 한다. 유일성이나 일원론은 둘의 관계를 알려주는 말이 아니다. 동일성이나 비이원론은 둘의 관계를 보여주는 말이다.

본질의 동일성이란 두 항이 본질적으로 분리되지 않음이다. 하나가 다른 하나를 본질로 하기 때문에 양자는 분리되지 않는다. 가령 항아리가 찰흙을 본질로 한다면 양자는 분리되지 않는다. 찰흙으로 만든 항아리에서 항아리는 찰흙으로부터 분리되지 않는다. 분리되는 순간 항아리는 아무것도 아니게 된다.

베단따에서 말하는 본질의 동일성은 다음과 같이 도식화될 수 있다.[10] 마치 수학식과 같은 도식이다.

대우주	소우주
브라흐만－세계＝브라흐만	아뜨만－개별자아＝아뜨만
세계－브라흐만＝0	개별자아－아뜨만＝0

대우주의 측면에서 실재(원인)는 브라흐만이고 현상(결과)은 세계이다. 소우주의 측면에서 실재는 아뜨만이고 현상은 개별자아이다. 먼저 실

---

10   Grant라는 학자가 제시한 도식이다. 다만 그녀는 대우주, 소우주의 구분을 적용하지 않는다. Grant(1999) p. 156 참조.

재에서 현상을 빼면 실재가 남는다. 찰흙에서 항아리를 빼면 찰흙이 남는다. 항아리를 깨버려도 찰흙은 남는 법이다. 브라흐만에서 세계를 빼면 브라흐만이 남는다. 아뜨만에서 개별자아를 빼면 아뜨만이 남는다. 본질은 항상 존재하기 때문이다. 그 반대로 현상에서 본질을 빼면 0 또는 무(無)가 남는다. 항아리에서 찰흙을 빼면 '찰흙이 빠진 항아리'가 남는다. 찰흙이 빠진 항아리는 존재할 수 없기에 0 또는 무이다. 세계에서 브라흐만을 빼면 0이 남는다. 개별자아에서 아뜨만을 빼면 0이 남는다. 본질을 제거하면 현상은 존재하지 않기 때문이다.

베단따는 말한다. 개별자아와 아뜨만은 동일하다. 세계와 브라흐만은 동일하다. 이렇게 말할 때 동일성이란 '같음'equation이 아니다. '불가분리성'inseparability이다.[11] 이는 현상이 본질과 분리된 채 존재할 수 없다는 것을 지시한다. 개별자아는 아뜨만과 분리된 채 존재할 수 없다. 세계는 브라흐만과 분리된 채 존재할 수 없다. 동일성의 진짜 의미는 실재로부터 분리된 채 그 어떤 현상도 존재할 수 없다는 것이다. 그 반대로 실재는 현상 없이도 잘 존재할 수 있다는 것이다.

우빠니샤드는 '그것이 너이다'라고 말한다. 너의 본질은 그것(아뜨만)이다. 또한 '나는 브라흐만이다'라고 말한다. 나의 본질은 브라흐만(아뜨만)이다. 우빠니샤드는 자신의 본질인 참된 나를 깨우치라고 권고한다. 필연적으로 현재의 자아는 거짓된 나일 수밖에 없다. 거짓된 나와 참된 나를 구분하라는 논리가 뒤따른다. 양자를 분별하는 것이 지식이다. 베단따

---

11   Roy(1982) pp. 91-92 참조.

가 분별적 지식을 끊임없이 내세우는 이유이다. 본질을 파악하는 분별적 지식이 해탈을 낳는다. 즉, 윤회를 하지 않는 아뜨만을 알면 불멸을 얻는다. 베단따에서 동일성에 대한 지식은 곧 본질 직관이다. 본질 직관은 곧 탈(脫)윤회이다.

베단따의 단순한 진리

베단따의 가르침은 복잡하지 않다. 한두 줄로 요약될 수 있을 만큼 단순하다. 베단따의 역사는 무수한 학자들과 문헌들로 채워져 있다. 그 가르침들마저 본래의 단순한 가르침을 벗어나지 않는다. 복잡한 듯하지만 복잡하지 않다. 복잡한 듯이 보이는 이유는 수많은 앵글 때문이다. 하나의 진리를 수많은 각도에서 비춰보았던 것이다. 다양한 앵글 덕택에 단순한 진리가 입체적으로 드러났다. 풍성하게 가꾸어졌다.

베단따의 가르침을 몇 가지 방식으로 단순하게 말할 수 있다. 압권은 다음의 문장이다. 단 한 줄로 요약된 베단따의 가르침이다. "브라흐만은 참으로 존재하는 것이고, 세계는 거짓이며, 개별자아와 브라흐만 자체는 다르지 않다."[12]<브라흐마 즈냐나 아발리말라 20> 이 문장은 상당히 널리 회자된 바 있다. 출처가 불분명한 채로 인도 학자들에 의해 자주 언급되었다. 이 문장의 앞부분은 『비베까 쭈다마니』에 등장하기도 한다. "브라흐만

---

12   brahma satyaṃ jagan mithyā jīvo brahmaiva nāparaḥ.

은 참으로 존재하는 것이고, 세계는 거짓이다."<비베까 쭈다마니 20> 내용은 어렵지 않다. 브라흐만만이 참 존재이고 나머지는 모두 거짓이다. 개별 자아는 그 본질에서 브라흐만 자체이다. 상당히 잘 요약한 편이다. 딱 이 정도가 베단따에 대한 모든 것일 수 있다.

베단따의 진리가 단순하다는 것은 우빠니샤드가 뒷받침해준다. 하나를 알면 모든 것을 안다고 증언하기 때문이다. 샹까라는 이를 '하나에 대한 지식을 통한 모든 것에 대한 지식'ekajñānena sarvajñāna이라고 규정한다.

> "듣지 못한 것을 듣게끔 하고 생각하지 못한 것을 생각하게끔 하고 인식하지 못한 것을 인식하게끔 하는"<찬도그야 우빠니샤드 6.1.3> 이라며 '하나에 대한 지식을 통한 모든 것에 대한 지식'을 확정한 뒤에, 그것을 이행하고자 함으로써 "오직 존재였다."<찬도그야 우빠니샤드 6.2.1>라고 말한다. 그리고 이는 아뜨만이 파악될 때에 올바르게 된다. 왜냐하면 그렇지 않은 경우, 으뜸인 그 아뜨만이 알려지지 않으므로 모든 것에 대한 지식이 결코 생기지 않을 것이기 때문이다. <브라흐마 수뜨라 주석 3.3.17>

하나에 대한 지식은 반드시 아뜨만에 대한 지식이어야 한다. 아뜨만을 알 때만 모든 것을 알 수 있다. 이 때문에 "오직 존재였다"에서 '존재'라는 것은 아뜨만이라고 샹까라는 풀이한다. 좀 더 직접적으로 증언하는 경우도 있다. "존경스러운 이여, 과연 무엇을 알 때 이 모든 것을 알게 됩니까?"<문다까 우빠니샤드 1.1.3>에서이다. 모든 것에 대한 지식이 하나에 대한 지식에 의존한다는 것을 시사해준다. 어떻게 그럴 수 있을까? 하나가 모든 것의 본질이기 때문이다. 모든 것들은 그 하나에 의존한 채로 존재하기 때문이다. 아뜨만은 세상 모든 것들을 자기 자신으로 삼는다.

단순한 진리는 단순한 접근법과 관련이 있다. 베단따는 인간의 복잡성에 크게 관심을 기울이지 않는다. 인간에게 묻는다. 지고선을 추구할 것인가? 그렇지 않을 것인가? 지고선을 추구하지 않는 자에게는 말을 걸지 않는다. 추구하는 자에게만 진리를 건넨다. 지고선이 여러 가지일 수는 없다. 하나의 지고선만 존재한다. 그러니 오직 그것만 알면 된다. 지고선을 추구하는 데 복잡한 배경은 길을 잃게 만든다. 믿음을 약화시킨다. 복잡성은 오히려 장애이다. 불필요한 것들은 괄호 안에 묶어버린다. 삭제해버린다. 인간을 다면체가 아니라 단면체로 이해하는 편이 더 낫다.

인간의 삶은 의외로 단순하다. 현재 머릿속을 지배하고 있는 몇 개의 단어들이 그 사람의 삶이다. 장사하는 사람은 '돈, 이익' 등이 지배한다. 공부하는 사람은 '책, 글' 등이 지배한다. 샹까라는 '여자로 이루어진 악한'이라는 표현을 쓴다. 여자와 성교하는 생각으로만 가득한 악한을 가리킨다. 그의 머릿속과 그의 삶은 성교로 채워져 있다. 어떤 단어로 머릿속을 채우느냐 하는 것이 삶을 결정한다. 하나의 삶에 뼈대를 이루는 단어는 몇 개뿐이다. 어느 것을 지울 것인가? 어느 것을 새로 쓸 것인가? 신중하게 판단하고 결정해야 한다. 베단따는 그 중요한 몇 개의 단어들마저 지우라고 한다. '아뜨만'이라는 단어만 새로 쓰라고 한다.

베단따의 진리는 하이쿠와 같다. 하이쿠는 일본에서 시작된 짧디 짧은 시(詩)이다. 어떤 사태의 본질을 함축적으로 또 선명하게 드러낸다. 예를 들어 마쓰오 바쇼(1644-1694)는 이렇게 읊는다. "너무 울어서, 텅 비어버렸나, 이 매미 허물은." 묘한 상상과 깊은 성찰의 세계로 안내한다. 우빠니샤드의 위대한 문장들은 그 자체로 하이쿠이다. '그것이 너이다.'라는 문장은 가장 압축된 진리의 시이다. '개별자아와 브라흐만 자체는 다르지 않다'라는 것은 그 시를 해설한 시이다. 해설마저 짧디 짧다. 잔가지를 걷어내고 둥치를 잘라내고 뿌리만 남긴 것이다. 상술보다는 축약의 정신이 남긴 유산이다.

우빠니샤드의 축약은 베단따에서 상술된다. 축약의 정신이 사라지는 것은 아니다. 베단따에서 상술과 축약은 되풀이된다. 다만 베단따의 진리는 후대로 갈수록 무수한 겹으로 둘러싸인다. 처음의 그 단순하던 한 겹의 사유가 복잡해진다. 실천은 뒷전이고 이론만 잔뜩 전시된다. 베단따는 삶의 방법론에서 멀어진다. 단순함은 살아 있지만 망각되고 은폐된다. 단순함이 주던 직접성도 사라진다. 끝내는 진리를 직접 체험하기가 더 힘들어진다.

자력구원과 인도식 인본주의

베단따는 자력구원의 길이다. 베단따와 함께 상크야, 요가학파도 이 길을 따른다. 세 학파는 구원을 얻기 위한 큰 그림이 비슷하다. 거짓된 나에서 출발하여 참된 나에 도달하는 방식이다. 신은 큰 역할을 하지 않는다. 모든 과정은 인간의 내부에서 벌어진다. 자기 자신에 대해 잘못 알고 있는 것을 바로잡으려고 한다. 혼자 감당한다. 시작부터 끝까지 자기 자신이 수단

이자 목적이다. 인간이 수단이자 목적이다. "가야 할 다른 길은 없다."<슈베따슈바따라 우빠니샤드 3.8>

인도에서 자력구원과 타력구원은 배타적이지 않았다. 배타적이지 않았지만 경쟁관계였다. 서로 견제하고 비판하는 역사였다. 배타적이지 않았기에 상보적이었다. 자력은 타력을 받아들였고 타력은 자력을 받아들였다. 자력구원에는 타력이 필요하다. 은총이 필요하다. 베단따에서는 신의 은총과 스승의 은총을 자주 거론한다. 심지어 구원을 욕구하는 것마저 은총의 결과라는 언급도 있다. 타력구원에는 자력이 필요하다. 자신의 노력이 필요하다. 얼마만큼 노력해야 하는지 그 정도의 차이에 따라 다양한 입장들이 있다. 자력구원에 버금가는 노력을 요구하기도 한다. 이와 같이 인도의 구원 전통에서는 인간의 자기 노력이 필수적이다. 타력구원도 노력에 의존한다. 자기 노력을 매개로 해서 두 종류의 구원은 친화적일 수 있다. 상보적일 수 있다. 구원은 어부지리(漁父之利)가 아니다. 믿음만 있다고 쉽게 얻을 수 있는 선물이 결코 아니다. 스스로 준비되지 않은 인간은 자애로운 신조차도 외면한다.

베단따의 자력구원은 인간이 할 수 있는 가장 큰 도전이다. 인도에서 윤회는 거대한 현실이다. 고통스러운 현실이다. 인간이라는 감옥과 우주라는 감옥에 갇혀 사는 것이다. 구원은 그러한 현실로부터 벗어나는 것을 의미한다. 이보다 더 고귀한 도전이 있을 수 있겠는가. 이보다 더 강력하게 현실과 싸우는 길이 있을 수 있겠는가. 베단따의 구원은 영혼의 투쟁이다. 현실타파이다. 왜소한 인간이 단독으로 우주와 대결하려는 몸부림이다.

결국 인간이다. 베단따의 자력구원은 인간을 중심에 두는 사고방식이다. 사고방식을 넘어 실행방식이다. 인간이 자기 속으로 깊숙이 들어가면 참된 나를 만난다. 참된 인간을 만난다. 관찰자 인간이다.

> 참으로 존재하는 것은 지양되지 않는다. 세계가 지양될 때 하나의 관찰자가 지양된다면, 무엇이 [그 지양에 대한] 관찰자라고 말할 것인가? 결국 관찰자가 없는 것은 바람직하지 않다. 예를 들어, [모든] 형체들이 제거될 때에 형체가 없는 공간은 남겨진다. 종말에서 [지양] 가능한 것들이 지양될 때에 남겨지는 바로 그것이 그것(관찰자)이다.<빤짜다쉬 3.29-30>

베단따는 완전한 무(無)의 상태가 불가능하다고 본다. 세상이 다 사라지더라도 무언가 반드시 남아야 한다고 본다. 소멸을 지켜보는 자가 있어야 한다. 그것은 의식을 가진 채로 관찰하는 자여야 한다. 마치 자기 자신에 완전히 몰입했을 때 오직 의식만이 남는 것과 같다. 이렇게 최후의 의식을 만나는 것이 구원이다. 보편자 인간에 도달하는 것이다. 원형의 인간을 획득하는 것이다.

베단따의 아뜨만은 일종의 작은 인간이다. 인간의 가장 내부에 존재하는 내부의 인간이다. 이 작은 인간은 바깥의 인간이 보는 것을 본다. 듣는 것을 듣는다. 생각하는 것을 생각한다.[13] 우빠니샤드에서 말하는 내부의

---

13 『브리하다란야까 우빠니샤드』 3.4.2: "당신은 '봄을 보는 자'를 볼 수 없습니다. 당신은 '들음을 듣는 자'를 들을 수 없습니다. 당신은 '생각함을 생각하는 자'를 생각할 수 없습니다. 당신은 '앎을 아는 자'를 알 수 없습니다. … 이것과는 다른 것은 소멸을 향합니다."

지배자이다. "모든 존재들을 안으로부터 지배하는 그 내부의 지배자"<브리하다란야까 우빠니샤드 3.7.1>이다. 불교에서 말하는 불성(佛性)이거나 여래장(如來藏)이다. 알려지기만 하면 깨우침을 얻을 수 있는 완전한 인간이다. 자유로운 인간이다. 이 작은 인간의 위대함에는 끝이 없다. 작은 인간은 신적인 인간이기 때문이다. 인간 존재의 위대성은 바로 이 작은 인간으로부터 가능해진다. "존경스러운 이여, 그것은 어디에서 확립됩니까? 스스로의 영광(위대성)에서!"<찬도그야 우빠니샤드 7.24.1>

인도에는 인도의 인본주의가 있다. 베단따의 인본주의가 그 중심이다. 참된 나에 관한 사상이자 아뜨만에 관한 사상이다. '유아론'(有我論)이라는 이름의 영혼학이다. 궁극적으로 인간학이다. 영혼을 자력으로 구원하려는 인간학이다. 인간을 우주의 중심에 위치시킨다. 개개 인간이 하나의 온전한 우주이다. 한 인간을 알면 온 우주를 다 아는 것이나 마찬가지이다. 이 인간학에서는 오직 인간이 인간의 운명을 결정한다. 속박 속에 살든지 자유를 향해 나아가든지 인간 스스로 결정한다. 인간은 인간 운명에 대한 최후의 결정권자이다. '최종적인 것'에 대한 인도인의 관심은 타의 추종을 불허한다. 베단따는 그 최종적인 것을 인간에서 찾는 데 성공한다. 인간의 의식만이 전 우주에서 존귀하다.

6.
유신론을 껴안는 무신론

6.
유신론을 껴안는 무신론

이분법적 사고 넘어서기

신은 존재하면서 존재하지 않을 수 있을까? 논리적으로 완전히 불가능한 일이다. 신은 존재하거나 존재하지 않아야 한다. 존재하는 동시에 존재하지 않을 수는 없다. 예를 들어 어떤 것은 '소나무인 것'이거나 '소나무 아닌 것'이어야 한다. 어떤 것이 '소나무인 것'인 동시에 '소나무 아닌 것'일 수는 없다. 즉, 어떤 것이 '소나무'인 동시에 '참나무'일 수는 없다.

서양 문명은 이분법적 사고에 바탕을 둔다고 한다. 진리와 허위, 선과 악, 보편과 개별, 남자와 여자 등 무수한 이분법이 존재한다. 대립하는 두 항은 서로 화해할 수 없는 듯하다. 마치 영원한 평행선을 긋는 듯하다. 동양 문명도 그다지 다를 바 없다. 인도 문명도 마찬가지이다. 이분법적 사고를 크게 벗어나지 않는다. "거짓으로부터 진리로 저를 인도하소서. 어둠으로부터 빛으로 저를 인도하소서. 죽음으로부터 불멸로 저를 인도하소서." <브리하다란야까 우빠니샤드 1.3.28> 이런 식이다. 물론 차이는 있다. 인도의 이분법적 사고는 서양에 비해 좀 더 약하다. 그러한 사고를 타파하려는 시도는 좀 더 강하다.

사고의 법칙으로 동일률, 모순율, 배중률이 있다. 인간은 긍정하고 부정하고 선택한다. 인간의 모든 사고에 적용되는 법칙들이다. 동일률은 '소나무는 소나무이다'와 같은 긍정판단이다. 모순율은 '소나무는 소나무 아닌 것이 아니다'와 같은 부정판단이다. 만약 소나무가 소나무라면, 소나무는 참나무가 아니다. 모순율은 동일률을 부정판단으로 변형한 것인 셈이다. 배중률은 '소나무는 소나무이거나 소나무 아닌 것이어야 한다'와 같은 선택판단이다. 두 가지 선택지 중에서 하나를 선택해야 한다. 제3의 중간적 선택지를 배척한다. 소나무는 '소나무'이거나 '참나무, 잣나무 등 중에서 하나'여야 한다. 소나무인 동시에 참나무일 수는 없다. 배중률은 동일률과 모순율을 선택판단으로 합쳐놓은 것인 셈이다.

사고의 세 가지 법칙은 그리스 철학의 산물이다. 서양 문명의 뿌리가 된다. 이러한 법칙을 적용하지 않으면 사고를 전개할 수조차 없다. 예를 들어 '나는 행복할까?'라고 스스로 물을 수 있다. 이때 그 '행복'은 행복이어야 한다. 그 '행복'이 행복이기도 하고 불행이기도 하다면 사고하는 것이 아예 불가능하다. 당연히 인도에서도 이러한 법칙들은 잘 지켜진다. 명시적인 법칙이 존재하지는 않는다. 다만 상식적인 선에서 잘 지켜진다. 논리적 감각을 따른다. 문제는 배중률이다. 신은 존재하는 것인 동시에 존재하지 않는 것일 수 있다. 배중률에 관해서라면, 그것을 위반하는 경우가 종종 살펴진다.

이분법적 사고는 배중률과 밀접하게 관련된다. 배중률은 A는 A이거나 A 아닌 것이어야 한다는 원리이다. 하나가 참이면 반드시 다른 하나는 거짓이어야 한다. 소나무가 맞는다면 반드시 참나무는 아니어야 한다. 또한 제3의 것을 가정해서도 안 된다. 자연스럽게 이분법적 사고로 이어진다. 선명한 만큼 이편과 저편의 구분도 확실해진다. 대립과 투쟁이 활발해진다. 역동적인 변화를 만들어낸다. 이분법적 사고는 서양 문명의 밑거름으로 작용한다.

반면에 인도에서는 배중률이 무시로 무시되다 보니 이분법적 사고도 덜한 편이다. 우빠니샤드는 "지고한 것이자 지고하지 않은 것인 그것이 보일 때"<문다까 우빠니샤드 2.2.8>라고 한다. 지고하다면 분명 지고해야 할 텐데 지고하지 않다고도 말한다. 배중률은 온데간데없다. 자이나교는 관점주의를 표방한다. 일종의 상대주의적 지식관이다. 그들이 제시하는 상대적 판단들 가운데 '어쩌면 존재하고 또 존재하지 않는다'라는 것이 있다. 배중률은 행방불명이다. 중관불교는 '어떤 것이 존재이기도 하고 비존재이기도 하다'라는 판단을 부정한다. 더 나아가 '어떤 것이 존재가 아니기도 하고 비존재가 아니기도 하다'라는 판단도 부정한다. 배중률을 위반했기에 두 판단을 부정하는 것은 아니다. 중관불교는 세상의 모든 중요한 판단들을 부정한다. 배중률을 위반한 두 판단도 거기에 속할 뿐이다. 그만큼 고대 인도에서 배중률의 위반은 큰 결함이 아니었던 것이다. 인도에서는 이처럼 배중률이 쉽게 배제된다. 힘을 못 쓴다. 이분법적 사고는 존재하지만

맹위를 떨치지 못한다.[1]

물론 인도에서도 배중률의 위반은 비판을 받는다. 하나만 참이어야 하는데 둘 다 참이라고 하면 비판을 면할 길이 없다. 누구든 위반하지 않으려고 한다. 대부분 위반하지 않는데 위반하는 것처럼 보인다. 큰 이유가 있다. 주로 판단에 관점(觀點)이 결부되기 때문이다. 예를 들어 '이 항아리는 존재하고 또 존재하지 않는다'라는 것은 배중률 위반이다. 자세히 뜯어보면 그렇지 않다. 이 판단은 두 개의 판단이 결합된 것에 불과하다. '이 항아리는 A라는 관점에서 존재한다'와 '이 항아리는 B라는 관점에서 존재하지 않는다'이다. 배중률 위반이 아니다.

이제 신은 존재하면서 존재하지 않을 수 있다. 신은 어떤 관점에서 존재한다. 그러나 다른 관점에서 존재하지 않는다. 누군가 이렇게 말할 수 있는 것이다. 더 나아가면, 유신론이면서 무신론일 수 있다. 일신론이면서 다신론일 수 있다. 범신론이면서 범재신론(만유내재신론)일 수 있다. 모호한 입장을 취했기 때문에 그렇게 되는 것은 아니다. 선명한 입장이더라도 관점이 들어가면 그렇게 된다. 인도인은 관점에 대해 예민한 감각을 가진다. 관점을 눈치 채면서 생각을 주고받는다. 관점은 생각의 틀과도 같다. 어떤 문제에 관해 여러 개의 틀로써 판단할 수 있는 법이다. 신은 어느 생각의 틀에서 존재한다. 그러나 어느 생각의 틀에서 존재하지 않는다. 생각의 틀을

---

1   배중률과 같은 사고 법칙을 위반하는 이유에는 여러 가지가 있을 수 있다. 언어나 논리가 복잡 미묘한 세계의 양상을 포착하지 못하기 때문에 위반한다고 말할 수도 있다. 그 경우에는 위반하는 것 자체가 일종의 장치가 된다. 사고의 법칙을 위반함으로써 사고의 한계와 그 너머를 지시하는 장치인 셈이다.

생략한 채로 말하면 배중률을 위반한 것처럼 보인다. 생략된 관점을 드러내 놓으면 복잡 미묘한 사유가 녹아 있다는 것을 알 수 있다. 이분법적 사고가 설 자리는 좁을 수밖에 없다.

베단따의 신에 관해서는 입장이 매우 다양하다. 전통적인 학자들마저 각자의 틀로써 신을 묘사한 바 있다. 신은 존재한다고도 묘사되고 존재하지 않는다고도 묘사된다. 양자라고도 묘사된다. 베단따 연구자들도 각자의 틀로써 베단따의 신을 바라본다. 신은 존재한다고도 주장되고 존재하지 않는다고도 주장된다. 양자라고도 주장된다. 전혀 모순적이지 않다. '어떤 관점에서' 그렇게 묘사되고 또 주장되는지 알도록 해야 한다. 하나를 선택하라고 강요할 필요가 없다. 이분법적 사고로는 베단따의 신전 입구에서 그 언저리만 맴돌 뿐이다.

만신전에 자리 잡은 무신론

힌두교는 만신전의 종교이다. 놀랍다. 무수한 신들이 모셔져 있는 신전들이 즐비하다. 마음속에서는 그보다 더 많은 신들을 섬긴다. 그 누구도 신들의 계보와 이름과 가족과 권화를 다 알지 못한다. 그 만신전을 경험하고 난 이후의 태도는 더 놀랍다. 누구는 다신교라고 누구는 다신교적 일신교(단일신교)라고 생각한다. 일신교적 다신교라거나 일신교라고 규정하기도 한다. 범신론이나 범재신론을 떠올리거나 아예 일원론을 떠올리기도 한다. 불가지론이나 반(反)신론에 빠지기도 한다. 제각각 자신의 선입견이나 신념을 투영한다. 힌두교의 만신전은 자신이 보고자 하는 것을 보여준다.

또 하나 놀라운 것이 있다. 힌두교의 정통 사상이 무신론에 가깝다는 점이다. 힌두교의 정통 사상은 미맘사와 베단따이다. 각각 의례와 구원을 담당한다. 두 사상 모두 적극적으로 유신론을 펼치지 않는다. 미맘사는 신을 인정한다. 그렇지만 그저 제의의 한 구성요소로 인정할 뿐이다. 신보다는 제의 자체가 더 큰 힘을 가진다. 베단따도 신을 인정한다. 그렇지만 신이란 인간의 상상적 산물에 지나지 않는다. 인간은 오직 스스로 구원을 얻을 수 있을 뿐이다. 두 사상 모두 신을 믿지만 신을 믿지 않는다. 인간을 우선시하기 때문이다. 미맘사는 온전한 제의를 실행하는 인간에 관심을 가진다. 베단따는 영적인 자유를 구현하는 인간에 관심을 가진다. 최종적인 관심이 인간이다. 무신론에 가깝다고 말할 수 있다.

베단따 사상을 무신론이라고 판정할 수는 있다. 서구적 의미의 무신론은 아니다. 신을 받아들이지만 최종적으로 부정하기 때문이다. 관점이 적용된다. 예비적인 단계에서는 신이 요청된다. 하지만 본격적인 단계에서는 신이 무의미 자체이다. 신을 넘어야 '신 너머의 신'에게 다가선다. 신너머의 신이다. '브라흐만'이나 '아뜨만'이라고 불리는 참된 자아이다. 이렇게 결론내리는 것은 어느 정도 적절하다. 쉽고 단순하게 이해하기 위해서라면, 확실히 그러하다. 좀 더 베단따를 들여다보면, 사정은 매우 복잡하다.

베단따학파의 복합적 신관(神觀)은 우빠니샤드의 유산이다. 우빠니샤드는 수백 년 동안 여러 분파들에서 편집된 텍스트이다. 그만큼 다양한 신관을 담지하고 있다. 처음에는 무신론적 경향을 보인다. 나중에는 유신론적 경향을 보인다. 두 경향을 다 보여주는 구절들이 허다하다. 일원론으로 해석될 수 있다. 일신교로 해석될 수 있다. 샹까라가 일원론으로 해석한다. 라마누자 등이 일신교로 해석한다. 일원론의 핵심 가르침은 범아일여이다. 범아일여의 해석에서는 초월적 실재와 내재적 실재가 동일한 것으로 간주된다. 브라흐만이 곧 아뜨만이다. 일신교의 핵심 가르침은 범재신론이다. 범재신론의 해석에서는 신이 초월해 있기도 하고 인간에 내재해 있기도 하다. 신과 인간은 같기도 하고 다르기도 하다. 더군다나 우빠니샤드는 제의와 명상과 지식의 텍스트이다. 신은 제의와 명상의 대상이다. 지식의 대상으로도 알려진다. 신의 정체성이 모호해진다. 신의 본성이나 역할이 그때그때 달라지기 때문이다. 베단따는 우빠니샤드의 모든 숨결을 이어받으려는 학파이다. 베단따도 복잡한 신관을 보일 수밖에 없다.

베단따학파의 복합적 신관은 신베단따에서 더 복잡하게 얽힌다. 고전베단따가 힌두교의 다른 사상들과 뒤섞인 결과이다. 특히 신에 관한 담론이 변한다. 신베단따가 통합적 개혁운동인 만큼 유신론적 담론이 침투한 것이다. 베단따는 거의 유신론으로 채색된다. 참된 자아를 깨우친 이후에도 신에 대한 체험이 이어져야 한다. 세계는 신성의 움직임이 확장되는 것이다. 모든 존재들은 신의 안에서 융합된다. 이런 식이다. 긍정적으로 보면 '회통'이라고 부를 만하다. 샹까라의 일원론에 라마누자의 비슈누 일신교가 통합된다. 힌두교라는 큰 틀 안에서 조화를 이룬다. 부정적으로 보면 전통의 왜곡이다. 필요한 부분만을 골라 꿰맞추고 짜깁기 한 것에 지나지 않는다. 이도저도 아닌 요상한 전통이 만들어진다.

샹까라 전통을 표준적으로 이해할 수는 있다. 모두가 동의하지는 않지만 다수가 동의하는 표준 말이다. 그 신관은 베단따의 중요한 공리를 벗어나지 않아야 한다. 바로 이 점이 중요하다. 그 신관은 단정보다 추정에 의거해야 한다. 이 점도 중요하다. 그렇다면 이렇게 말할 수는 있을 것이다. 베단따는 무신론의 요소가 더 강하다. 인격적인 신보다는 비인격적인 실재를 더 선호한다. 궁극적으로 일원론의 형태이다. 그럼에도 유일신이나 인격신이 완전히 배제되지는 않는다. 범재신론의 요소도 적지 않게 포함되어 있다.

낮은 브라흐만과 신

베단따에는 두 종류의 브라흐만이 있다. 상위 브라흐만과 하위 브라흐만이다. 높은 브라흐만과 낮은 브라흐만이다. 본디 하나의 브라흐만 뿐이지만 관점에 따라 둘로 나뉜다. 높은 브라흐만은 불변의 원리이다. 세계의 변화와 아무런 관련이 없다. 세계의 창조, 유지, 소멸에도 본질이 변하지 않는다. 낮은 브라흐만은 변화의 원리이다. 세계의 창조, 유지, 소멸을 관장한다. 대개 '신'Īśvara이라는 이름으로 알려진다. 두 종류의 브라흐만은 다양하게 불린다. 높은 것은 속성guṇa을 가지지 않고 낮은 것은 속성을 가진다. 각각 '무속성 브라흐만', '유속성 브라흐만'이라고 불린다. 전자는 양상ākāra, 형태rūpa, 특성viśeṣa을 가지지 않는다. '무양상, 무형태, 무특성 브라흐만'이라고 불린다. 후자는 그것들을 가진다. '유양상, 유형태, 유특성 브라흐만'이라고 불린다.

두 브라흐만은 '한정자'upādhi를 가지지 않는 것과 가지는 것으로도 나뉜다. "실로 두 형태의 브라흐만이 … 한정자를 가지는 것과 그 반대로 모든 한정자를 결여하는 것이 알려진다."<브라흐마 수뜨라 주석 1.1.12> 한정자를 가진다는 것은 속성, 양상, 형태, 특성 등을 가진다는 것이다. 결국 한정자가 열쇠이다. 한정자를 알면 두 브라흐만을 구분할 수 있다.

한정자라는 것은 무엇일까? 한정자란 어떤 사물을 다르게 나타나게끔 하는 우연적인 대상을 가리킨다. 투명한 수정을 예로 들 수 있다. 수정의 곁에 붉은 장미를 놓으면 수정은 붉게 보인다. 노란 장미를 놓으면 수정은 노랗게 보인다. 붉은 장미와 노란 장미는 수정을 한정하는 것들이다. 수정을 한정해서 다르게 나타나게끔 하는 것들이다. 붉은 장미와 노란 장미는 한정자이다. 우연적으로 수정을 한정한다.[2] 마찬가지로 순수한 브라흐만은 어떤 한정자들에 의해 우연히 다른 것으로 나타나 보인다. 본디 순수한 브라흐만은 수정처럼 모든 한정자를 결여하는 것이다. 높은 브라흐만이다. 이 브라흐만이 한정자를 가지는 브라흐만 등으로 나타난다. 한정자를 가지는 브라흐만이 곧 낮은 브라흐만이다. 낮은 브라흐만은 우연의 산물이다.

순수한 브라흐만은 다양한 한정자들에 의해 한정된다. 한정자는 일종의 원초적 재료와 같다. 샹까라는 신체, 기관, 마음, 지성 등을 한정자로 제시한다.[3] 후대 학자들은 대개 무지, 미시적 신체, 가시적 신체를 한정자

2 　『우빠데샤 사하스리』(운문) 17.16 참조.
3 　『브라흐마 수뜨라 주석』 1.2.6 참조.

로 제시한다. 한결같이 삼라만상을 만들 수 있는 원재료들이다. 무엇이든 간에 한정자는 순수한 브라흐만을 구속한다. 오염을 만든다. 무언가 부정적인 것이다. 예를 들어 공간은 하나뿐이다. 텅 비어 있다. 이 공간이 항아리, 동굴, 방 등의 한정자들에 의해 한정된다. 공간이 한정됨으로써 특수성과 차이가 만들어진다. 항아리 속의 공간, 동굴 속의 공간, 방 속의 공간 등이 나타나는 것이다. 한정자들은 공간의 굴레처럼 존재한다. 이와 마찬가지이다. 순수한 브라흐만은 우주 전체를 꽉 채우고 있는 순수의식이다. 이 순수의식이 무수한 한정자들에 의해 한정된다. 순수의식이 한정됨으로써 특수성과 차이가 만들어진다. 삼라만상이 나타나는 것이다. 한정자들은 순수의식의 굴레처럼 존재한다.

한정자에 따라 존재들의 위계가 결정된다. 한정자에도 위계가 있는 셈이다. 탁월한 한정자를 가진 존재부터 저열한 한정자를 가진 존재까지 서열이 매겨져 있다. 낮은 브라흐만은 그 서열의 최고점에 있다. 그래서 신이다. 순수의식에 가장 가까운 존재이다.

> 아뜨만이 '영원하고 비할 데 없는 지식의 힘'을 한정자로 가지면, '내적 지배자' 혹은 '신'이라고 불린다. 바로 그 아뜨만이 그 자체로 본질상 한정되지 않고 절대적이고 순수하면, 불멸하는 '궁극적 아뜨만'이라고 불린다.<브리하다란야까 우빠니샤드 주석 3.8.12>

순수의식(아뜨만)이 탁월한 지식의 힘이라는 한정자에 의해 한정된 것이 신이다. 탁월한 한정자가 신을 만든다. 신은 한정자에 따른 상상에 불과하다. "존재, 지식, 무한으로서 브라흐만은 실재이다. 결과적으로 그것이 신이 되고 개별자아가 되는 것은 두 가지 한정자에 의한 상상이다."<빤짜다쉬 3.37> 개별자아도 한정자에 따른 상상이다. 신의 한정자보다는 위계가 낮은 한정자에 의해 한정된 것이다. 다른 모든 존재들도 한정자에 따른 상상의 산물이다. 오직 순수의식만 존재한다는 베단따의 공리가 확인된다.

그렇다면 낮은 브라흐만이 곧 신일까? 그렇지는 않다. 낮은 브라흐만은 주로 명상의 대상이다. 우빠니샤드를 통해 그렇게 알려진다. 높은 브라흐만으로 가기 위한 매개체이다. 우빠니샤드의 위대한 것들 대부분이 낮은 브라흐만이다. 우빠니샤드에는 위대한 것들이 많고도 많다. 부정어법이나 긍정어법으로 등장한다. 부정어법으로 거론되는 것은 대체로 높은 브라흐만이다. "그것은 광대하지도 않고 미세하지도 않으며"<브리하다란야까 우빠니샤드 3.8.8> 등에서이다. 긍정어법으로 거론되는 것들은 대체로 낮은 브라흐만이다. "'마음으로 이루어진 것'은 생기를 육체로 하고, 빛의 형태이며"<찬도그야 우빠니샤드 3.14.2> 등에서이다. 무언가 긍정적으로 기술되는 것이어야만 명상의 대상으로 삼을 수 있는 법이다. 명상의 대상이 많은 만큼 낮은 브라흐만도 많다. 인간이 숭배하는 모든 신격들은 낮은 브라흐만이다. '옴'Om이라는 음절도 낮은 브라흐만이다. 낮은 브라흐만들 가운데 창조주 신이 포함된다. 창조주 신은 우빠니샤드에서 가장 폭넓게 명상의 대상으로 등장한다. 가장 인기 있는 명상대상이다. 요컨대 둘의 관계는 '낮은 브라흐만 ≧ 창조주 신'이다.

창조주 신은 브라흐만과 환술māyā의 결합물이다. 베단따의 공식 입장이다. "개별자아와 신은 환술의 반사에 의해 만들어졌다고 계시서에서 언급된다."<빠짜다쉬 6.155> 환술은 우주적인 기만이자 우주적인 무지이다. 순수한 브라흐만이 이 환술에 의해 반사되면 신이 된다. 마치 해의 빛이 반사된 달과 같다. 반사는 곧 한정이다. 환술은 탁월한 한정자이다. 순수한 브라흐만이 이 환술에 의해 한정되면 신이 만들어진다. "브라흐만 그 자체는 이 내재력을 한정자로 하여 연계됨으로써 신이 될 것이다."<빠짜다쉬 3.40> 내재력śakti은 우주적인 힘을 가리킨다. 환술의 유의어이다. 원물질 prakṛti, 무지, 대(大)수면 등도 환술의 유의어이다. 모두 속임수의 의미를 내포한다. 환술은 요상한 속임수와 같은 것이다. 환술이 순수한 브라흐만을 꼬드겨 우주를 창조하게끔 한다. 마치 교활한 여성이 무심한 남성을 꾀어 새 생명을 잉태하는 것과 같다. 고대 인도에서 잘 사용되는 비유이다. 간교한 환술은 순수한 브라흐만을 꾀어 우주를 창조한다.

세계는 신이 창조한 것이다. 브라흐만과 환술이 합작하여 창조한 것이다. 물론 브라흐만만 유일한 존재이다. 환술은 존재한다고도 존재하지 않는다고도 말할 수 없다. 그리고 브라흐만과 환술은 같은 것이 아니다. 불이 태우는 힘을 가진다고 해서 태우는 힘이 불은 아니다. 마찬가지로 브라흐만이 창조의 힘인 환술을 가진다고 해서 환술이 브라흐만은 아니다.[4] 불변하는 하나의 브라흐만이 환술 때문에 다양한 변화의 세계로 나타난다. 예를 들어 하나의 달이 수면에 비쳐 여럿으로 나타나는 것과 같다. 브라흐만은 그 창조에 영향을 받지 않는다. 하늘의 달이 수면 위의 달들에 영향을

---

4   『빠짜다쉬』 2.47-48 참조.

받지 않는 것과 같다.

신은 세계의 동작적 원인이자 물질적 원인이다. 브라흐만이 그러하다고 말해도 된다. 예를 들어 흙으로 만들어진 모든 것들은 원인을 가진다. 일단 도공이 만든다. 도공이 동작적 원인이다. 흙으로 만든다. 흙이 물질적 원인이다. 이 세상의 모든 것들도 원인 없이 존재하지는 않는다. 원인은 낮은 브라흐만으로서 신이다. "[브라흐만은 동작적 원인이고] 또 원물질(물질적 원인)이다; [베다의] 확언이나 예시와 대치되지 않기 때문이다."<브라흐마 수뜨라 1.4.23> 우빠니샤드에서도 브라흐만을 '땃잘란'tajjalān이라고 부른다. 절대에 붙인 신비한 이름이다. '그것으로부터 태어나고 그것에서 소멸되고 그것에서 숨 쉰다'라는 뜻이다.[5] 압축적인 표현이다. 브라흐만이 세계의 생성, 유지, 소멸의 원인이라는 뜻이다.

베단따는 변화에 대해 매우 부정적이다. 변화하는 것은 모조리 무상하기 때문이다. 변화하지 않는 원리를 찾는다. 그것이 브라흐만이다. 그런데 이 세계는 끊임없이 변화한다. 생성, 유지, 소멸을 겪는다. 변화를 담당할 다른 원리가 필요하다. 높은 브라흐만과 낮은 브라흐만으로 나눈다. 낮은 브라흐만이 변화를 담당하게끔 한다. 낮은 브라흐만은 곧 신이다. 변화와 무관한 브라흐만을 확립하기 위해 신이 요청된 것이다. 신이 존재해야

---

5   『찬도그야 우빠니샤드』 3.14.1: "이 모든 것은 실로 브라흐만이다. [브라흐만을] '땃잘란'이라고 평온으로 계속 명상해야 한다." 'tajjalān'이라는 말은 ① 'tajja', ② 'talla', ③ 'tadana'로 나뉜다. 이것들은 각각 ① 'tasmāt-jāyate(jātam)', 즉 '그것으로부터 태어남', ② 'tasmin-līyate', 즉 '그것에서 소멸됨', ③ 'tasmin-aniti', 즉 '그것에서 숨 쉼(살아 있음)'으로 풀이된다.

만 창조 등의 변화로부터 브라흐만이 면책된다. 변화의 결함으로부터 자유롭다. 베단따에서 신은 그리 대단한 존재가 아닌 듯하다.

창조는 무지의 산물일까?

인도철학에서는 실재와 현상의 관계를 설명하는 것이 큰 과제였다. 일자(一者)와 다자(多者)의 관계이다. 어떻게 일자로부터 다자의 현상세계가 나타나는지 설명해야 했다. 학파마다 분파마다 제각각 창조 이론을 내세웠다. 베다 시대부터 다양한 창조 이론이 등장했다. 우빠니샤드에서도 그러했다. 베단따는 우빠니샤드의 다양한 창조 이론들을 하나로 체계화시켰다. 이 창조 이론은 '전개 이론'이라고 불리기도 한다. 힌두교에서 창조란 대개 잠재해 있던 것의 전개이기 때문이다.

베단따는 우빠니샤드를 배반하지 않는다. 아니, 배반하지 못한다. 우빠니샤드의 사상은 곧 베단따의 사상이다. 자세히 들여다보면 사정이 다르다. 베단따는 가끔 우빠니샤드를 살짝 벗어나기도 한다. 예컨대 우빠니샤드에서는 '지식의 발생'을 크게 강조한다. 베단따에서는 '무지의 파기'를 더 중요시한다. 둘 다 해탈을 낳긴 하지만 강조점은 다르다. 창조 이론의 경우에는 좀 더 벗어난다. 우빠니샤드를 따른다고 하지만 곧이곧대로 따르지 않는다. 가령 우빠니샤드에서는 신이 다수(多數)가 되려고 욕구한다. "그는 '나는 다수가 될 것이리라. 나는 태어날 것이리라.'라고 마음으로 바라보았다. 그는 불을 창조했다."<찬도그야 우빠니샤드 6.2.3>[6]에서이다.

신이 그 자신을 전변시켜 세계를 창조하는 내용이다. 베단따는 이를 수용하는 듯하지만 수용하지 않는다. 이러한 창조 이론을 낮은 수준에서 통용되는 것으로 폄하한다. 무지의 수준에서 통용될 만한 이론이라는 것이다. 베단따에서 창조란 무지에 의해 거짓으로 나타나는 양상에 지나지 않는다. 그래서 무지의 파기를 더 중요시한다.

인도 정통철학의 창조 이론은 크게 전변설(轉變說)pariṇāma-vāda과 가현설(假現說)vivarta-vāda로 나뉜다. 전변설은 우빠니샤드의 창조 이론이라고 할 만하다. 가현설은 베다 시대부터 베단따 시대까지 서서히 발달한 이론이다. 베단따에서 꽃을 피운 이론이다. 전변설에 환영주의적 요소가 가미된 것이 가현설이라고 보아도 무방하다. 각각의 정의를 보면 알 수 있다.

> '전변'이라고 불리는 것은 물질적 원인이 동일한 존재성을 가지는 결과의 상태로 되는 것이다. '가현'이라고 불리는 것은 물질적 원인이 상이한 존재성을 가지는 결과의 상태로 되는 것이다.<베단따 빠리바샤 1.85>

> 전변이란 동일한 것이 다른 상태로 바뀌는 것이어야 한다. 예컨대, 우유와 응고된 우유, 찰흙과 물병, 금과 귀걸이와 같다. 반면에 가현이란 밧줄과 뱀처럼 다른 상태로 나타나는 것이다.<빤짜다쉬 13.8-9>

---

6   『따잇띠리야 우빠니샤드』 2.6.1: "그는 '나는 다수가 될 것이리라. 나는 태어날 것이리라.'라고 욕망했다. 그는 숙고(고행)했다. 숙고하고 나서 그는, 그렇게 있는 그 무엇이든, 이 모든 것을 창조했다."

전변설에서 원인과 결과는 존재론적 위계가 동일하다. 찰흙(원인)과 찰흙으로 만든 물병(결과)이 그 예시이다. 둘 다 실재이다. 원인도 결과도 실재이다. 원인인 찰흙은 '실질적으로' 다른 상태인 물병으로 바뀐다. 실질적으로 전변한다. 물병은 찰흙으로 이루어진 것이기 때문이다. 그와 달리 가현설에서 원인과 결과는 존재론적 위계가 상이하다. 어둠 속에서 밧줄(원인)을 뱀(결과)으로 착각하는 것이 그 예시이다. 밧줄만이 실재이다. 원인은 실재이지만 결과는 비실재이다. 원인인 밧줄은 '허구적으로' 다른 상태인 뱀으로 나타난다. 허구적으로 전변한다. 뱀은 밧줄로 이루어진 것이 아니기 때문이다.

힌두교 정통철학은 대부분 전변설을 따른다. 물병이 찰흙의 전변이듯이 결과는 원인의 전변이라고 본다. 그들은 원인과 결과 사이의 강한 인과관계를 믿는다. 원인의 신성한 본질이 결과로 이어진다고 믿는다. 결과인 세계는 무상하더라도 결코 허구가 아니다. 베단따는 다른 입장을 취한다. 세계는 원인의 전변이지만 허구에 불과하다고 생각한다. 원인만이 신성을 가진다고 생각한다. 베단따는 가현설을 채택한다. 무지 때문에 결과인 세계가 실제로 나타난 것인 양 착각한다고 본다. 뱀은 밧줄의 거짓 나타남이다. 세계는 원인의 거짓 나타남이다. 베단따는 독특한 노선을 취한다.

베단따에 가현설만 존재하는 것은 아니다. 전변설의 흔적도 상당하다. 가현설은 전변설의 확장이기 때문이다. 전변설의 한 버전이기 때문이다. 샹까라에게서도 두 이론이 혼재해 있다. 그는 전변설을 허용한다. 우빠니샤드의 창조 이론을 어떻게 거부할 수 있겠는가. 최종적으로는 가현설이다. 브라흐만의 유일무이성을 주장하면서 어떻게 세계가 실재라고 말할 수 있겠는가. 샹까라의 이론을 혹자는 '환영적 전변설'로 부른다. 혹자는 '초기 가현설'로 부른다.[7] 유사한 명명이다. 전변설의 요소와 가현설의 요소가 다 존재한다고 보는 셈이다.

베단따의 표준적 입장은 이러하다. 표준적 입장에 가까운 입장이다. 이 세계는 무지(환술)의 전변이요, 브라흐만의 가현이다. 전변의 물질적 원인은 무지이다. 가현의 물질적 원인은 브라흐만이다. 약 10세기의 쁘라까샤뜨만이 이러한 입장을 제시했다고 한다. 무지의 관점, 즉 비실재의 관점에서는 전변설을 받아들여야 한다. 세계는 신이 창조한 것이다. 브라흐만의 관점, 즉 실재의 관점에서는 가현설을 받아들여야 한다. 창조라는 것은 허구이다.

중요한 것은 실재의 관점, 즉 브라흐만의 관점이다. 최종적인 관점이다. 그렇다 보니 베단따의 이론은 가현설이라고 널리 알려져 있다. 예를 들어 "창조라고 불리는 것은, 마치 바다에서 거품 등이 현현하는 것처럼, 존재, 의식, 환희로서의 실재인 브라흐만의 본질에서 모든 명칭과 형태가 현현하는 것이다."<드리그드리슈야 비베까 14>라고 한다. 창조는 '바다'라는 물에서 물거품이 생기는 것에 비유된다. 물거품은 나타났다가 사라지기를 반복한다. 물거품은 본질적으로 물이다. 최종적으로는 물거품이 존재하지 않고 물만 존재한다고 보아야 한다. 브라흐만의 관점에서는 이 세

---

7   '환영적 전변설'은 학커의 명명이고, '초기 가현설'은 마에다의 명명이다. Mayeda (1979) pp. 25-26, 마에다 센가쿠(2005) pp. 134-135 참조. 참고로, Hacker는 연구 논문 "Vivarta"(Verlag der Akademie der Wissenschaften und der Literatur, Mainz, 1953)에서 이 명명을 제안한다.

계가 그저 가현에 지나지 않는다. '관점'이 중요해진다.

샹까라는 두 가지 관점을 늘 의식한다. 경험적 관점vyāvahārika과 실재적 관점pāramārthika이다. 전자는 무지의 관점이고, 후자는 지식의 관점이다.[8] 전자는 세속의 관점이고, 후자는 실재인 브라흐만의 관점이다. 각각 깨우침 이전의 관점과 깨우침 이후의 관점에 해당된다.

> 브라흐만이 곧 아뜨만이라는 지식 이전에는, 깨어나기 이전에 꿈의 경험작용이 진실인 것처럼, 모든 경험작용들 그 자체가 진실이라는 것이 합당하기 때문이다. 실로 진실한 '아뜨만의 유일성'에 대한 이해가 없는 한, 그런 만큼 지식수단·지식대상·결과로 지시되는 변형들과 관계하여 허위라는 생각은 조금도 생기지 않는다. 그리고 모든 사람들은 무지로 말미암아, 본유적인 '브라흐만으로서의 아뜨만'을 버린 채, 변형들 그 자체를 '나'라는 '자신'의 상태로 간주하고 [또] '나의 것'이라는 '자신에 속하는 것'의 상태로 간주한다. 따라서 브라흐만이 곧 아뜨만이라는 깨우침 이전에는 세속적(일상적)이고 베다적인 모든 경험작용이 합당하다. 예컨대, 잠자는 보통의 사람이 꿈에서 다양한 종류의 존재들을 보는 동안에, 깨어나기 이전에는 지각을 통해 승인된 지식이 실로 확정적인 것이 되고 또 그동안에는 사이비 지각이라고 여기지 않듯이, 그와 마찬가지이다.<브라흐마 수뜨라 주석 2.1.14>

---

8 Satchidānandendra는 경험적 관점을 '무지의 견해'āvidyakadṛṣṭi, '세속의 견해' lokadṛṣṭi, '생시의 견해'jāgraddṛṣṭi 등과 동일시한다. Satchidānandendra(1996) p. 55 참조.

사람들은 꿈을 꾸는 동안에 꿈의 내용이 사실이라고 믿는다. 꿈에서 깨면 거짓이라는 것을 안다. 마찬가지로 깨우침 이전에는 경험하는 모든 것들이 진실이라고 믿는다. 깨우침 이후에는 허위라는 것을 안다. 두 가지 관점은 이렇게 성립된다. 깨우침을 기준으로 하는 관점인 것이다.

신비주의 전통에서 두 관점을 적용하는 것은 꽤 일반적이다. 두 관점은 우빠니샤드부터 존재한다. 베단따는 그 전통을 이어받는다. 실재인 달을 알려주지 않으면 달을 볼 수가 없다. 손가락으로 달을 가리켜야 한다. 달을 가리키는 손가락이 경험적 관점이다. 가리켜지는 달이 실재적 관점이다. 손가락이 결코 달은 아니다. 두 관점이 생긴다. 손가락의 관점과 달의 관점이다. 수단의 관점과 목표의 관점이다.

두 관점은 만병통치약인 듯하다. 여러 이점을 수반한다. 베단따 교리에 일관성을 부여하는 도구로 사용된다. 모순적인 내용이 있기라도 하면 관점을 적용하면 된다. 관점에 따라 모순되는 것들을 조화시킬 수 있다. 타 학파들의 비판을 방어하는 수단으로 사용된다. 예컨대 누군가 비판할 수 있다. 경험되는 모든 것들을 부정하면 보통 사람들이 삶의 의미를 찾지 못한다고 공격할 수 있다. 베단따는 완전히 부정하는 것은 아니라고 대답하면 된다. 경험적 관점에서는 모든 경험이 합당하다고 주장하기 때문이다. 더 나아가 우빠니샤드를 일관적으로 해석하는 장치로 사용된다. 특히 주석가인 샹까라가 그렇게 한다. 우빠니샤드의 창조 이론은 경험적 관점에서만 합당하다고 해석한다. 실재적 관점에서는 합당하지 않다고 결론 내린다. 실재의 불변성을 지키기 위해서는 창조를 거부해야 하는 것이다. 두 관점은 이와 같이 무척 유익하다. 덕택에 베단따 학자들은 운신의 폭이 넓어진다.

하나의 브라흐만을 실재적 관점에서 본 것이 높은 브라흐만이다. 경험적 관점에서 본 것이 낮은 브라흐만이다. 세계 창조는 낮은 브라흐만이 담당한다. 신의 몫이다. 세계 창조는 그저 경험적 관점에서 이해되어야 한다. 무지의 관점에서 평가되어야 한다. 무지의 관점에서는 원인과 결과가 나누어진다. 원인으로부터 결과가 창조되는 이야기를 할 수밖에 없다. 지식의 관점에서는 나누어지지 않는다. 원인에 관한 이야기만 하면 된다. 무지의 관점에서는 역시 관계가 만들어진다. 지식의 관점에서는 관계 자체가 아예 없다. 두 관점은 베단따를 가능케 한다.

인과관계를 넘는 도약

인도철학이 창조 이론에 매달리는 이유는 단순하다. 인과관계 때문이다. 인과관계를 통해 제1원인을 파악하기 위해서이다. 제1원인은 절대원리이거나 절대자 신이다. 일자이다. 그 일자는 다자로부터 거슬러 올라가야만 알려진다. 일자와 다자 사이의 인과관계를 먼저 이해해야 한다. 창조 이론을 잘 익혀야 한다.

인도 정통철학의 인과론은 인중유과론(因中有果論)과 인중무과론(因中無果論)으로 나뉜다. 전자는 '원인 속에 결과가 미리 존재한다는 이론'satkārya-vāda이다. 후자는 '원인 속에 결과가 미리 존재하지 않는다는 이론'asatkārya-vāda이다. 주류는 인중유과론이다. 전변설과 가현설이 포함된다. 인중무과론을 주창하는 학파는 느야야, 바이셰쉬까학파뿐이다. 결과란 원인과는 다른 새로운 것이라고 간주된다. '신생설'ārambha-vāda(新生說)이라고도 불린다.

인중유과론은 무(無)에서 유(有)가 나올 수 없다는 사고방식이다. 유에서 유가 나와야 한다. 결과는 원인 속에 미리 존재하고 있다가 나타나야 한다. 숨어 있던 것이 드러나는 방식이다. 이를 '미현현의 현현'이라고 한다. 거대한 보리수는 작디작은 씨앗 속에 미리 존재했었다. 미현현의 상태로 존재했다가 현현되었을 뿐이다. 전변설이든 가현설이든 한결같이 이러한 입장이다. 두 이론의 차이는 미미하다. 전변설은 원인과 결과가 같기도 하고 다르기도 하다는 이론이다. 찰흙과 물병은 같기도 하고 다르기도 하다. 물병은 찰흙으로 이루어진 것이기에 찰흙과 같다. 찰흙이 특정한 배열을 이룬 것이기에 찰흙과 다르다. 가현설은 원인과 결과가 완전히 같다는 이론이다. 완전히 같다는 것은 본질의 동일성을 의미한다. 금과 금목걸이는 완전히 같다. "금으로부터 생성되는 것은 영원히 금이다. 그와 같이 브라흐만으로부터 생성되는 것은 영원히 브라흐만일 것이다."<아빠록샤 아누부띠 51> '금목걸이'라는 명칭과 형태는 우연적인 것에 불과하다. 오직 금만이 존재한다. 마찬가지로 찰흙과 물병 가운데 찰흙만이 존재한다고 본다. "[찰흙의] 변형이란 언어에 근거(기원)하고 있으며 명칭 자체이고 오직 찰흙이라는 것만이 실재이다."<찬도그야 우빠니샤드 6.1.4> 밧줄과 뱀의 경우에도 오직 밧줄만이 존재한다고 본다. 뱀은 한갓 착각에 지나지 않는다. 전변설과 가현설은 이러한 차이를 보인다. 그런데 현실의 이론은 전변설과 가현설이 뒤섞인 형태로 펼쳐진다. 전변설인지 가현설인지 구분하기 힘든 경우도 있다. 구분이 쉽지 않다. 두 이론 모두 인중유과론이기 때문이다. 두 이론 모두 실재 중심적이기 때문이다. 베단따의 인과론은 철저하게 인도철학의 주류에 속한다.

베단따의 인과론은 브라흐만을 중심으로 작동한다. 브라흐만이 제1원인이라는 것을 강력하게 내세운다. 브라흐만이 아닌 다른 원인을 결코 용납하지 않는다. 베단따는 '브라흐만주의'이다. 브라흐만 주의란 '브라흐만 원인론'이다. 브라흐만이 세계의 원인이라는 학설이다. 거기에 인중유과론이 더해진다. 세계는 브라흐만 속에 미리 존재해 있다가 나타난다. 현상은 실재의 변형으로 간주된다. 거기에 가현설이 더해진다. 세계는 그저 거짓으로 현현한 것이다. 현상은 실재의 거짓된 변형으로 간주된다. 따라서 오직 실재인 브라흐만만이 존재한다.

베단따의 인과관계는 의존관계이기도 하다. 아니, 베단따에서 실재와 현상의 관계는 의존관계에 더 가깝다. 브라흐만은 그 자체로 존재한다. 다른 것에 의존하지 않는다. 세계는 그 자체로 존재하지 못한다. 브라흐만에 의존해야만 존재한다. 세계는 독립적으로 존재하는 브라흐만에 덧놓여 있는 꼴이다. 마치 독립적으로 존재하는 밧줄에 덧놓인 뱀과 같은 꼴이다. 뱀은 밧줄 없이 존재하지 못한다. 밧줄에 의존한 채로 존재한다. 밧줄을 치워버리면 뱀이라는 착오가 발생하지 않기 때문이다. 그와 달리 밧줄은 항상 그 자체로 존재한다.

> 브라흐만과는 별도로 [존재하는] 복합현상계를 부인하기 때문에 또 오직 브라흐만만이 남기 때문에, 바로 그것이 정론(定論)이라고 이

해된다.<브라흐마 수뜨라 주석 3.2.30>

최상의 지성과는 별도로 꿈과 생시에서 그 어떤 특정한 대상도 알려지지 않는다. 따라서 최상의 지성과는 별도로 그것들이 존재하지 않는다는 것이 합리적이다.<브리하다란야까 우빠니샤드 주석 2.4.7>

'별도로'라는 표현에 주목해야 한다. 세계는 브라흐만과는 '별도로' 존재하지 않는다. 브라흐만에 의존한 채로 존재한다. 세계는 마치 물 위에 부유하는 듯하다. 부유하는 것은 물과는 별도로 결코 부유하지 못한다. 물에 의존한 채로 떠다닌다. 결론은 다르지 않다. 인과관계로 이해하든 의존관계로 이해하든 결론은 매한가지이다. 독립적인 원인만이 존재한다. 의존하는 결과는 존재하지 않는다.

인도철학에서 인과관계는 매우 중요하다. 업에 속박되는 것은 인과관계에 속박되는 것과 다르지 않다. 인과관계로부터 해방되는 것이 곧 해탈이다. 인도철학은 인과관계에서 시작해서 탈(脫)인과관계로 끝난다. 도약이 필요하다. 인과의 사슬을 벗어나기 위해서는 특별한 도약이 요청되는 것이다. 각 학파마다 도약을 위한 방법론을 제시한다. 베단따의 방법론은 인과관계의 바깥에 있는 브라흐만을 제대로 아는 것이다.

결론적으로 베단따는 인과관계를 털어낸다. 인과관계를 다루던 손을 털어버린다. 결과란 '참으로 존재하는 것'이 아니다. 원인에 의존한 채로만 존재하기 때문이다. 원인만이 참으로 존재한다. 그리하여 베단따는 '결과가 원인에 미리 존재한다는 이론'(인중유과론)이 아니다. 최종적으로 '원인만이 존재한다는 이론'satkāraṇa-vāda이다. 원인만이 존재하므로 관계 자체가 없다. 관계는 존재하는 것들 사이에서 성립된다. 존재하는 것은 브라흐만 하나뿐이다. 베단따는 무관계의 사상이다. 인과관계와 같은 관계는 베단따에서 종국적으로 부정된다. 사람들은 무지 때문에 인과관계에 빠져 있을 뿐이다. 무지를 없애면 인과관계를 넘어서 있는 브라흐만을 만날 수 있다. 무관계의 유일무이성에 도달할 수 있다. 독존이다.

베단따는 도약한다. '무지의 파기'라는 디딤판을 사용한다. 관계에서 무관계로 뛰어오른다. '조건 속의 삶'에서 '조건으로부터 자유로운 삶'으로 이행하는 것이다. 관계가 있으면 조건이 있다. 조건이 있으면 속박이 있다. 속박을 벗어나는 해탈은 관계가 없을 때라야 비로소 가능하다. 의존적인 헛삶이 끝나고 자립적인 새 삶이 시작된다.

신이 필요한 이유

무관계의 사상에서는 신의 역할이 크게 필요치 않다. 신은 관계를 만드는 존재로서 훼방꾼 같기 때문이다. 신은 환술을 통해 세계를 창조한다. 이때 "창조되는 복합현상계의 다양성을 낳는 근거 즉 '피조물들의 업'의 도움을 받"<베단따 빠리바샤 8.21>아야 한다. 아무런 근거 없이 마음대로 창조하지 않는다. 업의 도움을 받는다는 것은 피조물들을 관계의 세계로 다시 밀어 넣는다는 것이다. 무관계의 사상에서는 달갑지 않다. 어떤 식으로든 신의 역할을 제한해야 한다. 신의 창조는 도대체 왜 필요한 것일까?

신은 왜 존재하는 것일까?

베단따에서 신의 창조는 비이원성을 가르치기 위한 수단이다.[9] 베단
따는 비이원론이다. 쉽게 잘 와 닿지 않을 수 있다. 비이원성을 가르치기 이
전에 예비적인 가르침이 필요하다. 예비적인 가르침이 바로 신의 창조이
다. 신의 창조를 듣고 나면 세계는 단지 브라흐만의 산물이라는 것을 알 수
있다. 유일무이한 브라흐만에 몰두할 수 있다.

> 그래서 다음과 같이 확립된다: 브라흐만이 주제인 곳에서 오로지 '모
> 든 속성과 특성을 결여하는 브라흐만'을 직관함으로써 결과가 달성
> 되는 경우에, '브라흐만이 세계라는 형태로 전변한다는 것' 등은 단
> 지 브라흐만에 대한 직관의 수단으로 고용(사용)될 뿐 [독립적인] 결
> 과를 가지지 않는다고 확인된다.<브라흐마 수뜨라 주석 2.1.14>

신의 세계 창조를 안다고 해서 독립적인 결과를 얻지는 못한다. 그렇
다고 완전히 쓸모없지는 않다. 깨우침을 얻었을 때 그 쓸모를 알아차린다.
신의 창조는 브라흐만에 대한 지식을 얻는 데 수단으로 고용된다는 것을
알게 된다. 비이원적인 브라흐만을 깨우치는 수단으로 활용된다는 것이
다. 핵심은 이것이다. 우빠니샤드의 "창조에 대한 문장들은 창조를 취지로
하지 않는 반면에 오직 비이원적인 브라흐만을 취지로"<베단따 빠리바샤
8.53> 한다. 창조에 대한 문장들은 그 취지가 감춰져 있다. 실재적 관점에서

---

9   Satchidānandendra(1997) p. 78 참조.

창조 이론은 한갓 수단인 것이다.

이로부터 브라흐만이 신이라는 것은 브라흐만에 대한 찬양이다.『상
끄셰빠 샤리라까』에서는 이렇게 주장한다. 원인과 결과는 상호의존적이
다. 상호의존적인 것은 환영에 불과하다. 브라흐만은 상호의존적이지 않
다. 실재적 관점에서는 브라흐만이 원인도 아니다. 브라흐만이 신이라는
것도 환영에 불과하다. 브라흐만이 신이라는 것은 계시서에 의해 부정된
다. 신이라고 말하는 것은 브라흐만을 찬양하기 위해서이다.[10] 창조 이론
은 그저 찬양stuti을 목적으로 하는 '의미진술'arthavāda[11]일 뿐이다. 샹까라
는 말한다. 창조 이론은 수단이다. 브라흐만에 대한 지식만이 진정한 취지
이다.[12]

다르게 해석할 수도 있다. 베단따의 신을 긍정적으로 바라보면 창조
이론도 다르게 보인다. 신의 의미를 더 크게 받아들인다. 그러면 창조 자체
가 브라흐만의 축복이다. 신성의 구현이다. 창조주인 브라흐만을 안다는
것도 특별해진다. 브라흐만의 축복에 반응하는 것이다. 신성의 구현에 동
참하는 것이다. 이러한 해석은 힌두교 전반에서 신의 창조를 이해하는 방
식이다. 베단따를 이렇게 읽을 수도 있다.

베단따의 높은 브라흐만마저 신이라고 주장할 수 있다. 그렇게 주장

---

10 『상끄셰빠 샤리라까』 3.175-198 참조.
11 의미진술이란 베다에서 명령vidhi이나 만뜨라mantra의 의미artha에 대해 진술vāda
한 것을 가리킨다. 따라서 베다에서 주된 것이 아니라 보조적인 것에 지나지 않는
다. 이 의미진술은 어떤 것을 찬양하거나 비난함으로써 그것을 행하거나 행하지 않
게끔 하는 역할을 하기에 일반적으로 찬양stuti과 비난nindā이라는 두 가지가 있다.
12 『아이따레야 우빠니샤드 주석』 2.1 참조.

할 만한 근거도 있다. 샹까라의 경우만 봐도 높은 브라흐만과 신은 구별되지 않는다. 동일시된다. '지고한 브라흐만', '지고한 아뜨만', '지고한 신'은 모두 유의어로 쓰인다. 그가 용어를 혼용하는 것은 악명이 높다. 무엇 때문일까? 그가 실재를 다양하게 부르는 이유는? 한 가지는 확실하다. 베단따 학자들이 예외 없이 수용할 만한 확실한 한 가지이다. 브라흐만 자체는 그 어떤 구별도 가지지 않는다. 그러하다. 하나이자 동일한 브라흐만이 관점에 따라 다르게 나타난다. 브라흐만을 구별하는 것은 단지 인간의 관점에서이다. 어떤 부류의 인간에게는 높은 브라흐만이 신으로 보인다. 어떤 부류의 인간에게는 높은 브라흐만이 그 자체로 보인다. 모두 각자의 눈높이에서 세상을 본다. 하나의 실재를 다양하게 부른다. 실재의 관점에서는 하나의 브라흐만이 구별 없이 존재한다.

샹까라에게 신은 마치 수수께끼와도 같다. 신은 브라흐만이자 아뜨만이다. 창조주이자 보호자이다. 갈피를 잡을 수 없는 정체성을 가진다. 그는 매우 빈번하게 신을 호명한다. 후대로 갈수록 베단따에서 신이 등장하는 빈도는 줄어든다. 샹까라의 경우가 좀 특별하다. 복잡한 우빠니샤드를 해석하는 자에게 피할 수 없는 숙명이었을지도 모른다. 그만큼 신은 다양하게 자주 묘사된다. 그에게 신은 우주의 지배자, 개인 운명의 관리자, 명상의 대상이다.[13] 무엇보다도 신은 우주를 창조하고 유지하고 파괴하는 자이다. 가장 널리 알려져 있는 신의 역할이다. 개인 운명을 관리하기도 한다. 개인의 업을 바꾸지는 못한다. 은총을 통해 간혹 개입할 수는 있다. 업에 의

....

13   Hacker(1995) pp. 89-94 참조.

존하면서 개인의 윤회세계를 관리하는 역할을 한다. 낮은 브라흐만으로서 명상의 대상이 되기도 한다. 이 명상은 높은 브라흐만에 도달하기 위한 수단과 같은 역할을 한다. 이처럼 샹까라의 신은 여러 얼굴을 하고 있다. 변화의 세계를 총괄하는 존재인 것만큼은 틀림없다.

베단따의 신은 운명애(運命愛)의 촉발자일 수 있다. '자유를 꿈꾸게 만드는 자'라는 뜻이다. 신은 그 자신이 브라흐만이라는 것을 항상 알고 있다. 그 때문에 항상 자유로운 존재이다. 인간은 그 자신이 브라흐만이라는 것을 모른 채로 살아간다. 본질을 망각하고 속박된 존재로 지낸다. 저 멀리 완전한 자유를 누리는 신이 지시된다. 인간은 선택의 기로에 놓인다. 신의 길을 걸을 것인가, 인간의 길을 걸을 것인가? 자유를 꿈꿀 것인가, 속박에 고개 숙일 것인가? 자유를 꿈꾸는 자는 특별한 운명을 선택한 자이다. 그러한 운명을 선택하는 데 신은 상징적인 역할을 한다. 존재하는 것만으로 역할을 한다. 신은 운명을 사랑할 수 있게끔 하는 기폭제이다. 브라흐만이 되려고 하는 운명에 신은 운명적 계기가 된다.

베단따의 신은 허구의 세계에서 그 정점에 위치해 있다. 현상세계의 권좌에 올라 있다. 동시에 진리의 세계에서 자유를 누린다. 실재 자체에 가장 근접한 존재이다. 신은 현상과 실재의 사이에 끼어 있다. 허구인 것과 진리인 것 사이의 접점이다. 베단따의 신은 '경계의 신'이다. 현상이면서 실재이다. 현상도 아니고 실재도 아니다. 신은 끊임없이 허구를 지우면서 진리를 맞이하려고 한다. 신은 현상의 마지막 그림자인 동시에 실재의 첫 얼굴이다.

이로부터 베단따의 신은 실재로 가는 표지이다. 신은 실재와 거의 유사하지만 완전히 같지는 않다. 실재를 파악하는 데 큰 도움이 된다. 이정표가 될 수 있다. 신에 의해 촉발된 운명은 신을 표지로 삼아 나아간다. 인간이 신을 이정표로 삼아 실재를 향해 나아간다. 머리로 이해한 앎은 충분하지 않다. 영혼으로 이해하는 앎이 되어야 한다. 신은 그렇게 앎을 전환시키는 데 중요한 열쇠인 셈이다. 경계의 문(門)에서 열쇠의 역할을 한다. 실재에 진입하는 문을 열어준다. 누구에게나 다 그런 역할을 하는 것은 아니다. 필요한 인간에게만 그런 역할을 한다. 누군가는 신 없이도 너끈히 실재에 도달한다고 한다.

신을 아는 것은 참된 자아를 알기 위한 조건이다. 자립적인 신을 알면 자립적인 참된 자아를 알 수 있다. 베단따에서 신은 해탈을 위한 고안이다. 장치이다. 창조 이론이 비이원성의 수단이듯이 신은 참된 자아에 대한 앎의 수단이다. 신은 인과관계의 정점에서 무관계의 세계를 열어젖힌다. 해탈을 향하는 여정은 대체로 경계의 신과 만나야 한다.

경계를 짓지 않는 사유

베단따 사상은 유신론을 감내하는 무신론이다. 유신론을 껴안아야 한다. 신의 위상이나 역할을 깡그리 무시하기는 힘들기 때문이다. 힌두교 전통에서 신을 완전히 배제하기도 힘들기 때문이다. 해탈의 방법론에서 신의 중요성은 특히 두드러진다. 신이 거짓된 자아와 참된 자아의 매개 역할을 하는 것이다. 연결고리가 된다. '나는 개별자아이다'에서 '나는 신이다'를 거쳐 '나는 아뜨만이다'로 이행하기 때문이다.

부정할 수 없는 사실이 있다. 베단따의 최고원리가 비인격적이라는 점이다. 브라흐만은 비인격적인 것이다. 비인격적인 아뜨만과 동일한 것이다. 최고원리로 인격적인 신을 숭배하는 전통에서 달가워하지 않을 게 뻔하다. 힌두교의 몇몇 종파에서 베단따를 공격하는 이유이기도 하다. 혹자는 베단따의 최고원리가 비(非)인격적이지는 않다고 주장한다. 초(超)인격적이거나 탈(脫)인격적이라고 규정한다. 이렇게 규정하면 인격성이 적극 수용된다. 그러면서 인격성을 넘어서거나 벗어나는 것을 말할 수 있다. 과연 브라흐만은 초인격적이거나 탈인격적일까? 그렇다고 해도 인격적인 원리를 따르는 전통에서 만족할 리는 없을 것이다.

신에 대한 베단따의 사유는 경계를 만들지 않는다. 경계를 짓지 않는 사유이다. 인도 정신의 넉넉한 지평을 보여주는 사례라고 할 만하다. 유신론과 무신론이 공존한다. 인격성과 비인격성이 교차한다. 신을 숭배하는 것과 신이 되는 것이 협조적 관계이다. 하나뿐인 최고원리를 사람마다 다르게 보는 것을 허용한다. 대단한 포용 정신이다.

경계 나누기는 인간의 오래된 습성이다. 신은 존재하거나 존재하지 않아야 한다. 경계가 분명치 않으면 곧잘 비난받는다. 모호함은 일종의 기회주의로 통한다. 경계가 분명하지 않은 것은 회색지대에 서 있는 것이다. 기회를 봐서 흑이나 백으로 움직일 수 있다. 경계를 잘 나누면 논리적이라고 간주되기도 한다. 고대 인도에 논리가 없었을 리는 없다. 아니, 논리학이라는 영역에 최고의 성과를 남기기도 했다. 구체적인 논의의 장에서는 경계 나누기가 확실히 적용되었다. 모호함이 있는 논증은 살아남기가 버거

웠다. 그럼에도 큰 틀에서 경계를 짓지 않는 사유가 존재한다. 인도의 귀중한 유산이다. 여러 경우가 있을 수 있다. 실천방안으로 일부러 경계 허물기를 시도하는 경우이다. 경계를 짓는 것은 논리 안에 갇히는 것이기 때문이다. 깨우침은 논리의 바깥에 있는 법이다. 혹은 관점의 다양성을 고려함으로써 자연스럽게 경계가 허물어지는 경우이다. 신에 대한 베단따의 사유가 그러하다. 관점이 개입하면 선명하던 경계가 희미해진다. 이분법적 경계가 보이지 않게 된다. 무수한 관점들이 들어오면 복잡한 교차선들까지 만들어진다. 경계가 많아지므로 이분법적 경계는 무의미해진다. 경계를 짓지 않는 사유가 익숙해진다.

경계를 짓지 않는 사유는 탈이분법적 사유이다. 베단따에서 흔하게 나타난다. 예컨대 명칭과 형태는 샹까라에 의해 "실재라고도 다른 것이라고도 말할 수 없"<브라흐마 수뜨라 주석 1.1.5>는 것으로 간주된다. 베단따의 주요 개념인 환술은 '존재라고도 비존재라고도 말할 수 없는 것'으로 간주된다. 관점 때문에 이렇게 말한다. 하나의 대상을 가늠하는 여러 시선들을 고려하는 것이다. 분명 하나의 대상에 여러 시선들이 모인다. 신에게도 여러 시선들이 모일 수 있다. 여러 관점들이 뒤섞일 수 있다. 경계를 짓지 않으면 모순되는 것들마저 하나의 지점에서 공존할 수 있다. 긴장이 완화된다.

베단따의 최고원리에 여러 시선들이 던져진다. 뜨겁다. 브라흐만을 여러 관점으로 바라본다. 층층이고 겹겹이다. 어쩌면 최종적이라고 제시된 것들은 모두 맞닿아 있을지도 모른다. 신과 아뜨만이 그럴 것이다. 동전의 양면이다. 한 뿌리의 두 줄기이다. 어느 하나를 통해 영혼이 상승하면 전체가 다 들어온다. 철벽 경계에 시선의 통로가 뚫린다. 그 통로를 통해 경계 자체가 눈에 들어온다. 나누어진 경계를 보는 자가 전체를 본다. 전체를 보는 자가 나누어진 경계를 본다.

인간이 신을 이해하는 것과 자기를 이해하는 것은 다르지 않다. 어느 하나를 선택해도 좋다. 베단따의 이론에 따르면 신을 이해하는 것이 앞서야 한다. 인간은 이미 주어져 있는 것을 받아들이지 못하고 있다. 아뜨만을 자기 본질로 수용하지 않고 있다. 신은 그 간극을 좁혀준다. 인격체인 인간은 인격체인 신에 익숙하다. 신은 비인격체인 아뜨만과 유사하다. 인간은 익숙한 신을 경유함으로써 낯선 아뜨만에 더 잘 다가갈 수 있다. 이미 주어져 있는 것을 받아들일 가능성이 더 커진다. 하지만 실천적으로는 그 둘이 동시적일 수 있다. 신을 이해하는 것이 곧 자기를 이해하는 것이다. 신의 전지전능함을 아는 자가 전지전능한 아뜨만을 안다. 아뜨만의 비이원적인 독존을 보는 자가 비이원적으로 독존하는 신을 본다. 너머를 보는 자의 시선은 맞닿아 있다. 장애물이 없다. 인격성과 비인격성 사이에 경계가 없다. 인간 스스로 지은 경계는 인간 스스로 무너뜨릴 수밖에 없다.

7.
가상현실과 유사한 이 세계

가상현실과 유사한 이 세계

현실과 가상현실

인간이 살고 있는 이 세계는 환영이 아닐까? 꿈과 같은 것이 아닐까? 동서고금을 막론하고 이러한 의심은 끝이 없다. 장자(莊子)는 나비가 되는 꿈을 꾼다. 깨어나서 자신이 나비의 꿈속에서 살고 있을지도 모른다고 생각한다. 영화 '매트릭스'Matrix에서 인간은 기계가 만든 디지털 세계 속에서 산다. 주인공 네오Neo는 진짜 현실과 가짜 현실을 구분하려고 발버둥 친다. 인간이 현실이라고 믿는 현실은 가상이거나 환상일지도 모른다.

21세기는 가상현실virtual reality의 시대이다. 가상현실은 사이버 공간과 관계한다. 가상현실은 사실상 실제적이지 않지만 효력상 실제적이다. 효력의 측면에서 실제적인 존재나 사건을 일컫는다. 하지만 이러한 구분도 점점 무의미해질 것이다. 현실이 곧 가상이고 가상이 곧 현실인 시대가 온다. 색즉시공(色卽是空)이고 공즉시색(空卽是色)이다. 증강현실augmented reality은 현실에 가상을 더한 것이다. 혼합현실mixed reality은 가상현실과 증강현실을 혼합한 것이다. 미래의 인간은 각자 다른 현실을 살게 될지도 모른다. 더군다나 파타피직스pataphysics가 이미 일상화되고 있다. 파타피직스란 가상과 현실이 중첩되어 있는 상태이다. 존재하지 않는 것을 믿는 척하는 것이다. 예를 들어, 현실의 내가 볼링공을 던지는 동작을 취하면 게임 속에서 볼링공이 굴러간다. 미래의 인간은 파타피지컬한 종(種)이 된다고도 한다. 사이버 세계의 발달은 그 끝을 짐작할 수조차 없다.

인간이 살고 있는 세계는 현실이다. 사이버 세계는 가상현실이다. 가상 또는 환영이다. 가상현실은 현실과 별도로 존재하지 못한다. 현실에 의존한 채로 존재한다. 사이버 세계는 현실 세계를 반영한 것에 지나지 않기 때문이다. 사이버 세계는 현실을 온전히 다 반영할 때 그 발전을 멈춘다. 가상현실은 현실을 떠나서는 결코 독립적으로 존재할 수 없다.

베단따에서 유일한 현실은 브라흐만이다. 이 세계는 환영이다. 우주 자체가 일종의 속임수와 같은 것이다. 이 세계는 명칭과 형태로 이루어져 있다. 명칭과 형태는 가변적이다. 흙으로 만든 항아리, 물병 등은 명칭과 형태를 가진다. 생성되고 소멸된다. 흙에서 만들어지고 흙으로 되돌아간다. 마치 환영과 같다. 이 세계도 브라흐만에서 만들어지고 브라흐만으로 되돌아간다. 지속적이지 않기 때문에 마치 환영과 같다. 이 세계는 브라흐만과 별도로 존재하지 못한다. 브라흐만에 의존한 채로 존재한다. 세계는 브라흐만이 반사된 것에 지나지 않기 때문이다. 하늘의 달이 수면 위에 반사된 것과 같다. 세계는 브라흐만을 떠나서는 결코 독립적으로 존재할 수 없다.

가상현실 이론과 베단따 이론은 죽이 맞는다. 현실과 가상현실의 관계는 브라흐만과 세계의 관계와 흡사하다. 가상현실은 현실에 의존한다. 세계는 브라흐만에 의존한다. 한 가지 재미있는 생각을 해볼 수 있다. 베단따 이론이 진리라면, 가상현실은 어떻게 이해될까? 브라흐만과 세계의 관계가 진리라면, 사이버 세계는 어떻게 이해될까? 복잡하지 않다. 간단한 문제이다. 가상현실은 가상의 가상이 된다. 브라흐만은 실상이고 세계는 가상이고 사이버 세계는 가상의 가상이 되는 것이다. 베단따의 관점에서 가상현실은 반영의 반영이다. 환영의 환영이다.

세계가 환영일 수 있다는 사실은 뇌과학도 살짝 뒷받침한다. 뇌가 환상을 만든다고 알려주기 때문이다. 환상사지와 환지통이 그 사례이다. 사고로 사지가 잘려나간 사람이 사라진 사지에서 통증을 느낀다. 어떻게 그럴 수 있을까? 상실의 고통 때문이 아니다. 뇌가 사지의 이미지를 상실된 지 49시간 이내에 만들어내기 때문이다. 뇌가 만든 환상이 고통을 만드는 것이다. 어떻게 치료할 수 있을까? 환상을 환상이라고 뇌를 설득해야 치료가 가능하다. 뇌는 실제로 존재하지 않는 환상을 만들어낸다. 순수의식인 브라흐만이 실제로 존재하지 않는 세계를 전개하는 것과 같다.

환영에 관한 이론은 꿈에 대한 경험에서 나온다. 꿈에서는 무엇이든 가능하다. 하늘을 날 수도 있다. 자신의 환술로써 만물을 만들 수도 있다.[1] 깨고 나면 아무것도 남지 않는다. 어쩌면 이 세계마저 그럴지도 모른다는

---

1   『우빠데샤 사하스리』(운문) 17.14 참조.

생각이 든다. "이 둘(개별자아와 세계)은 단지 인지되는 시간에만 존속하기 때문에 환영적이다. 예를 들어, 꿈에서 깨어난 자가 또 다시 꿈을 꿀 때는 이 둘이 존속하지 않는다."<드리그드리슈야 비베까39> 어제 꿈에서 본 특이한 세계는 오늘 꿈에서 다시 나타나지 않는다. 그 세계는 오직 인지되던 그때만 존속했을 뿐이다. 환영이다. 마찬가지로 인간이 살고 있는 이 세계도 인지되는 동안만 존속한다. 깨우침을 얻으면 인지되지 않고 존속하지 않는다. 환영이다. "애욕, 혐오 등으로 가득한 윤회세계는 실로 꿈과 유사하다. 그 자체의 시간에는 존재하는 듯이 나타나지만, 깨우침이 있을 때는 존재하지 않게 될 것이다."<아뜨마 보다 6>

사이버 세계는 스위치 하나만 내려도 끝장나고 만다. 거대하게 구축된 가상현실이 사라진다. 현실만이 오롯하게 남는다. 베단따도 다르지 않다. 현상 세계는 무지 하나만 없애도 끝장나고 만다. 복잡한 삼라만상이 사라진다. 실재인 브라흐만만이 오롯하게 남는다. 이렇듯 가상현실 이론과 베단따 이론은 그 결말도 유사하다. 베단따는 가상현실을 이해하고 전망하는 데 상당히 매력적인 사상이다.

힌두교에 익숙한 환술과 환영

환영 이론은 베단따의 전유물이 아니다. 힌두교에 전반적으로 퍼져있는 이론이다. 힌두교의 위대한 신은 환술을 가진다. 환술로써 이 세계를 다스린다. 환술이 만든 세계는 환영이다. 세계는 한갓 신의 연극 무대에 불과하다. 하나의 공연은 신의 마력적인 환술이 펼쳐지는 것과 같다. 환영처럼 시작되고 끝난다. 신의 꿈이다. 이 세계는 신이 한때 꾸는 꿈과 같다. 베단따는 좀 다른 버전이다. 신이 아니라 브라흐만이 환영 이론의 중심에 놓인다.

비슈누 신앙의 환영 담론은 꽤 유명하다. 비슈누는 남성 신으로 아내를 가진다. 아내는 락슈미Lakṣmī이다. 남성 신은 원리이고, 여성 신은 에너지이다. 남성 신은 불변적이고, 여성 신은 변화하는 세계를 담당한다. 남성 신이 소유한 여성 신이 곧 마야māyā(환술, 환영)이다. 여성 신은 남성 신이 가진 환술인 것이다. 이 환술은 깊이도 모를 무한한 늪과 같다. 남성 신이 여성 신과 실제로 결합한다. 환술이 작동한다. 그로부터 이 세계가 산출된다. 환술에 의해 만들어진 이 세계는 환영일 수밖에 없다. 이 세계도 빠져나올 수 없는 늪과 같다. 마야는 환술이자 환영이다.

한때 나라다가 비슈누 신에게 마야에 대한 가르침을 요청한다. 신은 곧바로 그 가르침을 전하지 않는다. 어느 날 신이 나라다와 여행을 하다가 피곤하고 목이 마르자 나라다에게 물을 좀 떠 달라고 부탁한다. 물을 찾아 나선 나라다는 아주 멀리 떨어져 있는 강을 겨우 찾아내는데, 그 강가에는 매혹적인 여인이 앉아 있다. 그 여인은 다가온 나라다에게 달콤한 말을 건네고, 둘은 곧 사랑에 빠지고 만다. 결혼을 해서 가정을 꾸린 나라다는 여러 아이들을 낳아 행복하게 산다. 그러던 중 나라에 역병이 돌자 나라다는 집을 떠나 다른 곳을 찾기 위해 가족을 데리고 나선다. 아이들의 손을 잡고 가던 중 강의 다리를 건너려고 하는데 큰 홍수가 나서 아이들을 삼켜 버리고 마침내 아내도 떠내려가 버린다. 강둑에 앉아서 나라다는 하염없이 운다. 그때 신이 나타나 다가오면서 "나라다여, 나에게 가져다줄 물은 어디 있는가? 그리고 그대는 왜 울고 있는가?"라고 묻는다. 이에 나라다는 모든 걸 이해하게 된다. 그는 "신이여, 저는 당신에게 복종하며 또한 당신의 위대한 마야에도 복종합니다!"라고 외친다.

이 이야기에는 여러 버전이 있다. 어떤 버전에서는 나라다가 여자의 삶을 살기도 한다. 고통스러운 삶인 것은 매한가지이다. 마야의 간계이다. 어떤 버전에서는 이 이야기를 듣는 제3자가 등장한다. 그는 나라다의 이야기를 듣고 강에 뛰어들어 나라다와 똑같은 헛삶을 산다. 마야의 위력이다.

마야에 관한 이론은 베다 시대까지 거슬러 올라간다. '인드라의 그물'Indrajāla도 그 기원 가운데 하나이다. '제석천'이라고 불리는 인드라 신에게는 천상에 아름다운 궁전이 있다. 궁전은 신비한 그물로 덮여 있다. 적들이 궁전을 찾지 못하게끔 궁전을 숨긴다. 이 그물은 불교로 흘러들어가 인드라망이 된다. 그물의 무수한 코에 투명한 구슬이 달려 있다. 각각의 구슬은 이 세계의 모든 것을 비춘다. 부분이 곧 전체이다. 구슬들은 서로가 서로를 비춘다. 삼라만상은 서로 의존하고 서로 연결되어 있다. 인드라망은 상호의존과 상호연결의 교리를 알리는 데 최고의 비유가 된다. 이 그물은 힌두교로 흘러들어가 마야가 된다. 거짓 속임수요 기만이요 미혹이요 환술이다. 비슈누 신앙에서 마야는 신의 수수께끼 같은 힘이다. 베단따 사상에서 마야는 브라흐만을 옭아매 거짓된 세계를 만드는 힘이다. 그 힘에 의해 만들어진 세계의 환영적 특성이다.

인드라의 그물은 속임수이다. 베단따의 마야도 근본적으로 속임수이다. 대부분의 사람들은 마야에서 빠져나오지 못한다. 속임수에 속지 않는 사람은 매우 드물다. 예를 들어 어부의 그물과 같다. 대부분의 물고기는 어부의 그물에 걸린다. 지혜로운 물고기는 결코 그물에 걸리지 않는다.

힌두교에는 세상을 보는 두 개의 큰 시선이 있다. 하나는 '세상의 모든 것들은 환영이다'라는 시선이다. 다른 하나는 '세상의 모든 것들은 신이다'라는 시선이다. 다음은 두 시선에 관해 전해지는 유쾌한 두 이야기이다.

어느 왕에게 훌륭한 스승이 있다. 스승은 왕에게 권력도 부귀도 쾌락도 모두 허상인 만큼 세상사에 무관심하라고 가르친다. 왕은 과연 스승도 그렇게 세상사에 무관심한지 스승을 직접 시험해보기로 한다. 어느 날 스승이 왕궁으로 들어오자 왕은 열 때문에 미쳐 날뛰는 코끼리를 풀어 놓는다. 놀란 스승은 날쌔게 도망쳐서 종려나무 위로 올라간다. 이를 본 왕은 "스승님, 저에게 세상 모든 것이 환영이라고 가르치셨는데, 어찌 환영에 불과한 코끼리로부터 도망가십니까?"라고 스승에게 묻는다. 스승은 숨을 고른 다음 대답한다. "과연 그러했습니까? 사실은 제가 도망간 것도 환영에 불과했는데 어찌 도망간 것이 보였다는 말입니까! 당신의 무지 때문에 도망간 것처럼 보였을 뿐입니다."

어느 젊은 제자에게 스승이 비이원성의 위대한 경지를 가르친다. '나'와 '너'의 이원성이 소멸되는 비이원성의 경지에서는 모든 것이 신이라고 결론 내린다. 이 가르침을 들은 제자는 전율을 느끼면서 들뜬 기분으로 거리에 나온다. 길을 가다가 앞쪽에서 코끼리 몰이꾼이

"길을 비키시오!"라고 크게 외치는 소리를 듣는다. 제자는 자신이 신이고 또 코끼리도 신인데 왜 신이 신을 두려워해야 하는가 생각하면서 길을 비켜주지 않는다. 그러자 코끼리가 제자를 낚아채 길 밖으로 던져버린다. 상처를 받은 제자는 스승에게 돌아와 자신이 겪은 바를 그대로 이야기한다. 스승은 대답한다. "너는 신이다. 코끼리도 신이다. 그런데 왜 또 다른 신인 코끼리 몰이꾼의 말씀을 귀담아 듣지 않았느냐!"

두 이야기는 공교롭게도 코끼리를 소재로 삼고 있다. 스승과 제자 사이에 코끼리가 끼어 있다. 표면적으로 두 이야기는 다른 교훈을 주는 듯하다. 앞의 이야기는 환영에 관한 것이다. 뒤의 이야기는 신에 관한 것이다. 완전히 대립되는 이야기는 아니다. 연결되기도 한다. 만물을 환영이라고 보는 시선에는 신성의 위대함을 보는 시선이 녹아 있기 때문이다. 그럼에도 다른 이야기일 수밖에 없다. 세상의 모든 것들이 환영이라면 일상적 삶도 부정되고 만다. 일상적인 것들을 부정하는 정서가 뒤따른다. 신성을 보는 여지가 생기지 않을 수 있다.

베단따 문헌에서도 코끼리 비유가 등장한다. 어느 마술사가 대중들 앞에서 마술을 펼친다. 교묘하게 환영인 코끼리를 만들고 환영인 코끼리 몰이꾼을 만든다. 관중들은 즐겁다. 코끼리 몰이꾼이 코끼리를 모는 광경을 만끽한다. 관중들은 환영인 줄 모른다. 오직 마술사만이 환영인 줄 안다. 마술사는 일종의 신과 같다. 늘 지켜보는 관찰자 브라흐만이다. 항상 실재하는 것이다.[2]

베단따의 환술 이론

환영에 관한 한 베단따가 챔피언이다. 탁월한 이론을 구비하고 있기 때문이다. 비교를 불허한다. 베단따학파 자체가 '마야 이론'māyā-vāda이라고 불린다. '마야'라는 것은 브라흐만의 힘śakti이라는 관점에서 환술이다. 환술에 의해 전개된 세계의 거짓됨mithyā이라는 관점에서 환영이다. '마야'는 거짓 세계를 만드는 속임수를 지시한다. 동시에 거짓 세계 그 자체를 지시한다. '환술 이론'으로도 '환영 이론'으로도 이해 가능하다. 사실은 약칭이다. 온전하게 풀면, 환술(환영)이 실재라고도 비실재라고도 말할 수 없다는 이론이다.

전통적으로 베단따에서는 환술을 무지와 동일시한다. "실로 위대한 신의 환술은 그 자체가 가진 창조의 힘처럼 미혹의 힘마저 가진다. 이 힘이 저 개별자아를 미혹시킨다."<빤짜다쉬 4.12> 환술은 창조의 힘이자 미혹의 힘이다. 무지가 창조의 힘이자 미혹의 힘이라고 해도 된다. 환술 이론은 무지 이론인 셈이다. 환술처럼 무지는 실재라고도 비실재라고도 말할 수 없는 것이다. 환술은 대우주적 관점에서 브라흐만을 속이는 것을 가리킨다. 무지는 소우주적 관점에서 아뜨만을 속이는 것을 가리킨다. 브라흐만이 환술과 엮인 것이 대우주의 신이다. 아뜨만이 무지와 엮인 것이 소우주의 개별자아이다. 그런데 굳이 이렇게 구분할 필요는 없다. '무지'라는 개념은 대우주적 관점에서도 널리 쓰이기 때문이다. 억지로 구분하자면 그

2   『우빠데샤 사하스리』(운문) 17.28-30 참조.

렇다는 말이다.

환술에 관해서 베단따는 부정적으로 묘사하기 일쑤이다. '무엇이 아니다'라는 식으로 묘사한다. 환술은 어떤 식으로든 '말할 수 있는 것'의 범주를 벗어난다. 그래서 언설불가인 것이 된다.

> [환술은] 존재도 아니고 비존재도 아니며 그 둘을 특징으로 하지도 않는다. 차이 있는 것도 아니고 차이 없는 것도 아니며 그 둘을 특징으로 하지도 않는다. 부분을 가지는 것도 아니고 부분을 가지지 않는 것도 아니며 그 둘을 특징으로 하지도 않는다. [그것은] 위대한 존재이고, 언설불가의 형태이다.<비베까 쭈다마니 111>

환술에 관한 부정적 묘사는 불교의 사구부정(四句否定)을 닮아 있다. 여기서는 사구를 부정하지 않고 삼구만 부정한다. 하나, '그것은 존재이다'를 부정한다. 브라흐만만이 존재인데 환술이 어떻게 존재일 수 있겠는가. 둘, '그것은 비존재이다'를 부정한다. 환술이 비존재라면 어떻게 경험의 세계를 창조할 수 있겠는가. 무에서 유가 나올 수는 없다. 셋, '그것은 존재이고 비존재이다'를 부정한다. 환술이 존재도 아니고 비존재도 아니라면 '존재이고 비존재인 것'인가? 이런 것은 상상하기도 힘들다. 이를 부정한다. 네 번째 부정은 없다. 네 번째 부정은 '그것은 존재가 아닌 것이고 비존재가 아닌 것이다'를 부정하는 형태여야 한다. 환술은 '존재가 아닌 것이고 비존재가 아닌 것'인가? 마찬가지로 상상하기도 힘들다. 세 번째 부정으로 충분하다. 삼구부정에서 그친다. '차이'에 관해서도 삼구부정이 적용된다.

'부분'에 관해서도 삼구부정이 적용된다. 이렇게 부정적 묘사가 이어진다. 긍정적인 묘사도 있다. 겨우 '위대한 존재'라고밖에 묘사하지 못한다. 결론적으로 언설불가의 형태이다. 물론 이렇게 논리적으로 환술을 설명하지 않아도 된다. 이 세계가 환술(환영)이라는 것은 논리적으로 설명되기 어렵기 때문이다. 생각하기조차 힘든 것들에 대해서는 논리tarka를 적용해서는 안 된다고 한다.[3]

왜 하필 베단따는 환술 이론으로 무장했을까? 특별한 이유가 있을까? 있어야 한다. 순수의식을 주창하는 이론의 숙명이다. 순수의식만 존재하기 때문에 나머지 것들은 순수의식의 몸과 같다. 물리적이고 심리적인 모든 것들은 몸에 불과하다. 대우주적인 순수의식이 육화된 것이 세계이다. 소우주적인 순수의식이 육화된 것이 정신과 육체이다. "모든 생명체의 지성은 항상 나의 순수의식에 의해 비추어지는 것이기 때문에, 모든 생명체들은 '전지하고 악에 물들지 않은 나'의 몸이다."<우빠데샤 사하스리(운문) 9.6> 몸은 순수의식이 환술에 홀린 듯 우연히 낳은 것이다. 그 몸은 환술의 결과물이어야 한다.

영혼만이 존재한다면 우주는 영혼의 신성한 몸과 같다. 그 영혼은 신이다. 이것이 힌두교의 사고방식이다. 베단따의 사고방식은 더 극적이다. 그 영혼은 참된 나이다. 우주는 참된 나의 자기 변신이다. 우주는 나의 신성한 몸이다. 참된 나는 육체 속에 있는 듯하지만 육체 속에 있지 않다. "왜냐하면 육체에 살면서도 그것으로부터 유용함을 가져오지 못하는 그[영혼

---

3 『빤짜다쉬』 6.150 참조.

은] '육체의 바깥인 듯이' 존재하기 때문이다."<브라흐마 수뜨라 주석 3.2.3> 사실은 육체의 안도 육체의 바깥도 환영이다. 우주라는 거대한 나의 몸은 참된 나의 신성한 환영이다.

환술 이론은 인간이 기만당하는 존재라는 것을 알려준다. 인간은 속고 있는 존재이다. 중천에 떠 있는 태양과 저녁 무렵 건물 사이에 떠 있는 태양은 크기가 다르다. 실제로는 크기가 같다. 인간이 잘못 인식할 뿐이다. 이 오류를 우주 전체에 적용하면 환술 이론이 된다. 굉장한 스케일이다. 우주 전체를 오류로 보는 전망이다. 오류를 교정해야 한다. 우주는 실상인 듯하지만 끝내 제대로 봄으로써 가상으로 밝혀진다. 인간은 가상을 실상으로 잘못 알고 있다. 인간은 잘못 알고 있는 존재이다.

> 비록 사물 자체에 대한 진술일지라도, '이것은 밧줄일 뿐, 이것은 뱀이 아니다.'라는 등의 경우에 착오에 의해 발생한 [뱀에 대한] 두려움이 파기됨으로써 유용함이 알려지고, 마찬가지로 이 경우에도 '윤회를 겪지 않는 아뜨만'이라는 사물에 대한 진술을 통해 '윤회하는 자'라는 착오가 파기됨으로써 유용함이 있지 않겠는가?<브라흐마 수뜨라 주석 1.1.4>

베단따는 사실을 알려준다고 주장한다. 밧줄이라는 사실을 알려줌으로써 뱀에 대한 두려움이 파기된다. 뱀으로 잘못 알고 있던 오류가 교정된다. 마찬가지로 아뜨만이라는 사실을 알려줌으로써 윤회에 대한 두려움이 파기된다. 윤회하는 자라고 잘못 알고 있던 오류가 교정된다. 이와 같다. 윤회에 대한 우주적 기만은 충분히 물리칠 수 있는 기만이다. 인간은 속지 않을 수 있는 존재이다.

유념해야 할 것이 하나 있다. 환술 이론에서는 세계가 존재하지 않는 다고 절대 주장하지 않는다. 세계는 존재하는 것으로 인식된다. 실재는 아니지만 무언가 존재하는 것이다. "모든 것의 근저이자 이원적이지 않은 브라흐만이 알려지지 않는 한, 그런 만큼 자개가 은으로 나타나듯이 세계는 존재하는 것으로 나타난다."<아뜨마 보다 7> 세계는 실재가 아니다. 브라흐만만이 실재이기 때문이다. 그렇다고 해서 세계는 비실재가 아니다. 지각되고 경험되기 때문이다. 환술이 그러하듯이, 세계는 실재라고도 비실재라고도 말할 수 없는 것이다. 브라흐만의 관점에서는 실재가 아니다. 무지의 관점에서는 비실재가 아니다.

베단따 철학을 규정하는 것은 힘든 일이다. 어떤 학자는 이렇게 규정한다. 인식론적으로는 선험적 주관주의에 가깝다. 순수의식 즉 순수주관만을 인정하기 때문이다. 존재론적으로는 실존주의에 가깝다. 그리고 경험을 비판한다는 측면에서는 현상학에 가깝다.[4] 아주 억지스럽지는 않다. 서구의 철학 사조를 통해 베단따를 소묘해볼 수 있는 것이다. 환술 이론을 떠올리면 상황이 더 복잡해진다. 무지(환술)의 관점에서는 실재론처럼 보인다. 존재하는 것은 다 존재하기 때문이다. 브라흐만의 관점에서는 유아론(唯我論)이나 유심론(唯心論)처럼 보인다. 환영이 걷히고 순수의식만 존재하기 때문이다. 관점의 복잡성을 염두에 두어야 한다. 베단따는 실재론을 거부하지 않고 실재론에 자리 잡은 채로 실재론을 초월하려고 한다.[5]

---

4   Sinha(1983) p. 152 참조.

베단따가 경험을 부정한다고 단언해서는 안 된다. 환술의 관점에서는 앎의 근원이 오직 경험뿐이다. 생시와 꿈의 경험을 다 받아들인다. 사람들은 늘 그렇게 살아간다. 다만 베단따는 더 나아간다. 그러한 경험은 진짜 경험이 아니라고 손을 휘젓는다. 환술에 의한 가짜 경험이라고 소리친다. 밧줄과 뱀의 비유에서 뱀을 경험하는 것에 지나지 않는다. 진짜 경험은 밧줄을 경험하는 것이다. 생시나 꿈보다 숙면의 깊은 의식을 아는 것이 진짜 경험이다. 물론 그러한 진짜 경험은 보통의 경험과는 종류가 다르다. 베단따의 환술 이론은 상식적인 생각을 전도시킨다.

가상과 관련되는 용어들

베단따에서 세계의 가상성과 관련되는 용어는 상당수이다. '마야'라는 용어 이외에 다수의 다른 용어들이 쓰인다. 다른 용어들이 더 중요하게 쓰이는 경우도 허다하다. 베단따 문헌은 그 용어들로 넘쳐난다. 헛된 세계에서 헛길을 가는 것은 헛삶이고 헛일이다. 헛것, 헛것이라고 끊임없이 되뇐다. 가히 가상 담론의 챔피언답다.

'마야'māyā의 몇 가지 어원은 흥미롭다. 어떤 어원들이 있을까? 혹자는 '재다'to measure가 어원이라고 한다. 이 세상에서 재어지는 것은 모두 덧없다. 덧없는 것은 모두 환영이다. 또한 재어지는 것은 실재가 아니라 창조

----

5   Matilal(2002) p. 422 참조.

된 현상이다. 그래서 누군가는 '마야'가 환영보다 현상이라는 의미라고 주장한다. 혹자는 '생각하다'가 어원이라고 한다. 세계를 창조할 때는 관념을 물리적인 것으로 전환시켜야 한다. 그때 상상하는 역할을 하는 것이 '마야'이다. 혹자는 '미혹하다'가 어원이라고 한다. 베다 시대부터 '마야'는 쭉 속임수, 기만 등을 의미한다. 고대 인도의 외교술에도 '마야'가 중시되었다고 한다. 외교의 바탕은 속임수라는 것을 알 수 있다.

베단따에서 '마야'는 우주적 속임수이자 기만이다. 인간의 기준에서는 일종의 착각이다. 밧줄을 뱀으로 아는 것과 같은 착각이다. 잘못된 앎이다. '무지'avidyā, ajñāna라는 말과 유의어가 될 가능성이 높다. 실제로 베단따에서는 두 용어가 동일하다고 간주한다.[6] 대개 그러하지 항상 그러하지는 않다. 동일한 의미로 쓰지 않는 경우도 많다. 예컨대 환술은 대우주와 관련된 산출력이다. 환술을 통해 이 세계가 만들어져 나온다. 무지는 소우주와 관련된 은폐력이다. 무지 때문에 아뜨만이 가려지고 아뜨만을 알지 못한다. 이게 끝은 아니다. 무지가 한갓 소우주와 관련되는 개념인 것은 아니다. 무지 자체가 산출력과 은폐력을 모두 가진다고 말하는 경우도 많다. 대우주적 무지이다. 가령 "무지는 두 종류로서 산출과 은폐의 형태라고 확립되어 있다."<빤짜다쉬 6.26>라고 한다. 대우주적 무지는 환술처럼 창조의 '물질적 원인'을 의미한다. '환술'과 '무지'는 우주를 창조하는 신비스러운 힘을 의미할 때 주로 유의어가 된다.

'무지'는 앎이 없음이 아니다. 지식의 부재를 의미하지 않는다. 무지

---

6   『상끄셰빠 샤리라까』 3.108-109 참조.

란 지식이라고 잘못 간주될 수 있는 어떤 것이다. 앎은 앎이되 잘못된 앎을 의미한다. 종종 '거짓된 지식', '거짓된 관념' 등으로 표현된다. 밧줄과 뱀의 비유에서 뱀에 대한 앎이 무지이다. 뱀에 대한 앎은 올바른 지식이라고 잘못 간주될 수 있는 어떤 것이다. 앎은 앎이되 잘못된 앎이다. 밧줄에 대한 앎이 생기면 이 잘못된 앎은 즉시 사라진다.

무지의 유의어로는 '덧놓음'adhyāsa이 있다. 어원은 '~에 놓다, ~에 첨가하다'이다. 이 용어는 어떤 것에 다른 것이 놓이고 첨가되는 현상을 가리킨다. 샹까라는 "어떤 것이 다른 것의 속성으로 나타남"<브라흐마 수뜨라 주석 서문>이라고 정의한다. 예를 들어 밧줄이 뱀의 속성으로 나타나는 경우이다. 즉 뱀이 아닌 것을 뱀으로 인식하는 경우이다. 잘못된 인식이다. 이로부터 덧놓음은 곧 무지이다.

모든 인간은 '덧놓음'이라는 인식론적 조건 속에서 산다. 자식이 아플 때 '나 자신이 온전치 못하다'라고 인식한다. 육체가 비대할 때 '나는 뚱뚱하다'라고 인식한다. 다리가 빨리 움직일 때 '나는 뛴다'라고 인식한다. 귀가 제대로 기능을 못할 때 '나는 잘 못 듣는다'라고 인식한다. 지성이 부족할 때 '나는 이해가 안 된다'라고 인식한다. 이 모든 인식들은 덧놓음을 바탕으로 한다. 순수의식으로서의 '나'에 여러 가지가 덧놓이기 때문이다. 자식, 육체, 행위기관, 감각기관, 내부기관 등이 덧놓인다. 피할 수 없는 인간의 조건이다. 굴레이다.

'어둠'과 '빛'처럼 본질적으로 상충하고 '너'와 '나'라는 관념들의 영역인 '대상'과 '주관' 사이에 상호 동일화(同一化)가 부당하다고 확립된 경우에는, 그것들 [각각의] 속성 사이에도 더더욱 상호 동일화가 부당하다. 이 때문에 '나'라는 관념의 영역이고 순수의식(純粹意識)을 본질로 하는 주관에 '너'라는 관념의 영역인 대상과 그 속성들을 덧놓는 것과, 그와 반대로 대상에 주관과 그 속성들을 덧놓는 것은 [모두] 거짓이라고 함이 합리적이다. 그럼에도 완전히 분별(分別)되는 본체들 사이와 속성들 사이에 대한 상호 무분별(無分別)로 말미암아 각각에 [그것과는 다른] 각각의 본체들과 각각의 속성들을 덧놓은 채로 실재(實在)와 비실재(非實在)를 결합시킴으로써, '나는 이것이다.', '이것은 나의 것이다.'라며 거짓된 지식을 기인으로 하는 이 자연스러운 일상적 경험작용(經驗作用)이 [생긴다].<브라흐마 수뜨라 주석 서문>

이 문장들은 『브라흐마 수뜨라 주석』 서문의 첫머리이다. 서문은 인도철학사의 최고 명문으로 알려져 있다. '덧놓음'이 주제이다. 샹까라는 덧놓음이 인간에게 자연스럽다고 선언한다. 덧놓음이란 실재와 비실재를 서로 겹친 채로 인식하는 것을 가리킨다. 이것이 인간에게 불가피하다는 선언이다. 가령 '나는 사람이다'라는 것은 아뜨만으로서의 순수의식에 사람의 육체를 덧놓는 인식이다. 실재에 비실재를 덧놓는다. 실재와 비실재를 분별하지 못하는 오류이다. 일종의 무지이다. 인간은 근원적으로 무지에 빠진 채 살아가는 셈이다. 무지가 출발점이다. 도착점은 무지의 파기여야 한다.

또 하나의 중요한 용어가 있다. '거짓'mithyā이라는 용어이다. 참되지 않고 진실되지 않은 특성을 가리킨다. 현상계는 그러한 특성을 가진다. 현상계는 환술에 의해 만들어진 것이기 때문에 거짓이다. 현상계는 무지가 낳은 착각이기 때문에 거짓이다. 현상계는 실재에 덧놓인 것이기 때문에 거짓이다. 이 세계는 이와 같이 거짓에 지나지 않는다. 가상이다.

일상에서 거짓이란 무엇인가? 이 말은 어떤 경우에 사용되는가? 진실이라고 믿었던 것을 부정하는 데 사용된다. 무수한 예가 있다. 사랑하는 줄 알았는데, 알고 보니 거짓이다. 착한 사람인 줄 알았는데, 알고 보니 거짓이다. 이런 식이다. 경험하던 그 당시에는 진실인 줄 알았다가 이제야 거짓인 줄 안다. 거짓이다! 거짓이란 경험되다가 지양되는 것을 가리킨다. 베단따에서도 다르지 않다. 실재가 아닌 현상세계는 그와 같다. 세계는 경험의 시간에 존재하지만 깨우침의 시간에 존재하지 않는다. 경험되다가 지양되기 때문에 거짓이다. 세계는 거짓의 특성을 가진다. 아니, 현상세계 그 자체가 거짓이다. 예컨대 "이러한 다섯의 덮개들이 거짓인 것으로 부정된다면"<비베까 쭈다마니 214>이라고 한다. 다섯의 덮개들은 현상세계이다. 분명 경험적 관점에서는 그것이 실재인 줄 안다. 그러다가 실재적 관점에서는 비실재로 밝혀진다. 이 세계는 거짓이다. 마치 가상현실에 빠져 있으면 그것이 진짜 세계인 줄 아는 것과 같다. 정신을 차리면 가상현실은 가짜 세계로 밝혀진다. 가상현실은 거짓이다.

베단따의 가상에 관해서는 줄곧 비판이 가해져 왔다. 경험되는 것을 부정하지 않는다고 아무리 외쳐도 상대들이 코웃음 쳤다. 극단적인 이론으로 비판받았다. 전 세계를 환상으로 간주하는 이론이다. 전 세계를 체계적으로 경멸하는 이론이다.[7] 물질의 세계와 몸의 세계를 폄하하는 이론이다. 비판은 끝이 없을 정도이다. 따지고 보면 그런 혐의가 있기는 하다. 부정할 수 없다. 다만 현상세계에 대한 존중이 없는 것도 아니다. 무엇보다도 베단따의 숨은 의도가 중요하다. 적어도 그것을 파악하려는 시도는 해보 아야 한다.

풍성한 가상 담론

베단따의 가상 담론은 존재들을 구분하는 것에서 비롯된다. 존재들의 위계를 만든다. 높은 존재와 낮은 존재로 나눈다. 높은 존재는 언제나 브라흐만 또는 아뜨만이다. 낮은 존재는 후대로 갈수록 복잡하게 분류된다. 그러다 보니 이론을 위한 이론이 되기도 한다. 긍정적인 측면은 있다. 가상 담론이 더욱 풍성해진다. 가상의 세계를 더 세밀하게 나누기 때문이다.

기본적인 위계는 2단계이다. '존재'satya와 '비존재'asatya이다. 존재란 참으로 존재하는 것이다. 비존재란 존재하기는 하되 참으로 존재하지는 않는 것이다. 존재는 오직 브라흐만뿐이다. 비존재는 세계이다. 세계가 비존재인 것은 세계가 거짓이기 때문이다. 무지가 존속되는 동안 세계는 존재하는 듯하다. 무지가 파기되는 순간 세계는 더 이상 존재하지 않는다.

3단계로 나누는 경우도 흔하다. '실재적 존재'paramārtha-sat, '경험적 존재'vyāvahārika-sat, '허구적 존재'prātibhāsika-sat이다. 실재적 존재는 브라흐만이다. 경험적 존재는 실제로 경험되는 모든 것들이다. 허구적 존재는 경험

....

7   하인리히 짐머(1992) p. 26 참조.

세계에서 인식적 오류로 인해 알려지는 것들이다. 허구로 경험되는 모든 것들이다. 2단계로 나눌 때의 비존재가 경험적 존재와 허구적 존재로 세분되는 셈이다. 경험 세계에서 해변의 자개는 경험적 존재이다. 멀리서 그 자개를 은이라고 착각할 수 있다. 오류로서 은은 허구적 존재이다.

5단계로 나누는 경우도 있다. '존재'sat, '무'asat, '존재 겸 무'sadasat, '언설불가'anirvacanīya, '제5양상'pañcama-prakāra이다.[8] 존재는 참으로 존재하는 것이다. 브라흐만을 가리킨다. 무는 완전히 존재하지 않는 것이다. 세 번째의 존재 겸 무는 현실적으로 불가능한 개념이다. 어떤 것이 존재이면서 무일 수는 없기 때문이다. 5단계로 나누기 위해 억지로 집어넣은 개념일 것이다. 네 번째의 언설불가는 '존재라고도 무라고도 말할 수 없음'을 의미한다. 현상계는 경험되므로 무라고 말할 수 없다. 지식을 통해 지양되므로 존재라고 말할 수 없다. 현상계는 존재라고도 말할 수 없는 것이고 무라고도 말할 수 없는 것이다. 언설불가란 참으로 존재하지는 않는 것인 셈이다. 다섯 번째인 제5양상은 앞선 4개에 대한 부정이다. 존재가 아니다. 무가 아니다. 양자가 아니다. 언설불가가 아니다. 그렇다면 제5양상의 정체는 무엇일까? '무지의 파기'avidyā-nivṛtti를 가리킨다. 무지의 파기 상태는 속박에서 해탈로 전이되는 상태이다. 기묘한 상태이다. 속박의 상태는 넘어서지만 해탈의 상태에 이르지는 않는다. 현상도 실재도 아니다 보니 제5양상이라는 형태로 규정된다.

---

8   제5양상은 비묵따뜨만Vimuktātman과 아난다보다Ānandabodha가 창안했다고 전통적으로 알려져 있다.

이와 같다. 베단따에서는 존재들을 이렇게 복잡하게 분류한다. 어떤 분류이든 한 가지는 확실하다. 참으로 존재하는 것은 실재 하나뿐이다. 무를 제외한 나머지는 상대적 실재성만 가진다. 실재인 듯하지만 진정한 실재가 아니다. 나머지는 지양 가능성을 가진다. 실재가 드러나는 순간 나머지는 지양되고 만다. 베단따에서 존재의 위계를 논하는 이유는 바로 이것이다. 세계의 상대적 실재성을 알려주기 위해서이다. 세계의 지양 가능성을 알려주기 위해서이다.

베단따의 가상 담론은 더 나아간다. 실재와 세계 사이의 관계에 대해서도 다양하게 논한다. 그 관계는 일자와 다자 사이의 관계이기도 하다. 세 가지 대표적인 학설이 알려져 있다. 사이비설ābhāsa-vāda, 반사설pratibimba-vāda, 제한설avaccheda-vāda이다. 사이비설은 샹까라의 제자인 수레슈바라가 제안했다고 한다. 반사설과 제한설은 각각 비바라나학파와 바마띠학파가 제안한 학설이다.

사이비설에서는 세계를 '실재의 사이비'로 간주한다. 예컨대 자개를 은으로 착각하는 경우이다. 은은 자개와 유사하지만 자개가 아니다. 자개의 사이비이다. 은은 실재라고도 비실재라고도 말할 수 없는 것이다. 은의 가상성은 매우 크다. 반사설에서는 세계를 '실재가 반사된 것'으로 간주한다. 예컨대 거울에 얼굴이 반사된 경우이다. 실제의 얼굴과 반사된 얼굴은 동일하다. 거울을 보면서 화장을 하면 실제로 화장이 된다. 가상이 현실에 실제로 효력을 미치는 것이다. 제한설에서는 세계를 '실재가 제한된 것'으로 간주한다. 예컨대 항아리에 의해 공간이 제한된 경우이다. 실재는 형태가 없기 때문에 반사될 수는 없고 제한되기만 한다. 무한한 공간은 항아리

속의 공간, 그릇 속의 공간 등 다양하게 제한된다. 항아리 등을 깨버리면 제한된 공간은 무한한 공간 그 자체가 된다.

이와 같다. 베단따에서는 실재와 세계의 관계를 요모조모 따져본다. 그만큼 세계의 가상성을 제대로 해명하는 일이 중요했다. 그만큼 세계의 가상성을 제대로 전달하는 일이 중요했다. 베단따의 길을 따르는 자들이 겪는 숙명이다. 해명하고 또 전달해야 했다. 세계는 어떤 식의 가상일까? 세계는 어느 정도로 가상일까? 그들의 고심이 세 가지 학설로 집약되었던 것이다.

덕분에 베단따의 가상 담론은 풍부한 유산을 가지게 된다. 마치 고대에 이미 완성된 가상현실의 담론을 보는 듯하다. 가상현실의 정체를 다각도로 살펴본다. 가상현실은 현실이 아니지만 현실에 효력을 미친다. 현실이라고도 비현실이라고도 말할 수 없다. 가상현실은 현실에 덧놓인 것이다. 그야말로 '거짓'이다. 가상현실의 가상마저 등장한다. 가상현실에도 위계가 생긴다. 실상에 덧놓인 가상이 사이비인지 반사인지 제한인지 그렇게 따져보기도 한다. 가상현실의 주체가 거짓된 나인지 참된 나인지 분별이 힘들어진다. 욕망마저 가상인지 실상인지 의문을 가진다. 베단따는 이렇게 현재에 이미 들어와 있다. 오늘날 가상현실의 담론에 미리 들어와 있다.

태도 변경을 위한 이벤트

베단따의 형이상학은 그 자체로 가상 담론처럼 보인다. 브라흐만은 '말할 수 없는 것'이다. 언어를 초월해 있다는 의미에서 말할 수 없다. 환술이나 무지도 '말할 수 없는 것'이다. 환술이나 무지에 의해 만들어진 이 세계도 '말할 수 없는 것'이다. 언어를 초월하기 때문이 아니다. 그저 실재라고도 말할 수 없고 비실재라고도 말할 수 없다. 확정해서 말하기 어렵다는 의미에서 말할 수 없다.

두 가지 관점이 개입된다. 이 때문에 확정해서 말하기가 어렵다. 경험적 관점과 실재적 관점이다. 이 세계란 경험적 관점에서는 존재하는 것이다. 실재적 관점에서는 참으로 존재하지는 않는 것이다. 매우 편리하다. 관점을 내세운 채로 체계를 방어할 수 있다. 세계를 부정하지 않는 관점과 부정하는 관점이 둘 다 포함되어 있기 때문이다. 현상의 세계는 다양성과 차이를 가진다. 베단따는 현상계를 경험적으로 긍정한다. 실재적으로 부정한다. 나쁘게 말하면 회피의 전략이다. 좋게 말하면 논리적 유연성이다.

두 가지 관점으로부터 문제점이 발생하기도 한다. 전환을 설명하기가 힘들다. 현상계에서 실재계로 이행하는 것을 제대로 설명하지 못한다는 비난을 듣곤 한다. 관점에 따라 현상계와 실재계를 설명하는 것은 좋다. 다만 어떻게 현상계로부터 실재계로 귀환하는지 잘 설명하지 못한다. "'개별자아'라는 관념(상태)과 '세계'라는 관념(상태)이 지양되는 경우에 오직 자신의 아뜨만만 남는다. … 지고한 아뜨만이 남는다는 것은 또한 그 존재성의 확정일 뿐 세계에 대해 지각하지 못함이 아니다."<빠짜다쉬 6.12;

6.14> 이 정도의 언급뿐이다. A(세계)가 지양되고 B(아뜨만)만 남는다. B만 남아도 A가 완전히 사라지지는 않는다. 세계는 어정쩡하다. 있는 듯 없는 듯하다. 깨우침의 상태에서 어떤 식으로 뒤에 남겨지는지 확실치가 않다. 전환이 불분명한 것이다. 어떻게 세계로부터 아뜨만으로 귀환하는지 상세한 설명은 생략된다. 문헌을 뒤져봐도 찾기 힘들다.

베단따는 이렇게 대답한다. 논리적인 면과 수행적인 면을 구분해야 한다. 어쩔 수 없다. 논리적인 면에서는 불가피하게 '말할 수 없는 것'이라며 논리적 대응을 해야 한다. 두 가지 관점을 적용해야 한다. 체계를 온전하게 방어해야 하기 때문이다. 하지만 수행적인 면에서는 그러한 논리가 불필요하다. '말할 수 없는 것'이라는 논리를 버려도 된다. 두 가지 관점을 사용하지 않는다. 수행적인 면에서는 이 세계가 전부(全部)이거나 전무(全無)이기 때문이다. "계시서(지식)에 근거하는 자에게는 '무'이고, 논리학자에게는 '말할 수 없는 것'이고, 보통사람들에게는 '실재적인 것'이다."<빠짜다쉬 6.130> 논리를 따질 때만 '말할 수 없는 것'이라고 변론한다. 보통사람들에게는 이 세계가 실재이다. 전부이다. 지식을 가진 자에게는 이 세계가 무이다. 전무이다. 수행적인 면에서는 하나의 세계가 현상계와 실재계로 나누어지지 않는다. 현상계가 전부로 알려지거나 전무로 알려질 뿐이다.

수행적인 면이 논리적인 면과 충돌하지도 않는다. 수행적인 면에서 가상 담론은 최선의 논리적 설명이다. 합리적인 설명이다. 윤회세계로부터 벗어나기 위해서는 윤회세계를 무화(無化)시켜야 한다. 그런데 윤회세계에서만 윤회세계를 탈출할 수 있다. 출발점이 윤회세계인 것이다. 그 출발점이 무일 수는 없다. 이로부터 세계를 비실재라고 말할 수는 없지 않는가! 최종적으로는 윤회세계를 무화시켜야 한다. 윤회세계는 거짓이어야한다. 이로부터 세계를 실재라고 말할 수는 없지 않는가! 수행적인 면에서도 '말할 수 없는 것'이라는 논리는 수용될 수 있다.

중요한 것은 수행론 또는 실천론이다. 실천론의 측면에서 베단따의 가상 담론은 탁월한 장치이다. 전부라고 믿고 있는 것을 전무라고 알려주는 장치이다. 단호하다. 때로는 '말할 수 없는 것'이라는 모호한 논리도 동원하지 않는다. 직접적으로 이 세계가 무라고 외친다.

> 위대한 것(지성)에서 시작하여 육체로 끝나는 모든 것은 환술과 환술의 결과물이다. 그것들은 비존재로서 사막의 신기루와 같이 아뜨만이라는 실재가 아니라고 그대는 알도록 하라!<비베까 쭈다마니 125>

> 무지로부터 만들어진 신체 등은 '보이는 것'(지식대상)으로서 거품처럼 소멸한다.<아뜨마 보다 31>

환술은 사막의 신기루와 같은 것이다. 그 결과물인 심신복합체의 세상도 그러하다. 이 세상은 마치 거품처럼 소멸할 뿐이다. 이러한 가르침이 살아 있는 인간에게 주어진다. 현재를 사는 인간에게 주어진다. 살고 있는 바로 이 세계는 환영이다! 속임수이다! 무이다! 콘크리트처럼 공고한 믿음에 충격을 주기 위해서이다.

충격이 필요한 이유가 있다. 인간의 삶이 바뀌려면 후경(배경)이 바뀌어야 하기 때문이다. 삶의 전경은 하루하루 쉽게 바뀐다. 누구를 만나고 무엇을 하고 어떤 생각을 함으로써 변화무쌍한 전경이 펼쳐진다. 후경은 그렇지 않다. 후경은 한 사람의 세계관이나 가치관이나 기본정서의 총체이다. 후경이 비슷한 사람끼리 서로 어울린다. 베단따는 삶의 후경에 유독 관심을 기울인다. 이 후경이 변해야 삶의 모든 것이 변한다. 현재의 후경은 거짓이다. 굳건한 삶의 터전은 환영이다. 고정관념에 천둥번개가 친다.

약간은 소란스럽다. 내부와 외부가 모두 시끌벅적하다. 가상 담론은 베단따의 빅 이벤트Big event처럼 다가온다.[9] 광고 문구는 '세계는 가상이다'라는 것이다. 베단따의 본령을 가장 잘 드러내는 문구이다. 베단따의 베단따에 의한 베단따를 위한 행사이다. 베단따를 알릴 수 있는 절호의 기회이다. 가상에 관한 베단따의 프로그램이 어떤 것인지 적극 홍보한다. 많은 사람들이 몰려든다. 가상 담론 덕택에 '베단따'라는 브랜드가 각인된다.

이벤트를 여는 목적은 무엇인가? 이벤트를 열어 충격을 주는 이유는 무엇인가? 후경을 바꾼다는 것은 무엇인가? 한마디로 수렴될 수 있다. 태도 변경이다. 베단따의 실천론에서 그 핵심은 태도 변경이다. 태도 변경이란 인간의 모든 것을 한계 짓는 습관을 바꾸는 것이다. 한계 없는 자기 자신을 대면하는 것이다. 이런 식이다. "육체, 천국과 지옥, 속박과 자유, 그리고 두려움이란 단지 가상에 지나지 않는다. 순수의식을 본질로 하는 내가 이것들로써 무엇을 할 수 있겠는가!"<아슈따바끄라 상히따 2.20> 태도 변경을 해야만 익숙한 것들과 결별한다. 낯선 자기 자신을 획득한다. 아니, 그렇게 획득하는 참된 나는 낯설지 않은 것이다. 본디 '가장 익숙한 것'이다.

---

9   베단따의 목적 지향적 텍스트 해석과 엘리트주의를 비판하는 Clooney는, 이 학파의 체계가 이론이 아니라 잘 계획된 이벤트라고 쓴 적이 있다. Clooney(1993) p. 102 참조.

태도 변경은 일종의 뒤바뀜이다. 익숙한 것이 익숙하지 않은 것으로 된다. 익숙하지 않은 것이 익숙한 것으로 된다. 익숙한 것을 의심하는 데서 출발한다. 눈에 보이는 모든 사물을 가상이라고 의심한다. 가꾸고 꾸미던 육체를 가상이라고 의심한다. 맛있는 음식을 먹을 때 그 감각을 가상이라고 의심한다. 생각과 느낌, 지식과 정서 등등을 한결같이 가상이라고 의심한다. 가장 가까운 것들을 그렇게 의심한다. 그저 부유하는 것으로 만들어버린다. 실체가 없는 것으로 간주해버린다. 그래야만 획기적인 전도가 발생한다.

베단따의 숨은 의도는 이와 같다. 가상 담론은 실천론에서 맹위를 떨친다. 이론의 측면에서만 가상 담론을 재단하는 것은 위험하다. 가상 담론이 세계를 평가절하 한다는 것은 성급한 판단이다. 세상 모든 것들이 해탈을 위한 소중한 도구인 것이다. 허무주의나 비관주의라는 인상을 줄 수는 있다. 보통사람들의 관점에서 특히 그러하다. 베단따의 목적인 해탈의 관점에서는 그렇지 않다. 세상 모든 것들이 가상이어야 해탈이 가능한 법이다. 베단따의 프로그램은 베단따의 관점에서 평가되어야 마땅하다.

소멸하는 것들을 위한 헌시

베단따의 가상 담론은 우빠니샤드가 기원이다. 우빠니샤드에서 잉태된 담론이다. 우빠니샤드는 삼라만상의 근거지가 참된 나라고 계시한다. 참된 나는 그 자체가 비이원성이다. '나와 너', '주관과 대상'이라는 이원성이 완전히 사라진 상태이다. 비이원성의 상태에서는 모든 대상들이 무의미한 가상에 지나지 않는다. 삼라만상이 가상이다.

> 꿈속의 경험작용처럼 깨우침 이전에는 그것(경험작용)이 가능하기 때문이다. 그리고 성전은 "실로, 소위 이원성이 있을 경우에, 그러면 하나가 다른 하나를 보고"<브리하다란야까 우빠니샤드 4.5.15>라는 등으로써 깨우치지 못한 자의 영역에서 [작동하는] 지각 등의 경험작용을 말한 뒤에, 또다시 "하지만 모든 것이 오직 '그의 아뜨만'이 될 경우에, 그러면, 무엇을 통해 무엇을 보아야 하겠습니까?"<브리하다란야까 우빠니샤드 4.5.15>라는 등으로써 깨우친 자의 영역에서 그것(경험작용)이 부재하다는 것을 보여준다.<브라흐마 수뜨라 주석 4.3.14>

주관과 대상이 분리되어야 주관이 대상을 볼 수 있다. 모든 대상들이 자기 자신이 되어버리면 대상이 존재하지 않는다. 주관만 존재한다. 그렇다면 무엇이 무엇을 보겠는가. 우빠니샤드는 이와 같이 계시한다. 참된 나로서 순수의식만 존재한다면 세계의 가상성은 피할 수 없다. 깨우친 자에게는 순수의식만이 명료한 실체이기 때문이다.

우빠니샤드는 영원을 꿈꾼다. 그 꿈을 베단따가 물려받는다. 영원에 대한 꿈이란 비이원성에 도달하는 것이다. 비이원성은 실상이고 이원성은 가상이다. 순수의식은 실상이고 세계는 가상이다. 현실은 그 반대이다. 이원성의 세계가 실상인 듯이 다가온다. 덧없는 것들이 장막으로써 영원을 가리는 꼴이다. 덧없는 것들의 장막이 환술이다. 무지이다. 환술과 무지를 걷어내야만 현실에서 영원을 누릴 수 있다.

이 세계는 점멸등인 듯하다. 점멸(點滅), 점멸, 켜졌다 꺼졌다 하는 것을 반복한다. 덧없는 것들의 무한한 행렬이다. 베단따는 그 광경을 점멸(漸滅)의 시선으로 바라본다. 그 광경을 점점 멸망하는 것으로 응시한다. 보통의 시선과는 다르다. 인간은 덧없는 것을 치장하기에 바쁘다. 그저 행렬에서 비껴 선 채로 점멸을 특별하게 치장한다. 영원히 켜진 등불인 듯이 교묘하게 꾸민다. 뇌의 간계와 같다. 위안과 합리화를 중심으로 작동하는 뇌의 간계 말이다. 그러면 이 세계는 위대하고 아름다운 것이 된다. 보이는 것이 전부이다. 이 세계 외에는 아무것도 없다. 깜깜한 장막이 그렇게 드리워진다. 이것을 '환술과 무지의 속임수'라고 부른다. 태초부터 인간은 그러한 운명 속에 있다. 속임수의 쇠사슬을 찬 채 빠져나오려고 버둥거린다. 환술과 무지를 파기해야 한다. 그것은 위안과 합리화가 덧없는 짓임을 아는 일이다. 베단따의 가상 담론은 그 간계를 지긋이 응시한다. 무상과 영원에 대한 인도인의 특별한 감성이 그 눈빛에 묻어 있다.

환술과 무지에 관한 이야기는 참된 나를 위한 이야기이다. 무상에 관한 이야기는 영원에 관한 이야기이다. 이야기는 장황하지만 메시지는 간결하다. 소멸하는 것들을 소멸하는 것으로 바라보라는 메시지이다. 그래야만 불멸하는 것을 바라볼 수 있다. 가상 담론은 소멸하는 것들을 위한 영원의 헌시(獻詩)이다. 소멸하는 것들의 소멸함 그 자체를 기리는 시이다. 불멸의 시선에서 소멸하는 것들을 어루만지는 시이다. 그 헌시가 바쳐진 뒤에 소멸하는 것들이 사라진다. 비극은 아니다. 낙화(落花)에 대한 헌시가 바쳐진 뒤에 비극이 오지는 않는다. 불멸의 이야기가 시작될 뿐이다.

불멸에 도달한 자는 이 세계의 참모습을 안다. 헛것인 세계에는 그 어떤 감동도 없다. 마치 뱀의 허물과도 같이 생기가 없다. 영화 '매트릭스'에서 주인공 네오가 깨우치는 장면이 있다. 이 세계는 0과 1로 이루어진 디지털로 보인다. 그 순간 네오는 완전히 자유로워진다. 바로 그 네오의 시선처럼 이 세계는 실체가 아니다. 이 세계에는 사건도 없고 동작도 없다. 그렇게 세계는 철저한 무채색이다. 죽음의 외마디이다. 무슨 말을 할 수 있겠는가. 환술이고 무지라고 강변할 수밖에 없다. 화려한 이 세계가 죽음처럼 다가오는데 어떻게 달리 말할 수 있겠는가. 환술이고 무지라고 반복적으로 강변할 수밖에 없다.

8.
삶의 무의미에 대한 직시

8.
삶의 무의미에 대한 직시

베단따의 엄숙주의

덧없는 삶에서는 엄숙해지는 편이 나을까? 아니면 명랑해지는 편이 나을까? 굳이 택일할 필요는 없어 보인다. 그때그때 대응하면서 살면 된다. 택일을 원하는 듯한 전통도 존재했었다. 힌두교 전통이다. 엄숙한 대응도 있었고 명랑한 대응도 있었다. 힌두교의 현교(顯敎) 전통은 엄숙한 대응에 가까웠다. 밀교 전통은 명랑한 대응에 가까웠다.

엄숙과 명랑을 구분하는 것은 자의적이다. 사람마다 조금씩 다르게 정의하고 말 것이다. 헤르만 헤세Herman Hesse(1877-1962)의『나르치스와 골드문트』(지와 사랑)에서 나르치스는 지혜를 대변하고 골드문트는 사랑을 대변한다. 각각 사상가와 예술가이다. 정착인과 유랑자이다. 물과 기름처럼 섞일 수 없는 사이이다. 같은 문제를 두고 완전히 다르게 접근한다. 나르 치스는 엄숙한 삶을 따르는 듯하다. 골드문트는 명랑한 삶을 따르는 듯하 다. 어찌 보면 엄숙이란 먼 목표를 향해 직진하는 것이다. 삶을 앞에 두고 정 면으로 대결한다. 명랑이란 일상적인 순간들을 누리는 것이다. 삶과 어깨 동무를 하고 함께 나아간다. 또 어찌 보면 엄숙이란 자기를 제어하고 관리 하는 것이다. 통제된 삶이다. 명랑이란 자기를 만끽하고 승화시키는 것이 다. 자유로운 삶이다. 결국 엄숙과 명랑의 구분들은 이래저래 비슷비슷하 다. 엄숙한 얼굴과 명랑한 얼굴이 주는 느낌 그대로이다.

베단따는 엄숙한 얼굴을 한다. 경우를 불문하고 엄숙한 대응을 찬양 한다. 엄숙주의 그 자체이다. 가볍고 즐겁고 유쾌한 대응은 찾아볼 수 없다. 우빠니샤드부터 무겁고 차갑고 진지한 대응이 대부분이다. 다음은 『찬도 그야 우빠니샤드』 1.10의 이야기이다.

꾸루Kuru 지방이 우박으로 황폐해진 때에 성자 짜끄라야나Cākrāyaṇa는 먹을 것을 구할 수가 없었다. 허기에 지친 성자는 하층민인 어느 코끼 리꾼이 반쯤 먹고 있던 형편없는 죽을 겨우 구걸하여 얻어먹었다. 먹 고 있는 성자에게 코끼리꾼이 먹다 남은 물마저 건네주려고 했다. 그 러자 성자는 먹다 남은 물을 마실 수는 없다고 하면서 거절했다. 이에 코끼리꾼이 지금 먹고 있는 죽도 먹다 남은 것이 아니냐고 묻자 성자 는 "마시는 물은 나의 욕망이오."라고 대답했다.

성자의 대답은 무슨 뜻일까? 목숨을 부지하기 위해 죽은 먹어야만 했 다. 하지만 물은 먹을지 안 먹을지 자신이 선택할 수 있다는 뜻이다. 여운이나 감동이 없다. 재치나 해학도 없다. 선시(禪詩)나 화두(話頭)처럼 특별한 의미가 숨어 있는 것도 아니다. 그저 진지한 태도로 진실하게 대답할 뿐이다. 언제나 엄숙하게 삶의 면면을 꾸려 나가는 것이 몸에 밴 듯하다. 우빠니샤드의 이러한 태도를 베단따는 그대로 답습한다.

후기 힌두교는 다르다. 밀교적 색채가 강한 대중적 힌두교는 비교적 명랑한 문화이다. 밀교는 세속주의를 표방한다. 현세적인 행복을 유지하면서 지고선까지 획득하겠다는 입장이다. 베단따와 같은 추상적이고 이론적인 방법론을 기피한다. 구체적이고 실천적인 방법론을 추구한다. 민중들의 풀뿌리 운동과 같다. 중하위 카스트들이 밀교 문화를 주도한다. 지역의 신들을 환대한다. 이 세계와 육체에 대해 긍정적이다. 당연히 욕망에 대해서도 무척이나 긍정적이다. 욕망을 부정하지 않고 승화시키는 길을 따르고자 한다. 세속적인 것들을 긍정하다 보니 역동적인 문화를 꽃피운다. 밀교는 후기 힌두교의 총체적 역동주의를 견인한다.

현교인 베단따는 밀교와 여러 모로 상반된다. 밀교가 동적이라면 베단따는 정적이다. 도무지 역동성이라곤 찾아볼 수가 없다. 세계가 환영에 불과하다면 운동이나 동작도 환영에 불과하다. 브라흐만 이외에 세계의 역동성을 담당할 그 어떤 힘도 존재하지 않는다. 하나만 있고 제2자는 없기 때문이다. 그러니 영원한 존재의 고요하고 정적인 휴식만이 인간의 목표이다.[1] 엄숙한 삶의 태도가 나오는 것은 필연적이다. 엄숙하게 자신을 통제해야 목표를 이룰 수 있다. 밀교는 베단따의 엄숙주의에 대한 반동으로 생

---

1 하인리히 짐머(1995) p. 166; 172 참조.

겨난 사상이자 문화이다.

　베단따의 '마야'에 대응하는 것은 밀교의 '릴라'līlā이다. 마야는 브라흐만을 부정적으로 한정하는 힘이다. 릴라는 최고의 신이 가지는 긍정적인 힘이다. 마야가 환술이라면 릴라는 유희이다. 마야가 교묘한 속임수라면 릴라는 신의 넘치는 환희이다. 마야가 만든 세계는 환영이다. 릴라가 만든 세계는 실재이다. 마야는 엄숙한 삶을 낳는다. 릴라는 명랑한 삶을 낳는다. 마야의 세계관에서는 버리기tyāga가 핵심이다. 집착과 소유를 내던져 버려야만 한다. 자기를 초극함으로써 덧없음도 초극할 수 있다. 릴라의 세계관에서는 누리기bhoga가 핵심이다. 인간은 신의 빛나는 무대에서 열심히 빛나는 역할을 수행해야 한다. 덧없음의 저편에 있는 신에 의지해야 덧없음을 끝낼 수 있다.

　과연 마야와 릴라는 상반되기만 하는 것일까? 그렇지는 않을 것이다. 마야 속에 릴라가 있고 릴라 속에 마야가 있다. 하나가 다른 하나에 비해 좀 더 강조될 뿐이다. 베단따 사상에서도 밀교적인 요소가 상당히 많이 발견된다. 역동주의적인 요소도 풍부하다. 엄숙한 삶의 길에서도 명랑성은 필수적으로 뒤따른다. 베단따는 나르치스와 같은 삶의 길이다. 나르치스도 한때 골드문트의 삶을 꿈꾸었다. 나르치스의 안에 골드문트가 살아 있다.

시각 교정의 중요성

　가상 담론은 존재론적 담론이면서 인식론적 담론이다. '환술'과 '무지'라는 두 용어 때문에 그러하다. 두 용어는 그 자체가 존재론적이면서 인식론적이다. 세계를 창조하는 힘으로서는 존재론적이다. 실재를 은폐하는 속임수로서는 인식론적이다. 이로부터 가상 담론은 두 가지를 이야기한다. 첫째, 이 세계가 허위적으로 존재하는 방식에 대해 이야기한다. 둘째, 허위적 인식을 없애고 참된 인식에 도달하는 방법에 대해 이야기한다.

가상 담론은 존재론적으로 이 세계가 '무'는 아니라고 주장한다. 적어도 무는 아니다. 인간의 경험은 자연스러운 것이다. 부정하기 힘들다. 현실적으로 이 세계는 인식되어야 한다. 또한 인간의 경험을 수단으로 해야만 해탈을 얻을 수 있다. 부정하기 힘들다. 목적적으로 이 세계는 필요해야 한다. 가상 담론은 세계의 실재성을 부정하지 않는다. 특정한 관점에서 세계는 실재이다. 허무주의 담론이 결코 아니다. 오히려 세계의 비실재성을 부정한다. 세계가 무라는 것을 부정한다. 그만큼 세계의 중요성을 잘 인지하고 있다.

어쩌면 인식론이 더 중요할지도 모른다. 인식론적 교정을 이루어야 해탈이 가능하기 때문이다. 특별한 전략을 따른다. 존재론의 문제를 인식론의 문제로 만드는 전략이다. 이를 '인식론적인 것으로 만들기'epistemologization 라고 부른다.[2] 쉽게 말해 환술을 무지와 동일한 것으로 간주하는 작전이다. 환술은 본디 세계의 인과론적 또는 존재론적 원인이다. 환술이 브라흐만을 속여서 세계를 창조하는 것이다. 무지는 잘못된 앎이다. 인식론적 오류 그 자체이다. 환술은 무지와 동일하다. 즉 허구의 세계를 낳는 존재론적 근

....

2   Potter(1991) pp. 106-111 참조.

본원인이 곧 인식론적 오류이다. 문제를 풀기가 한결 쉬워진다. 인식론적인 오류만 교정하면 환술로부터 자유로울 수 있다. 가상의 세계도 극복할 수 있다. 세계에 대한 시각을 전환해야 한다.

인식론적 전환은 어떻게 일어나는가? 베단따는 간단하게 가르친다. 간단한 것이 대개 복잡하게 서술된다. 3단계로 정리될 수 있다.

①사람들은 '아뜨만이 아닌 것'(거짓된 나)을 '아뜨만'(참된 나)으로 잘못 동일시하면서 무지의 상태에 살고 있다. [A = ~A]
②베단따는 잘못 동일시하는 무지를 없애기 위해 양자의 차이를 적극 드러냄으로써 양자를 분별할 수 있도록 한다. [A ≠ ~A]
③누군가는 자신이 '아뜨만'이라는 것을 알고 그것에 몰두하여 그것이 됨으로써 완전한 자유를 누릴 수 있다. [A]

①은 '잘못 알다'이다. ②는 '잘못 알고 있음을 일깨우다'이다. ③은 '올바르게 알다'이다.[3] 3단계는 철저하게 인식론적이다. 오류를 교정하는 과정이다. 잘못 동일시하는 것을 깨우치면 잘못 동일시한 대상들도 사라진다. A(아뜨만)와 ~A를 잘못 동일시하다가 ~A는 사라지고 A만 남는다. 인식론이 존재론의 문제를 해결해준다. 인식론적 전환은 너끈하게 가상의 세계를 처리해준다.

3단계는 가상 담론에 그대로 적용된다. ①은 '가상의 발생과 가상의

---

3   Gupta(1998) p. 8 참조.

삶'이다. 기만의 세계를 진실한 것인 줄 알고 있는 상태이다. ②는 '가상에 대한 인식'이다. 기만의 세계를 분별할 수 있는 능력이 생기는 상태이다. ③은 '가상의 파기와 실상의 삶'이다. 기만의 세계가 끝나고 진실의 세계가 시작되는 상태이다. 인식론적 전환이 완료된다. 덩달아 존재론적 전환도 완료된다.

3단계는 윤회로부터 해탈에 이르는 과정이다. 본질의 동일성을 획득하는 과정이다. ①은 거짓된 나가 윤회의 속박된 세계를 살고 있는 상태이다. 속박의 근본원인은 무지이다. ②는 윤회를 벗어나 있는 참된 나에 대해 지식(간접적 지식)을 얻는 상태이다. 거짓된 나와 참된 나를 분별해서 안다. ③은 무지가 완전히 파기되고 또 참된 나에 대해 직각(직접적 지식)이 발생하는 상태이다. 순수의식이라는 본질만이 남는다. 순수의식의 해탈이 성취된다.

인식론적 전환에서 중요한 것은 분별이다. A와 ~A를 구별하여 가르는 것이다. 아뜨만과 아뜨만이 아닌 것을 서로 다르다고 아는 것이다. 분별이란 분별적 지식이다. '없는 것은 없고 있는 것은 있다'라고 선명하게 나누어서 알게 되는 상태이다. 또는 '거짓된 지식'을 버리고 '참된 지식'을 얻는 상태이다. 존재론적으로는 아무것도 변하지 않는다. 그저 인식론적으로 변한다. '거짓'에서 '참'으로 인식이 교정된다. 거짓을 거짓으로 안다. 참을 참으로 안다. 앎으로써 거짓된 존재들이 다 물러간다. 밧줄에 기댄 뱀의 세계가 사라진다. 분별이 그토록 중요할 수밖에 없는 이유이다. 분별의 차원에서는 3단계가 이러하다. ①은 무분별의 속박이다. ②는 분별이다. ③은 자유다.

베단따는 근본적으로 시각 교정을 추구한다. 인식론적 전환이 곧 시각 교정이다. 이 때문에 '지식의 발생'보다 '무지의 파기'를 더 강조한다. 물론 지식의 발생과 무지의 파기는 동일한 사건이다. 불교식으로 이야기하자면, 파사(破邪)가 곧 현정(顯正)이다. 무지를 파괴하는 일이 곧 지식을 발현하는 일이다. 그럼에도 교정한다는 것은 바로잡는다는 것이다. 잘못된 앎을 바로잡는다는 것을 더 강조할 수밖에 없다.

> 게다가 지식이란 '그것(브라흐만)을 다른 것과 동일시하는 것'에 대한 파기 그 자체이다. 그것과의 동일시는 직접적으로 확립될 수 없다. 동일시가 [이미] 존재하고 있기 때문이다. 실로 모든 것은 항상 [그것과] 동일시의 [상태이지만] 그것이 아닌 것과 관계하는 듯이 나타난다. 따라서 [성전은] '그것이 아닌 것과 관계하는 듯함'(그것이 아닌 것과의 사이비 관계)을 파기하는 것과 별도로 그것과의 동일시를 규정(명령)하지 않는다.<브리하다란야까 우빠니샤드 주석 4.4.20>

자기 자신이 브라흐만이라는 것은 이미 확립된 사실이다. 브라흐만과 동일시하라고 굳이 명령할 필요가 없다. 동일성에 대한 지식을 명령하지 않아도 좋다는 말이다. 반면에 브라흐만이 아닌 것과 자기 자신을 동일시하는 것은 파기되어야 한다. 그렇게 동일시하는 것은 잘못된 지식이다. 무지이다. 무지를 파기하라는 명령이 뒤따른다. 여기에 베단따의 방법론이 잘 드러나 있다. '동일성의 확립'보다는 '거짓 동일성의 파기'가 베단따의 핵심 방법론이다. 지식은 다른 게 아니다. 무지의 파기가 지식이다. 해는 구름에 가려져 있다. 그 구름을 제거하기만 해도 해가 나오는 법이다.

의미화한 것의 무의미화

가상 담론은 더 나아가 가치론적 담론이다. 아니, 가상 담론의 종착지는 가치론이어야 한다. 베단따에서는 존재론과 인식론이 가치론의 지배를 받기 때문이다. 어쩔 수 없다. 인간의 이상으로서 지고선인 해탈은 가치론의 영역이다. 베단따는 전형적인 해탈의 학문이다. 해탈이 없는 베단따는 속 빈 강정이다. 베단따의 모든 담론은 가치론에서 마무리되어야 하는 것이다.

존재론에서는 참으로 존재하는 것을 다룬다. 바로 그것이 인간의 목표이다. 참으로 존재하는 것인 브라흐만의 상태가 지고선이다. 지고선을 달성하면 참으로 존재하지는 않는 것이 완전히 무의미하다. 인식론에서는 무지의 파기가 핵심이다. 무지의 파기는 즉각 해탈을 야기한다. 해탈의 상태는 순수주관의 상태요 순수의식의 상태이다. 순수주관의 반대편에 있는 대상들이 모조리 무의미하다. 존재론도 인식론도 현상계의 무의미를 가리킨다. 현상계는 가치론적으로 무의미인 것이다.

베단따의 가치론은 윤리학과 관련이 약하다. 베단따는 두 가지 관점으로 세상을 본다. 경험적 관점과 실재적 관점이다. 두 가지 관점은 두 가지 진리를 낳는다. 경험적 진리와 실재적 진리이다. 윤리학은 하위의 경험적 진리와 관계할 뿐이다. 상위의 실재적 진리인 브라흐만은 윤리학적 의미를 가지지 않는다. 당연히 사회학적 의미도 가지지 않는다. 순수의식으로서 브라흐만은 도덕적 존재가 아닌 것이다.[4] 신베단따 시대에는 브라흐만과 도덕을 연결시키려고 했다. 연결이 가능하다고 보는 해석들도 많았다.

비인격적인 브라흐만과 인격적 특성을 가지는 도덕이 양립 가능하다는 것이었다. 하지만 고전베단따는 부정적으로 답변할 것이다. 상위의 진리와 하위의 진리 사이에 연결고리는 없다. 비인격적 순수의식인 브라흐만이 도덕과 관련을 가질 수는 없다. 가치론적으로 오직 브라흐만이 유일한 의미이다. 도덕은 궁극적으로 무의미 그 자체이다. 도덕은 해탈의 가치론에서 작은 역할만 수행한다. 실재적 진리를 위한 경험적 진리의 역할에 한정된다. 덕목을 갖추어야 진리 탐구를 시작할 수 있는 법이다. 그러한 역할마저 잘 언급하지 않는다. 베단따는 윤리학적 문제를 거의 다루지 않는 편이다.

인식론적 전환의 3단계는 해탈의 과정이다. 각각 ① 무지의 상태, ② 분별의 상태, ③ 해탈의 상태이다. 인식론적으로 ① 잘못 앎, ② 잘못 알고 있음을 일깨움, ③ 올바르게 앎이다. 이를 가치론적으로 또 다르게 표현할 수 있다. ①은 잘못된 의미화 속에서 살아가는 것이다. ②는 의미화한 것의 무의미를 인식하는 것이다. ③은 절대의미 자체를 얻는 것이다. 간단하게 풀이하면 이렇다. 사람들은 무엇이든 의미를 만들면서 살아간다. 각자의 삶을 정당화하면서 의미를 이끌어낸다. 베단따는 그렇게 의미화하는 것이 무의미하다고 가르친다. 모든 것의 무의미를 알 때에 절대의미가 다가온다. 절대의미란 이상적인 인간의 목표인 순수의식이다. 브라흐만으로서의 참된 나이다.

인간이 각자의 삶에 부여하는 가치는 망상에 지나지 않는다. 그것이

---

4   Halbfass(2007) pp. 174-175 참조.

무엇이든 망상에 불과하다.[5] 베단따에서는 예외를 말한다. 해탈이 예외이다. 해탈은 절대의미이기 때문이다. 하얀 백지와 같은 순수의식에는 그 어떤 의미도 쓰여 있지 않다. 그렇지만 그 상태는 절대적인 가치를 가진다. 삶의 유일한 이정표이다. 나머지는 모두 무의미이다. 무의미임에도 인간은 의미 있는 것처럼 바꾸어버린다. 사람들은 "이 세상에서 알려지는 것은 무엇이든 아뜨만과 동일시" <우빠데샤 사하스리(운문) 12.2>한다. 경험하는 모든 것들이 소중하다고 생각하는 것이다. 의미를 부여하는 행태이다. 언제나 그러하다. 언제나 불순하게 의미를 부여하는 행태가 판을 친다. "아뜨만은 실로 언제나 순수한 것으로 존재하지만 언제나 불순한 것으로 나타" <아빠록샤 아누부띠 68>난다.

의미화의 주범은 '나'이다. 남에게 인정받기를 바라고 자기 것으로 소유하기를 바라는 '나'이다. 앞의 것은 인정 욕구이고 뒤의 것은 소유 욕구이다. 이 두 가지 욕구가 인간을 지배한다. 무엇에든 의미를 부여하는 데 앞장선다. 인정받기 위해 의미를 부여하고 소유하기 위해 의미를 부여한다. 인도철학에서는 이를 각각 '아함'(나는)aham과 '마마'(나의)mama로 표현한다. 주로 만악의 근원으로 알려져 있다.

인정받기를 바라는 '나'는 '아함'으로 드러난다. 인간은 끝없이 '나는'을 발화하면서 산다. '나는 어떠하다'라고 하면서 자기 자신을 발현한다. 그렇게 하지 못하면 마치 소외라도 당하는 듯 지체 없이 '나는'을 꺼낸다. '나는, 나는, 나는'에 사로잡힌다. 나에 관한 이야기를 들어달라고 아우성

---

5   유발 하라리(2015) p. 553 참조.

친다. 인정 욕구의 화신이다. 소유하기를 바라는 '나'는 '마마'로 드러난다. 인간은 끝없이 '나의', 즉 '나의 것'을 확인하면서 산다. '이것은 나의 것이다'라고 하면서 자신의 소유를 획정한다. 나의 집, 나의 차, 나의 돈을 부르짖는 건 애교이다. 사람에 대해서도 나의 사람이 있고 그 반대편이 있다. 나의 자식, 나의 몸, 나의 마음을 외치는 것에 이르면 무서울 지경이다. 마치 영원히 소유할 수 있을 듯한 태세이다. 소유 욕구의 화신이다. 인간은 이렇게 '아함'과 '마마'를 통해 자신을 의미 있는 존재로 만든다. 자신의 삶을 의미화한다. '나는'이라는 어법과 '나의'라는 어법을 통해서이다.

평생 동안 '나'라는 말뚝에 묶여서 산다. 그럼에도 그 말뚝을 못 떠나는 것이 인간이다. 인간의 숙명이다. 『브라흐마 수뜨라 주석』 서문의 시작에서도 "'나는 이것이다.', '이것은 나의 것이다.'[6]라며 거짓된 지식을 기인으로 하는 이 자연스러운 일상적 경험작용이 [생긴다]."라고 한다. '아함'과 '마마'를 경계한다. 이러한 경계는 베단따 문헌의 지배적인 주제이다.

> 육체에 대하여 '나'(아함)라는 [생각이나] 집 등에 대하여 '나의 것'(마마)이라는 [생각을] 만드는 것은 '마음으로 이루어진 것(덮개)'이다. 그것은 떠돌이로서 욕망 등의 상태로 있기 때문에 아뜨만이 아니다. <빤짜다쉬 3.6>

마음은 인정 욕구와 소유 욕구로 채워져 있다. 이 마음은 아뜨만이 아

---

6 '나는 이것이다.'의 원문은 'aham idam'이다. '이것은 나의 것이다.'의 원문은 'mama idam'이다.

닌 것이다. 무상한 떠돌이일 뿐이다. 욕망 덩어리일 뿐이다. 그런데도 인간은 이 마음에 속박된 채 살아간다. 마음에 모든 것을 내맡긴 채 살아간다. 마음은 의미화의 주범이다.

'아함'과 '마마'는 한마디로 자기가정abhimāna이다. '자기가정'이라는 용어는 샹까라가 자주 사용한다. "신체, 감관 등에 대해 '나', '나의 것'이라"<브라흐마 수뜨라 주석 서문>고 덧놓는 것을 가리킨다. 아뜨만이 아닌 것을 아뜨만으로 가정하여 아뜨만이라고 믿는 현상을 지시한다. 자기가정이 일어나는 것은 자아의식ahamkāra 때문이다. 자아의식이란 심리학의 에고ego와 유사하다. 에고가 강하게 작동함으로 말미암아 '나는', '나의'라는 어법을 반복한다. 수레슈바라는 "오직 자아의식이 '버리고자 하는 모든 총체적 해악'의 근원이다."<나이슈까르므야 싯디 2.53>라고 한다. 자아의식이 모든 욕구의 출처라고 지적하는 셈이다. 인간이 자아의식을 가지는 것은 마치 거대한 검은 독사에 물린 것과 같다.[7] 자아의식이 의미화의 주범이다.

마음이든 자아의식이든 비슷한 부류이다. 이것들이 '나는', '나의'와 같은 의미화를 낳는다. 의미화의 규모는 정말 거대하다. 자기 자신과 자기 삶을 의미화하는 것을 넘어선다. 세계 전체를 의미화한다. 모든 것은 의미화된 채로 존재한다. 어차피 순수의식 이외에 모든 것들은 가상에 불과하지 않는가. 아뜨만을 뒤덮고 있는 삼라만상은 의미화한 것에 불과하지 않는가.

---

7   『아슈따바끄라 상히따』 1.8 참조.

결국 잘못된 의미화 속에서 산다는 것을 알아차려야 한다. 즉, 의미화한 것이 무의미하다는 것을 알아차려야 한다. 두 가지는 동시적이다. 앞의 것을 알아차리는 것은 뒤의 것을 알아차리는 것이다. 예를 들어 누군가는 자식이 자신의 전부라고 생각할 수 있다. 자식이 자신보다 더 소중하다고 믿는다. 베단따의 기준에서는 잘못된 의미화이다. 문득 자신의 소중함을 깨닫는다. 자식이 전부라고 잘못 의미화하면서 살았다는 것을 알아차린다. 즉 그렇게 의미화한 것이 무의미하다는 것을 알아차린다. 바로 이것이 베단따의 가상 담론이 도달하는 지점이다. '의미화한 것의 무의미화'에 도달한다.

사람들은 의미화 속에서 살고 있다는 사실조차 모른다. 우연히 절대의미에 관해서 듣는다. 절대의미는 완전히 다른 방식으로 존재한다. 환술이나 무지의 속임수에 관해서도 듣는다. 예를 들어 "그대(마음)는 '나', '나의 것'이라는 [관념처럼] 무용한 것을 마음에 둔다."<우빠데샤 사하스리(운문) 19.2>와 같은 가르침이다. 처음에는 잘 설득되지 않는다. 시간이 걸린다. 점점 그 속임수의 웅장함과 교묘함을 파악한다. 의미화한 것들이 서서히 무너진다. 세계가 위장막을 벗기 시작한다. 감춰진 절대의미가 실제로 보인다. 바로 이것이 의미화한 것의 무의미화 과정이다.

두 가지가 요구된다. 첫째, 절대의미를 아는 것이 필요하다. 절대의미가 없으면 이 세계가 무의미하다고 알려질 수 없기 때문이다. 브라흐만만이 유일하게 가치를 가진다. 그에 견주어볼 때 나머지 것들은 무가치하다. 오직 브라흐만에 의존한 채로 나머지 것들은 가치를 가진다. 만약 절대의미를 온전하게 받아들인다면, 모든 의미는 무의미가 되고 만다. 둘째, 환술이나 무지의 속임수를 아는 것이 필요하다. 무엇보다도 실질적으로 속고 있다는 사실을 알아야 하기 때문이다. 그래야만 무의미화의 과정이 시작될 수 있다. 환술이나 무지의 장악력은 막대하다. 강력하게 군림한다. "오호, 그 누구도 무지의 시야를 벗어나지 못한다. 지식수단과 실재를 무시하면서 [무지는] 마치 지고한 아뜨만인 양 존재한다."<나이슈까르므야 싯디 3.111> 특히나 속임수 속에서 속임수를 파악하는 것은 어렵다. 우물 안의 개구리와 같다. 지난한 도전일 수밖에 없다.

현실적으로는 의미화한 것의 무의미화가 어떻게 가능할까? 베단따는 수행론이다. 수행론의 프로그램을 따르면 된다. 일상에서는 심리적 연습이 필요하다. 의미화한 것을 무의미화하는 과정을 직접 연습해야 한다. 무엇보다도 경험을 의미화하지 않도록 해야 한다. 경험을 일반화하는 것은 좋지 않다. 경험으로부터 교훈을 찾는 것은 좋지 않다. 경험을 그 자체로 내버려두어야 한다.

업 만들지 않기란?

베단따는 업을 만들지 않는 것이 목표이다. 가상 담론을 전면에 내세워 그 목표를 구체화한다. 세상 모든 것이 환영이다. 업 이론은 쓸모없는 것이 되어버린다. 환영 속에서는 무슨 짓이든 환영이다. 업이라는 것에 목매달 이유가 없다. 업은 그저 무의미일 뿐이다. 업 이론 그 자체가 의미화이다. 업으로부터 자유로운 아뜨만은 업을 거부한다. 아뜨만은 의미화를 거부한다. 베단따는 업의 무의미화를 통해 업을 만들지 않는다.

의미화한 것의 무의미화는 업 만들지 않기이다. 업 만들지 않기에도 두 가지가 요구된다. 하나는 절대의미를 아는 것이다. 다른 하나는 환술이나 무지의 속임수를 아는 것이다. 업 만들지 않기의 관점에서는 두 가지가 조금 달라야 한다. 하나는 업의 해방구인 아뜨만의 순수성을 아는 것이다. 다른 하나는 업을 조장하는 환술이나 무지의 엄청난 압력을 아는 것이다.

'절대의미'라는 것은 의미로 충만된 것이 아니다. 의미로 가득 차 있는 것이 아니다. 아뜨만은 순수성이 본질이다. 그 어떤 콘텐츠도 가지지 않는다. 업의 기록이 닿지 않는 영역이다. 텅 빈 것과 같다. 절대적인 무의미인 듯하다. 아뜨만은 무의미인 듯하기에 절대의미이다. 의미화를 벗어나 순수성으로 존재하기에 절대적으로 의미를 가진다. 절대의미는 절대적인 무의미로부터 나온다. 이로부터 업 만들지 않기가 가능하다. 업을 초월한 것으로서 아뜨만이 삶에 절대적인 의미를 제공하기 때문이다. 순수한 아뜨만을 추구하면 업으로부터 해방된다.

환술이나 무지는 업을 조장한다. 잘못된 의미화를 낳는다. 그 속임수 때문에 업의 순환에서 빠져나오지 못한다. 속임수를 알고 있는 사람은 흔치 않다. 도리어 속임수를 찬양한다. 속임수를 알기 전까지 환술은 경외의 대상이다. "마술사를 눈앞에서 보지 못하는 동안 마술은 경이로운 것"<빤짜다쉬 6.136>이라고 믿는 것과 같다. 환술은 삶을 특별한 것으로 만드는 신비스러운 힘으로 간주되곤 한다. 생명의 신비만 해도 그렇다. 자궁에서 자라는 작디작은 알 덩어리 하나가 인간이라는 완전체로 태어난다. 경이로운 마술이다. 환술은 불가능을 가능으로 만들 정도이다.[8] 환술의 강력한 압력 아래 보통 사람들은 의미화에 빠진다. 업에 빠진다. 피할 수 없는 힘 앞에서 고개 숙이고 만다.

속임수를 알고 나면 업은 아무것도 아닌 것이 된다. 업으로부터 벗어날 수 있다. 속임수를 알기 전까지 환술이나 무지는 대단한 것으로 존재한다. 알고 난 후에 그것은 더 이상 존재하지도 않는다. 업도 무의미해진다. 환영의 세상에서는 업도 환영이기 때문이다.

재미있는 일이 벌어진다. 그 속임수를 아는 데 그 환술이 특별한 계기를 제공한다. 환술의 속임수를 아는 데 환술이 시발점이 된다는 것이다. 환술은 반성의 대상이기도 하다.

> 이 경우에 먼저 해탈과 관계하는 열망은 '변형의 영역에 속하는 권능'이 무상하다는 것에 대한 반성 등을 통해 야기되는데, 이는 신격 등에게서마저 가능하다.<브라흐마 수뜨라 주석 1.3.26>

해탈을 향한 열망은 어디서 시작되는가? 환술과 같은 힘의 무상함을 반성함으로써 시작된다. 경외의 대상인 환술의 힘조차도 덧없다는 것을 앎으로써 시작된다. 권력의 힘이 무상하다고 아는 것과 같다. 사랑의 힘이 무상하다고 아는 것과 같다. 환술의 장악력에 금이 간다. 환술이 내보이는 힘의 균열 때문에 환술은 반성의 대상으로 전락한다. 드디어 환술의 속임수를 눈치 챘다. 피할 수 있는 힘이라고 고개를 빳빳이 든다.

---

8   『빤짜다쉬』6.134; 147 참조.

이와 같다. "불가사의의 체현인 환술이 의심스러운 현상이라는 것" <빠짜다쉬 6.139>을 알 수 있다. 환술이나 무지는 경외의 대상이자 반성의 대상이다. 경이로운 환술이나 무지의 힘에 억눌릴 때 업에 빠진다. 그 힘이 의심되고 그 힘의 한계가 보일 때 업으로부터 자유로워지기 시작한다. 환술이나 무지가 끝내 사라진다. 그 어떤 업도 존재하지 않게 된다.

업 만들지 않기의 관점에서도 경험을 의미화하지 않는 연습이 중요하다. 경험을 오가는 대로 내버려두어야 한다. 의미를 부여하면 업이 만들어진다. 이보다 더 적극적인 연습도 필요하다. 무의미를 일깨우는 연습이다. 순수한 아뜨만을 항상 의식한다. 감각적인 세계의 무상함을 항상 의식한다. "음식을 먹지 않는 육화된 자(영혼)에게서는 그 맛을 제외하고는 [맛을 주는] 대상들이 사라집니다. 지고한 것을 보면, 그의 맛마저도 사라집니다."<바가바드 기따 2.59> 맛을 느끼지 않으면서 음식을 먹는 경지이다. 무의미를 알아차리고 있는 것이다. 업이 만들어질 리가 없다.

무의미를 직시하는 가상 유희

베단따의 최종 담론은 브라흐만이나 아뜨만에 관한 것이다. 그것을 준비하는 담론이 환술이나 무지에 관한 것이다. 가상 담론은 준비 작업이다. 가상 담론은 예비 담론이다. 본 담론인 브라흐만에 대한 담론을 열어젖힌다. 방법적으로 브라흐만을 알기 위해 고안된 담론이다. 궁극적으로 무의미한 담론이다.

우빠니샤드에서부터 예비 담론과 본 담론은 존재한다. 예컨대 "이제 [그것의] 명칭 자체입니다: 진리의 진리. 실로 생기들은 진리입니다. 이것들의 진리가 그것(브라흐만)입니다."<브리하다란야까 우빠니샤드 2.3.6>라고 한다. '진리의 진리'satyasya satya라는 표현을 주목해야 한다. 이 표현은 '진리'가 있고 '진리의 진리'가 있다는 것을 알려준다. 진리란 언어로 표현되는 존재들에 관한 것이다. 예비 담론이다. 여기서는 생기들이 그 대상이다. 진리의 진리란 언어로 표현될 수 없는 존재에 관한 것이다. 본 담론이다. 여기서는 브라흐만이 그 대상이다. 예비 담론과 본 담론이 존재하는 것은 무척 흥미롭다. 신비주의 체계에서 대부분 채택해야만 하는 방법론이다. 두 담론은 근본적으로 두 지식(진리)이기도 하다. 각각 경험적 지식과 실재적 지식을 가리킨다.

예비 담론과 본 담론은 수단과 목적의 관계이다. 예비 담론을 수단으로 하여 본 담론의 목적이 달성된다. 그와 같다. 예비적인 가상 담론 없이는 브라흐만에 도달하는 것이 불가능하다. 그 누구도 갑작스럽게 브라흐만이 되지는 못한다. 언어의 경험 세계를 통과해야만 한다. 경험 세계를 통해 경험 세계를 지양시킬 수 있다. 가상을 통해 가상을 없앨 수 있다. "허위인 수단에 의거하여 수단을 초월한 [아뜨만을] 얻는다."<나이슈까르므야 싯디 3.104> 그와 같다. 가상의 세계에서는 가상 그 자체가 수단으로 작동한다. 가상의 수단이 실상의 목표를 가능케 하기에 수단은 마치 진실인 듯하다. "수단은 비록 [그 자체가] 거짓일지라도 목표의 진실성으로 말미암아 실로 진실할지도 모른다."<바가바드 기따 주석 18.66> 신기한 놀이와 같다. 그림자의 세계에서 그림자로 놀이를 하는 것에 비견될 수 있다. 예비 담론으로서 가상 담론은 그림자놀이와 같다.

가상 담론은 가상 유희이다. 그림자놀이와 같은 가상 놀이이다. 가상의 세계에서 브라흐만에 다가가기 위한 한 판의 게임이다. 목적은 분명하다. 삶의 무의미를 직시하는 것이다. 헛삶을 떠나 브라흐만이나 아뜨만을 구현하는 것이다. 신의 유희에는 욕망과 동기가 부재한다고 한다. 마치 어린아이들의 놀이와 같다. 신의 유희는 자동적인 행위이다. 마치 숨 쉬는 것과 같다. 반면에 가상 유희는 인간의 유희이다. 욕망과 동기가 분명하다. 또한 의도적인 행위이다. 이 유희는 베단따의 가르침을 내용으로 삼는다. 가르침 전체가 유희를 이루면서 목적을 지향한다. 다만 가상에서 임시적으로 이루어지므로 가상적인 유희이다.

의도성이 중요하다. 유희의 전 과정이 의도적으로 진행된다. 의도적으로 쌓기와 허물기를 반복한다. 어린아이들이 탑을 쌓고 허무는 것과 유사하다. 실재 위에 가상의 세계를 의도적으로 쌓았다가 허문다. 베단따의 가르침을 연습하는 셈이다. 이 연습을 통해 세계가 존재하고 있는 방식을 배운다. 의도적인 의미화이다. 일부러 의미화를 하는 것이다. 일부러 의미화를 해보고 일부러 무의미화를 해본다. 그렇게 함으로써 의미화의 병폐를 안다. 무의미를 직시한다. 실재를 내면화한다. 베단따의 가르침을 자연스럽게 체득한다.

베단따의 가상 유희는 경이로운 놀이이다. 감히 유한한 인간이 무한한 우주를 대상으로 펼치는 놀이이다. 시공(時空)과 인과(因果)에 갇힌 인간이 시공과 인과를 자유롭게 넘나든다. 더 자유로울수록 더 좋은 결과를 낳는다. 가상에 불과한 놀이이지만 실상의 결과로 이어진다. 스승으로부터 유희를 배운다. 유희라는 것을 알면서 유희를 행한다. 함께든 혼자서든 유희를 재현할 수 있다.

이 유희는 '덧놓기와 걷어내기'adhyāropa-apavāda라는 방법으로 알려져 있다. 브라흐만을 더 잘 알기 위한 방법이다. 덧놓기란 브라흐만에 브라흐만과 유사한 특성을 임의로 부가하는 것이다. 걷어내기란 그렇게 부가한 특성을 나중에 철회하는 것이다.

> 비록 거짓된 형태가 한정자에 의해 야기될지라도, [실재가] 존재한다는 것을 알기 위해, [그 형태를] 알려져야만 하는 [실재의] 특성인 듯이 생각(가상)함으로써 '모든 곳에 손과 발이 있고'라는 등을 말한다. 실로 이와 같이, 계승된 전통에 정통한 이들은 "덧놓기와 걷어내기를 통해 초현상적인 것이 표현된다."라고 말한다.<바가바드 기따 주석 13.13>

주석가인 샹까라는 이 방법이 오래되었음을 밝힌다. '계승된 전통' sampradāya을 잘 아는 이들이 활용한 방법이었다고 추측할 수 있다. 실제로 실재는 모든 곳에 손과 발이 있지는 않다. 그럼에도 실재의 존재를 깨우치기 위해서 가상으로 그러한 듯이 말한다. 이 방법은 목적이 매우 분명하다.

덧놓기와 걷어내기는 전통적으로 '아룬다띠 보여주기 방법'arundhatī-darśana-nyāya이라고 불린다. 아룬다띠는 전설상의 모범적 아내이다. 나중에 별이 된다. 새벽녘에 북두칠성 사이에서 간헐적으로 보인다. 인도의 결혼식에서는 신부가 신랑에게 이 별을 두고 헌신을 맹세한다. 결혼식의 사제가 신부에게 별을 보여준다.

예컨대, 아룬다띠를 보여주고자 하는 자가 우선 그것의 근처에 있는 이차적인 큰 별을 아룬다띠라고 지각하게 한 뒤에, 그것(큰 별)을 부정하고서 나중에 아룬다띠 자체를 지각하게 하듯이, 그와 마찬가지로 [나중에] 그것(쁘라다나)을 아뜨만이 아니라고 말해야 한다.<브라흐마 수뜨라 주석 1.1.8>

아룬다띠 별은 지극히 작고 희미하다. 결혼식의 사제는 '저것이야!'라고 바로 알려줄 수 없다. 주위의 북두칠성을 활용해야 한다. 기준이 되는 아주 큰 별을 임의로 아룬다띠라고 가리킨다. 신부가 알겠다고 하면 진짜 아룬다띠가 아니라며 철회한다. 그 다음에는 아주 큰 별 근처의 조금 큰 별을 임의로 아룬다띠라고 가리킨다. 신부가 알겠다고 하면 진짜 아룬다띠가 아니라며 철회한다. 이렇게 반복한다. 아룬다띠 별을 향하여 덧놓기와 걷어내기를 반복한다. 마지막에는 신부가 아룬다띠 별을 인지한다.

덧놓기와 걷어내기는 우빠니샤드까지 거슬러 올라간다. 우빠니샤드의 '네띠 네띠'(이러한 것도 아니고 그러한 것도 아니다)neti neti가 그 기원이다. '네띠 네띠'는 언어를 초월한 브라흐만을 언어로 표현하는 최선의 방법이다. "언어가 마음과 함께 도달하지 못하여 그것으로부터 돌아서고 말리라."<따잇띠리야 우빠니샤드 2.9.1> 언어는 이렇게 브라흐만을 드러내지 못한다. 그럼에도 브라흐만은 언어로 표현되어야만 한다. "이제 여기서부터는 [브라흐만에 대한] 지시입니다: 네띠 네띠(이러한 것도 아니고 그러한 것도 아니다)."<브리하다란야까 우빠니샤드 2.3.6> '네띠 네띠' 외에는 다른 방법이 없다. '네띠 네띠'라는 언어만이 브라흐만을 포착할 수 있다. '네띠 네띠'는 브라흐만에 대한 유일한 지시인 것이다. 그런데 이 방법은 덧놓기와 걷어내기를 암시한다.[9] '네띠 네띠'에는 긍정과 그 긍정에 대한 부정이 포함되기 때문이다.[10] '이띠'(이러하다, 그러하다)iti는 브라흐만에 대한 긍정이다. 브라흐만에 브라흐만과 유사한 특성을 덧놓는 것이다. '나'(아니다)na는 그 긍정에 대한 부정이다. 그렇게 덧놓은 특성을 걷어내는 것이다. 브라흐만은 '이러한 것도 아니고 그러한 것도 아니다'라는 방법을 통해 알려진다.

덧놓기와 걷어내기의 방법은 인도철학에서 일반적이다. 현상계의 모든 자산을 활용하여 초월적인 절대를 지시하고자 한다. 초월적인 것에 도달하기 위해서는 불가피하게 그럴 수밖에 없다. '가시를 뽑기 위한 가시'라는 방편이다. "나는 '실재에 대한 지식'이라는 집게를 잡은 채 심장의 내부로부터 '다양한 종류의 사유'라는 가시를 뽑아내고 말았다."<아슈따바끄라 상히따 19.1> 뾰족한 가시를 뾰족한 집게로 뽑고자 하는 방법이다. 뾰족한 바늘로도 뽑는다. 또는 '독을 다스리기 위한 독'이라는 방편이다. 독을 독으로 제압하고자 하는 방법이다.

베단따의 덧놓기와 걷어내기에는 유희의 성격이 더해져 있다. 현교 전통의 엄숙함에 명랑함의 색채가 살짝 묻어 있다. 베단따는 실재 위에 현

---

9   Satchidānandendra는 우빠니샤드와 베단따 전체에서 중심적인 교훈의 방법이 덧놓기와 걷어내기라고 일관되게 주장한다. 그가 제시하는 덧놓기와 걷어내기는 '네띠 네띠'를 포함하는 방법인 것처럼 보인다. Satchidānandendra(1997) pp. 40-45 참조.

10   산스끄리뜨로 '네띠 네띠'neti neti는 na iti na iti를 연음으로 읽고 쓴 형태이다. na는 부정사이다. iti는 '~라는 것은' 등을 의미한다.

상계가 덧놓여 있다고 주장한다. 그 덕택에 가상의 현상계는 실재를 위한 놀이 도구와 같다. 현상계 전체를 이리저리 마음껏 굴릴 수 있게 된다. 즐겁게 덧놓고 즐겁게 걷어낸다. 다분히 의도적이다. 덧놓기는 의도적인 의미화이다. 현상계에 의도적으로 의미를 부여해본다. 걷어내기는 의도적인 무의미화이다. 부여한 의미가 무의미라는 것을 의도적으로 배운다. 베단따의 자체적 연습이다. 유쾌한 진리 연습이다. 진리 놀이이다. 베단따의 엄숙함은 덧놓기와 걷어내기를 통해 명랑함에 이른다.

전통적으로 세 유형의 덧놓기와 걷어내기가 존재한다고 한다. 베단따의 '3대 방법론'이라고 더 잘 알려져 있다. 5덮개의 방법론pañcakośa-prakriyā, 3상태의 방법론avasthātraya-prakriyā, 인과의 방법론kāraṇakārya-prakriyā이다. 모두 아뜨만에 아뜨만이 아닌 것들을 덧놓고 걷어내는 방식으로 작동한다. 베단따의 명랑한 가상 유희이다.

5덮개의 방법론은 요가계에서 '빤짜꼬샤'로 널리 불린다. 알고 보면 요가 전통이 아니라 베단따 전통에 속한다. 5덮개는 아뜨만을 덮고 있는 거짓된 자아 5가지를 가리킨다. 아뜨만에 5가지 거짓된 자아를 각각 덧놓고 각각 걷어낼 수 있다. 3상태의 방법론은 일상적 의식을 도구로 삼아 순수의식을 이해하는 방법이다. 일상적인 의식의 3가지 상태는 생시 상태, 꿈 상태, 숙면 상태이다. 순수의식은 제4 상태로서 아뜨만을 가리킨다. 제4 상태에 생시, 꿈, 숙면의 의식을 각각 덧놓고 각각 걷어낼 수 있다. 인과의 방법론은 좀 더 복잡하다. 이 세계는 어쨌든 결과에 해당된다. 결과인 이 세계를 출발점으로 삼아 그 원인을 계속 추적해가다 보면 궁극적 원인을 찾을 수 있다. 브라흐만이다. 브라흐만에 가시적 신체, 미시적 신체, 원인적 신체를 각각 덧놓고 각각 걷어낼 수 있다.

베단따의 가상 유희 전도(全圖)[11]

순수의식(제4 상태)								
[대우주] 브라흐만				=	[소우주] 아뜨만			
5덮개	3상태	원인	브라흐만의 변형	=	아뜨만의 변형	원인	3상태	5덮개
환희로 이루어진 덮개	숙면 상태	원인적 신체	이슈바라 (미현현자)	=	쁘라즈냐	원인적 신체	숙면 상태	환희로 이루어진 덮개
인식으로 이루어진 덮개, 마음으로 이루어진 덮개, 숨으로 이루어진 덮개	꿈 상태	미시적 신체	수뜨 라뜨마 (히란야 가르바)	=	따이자사	미시적 신체	꿈 상태	인식으로 이루어진 덮개, 마음으로 이루어진 덮개, 숨으로 이루어진 덮개
음식으로 이루어진 덮개	생시 상태	가시적 신체	바이 슈바나라 (비라뜨)	=	비슈바	가시적 신체	생시 상태	음식으로 이루어진 덮개

베단따의 방법론은 가상 담론이자 가상 유희이다. 3대 방법론뿐만이 아니다. 베단따의 가르침 전체가 가상 유희이다. 덧놓고 걷어내는 방식으로 놀이가 된다. 놀이의 끝에는 실재에 대한 지식이 다가온다. 주의사항이 있다. 유희 자체에 너무 몰두해서는 안 된다. 유희에 너무 몰두하면 유희가

11　이 표는 『베단따 사라』에 등장하는 내용을 요약한 것이다. '전도'(全圖)라고 이름 붙인 것은 표가 대우주와 소우주 전체의 실상을 마치 지도처럼 보여줄 수 있기 때문이다.

유희로 그치고 만다. 원하는 결과가 나오지 않는다. 유희는 반드시 실재를 목적으로 해야만 한다.

연기는 하되 배역에 빠지지 않기

베단따의 가상 유희는 힌두교도를 위한 삶의 방법론을 제공한다. 힌두교도의 지상과제는 업 만들지 않기이다. 가상 유희는 무의미를 상연한다. 의미화하지 않는 연습을 강조한다. 이로부터 업 만들지 않기가 가능하다. 답은 나왔다. 모든 것이 가상이고 무의미라면 어떻게 살아야 하는가? 어떻게 살아야 업 만들지 않기가 가능한가? 베단따의 대답이다. 연기는 하되 배역에 빠지지는 말라!

연기는 하되 배역에 빠지지 않는 것은 무의미를 연습하는 것이다. 무의미를 생활화하는 것이다. 일단 이 생애를 열심히 살아야 한다. 이렇게 주어져 있기 때문에 주어진 역할을 다해야 한다. 주어진 배역에 충실하게 연기는 해야 한다. 다만 그 배역에 빠져서는 안 된다. 우연히 그 배역이 주어졌을 뿐이다. 배역에 의미를 부여하는 것은 적절치 않다. 의미 부여를 하는 순간 업이 만들어진다. 꾸준히 무의미와 눈을 맞춘 채 살아야 한다. 무의미 속에서 배역에 맞는 연기를 계속해야 한다.

여기서도 '아함'과 '마마'를 멀리하는 것이 요구된다. 나는 중요한 사람이다. 나는 특별한 사람이다. 천만의 말씀이다. 내 일은 중요한 것이다. 내 사랑은 특별한 것이다. 천만의 말씀이다. 중요한 것도 없다. 특별한 것도 없다. 나와 나의 것은 전혀 중요하지도 않고 특별하지도 않다. 착각이다. 무의미하고 무의미하다.

비관주의라는 비판을 받을 수 있다. 하지만 그다지 비관적이지는 않다. 주어진 삶을 적극 받아들이기 때문이다. 일상생활을 부정하지도 않는다. 꿈을 꾸고 꿈을 이루는 것을 부정하지도 않는다. 단지 삶 자체에 중요한 의미를 부여하지 말라는 말이다. 특히 자기 삶을 특별한 것으로 꾸미지 말라는 말이다. 인도에 유사한 격언이 있다. "인생은 다리이다. 다리를 건너되 그 위에 집을 짓지는 마라!"[12] 강에 놓인 다리는 부서지기 쉽지만 유일한 통로이다. 인생이란 그 다리에서 멈추지 않고 끝없이 여행하는 것이다. 일상에도 이와 유사한 어법이 많다. 게임을 즐기되 게임에 중독되지는 마라! 깊이 사랑하되 사랑의 대상에 집착하지는 마라! 주로 지나침을 경계하는 목소리이다. 인도 여행자는 인도인에게 이런 말을 듣기도 한다. "무엇이 되려고 애쓰지 마라! 그냥 가만히 있어도 무엇이 되는 법이다." 발버둥질하며 살 필요가 없다는 전언이다. 그렇다. 이 모든 말들은 삶의 방식에 관한 하나의 제안이지 않는가. 비관주의는 결코 아니지 않는가.

배역에 빠지지 말라는 것은 힌두교의 통념이다. 힌두교도라면 어렵지 않게 이해할 수 있는 삶의 방법론이다. 잘 알려진 힌두교 신화에도 그런

---

12   인도 격언은 실제로 "인생은 다리이다. 그 위에 집을 짓지는 마라."이다. 붓다가 이와 유사한 비유를 사용했다고 한다. 예수가 "세상은 다리이다. 다리를 건너되 그 위에 집을 짓지는 마라!"라고 말했다는 비문도 있다. "인생은 다리이다."로 시작되는 버전은 무굴제국의 악바르Akbar(1542-1605) 황제에 기원을 두기도 한다. 인도의 성자인 사트야 사이 바바Sathya Sai Baba(1926-2011)도 이 격언을 좋아했다고 한다.

일면이 드러나 있다.

바라따는 왕의 임무를 훌륭하게 완수한 뒤에 힌두교의 규율에 따라 숲에서 고행자 생활을 시작한다. 어느 날 그는 어미 사슴 한 마리가 사자에 놀라 새끼를 낳고 죽는 것을 목격한다. 어린 생명을 차마 외면할 수 없어 그는 새끼 사슴을 자신의 수행처로 데려와 돌본다. 그런데 새끼 사슴을 돌보느라 그의 엄격한 생활이 서서히 무너지고 만다. 급기야 바라따는 죽기 직전에도 자신이 죽으면 누가 사슴을 돌볼 것인지 걱정하면서 사슴을 떠올리다가 죽음을 맞이한다. 결국 그는 사슴으로 다시 태어난다. 전생에 관한 기억을 가지고 있던 사슴은 수행처 주위를 맴돌면서 살아간다. 바라따는 사슴의 한 생애를 무난하게 마무리 짓는다.

다음 생애는 브라흐만의 신분으로 태어난다. 9명의 이복형제가 있는 집안에서 영민한 아이로 자란다. 하지만 바라따는 바보인 듯이 생각하고 행동하면서 오직 비슈누 신에게만 몰두한다. 부모님이 돌아가시자 바라따는 마치 하인처럼 이복형제들에게 복종하면서 아무런 문제도 만들지 않는다.

어느 날 바라따가 살던 지역의 왕이 성자를 만나기 위해 가마를 타고 행차한다. 4명의 가마꾼 가운데 1명이 병에 걸리자 주위에서 가마꾼 1명을 구하려고 한다. 어수룩해 보이는 바라따가 우연히 눈에 띄어 새로운 가마꾼으로 들어오게 된다. 바라따가 가마를 제대로 매지 못하자 왕은 다른 가마꾼에게 바라따를 잘 가르치라고 하명한다. 이때 바라따는 자신이 가마의 움직임이나 육체의 움직임에 전혀 관심이 없다고 대꾸한다. 또한 배우는 자가 관심이 없으면 가르침도 쓸모없다고 덧붙인다. 크게 놀란 왕은 바라따에게 한 수 가르침을 청하고,

바라따는 왕에게 환술의 유혹과 무차이의 아뜨만에 관해 가르침을 내린다.

처음에 바라따는 이상적으로 삶을 이끌어간다. 그러한 삶은 작디작은 새끼 사슴 하나 때문에 완전히 망가진다. 사슴을 동정하고 사슴에 마음을 빼앗겨 삶의 중심을 잃어버렸기 때문이다. 심지어 사슴으로 태어나기도 한다. 브라흐만으로 다시 태어난 뒤로는 삶의 태도를 확고히 한다. 세상 모든 일의 무의미를 철저하게 의식한다. 세계에서 살지만 세계의 바깥에서 사는 듯이 산다. 주어진 삶을 연기하되 배역에 빠지지 않는다. 이렇게 배역에 빠지지 않으면 그 어떤 존재감도 드러나지 않는다. 아무에게도 기억되지 않는다. 아무런 업도 짓지 않는다.

연기 상황을 실제 상황으로 착각하지 말아야 한다. 윤회의 관점에서는 하나의 생애란 하나의 정거장에 지나지 않는다. 영원히 이어지는 정거장 가운데 하나라는 말이다. 한 생애의 역할에 심취해버리면 강력한 업의 낙인이 찍힌다. 가볍고 담백하게 연기만 하고 떠나야 한다. 결코 실제 상황은 아니다. 베단따의 관점에서는 모든 생애가 연기 상황이다. 세계는 연극 무대이다. 자신이 맡은 배역을 진짜 자신이라고 착각해서는 안 된다.

베단따는 개별성에 대해 부정적이다. 개별성은 일종의 배역과도 같다. 각각의 영혼이 각각의 배역을 맡고 있는 셈이다. 거짓된 자아가 그 배역을 연기하고 있다. 참된 자아는 거짓된 자아의 그 연기를 지켜보고 있을 뿐이다. 배역에 빠지는 순간 거짓된 자아가 전부인 줄 착각한다. 지켜보고 있는 참된 자아를 망각한다. 이로부터 연기를 하고 있다는 사실조차 망각해버린다. 지켜보는 자가 없기 때문이다. 이것이 바로 베단따의 논리이다. 배역에 빠지는 것은 개별성에 빠지는 것이다. 연기만 하는 것은 개별성에 빠지지 않는 것이다. 연기만 해야 보편적인 참된 자아를 찾을 수 있다.

굳이 힌두교나 베단따의 해석이 아니어도 좋다. 연기만 하라는 것은 무의미의 놀이를 즐기라는 권고이다. 무의미를 무대의 배경에 깔기만 하라는 것이다. 삶의 후경에 놓기만 하라는 것이다. 그러면 삶이 한결 가벼워지고 유쾌해진다. 명랑해진다. 자기 배역을 의미화하는 것이 불편해진다. 무의미의 배경 속에서는 모든 의미가 무겁게 느껴지기 때문이다. 삶은 드디어 전경에서 명랑한 놀이인 양 연기된다. 삶을 연기하는 게 아니다. 삶이 연기된다. 무의미의 후경이 그렇게 만든다.

거리를 두는 삶

베단따의 결론은 뇌과학의 결론과 다르지 않다. 뇌과학에서 자아란 타인을 위해 만들어낸 거짓된 구성물이다. 베단따의 자아도 의미화를 통해 만들어진 거짓된 구성물이다. 차이도 크다. 뇌과학에서는 그 자아 이외의 다른 자아를 인정하지 않는 편이다. 베단따에서는 다른 자아인 아뜨만을 인정한다. 한 가지는 분명하다. 인간은 우주의 주인인 양 행세한다. 거짓 의미화를 통해서이다. 개인은 세상에서 가장 중요한 존재인 양 행세한다. 거짓 의미화를 통해서이다.

베단따의 결론은 『바가바드 기따』의 '행위의 요가'karma-yoga와 흡사하다. 행위의 요가란 욕망 없는 행위를 통해 진정한 행복을 얻으려는 삶의 길이다. 평범한 힌두교도를 위해 설계된 길이다. 행위의 요가는 명령한다. 행위 자체만을 즐겨라. 행위가 어떤 결과를 몰고 올지 생각하지 마라. 결과를 생각하지 않고 행위를 하면 역설적으로 더 좋은 결과를 얻을 것이다. 실제로 "각각 자신의 행위를 즐거워하는 사람은 완성을 얻습니다."<바가바드 기따 18.45>라고 말한다. 욕망이 개입하지 않는 행위가 필요하다. 계산하지 않고 행위에만 몰두하는 것이 필요하다. 이를 위해서는 의미화를 하지 말아야 한다. 의미를 부여하지 않은 행위가 오히려 더 성공적인 행위가 된다. 경험의 모든 순간순간을 다가오는 대로 그저 즐기기만 해야 한다. 결국 행위의 요가란 경험을 의미화하지 않는 것이다. 무의미를 체현하는 것이다.

세상의 무의미를 직시하는 것은 체념이나 포기가 아니다. 무의미하다고 해서 아무것도 하지 않는 것은 아니기 때문이다. 초연함이나 무연함이다. 무의미함으로 인해 세상의 것들에 구애되지 않는다. 단지 거리를 둘 뿐이다. 여전히 세상 속에서 적극 살아간다. 세상 속에서 살지만 적당하게 거리를 둘 줄 안다. 쉽게 말해, 연연하지 않는다. 무의미를 직시하면 과거, 현재, 미래의 그 무엇에도 연연하지 않는다.

한 눈으로는 적극적으로 삶을 헤쳐 나간다. 다른 눈은 무의미를 담고 있다. 딱 이 정도이다. 이 정도의 시선을 취하는 것이 현명하다. 베단따 식의 지혜이다. 적당한 거리를 두는 지혜이다. 자신에 대해서도 타인에 대해서도 냉정할 필요가 있다. 냉정함이 곧 초연함이다. 자신이 주인으로서 자신의 삶을 이끌고 나간다. 다만 의미화에 빠지는 자기 자신을 냉정하게 바라본다. 나는 아무것도 아니다. 나는 아무것도 가지지 않고 있다. 무의미의 눈으로 자신의 존재와 소유를 응시해야 한다. 타인과의 관계에서도 마찬가지이다. 관계를 맺되 관계에 빠져서는 안 된다. 예를 들어, 자식을 사랑하고 보호해야 한다. 그렇다고 해서 자식에 집착해서는 안 된다. 자식과 적당한 거리를 둔다. 나와 자식의 관계를 냉정하게 바라본다. 자식은 나와는 다른 존재이다. 자식은 나의 소유가 아니다. 무의미의 눈으로 타인과의 관계를 응시해야 한다. 이렇게 한 눈은 뜨겁고 다른 한 눈은 차갑다. 두 눈의 균형을 맞추는 것이 적절한 거리 두기이다.

우빠니샤드에 두 마리의 새에 대한 비유가 등장한다. 유명한 시구이다. "함께하는 동료인 두 마리의 새가 동일한 나무에 깃들여 있다. 둘 중에 하나는 달콤한 과육을 먹고, 다른 하나는 먹지 않은 채 구경한다."<문다까 우빠니샤드 3.1.1; 슈베따슈바따라 우빠니샤드 4.6> 동일한 나무란 무엇일까? 하나의 육체를 가리킨다. 두 마리의 새란 무엇일까? 두 가지 영혼을 가리킨다. 거짓된 영혼과 참된 영혼이다. 과일을 먹는 것과 먹지 않는 것은 무엇일까? 업의 세계에 빠져드는 것과 빠져들지 않는 것을 가리킨다. 각각 의미화에 빠지는 것과 무의미를 아는 것이다. 이렇듯 한 사람의 영혼 속에는 두 마리의 새가 산다. 항상 갈등하고 항상 화해한다. 먹을까, 먹지 않을까? 특별할까, 아무것도 아닐까? 두 마리이다. 보통 사람들은 두 마리 모두 잘 다루어야 한다. 아니, 먹지 않는 새를 더 자주 의식해야 한다. 영혼의 자유를 꿈꾸는 사람은 한 마리를 완전히 버려야 한다. 베단따는 먹지 않는 새가 되기를 꿈꾼다.

왜 명랑한 아이들은 늙어서 엄숙한 얼굴을 하는 것일까? 나이가 들면서 의미화의 화석이 되는 것은 아닐까? 어릴 적 놀이하던 그 즐거운 표정들은 어디로 가버렸을까? 베단따의 관점에서 세계는 영혼의 놀이터이다. 삶은 영혼의 놀이이다. 영혼은 그저 무의미의 춤사위를 펼친다. 한 시절 이 향연을 만끽하기만 하면 된다. 무거운 것이 하나도 없다. 진정한 자기 자신이 되는 것이란 아무것도 아닌 것이 되는 것이다.

9.
세상 모든 것을 아는 하나의 지식

9.
세상 모든 것을 아는 하나의 지식

안다는 것은 무엇일까?

방대한 지식을 가진 사람은 존중받을 만할까? 그는 세상의 모든 지식들 가운데 얼마만큼 알고 있을까? 그는 제대로 무언가를 알고 있기나 한 것일까? 그가 알고 있는 것은 살아가는 데 쓸모가 있을까? 쉽게 떠올릴 수 있는 질문들이다. 의문들이기도 하다. 과연 앎이라는 것은 무엇일까? 지식이라는 것은 어떤 용도가 있을까?

'안다'는 것부터 의문투성이이다. 사람들이 무언가를 안다고 하는 것은 상대적이기 일쑤이다. 누군가는 상아만 알고서 코끼리를 안다고 말한다. 장님 코끼리 만지기이다. 누군가는 코끼리의 습성까지 완벽하게 안 뒤에 비로소 코끼리를 안다고 말한다. 그래도 코끼리를 모르겠다고 말하는 사람도 있다. 안다고 하는 것은 잘못된 지식일 가능성도 높다. 착각이거나 오류일 여지가 있는 것이다. 잘못된 지식 때문에 오해와 갈등이 빚어지기도 한다. 그래서 알려면 제대로 알아야 한다고 목소리를 높인다. 섣부르게 아는 것보다 모르는 게 낫다고 역설하기도 한다. 하지만 제대로 안다고 하는 것조차 서로 다르다. 불교에서 제대로 아는 것과 베단따에서 제대로 아는 것은 분명히 다르다. '나'에 대한 이해가 상이하기 때문이다. '제대로'라는 것마저 상대적인 셈이다. 이즈음이면 이런 생각이 든다. 과연 내가 무엇인가 알기는 안다고 단언할 수 있을까?

베단따는 이렇게 접근한다. 안다고 하는 경우에 대부분은 제대로 아는 것이 아니라고 본다. 흥미로운 접근이다. 보통의 앎에 대해 강한 거부감을 표시한다. 잘못된 앎일 수 있다는 가능성을 크게 열어 놓는다. 심지어 아는 것이 모르는 것이다. 모르는 것이 아는 것이다. 이렇게 선언하기도 한다. 충격요법이다. "[브라흐만은] 생각하지 않은 자에게 생각되고, 생각한 자는 알지 못한다. 아는 자들에게 알려지지 않고, 알지 않은 자들에게 알려진다."<께나 우빠니샤드 2.3> 마치 기존의 모든 앎에 대한 성찰을 요구하는 듯하다.

베단따에서 앎의 대상은 자기 자신이다. 오직 베단따에서 말하는 자기 자신이다. 참된 나이다. 이 때문에 베단따의 앎은 특별해진다. 보통의 앎과는 다른 종류가 된다. '나'에 대한 대부분의 앎은 참된 나에 대한 앎이 아니다. 거짓된 나에 대해 알고서는 '나'를 잘 안다고 믿을 뿐이다. 그러니 잘 안다고 하는 자는 모르는 자이다. 잘못 알고 있기 때문이다. 오히려 모르고 있는 자가 참된 나에 더 가까이 다가간다. 잘못된 지식이라는 장애가 거의 없기 때문이다.

베단따는 일반적인 지식을 부정하지 않는다. 나름의 유용성을 가진다고 인정한다. 다만 자기 자신을 아는 데 그러한 지식이 필요한지 묻는다. 장애가 될 수 있다는 점을 지적한다. 인간은 끝없이 지식을 증진시키고 있다. 충분하리만치 그 지식을 배우고 있다. 그럼에도 인간을 아는 것과 자신을 아는 것에서는 제자리걸음이다. 베단따는 의아해한다. 지식은 차고 넘치는데 왜 인간은 자신으로부터 더 멀어지는가. 발상의 전환이 필요하다. 자기 자신에 가까워지기 위해서는 지식을 덜어내야만 한다.

참된 나를 알기 위해서는 직관darśana이 필요하다. 베단따의 지식은 직관이다. 참으로 묘한 것이다. 우선 직관은 지각적 지식이 아니다. 눈으로 보고 코로 냄새 맡아서 아는 그런 지식이 아니다. 그럼에도 지각과 유사한 것이다. 눈으로 보듯이 생생하게 참된 나를 직접 아는 방법이다. 게다가 직관은 사변적 지식이 아니다. 사유의 과정을 통해 아는 그런 지식이 아니다. 그럼에도 정신의 영역에서 이루어지는 것이다. 지각되지 않는 참된 나를 정신을 통해 단번에 아는 방법이다. 따라서 직관은 '정신의 지각'이다. 감각기관이 아니라 정신을 매개로 삼는다. 사유과정이 없이 지각처럼 직접적으로 대상에 작용한다. 일종의 본질 직관이다. 어쩌면 가장 단순하고 원초적인 지식일지도 모른다.

베단따의 직관은 '직각'anubhava이라는 말로 표현된다. 혹은 '직접지각'sākṣātkaraṇa이라는 말로 표현된다. 핵심은 직접성이다. "직접적일 뿐 간접적이지 않은 브라흐만이자 모든 것의 안에 있는 아뜨만."<브리하다란야까 우빠니샤드 3.4.1>이라고 한다. 참된 나는 오직 직접적으로 알려진다.

마치 자기 심장의 고통을 자기만이 직접 아는 것과 같다. 타인들은 그 고통을 간접적으로 추리해서 알 뿐이다. 베단따에서는 참된 나에 대한 바로 이러한 직관만이 참된 지식이다. 모든 지식의 토대가 되는 지식이다. 세계에 관해 유일하게 제대로 아는 것이다.

앎은 매혹에서 출발한다. 앎은 미지의 것을 대상으로 삼는다. 인간은 본래적으로 미지의 것에 매혹 당한다. 미지의 존재에 대해 전혀 모른다면 애초에 그것을 알려고도 하지 못한다. 미지의 존재에 대해 알고 있지만 잘 알고 있지 못할 때 그것은 특별해진다. 매혹당하기 시작한다. 마치 사랑에 빠지는 순간과 같다. 알고 싶어 미칠 지경이 되는 것이다. 참된 나에 대한 앎은 참된 나에 대한 매혹에서 출발한다. 알고 있지만 잘 알고 있지 못하다. 혹은 잘못 알고 있다. 이미 잘 알고 있는 이들의 찬사는 매혹을 배가한다. 누군가는 참된 나를 알고 싶어 미칠 지경이 된다.

베단따의 지식 중심주의

베단따 사상은 다양한 방식으로 재구성될 수 있다. 개념을 중심으로 그렇게 될 수 있다. 하나의 개념을 전면에 내세워 핵심을 요약할 수 있다는 말이다. 당연히 '지식'이라는 개념을 통해서도 재구성이 가능하다. 다음과 같다. 해탈은 환희를 본질로 하는 브라흐만을 획득하는 것이다. 해탈은 오직 지식만을 수단으로 한다. 지식이란 브라흐만과 아뜨만의 동일성에 대한 것이다. 지식은 간접적이지 않고 직접적이어야 한다.[1] 이상이다. 이상

과 같이 지식은 베단따의 요체이자 중핵이다. 베단따는 종종 '지식의 길'
(지혜의 요가)이라고 불린다.[2] 행위 중심주의에 대비하여 지식 중심주의
라는 노선이다.

지식 중심주의는 우빠니샤드에서 비롯된다. 지식 이전에는 명상이
라는 것이 유행한다. 명상은 존재의 변이를 이끈다. 가령 '네 마음을 잔물결
하나 없는 큰 호수로 명상하라'라는 명령에 따라 명상을 한다. 명상을 계속
하면 어느새 마음이 평온해진다. 가령 '너 자신을 짓밟혀도 그대로인 대지
로 명상하라'라는 명령에 따라 명상을 한다. 명상을 계속하면 어느새 끈질
기고 굳건한 사람이 된다. 명상은 마법과 같다. 명상하는 자를 명상하는 바
에 따라 변화시킨다. 명상하는 바대로 바로 그렇게 된다. 아는 바대로 바로
그것이 된다는 논리이다. 이러다 보니 명상에 관한 지식은 매우 비밀스러
운 것으로 전승된다. 존재를 탈바꿈시키는 지식이기 때문이다. 다양한 명
상적 지식들이 생긴다. 점점 그러한 명상을 가능케 하는 원천에 주목하게
된다. 원천은 참된 나로서 아뜨만이다. 원천을 알면 원천에서 파생된 것들을
다 아는 것이나 마찬가지이다. 아뜨만에 대한 지식이 모든 지식들 가운데 최
고봉이 된다. 오직 그 지식만이 지고선의 수단이라는 인식이 확립된다.

베단따는 더 철저하게 지식의 길을 따른다. 우빠니샤드를 훨씬 능가
한다. 윤회세계는 일종의 감옥이라고 한다. 지식이 없는 자는 그 달콤한 감

---

1   이상은 『베단따 빠리바샤』 9장의 앞부분에 등장하는 내용을 요약한 것이다.
2   콜러는 우빠니샤드가 순수의식을 아뜨만인 동시에 완전한 인식 또는 지식이라
     고 간주함으로써 인도철학에 '지식의 길'을 열었다고 말한다. 존 M. 콜러(2003) pp.
     158-159 참조.

옥에 뛰어드는 어리석은 자이다.[3] 감옥으로부터 벗어나는 유일한 길은 지식이다. 행위도 아니고 명상도 아니다.

> 해탈은 요가를 통해서도 상크야를 통해서도 의례(행위)를 통해서도 명상적 지식을 통해서도 성취되지 않는다. 해탈은 브라흐만과 아뜨만의 동일성에 대한 지식을 통해 성취될 뿐 다른 방식으로는 성취되지 않는다.<비베까 쭈다마니 58>

전형적인 베단따 식 어법이다. 오직 지식만이 해탈의 수단이라는 말은 지겹도록 반복된다. 지식 중심주의라고 규정될 수밖에 없다. 그런데 이 지식이라는 것은 믿음에 불과하지 않느냐고 생각할 수 있다. 사실 믿음에 불과하지는 않다. 믿음 그 자체이다. 지식과 믿음은 호환되어도 좋은 개념이다. 지식이란 곧 올바른 믿음이다. 그것은 바로 아뜨만에 대한 믿음이다. 아뜨만에 대한 '믿음이 없는 것'은 의심이다. '그릇된 믿음'은 그릇된 지식이다.[4] 결국 실패한 믿음은 모조리 무지인 셈이다. 이와 같다. 베단따에서 올바르게 안다는 것은 올바르게 믿는다는 것이다. 잘못 안다는 것은 잘못 믿는다는 것이다.

베단따에 지식 중심주의만 존재하는 것은 아니다. '지식과 행위의 공조론'도 있다. 지식과 행위가 함께 해탈의 수단으로 작용한다는 이론이다. 만다나 미슈라 계열의 베단따에서 주장한다. 본디 미맘사 학자였던 그는

---

3   『바이라그야 샤따깜』 20 참조.
4   『지반묵띠 비베까』 4장 참조.

행위의 중요성을 포기하지 못한 듯하다. 『브라흐마 수뜨라』 3.4.26은 행위와 지식의 관계를 논한다. 그러면서 '말(馬)과 같다'라는 비유가 등장한다. 만다나 미슈라는 이 비유를 색다르게 풀이한다. 말이 없더라도 마을에 도착할 수 있다. 즉, 걸어서 마을에 도착할 수 있다. 하지만 더 빨리 도착하기 위해서는 말이 필요하다. 또한 고통 없이 도착하기 위해서는 말이 필요하다.[5] 요지는 이것이다. 지식에 행위가 보태어져야만 더 빨리 해탈을 얻을 수 있다.

이 이론은 비판에 처할 운명이다. 샹까라는 철저하게 지식 중심주의를 견지하기 때문이다. 지식과 행위 사이에는 애당초 공조가 불가능하다. 양자는 빛과 어둠의 관계이다. 빛으로서의 지식은 실재를 드러낸다. 어둠으로서의 행위는 실재를 감춘다. 양립불가능하다. 행위는 무지의 결과물이다. 지식은 바로 그 무지를 파기한다. 어찌 행위가 해탈을 얻는 데 지식과 공조할 수 있겠는가. 불가능하다.

지식이 발생해야 해탈이 가능하다. 무지가 파기되어야 해탈이 가능하다. 그렇다면 지식의 발생, 무지의 파기, 해탈은 어떤 관계일까? 무지의 파기는 곧 브라흐만 상태라는 견해도 있다. 무지의 파기를 해탈과 동일시한다. 무지의 파기는 제5양상이라는 견해도 있다. 무지의 파기를 속박에서 해탈로 전이되는 단계라고 본다. 가장 일반적인 견해는 이것이다. 무지의 파기가 브라흐만에 대한 직각(지식)과 동일하다는 견해이다. 확실히 지식의 발생과 무지의 파기는 같은 것이어야 한다. 양자는 공히 해탈의 수단이

---

5   『브라흐마 싯디』 1장 참조.

기 때문이다. 양자는 동시적이기 때문이다. 다만 논리적으로 지식이 발생해야만 무지가 파기된다고 말할 뿐이다. "지식은 실로 그 자체로 발생하고, 또 그것(지식)에 의해 무지가 지양된다."<브라흐마 수뜨라 주석 3.2.21>, "무지란 이 윤회가 실재이고 자신의 아뜨만이라는 것에 접착된다고[생각하는] 착오일 것이다. 이것(무지)은 지식을 통해 파기된다."<빤짜다쉬 6.10> 등등에서이다. 논리적으로 그러하다. 올바른 지식이 생겨야만 잘못된 지식이 사라진다. 아뜨만이 어떤 것인지 알아야만 아뜨만에 대한 거짓된 앎이 물러간다.

베단따의 지식은 일반적 지식이 아니다. 지식이란 '관찰자 의식'sākṣi-caitanya에 대한 앎이다. 관찰자 의식의 상태가 되는 것이다. '지식'이라는 이름의 모든 것들을 버릴 때 도달하는 상태이다. 일반적인 지식이 모조리 사라진다. 무엇 무엇에 대한 앎이 다 사라진다. 순수주관만 남는다. 앎의 원천만이 홀로 빛난다. 이로부터 하나를 알면 모든 것을 안다는 논리가 가능해진다. 앎의 근원을 알면 세상 모든 것을 다 아는 것과 같다는 논리이다.

앎의 원천인 아뜨만은 앎 자체이다. 앎 자체는 불변하는 확정적 지식이다. 절대 수정될 수 없는 지식이다. 다른 모든 지식은 가변적이고 불확정적이다. 언제든 수정될 가능성에 열려 있다. 확정적 지식을 얻으면 그걸로 끝이다. 영원한 지식이기 때문이다. 유일한 지식이기 때문이다.

'하나에 대한 지식을 통한 모든 것에 대한 지식'은 실천을 강조한 결과이다. 실천이란 곧 구원이다. 구원론의 견지에서는 그 지식이 필요하다. 다음 이야기가 그 적절한 예시이다.

여러 남자들이 보트를 타고 드넓은 갠지스강을 건너는 중이다. 그들 가운데 학자가 하나 섞여 있는데, 그는 자신의 학식을 거창하게 자랑하기 시작한다. 그는 어릴 적부터 베다, 베단따, 6파철학 등 전통적인 학문을 다양하게 공부했다고 떠벌린다. 그러고 나서 옆 사람에게 묻는다. "당신은 베단따를 아시오?" 옆 사람은 모른다고 대답한다. "그럼 상크야나 요가는 아시오?" 옆 사람은 그것도 모른다고 대답한다. "뭐든지 학문을 공부한 적이 있소?" 옆 사람은 그런 적도 없다고 대답한다. 기고만장한 학자는 자신의 학식을 더 자랑하고 옆 사람은 그저 침묵만 지킬 뿐이다.

그런데 갑자기 폭풍이 몰아치면서 보트가 크게 흔들리고 가라앉을 위기에 처한다. 그제야 옆 사람은 학자에게 묻는다. "당신은 헤엄칠 줄 아십니까?" 학자는 당연한 듯이 모른다고 대답한다. 옆 사람은 학자에게 이렇게 충고한다. "저는 상크야나 요가 따위는 모르지만 헤엄칠 줄은 압니다. 당신은 그 많은 문헌들을 알아서 무엇을 얻을 수 있습니까? 이 세상에서 정말 필요한 건 세상이라는 강을 건너는 방법을 아는 것뿐입니다. 신만이 존재하며 나머지는 모두 환영입니다."

옆 사람의 충고는 간단하다. 무수한 이론적 지식보다는 하나의 실천적 지식이 중요하다. 세상의 강을 건너는 하나의 지식만 얻으면 된다. 하나의 지식은 구원으로 이끈다. 다른 것은 필요하지 않다. 베단따도 다르지 않다. 하나의 지식이란 당연히 아뜨만에 대한 지식이다. 브라흐만으로서 아뜨만은 모든 것을 자기 자신으로 삼는다. 그러니 아뜨만을 알면 모든 것을 아는 셈이다. 순수의식인 아뜨만은 모든 지식의 근원으로서 지식 그 자체이다. 그러니 아뜨만을 알면 모든 것을 아는 셈이다. 베단따는 이렇듯이 매우 단순한 구원론이다. 하나를 알기만 하면 되기 때문이다. 하나인 아뜨만에 대한 지식만으로 충분하기 때문이다.

혼동 너머의 분별

베단따의 지식은 기본적으로 분별적 지식이다. 베단따 문헌들은 어지간하면 분별을 이야기한다. 분별을 언급하지 않는 베단따 문헌은 거의 없을 정도이다. 분별에 대한 언급은 지식에 대한 언급이나 마찬가지이다. 무지는 잘못된 앎이다. 잘못된 앎은 혼동이다. 혼동은 무분별이다. 그 반대로 지식은 분별이다.

베단따 수행론의 중심에는 지식이 놓인다. 분별이 놓인다. 지식이 해탈의 수단인 이상 필연적으로 그럴 수밖에 없다. 다음은 베단따 수행론의 핵심을 정리한 것이다.

> ① 영원한 것과 무상한 것에 대한 분별, ② 현세와 내세에서 대상을 향유bhoga하려는 것에 대한 무욕virāga, ③ 마음억제śama, 감각철회dama, 감관정지 또는 행위폐기uparati, 인내titikṣā, 집중samādhāna, 믿음śraddhā이라는 수단의 구현, ④ 해탈에 대한 욕구mumukṣutva, ⑤ 듣기, 숙고하기, 명상하기.[6]

---

6 『비베까 쭈다마니』 71-72 참조.

이 가운데 ①~④는 예비적인 단계이다. ⑤가 본격적인 단계이다. 예비적인 단계부터 쉽지 않은 도전이다. ①에서는 영원한 것과 무상한 것을 분별하라고 요구한다. 아뜨만과 아뜨만이 아닌 것을 분별할 줄 알아야 베단따에 입문할 수 있는 셈이다. ②에서는 욕망으로부터 언제든 자유로울 것을 요구한다. ③에서는 주로 심리적인 준비자세를 갖출 것을 요구한다. ④에서는 강력하게 해탈의 의지를 가질 것을 요구한다. 모두 까다롭기 그지없다. 드디어 ⑤로 진입한다. 듣기, 숙고하기, 명상하기는 지식을 얻기 위한 내적인 방법들이다. ①~④의 선행요건을 모조리 구비해야 ⑤를 실천할 수 있다. ⑤를 제대로 실천해야 직접적 지식을 얻을 수 있다. 이처럼 ①~⑤는 분별에서 시작하여 지식으로 끝나는 과정이다. 직접적 지식을 얻기 위해서는 ①~⑤의 전 과정에서 분별이 계속 작동해야 한다. 분별적 지식이 끝없이 살아 있어야 한다.

인간은 아뜨만을 분별하지 못하는 상태로 살아간다. 여러 가지를 서로 덧놓은 채 세상을 인식한다. 육체, 감각기관, 마음, 자아의식, 지성, 아뜨만 등등을 마구잡이로 뒤섞는다. 동물이나 별반 다를 게 없다. 인간의 숙명적 조건이다. 그러하기 때문에 분별이 최우선의 요건이다. 인간을 구성하는 것들을 분석하고 구분해서 영원한 아뜨만을 분리한 채 인식해야 한다. 마치 거름종이로 찌꺼기나 건더기를 걸러내는 것과 같다. 분리한 채 인식해야만 윤회하지 않을 수 있다. 숙명을 벗어나 해탈할 수 있다. 예컨대 "지식이란 윤회가 '아뜨만의 반사인 개별자아'에 속할 뿐 '아뜨만이라는 것'에 속하지 않는다는 깨우침일 것이다. 이것(지식)은 탐구(분별)를 통해 획득된다."<빠짜다쉬 6.11>라고 한다. 베단따의 탐구는 곧 분별의 과정이다.

윤회하지 않는 아뜨만을 구분해서 아는 과정이다.

아뜨만의 관점에서는 아뜨만이 아닌 것들이 마치 돌과 같다. 돌과 영혼은 얼마나 잘 분별될 수 있겠는가. 육체는 돌과 같다. 감각기관이 없으면 육체는 죽은 듯하기 때문이다. 눈, 코, 피부 등이 작동하지 않는 육체는 아무것도 아니다. 감각기관 역시 돌과 같다. 마음이 없으면 감각기관은 죽은 듯하기 때문이다. 마음과 연결되지 않은 감각기관은 존재 의의를 가지지 못한다. 마음 역시 돌과 같다. 자아의식이 없으면 마음은 죽은 듯하기 때문이다. 자아의식에 의해 의미를 부여받지 못한 마음은 무의미할 뿐이다. 자아의식 역시 돌과 같다. 아뜨만이 없으면 자아의식은 죽은 듯하기 때문이다. 오직 아뜨만만이 진정으로 살아 있다. 육체, 감각기관, 마음, 자아의식 등은 모조리 돌처럼 무감각적jaḍa이다. 죽은 듯하다. 돌과 아뜨만을 분별하는 것은 얼마나 쉬운 일이겠는가.

결코 쉽지만은 않다. 어렵기 때문에 그렇게 분별을 강조하는 것이다. 특히 자아의식과 아뜨만을 분별하는 일은 곤혹스럽기까지 하다. 분별 가운데 가장 힘들다. 그 둘이 너무나 유사한 까닭에서이다. 대부분의 무분별은 둘 사이에서 이루어진다. 그렇게 사람들은 자아의식을 아뜨만으로 여기며 산다. 예컨대 "자아의식에 의해 미혹된 아뜨만(자아)은 '나는 행위자이다'라고 생각합니다."<바가바드 기따 3.27>라고 한다. 자아의식은 결코 행위자가 아니라는 가르침이다. 육체의 진짜 주인은 자아의식이 아니라 아뜨만이다. 미혹되지 말고 분별해야 한다. 기어이 심리적 주체와 아뜨만 사이의 혼동을 끝내야 한다.

분별적 지식은 '두 가지를' 구분해서 아는 것이다. 두 가지와 관계한다. 두 가지를 철저하게 '다른 것으로' 파악하여 얻는 지식이다. 두 가지는 달라야 한다. 현실은 혼동의 상태이다. 그렇게 '다른 두 가지를' 혼동하고 있다. 혼동된 두 가지를 분석적으로 이해하는 길을 따라가야 한다. 주어진 진리는 자기 자신이 곧 아뜨만이라는 것이다. 그렇다면 무엇보다도 자기를 분석적으로 이해해야 한다. 그래야만 자기 속에서 아뜨만이 아닌 것과 아뜨만인 것을 분별할 수 있다. 이성적 활동이 필히 요청되는 지점이다. 분별적 지식에는 이성의 역할이 크다. 이 지식이 간접적일 수밖에 없는 이유이다.

간접적 지식과 직접적 지식

아는 것과 깨닫는 것은 다르다고 한다. 일상에서는 대개 그러하다. 아는 것은 머리로만 이해한 것이다. 깨닫는 것은 체험으로 이해한 것이다. 차원이 다르다. 머리로만 아는 것은 감동이 없다. 체험으로 깨달아야 울림을 주고 공감을 얻는다. 베단따의 분별적 지식은 아는 것에 해당한다. 즉, 간접적 지식이다. 이 간접적 지식은 직접적 지식으로 나아가야 한다. 깨닫는 것으로 나아가야 한다.

누군가 베단따의 교리를 열심히 익혔는데 깨우치지 못한다. 이상하다. 자기 자신이 브라흐만이라는 지식을 가져도 깨우침은 오지 않는다. 원인을 찾는다. 직접적 지식을 얻지 못했기 때문이다. "약을 먹지 않고 그 이름을 [말하는] 것으로부터 병이 사라지지는 않는다. 직접적인 직각 없이 브라흐만의 이름을 [말하는] 것으로부터 해탈되지는 않는다."<비베까 쭈

다마니 64> 간접적 지식에 머물고 있었던 것이다. '아스피린! 아스피린!'이라고 약 이름만 외쳐댔던 것이다.

> 장애가 없는 [우빠니샤드] 문장의 진리(존재)는, 이전에 간접적으로 드러난 경우에, 손에 놓인 구스베리와 같은 직접적인 지식을 초래한다. 성언과 관련되고 스승을 전제로 하는 '브라흐만에 대한 간접적 지식'은, 그 지식 이전까지 행해진 모든 죄악을 마치 불처럼 태운다. 성언과 관련되고 스승을 전제로 하는 '아뜨만에 대한 직접적 지식'은, '윤회의 원인인 무지'의 어둠을 타오르는 태양처럼 [없앤다].<빠짜다쉬 1.62-64>

간접적 지식도 효과를 낸다. 모든 죄악을 없애준다. 하지만 무지의 어둠을 없애주지는 못한다. 직접적 지식으로 전환되어야 한다. 직접적 지식은 손에 놓인 과일 열매와 같다. 눈앞에 보이고 냄새를 풍기며 자신의 것으로 가까이 존재한다. 멀리 나무에 매달려 있는 과일 열매와는 다르다. 그래서 저러한 표현이 등장한다. 간접적 지식은 '브라흐만에 대한' 것이다. 직접적 지식은 '아뜨만에 대한' 것이다. 브라흐만은 저 멀리 대우주의 원리이다. 아뜨만은 소우주인 자기 자신의 본질이다. 브라흐만은 간접적이고 아뜨만은 직접적이다. 이렇게 나누는 것은 그저 구분을 위한 구분에 지나지 않는다. 잘 발견되지 않는 표현이다. 그럼에도 두 가지 지식을 잘 이해할 수 있도록 도와주는 표현이기는 하다.

밧줄과 뱀에 관한 다음의 예시도 직접적 지식의 중요성을 뒷받침한다. 개울가에서 한 아이가 놀고 있다. 우연히 고개를 돌리다가 꼬여 있는 밧줄을 보고 뱀으로 착각한다. 두려움에 떨면서 부모에게 달려간다. 부모는 개울가로 가서 뱀이 아니라 밧줄이라는 것을 확인한다. 아이에게 밧줄일 뿐이라고 알려준다. 과연 이게 끝일까? 아이에게서 두려움이 깨끗이 사라질까? 아이의 잘못된 앎이 완전히 교정될까? 아니다. 아이가 직접 밧줄이라는 것을 확인하기 전까지는 두려움이 남는다. 잘못된 앎도 남는다. 자신의 눈으로 직접 확인해야 아이는 안심하고 언제든 개울가로 갈 수 있다. 직접 확인해야 한다.

직접성은 인도철학의 영롱한 목표이다. 인도철학에서는 교시가 전부는 아니다. 교시를 외워 백과사전적 지식을 얻은들 무엇에 도움이 되랴. 영적으로 성장하지 못하면 무슨 소용이 있으랴. 교시를 듣는 자의 영혼이 중요하다. 영혼이 연금술적으로 변형되어야 한다. 교시 자체가 내면에서 삶으로 육체로 또 존재로 전화되어야 한다.[7] 영혼의 급진적 탈바꿈이다. 그 변신의 순간에 직접성이 작동한다. 일종의 체험이다. 빛이 번득이는 순간이다. 그것을 베단따에서는 '직접적 지식' 또는 '직각'이라고 부른다.

어쨌거나 인간에게는 직접 보고 직접 듣는 것이 최고이다. 어디선가 불이 났다고 하면 직접 불구경을 하고자 한다. 그래야 직성이 풀린다. 불이 났다고 누가 전한다. 소위 증언이다. 확실히 받아들이지는 못한다. 높은 곳에 올라가 연기가 나는 것을 본다. 연기를 통해 불이 났다는 것을 추리한다. 소위 추론이다. 확실히 받아들이지는 못한다. 불이 난 곳으로 가까이 간다. 직접 불이 난 것을 본다. 소위 지각이다. 비로소 확실히 받아들인다. "이러한 지식은 지각을 최고의 목적으로 한다. 알고자 하는 대상을 증언으로부

---

7   Zimmer(1969) pp. 4-5; 65 참조.

터 알게 된 자는 논거를 보는 것을 통해서도 알고자 하고, 논거를 보는 것을 통해 추론된 것은 또 지각을 통해 보고자 한다. 대상이 지각된 경우에는 알고자 하는 욕구가 중지한다."<느야야 수뜨라 주석 1.1.3> 확실하게 지각 우선주의가 작동한다. 인간의 본능이다.

베단따의 수행론도 크게 다르지 않다. 성언(증언)에서 출발하여 추론을 경유하고 지각에 도달한다. 성언이란 우빠니샤드의 가르침이다. 가르침만으로는 부족하다. 추론이란 그 가르침을 꼼꼼하게 따지면서 자기화하는 것이다. 분별적 지식 또는 간접적 지식이 발생한다. 아직 부족하다. 직접적 지식인 지각이 화룡점정이다. 지각이란 그 가르침을 정신적으로 직접 체험하는 것이다. 이제 충분하다. 해탈의 상태나 다름없다.

그런데 체험을 중시하다 보면 곤란한 문제가 생긴다. 지각 우월주의도 괜찮다. 직접적 지식을 강조하는 것도 괜찮다. 곤란한 문제는 베단따를 '체험적 신비주의'로 해석하는 것이다. 그렇게 해석한 역사는 꽤 오래되었다. 샹까라의 시대 이후 곧장 시작되었다고 보기도 한다. 신베단따에서 정점을 찍는다. 현재에도 위력을 떨친다. 체험적 신비주의는 해탈을 위해 신비적 체험이 반드시 선행되어야 한다는 주장이다. 신비적 체험은 곧 직접적 지식이다. 얼핏 아무런 문제가 없는 주장처럼 들린다. 이 주장을 따르는 이들은 생각보다 매우 많다. 심지어 고전베단따를 체험적 신비주의로 간주하기도 한다.[8]

---

8   베단따를 '체험적 신비주의'로 규정하는 이들 가운데 인도 출신으로는 S. Radhakrishnan, T. M. P. Mahadevan, Swami Prabhavananda, C. Sharma, R. P. Singh, N. K. Devaraja, M. Hiriyanna 등이 있다. 서구 출신으로는 N. Smart, R. V. De Smet 등이 있다.

고전베단따와 신베단따 모두 직접적 지식의 중요성을 인정한다. 직접적 지식이 발생해야 해탈이 가능하다. 양측의 차이도 선명하다. 고전베단따는 우빠니샤드로부터 직접적 지식이 바로 발생할 수 있다고 본다. 신베단따는 우빠니샤드로부터 간접적 지식만 발생할 수 있다고 본다. 결정적인 차이이다.

고전베단따: 우빠니샤드(성언) → 직접적 지식 → 해탈
　　　　　　　　　　　　　　→ 간접적 지식 → 직접적 지식 → 해탈

신베단따: 우빠니샤드(성언) → 간접적 지식 → 직접적 지식(체험) → 해탈

어쩌면 필연적인 귀결일지도 모른다. 베단따가 체험적 신비주의로 흘러간 것은 불가피한 일일 수도 있다. 현실적으로 우빠니샤드로부터 직접적 지식이 바로 발생하지 않기 때문이다. 현실적으로 그렇다. 인정해야 한다. 누군가 수행론을 잘 따르고 있다. 우빠니샤드의 가르침에 깊이 몰두한다. 그런데도 해탈은 멀기만 하다. 아뜨만을 '체험'하지 못했기 때문이라고 말할 수밖에 없다. 지식이 간접적이었을 뿐 직접적이지 못했다고 말할 수밖에 없다. 변명으로 들려서는 안 된다. 다른 방식으로 정당화할 필요가 있다. 삽시간이다. 자기도 모르게 체험적 신비주의를 받아들이고 만다.

간단한 문제가 아니다. 어떤 이론이 변용되는 것은 나쁘지 않다. 다만 핵심교리와 모순되지는 않는 방향으로 변용되어야 한다. 체험적 신비주

의는 어떠한가? 베단따의 핵심교리와 모순된다. 어떻게 모순되는가? 성언 인 우빠니샤드만으로는 해탈이 불가능하다는 논리를 편다. 왜 모순되는 가? 체험을 강조하면 우빠니샤드가 본래의 역할을 못하게 되는 결과가 발생하기 때문이다. 사정은 이러하다. 분명 베단따에서는 우빠니샤드가 지식수단이다. 지식수단은 반드시 지식을 낳아야 한다. 당연히 그래야 하는데 그러지 못한다. 체험적 신비주의에서는 우빠니샤드와는 별도로 체험이 필요하다고 주장하기 때문이다. 지식은 체험되어야 하는 것이라고 주장하는 셈이다. 결국 우빠니샤드는 간접적 지식만 낳을 뿐 최종적인(직접적) 지식을 낳지 못한다. 제 구실을 못한다. 최종적인 지식을 낳지 못하므로 해탈을 낳지도 못한다. 성언인 우빠니샤드는 무용지물이 된다. 체험적 신비주의는 이렇게 우빠니샤드를 배반한다.

베단따의 역사에서 수행론은 후대로 갈수록 더 복잡해진다. 다양한 목소리가 나타난다. 직접성을 강조하는 목소리는 점점 더 커진다. 샹까라 이후에 베단따가 점점 상크야와 요가로 경도되는 현상과도 무관하지 않다. 베단따에 들어온 삼매와 같은 요가적 요소는 직접적 체험이기 때문이다. 직접성은 어느 순간 베단따 수행론의 결정적 요소가 된다. 성공적 수행의 잣대가 된다. 예를 들어 "그것이 너이다"와 "나는 브라흐만이다"라는 위대한 문장이 차별화된다. 전자는 '너'에 관한 선언이기 때문에 간접적 지식이라고 한다. 후자는 '나'의 선언이기 때문에 직접적 지식이라고 한다. 후자를 '직각의 문장'anubhava-vākya 또는 '체험의 문장'으로 부르기도 한다.[9]

---

9   『베단따 사라』 28.1 참조.

후자에 도달해야 수행이 성공한다. 이로부터 전자는 추론이나 논리의 문장으로 규정되고 말 것이다. 당혹스럽다. 직접성 때문에 위대한 문장까지 이분화된다. 체험적 신비주의의 색채가 물씬 풍긴다. 이러한 모습들도 다 베단따이기는 하다.

어쨌거나 베단따는 직접적 지식을 얻기 위한 고군분투이다. 직접적 지식은 일종의 '정신의 지각'이다. 초감각적인 대상에 대해 정신이 마치 지각하듯이 직관하여 아는 것이다. 초감각적 대상 자체가 간접적이지 않고 직접적이다. 아뜨만이 바로 그러하다. 직접적이기 때문에 직접적으로 알 수 있다. 직접적 지식이란 고전베단따의 관점에서는 직접적 자각이다. 신베단따의 관점에서는 삼매와 같은 심리적 체험이다.

지식을 전하는 방법들

베단따의 지식은 이렇게 특별하다. 일반적인 지식과는 종류가 다르다. 깨우침이라는 결과를 낳기 때문에 더더욱 특별하다. 한 가지 더 덧붙일 것이 있다. 이 지식은 스스로 얻기 힘들고 스승의 도움을 필요로 한다. 애초에 이 지식을 얻는 방법마저 매우 특별한 것이다. 과연 이 지식은 스승으로부터 제자에게 어떻게 전승될 수 있을까? 제자는 이 지식을 어떻게 얻을 수 있을까? 인도철학에서 중요한 주제이다. 아니, 베단따에서 특별히 중요한 의제이다.

무엇보다도 브라흐만은 언표 불가능한 존재이다. 결코 언어로써 표현될 수 없는 절대이다. 이 브라흐만을 스승이 어떻게 가르칠 수 있을까? 베단따로서는 큰 고민이 아닐 수 없다. 그래서 몇 가지 방법을 고안해낸다. 크게 세 가지라고 잘 알려져 있다. 네띠 진술neti-vāda, 덧놓기와 걷어내기 adhyāropa-apavāda, 함축lakṣaṇā이다. 이 가운데 앞의 둘은 부정적인 방법이다. 뒤의 하나는 긍정적인 방법이다. 부정과 긍정의 대결구도이다. 브라흐만에 대한 지식은 부정적인 방법을 통해 전해질 수 있을까? 아니면 긍정적인 방법을 통해 전해질 수 있을까? 우빠니샤드 시대부터 대두된 의문이다.

네띠 진술은 우빠니샤드의 위대한 유산이다. 언어로써 절대를 포착하려는 최선의 방법이다. 절대인 브라흐만이나 아뜨만은 그 어떤 언어로도 묘사되지 못한다. 유일한 언어가 있기는 하다. '아니다', '아니다'와 같은 언어이다. 절대에 대해 '이러하다', '그러하다'라고 묘사할 때마다 '아니다', '아니다'를 덧붙이는 형태이다. 절대는 '이러한 것도 아니고 그러한 것도 아니다(네띠 네띠).' 이로부터 '네띠 네띠' 자체가 브라흐만을 지시하는 유일한 말로 남는다.

이제 여기서부터는 [브라흐만에 대한] 지시입니다: 네띠 네띠(이러한 것도 아니고 그러한 것도 아니다). 왜냐하면 '네띠'라는 이것보다 더 지고한 다른 [지시는] 없기 때문입니다.<브리하다란야까 우빠니샤드 2.3.6>

'네띠'는 두 번 반복된다. 한 번만 '네띠'라고 부정한다면 이러한 의문이 생길 수 있다. 어떤 것이 브라흐만이 아니라면 다른 것이 브라흐만인가?

그런데 한 번 더 부정한다. 다른 것도 브라흐만이 아니라고 부정하는 셈이다. 결국 브라흐만이라고 짐작되는 모든 것들을 부정한다. 브라흐만을 제외한 모든 현상적인 것들을 부정한다. 더 이상 의문이 생기지 않는다. 오히려 더 확실해진다. '네띠 네띠'라고 함으로써 브라흐만 자체로 귀결된다. 수식하는 모든 것들이 사라진다. "[아뜨만에 대한] 모든 한정(수식)은 아뜨만이 아니기 때문에 [잘라서] 버려진 손과 유사하다. 그러므로 아는 자는 모든 한정들로부터 자유롭다."<우빠데샤 사하스리(운문) 6.2> 아뜨만에 대한 수식들은 모조리 장신구와 같다. 헛치레이다. 아뜨만은 그 어떤 장식도 가지지 않는다.

'네띠 네띠'는 역설적인 방법이다. 절대를 알 수 없다고 아는 것이 절대를 제대로 아는 것이라는 논리이기 때문이다.[10] 절대의 불가지성(不可知性)에 대한 지식이 절대에 대한 유일한 지식인 것이다. 만만치 않은 비판이 예상된다. 가장 큰 비판은 이것이다. 부정하기만 해서는 결코 절대를 알 수 없다. 긍정적으로 묘사해야 절대의 정체를 알 수 있다. 따라서 네띠 진술은 브라흐만에 대한 지식을 적극적으로 산출하지 못한다. 부정적인 방법의 한계이다.

네띠 진술과 유사한 방법은 덧놓기와 걷어내기이다. 절대는 언표 불가능하다. 세계는 언표 가능하다. 언표 불가능한 절대는 언표 가능한 세계를 통해 조금씩 더 잘 이해될 수 있다. 이 방법은 절대에 대한 이해도를 높이는 데 유효하다. 우선 절대가 아닌 것을 절대인 양 임의적으로 절대에 귀속

---

10   Frauwallner(1973) p. 53 참조.

시킨다. 그러고 나서 그 귀속시킨 것을 후발적으로 철회한다. 마치 거짓으로 건축물을 짓고 또 부수는 과정과 같다. 이 과정을 통해 절대의 정체를 더 잘 파악할 수 있다. 절대에서 먼 것부터 시작한다. 절대에 가장 가까운 것에서 끝난다. 점차적으로 절대에 근접할 수 있는 것이다. 이 방법은 네띠 진술처럼 긍정한 것을 즉시 부정한다. '그것이다'라고 긍정한 다음 '그것이 아니다'라고 바로 부정한다. 이 과정을 되풀이하기만 한다. 절대가 무엇인지 어느 정도 짐작할 수 있게 해준다. 확실히 알려주지는 못할 것이다. 이 방법은 네띠 진술처럼 절대에 대한 지식을 적극적으로 산출하지 못한다.

함축은 유일하게 긍정적인 방법이다. 절대는 직접적으로 언표될 수 없다. 그럼에도 간접적으로 지시될 수는 있다. 절대는 언어의 일차적 의미가 아니라 이차적 의미를 통해 지시될 수 있는 것이다. 예를 들어 누군가 '갠지스강에 존재하는 부락이다'라고 말한다. 갠지스강에 어떻게 부락이 존재할 수 있겠는가. 불가능하다. 부락은 갠지스 강변에 존재할 뿐이다. 이 경우 '갠지스강에'라는 일차적 의미는 적합하지 않다. '갠지스 강변에'라는 이차적 의미가 적합하다. '갠지스강에'라는 말에 의해 '갠지스 강변에'라는 의미가 함축된다. 또 예를 들어 누군가 '빨강이 달린다'라고 말한다. '빨강'이라는 색깔이 달릴 수는 없다. '빨강'이라는 색깔을 가진 사물이 함축된다고 이해해야 한다. 이렇듯 함축이란 일차적 의미가 적합하지 않은 경우에 이차적 의미를 적용하는 것이다. 샹까라도 말한다. "그것(브라흐만)은 지시되는 반면, 표현되지 않는다."<따잇띠리야 우빠니샤드 주석 2.1.1>[11]

....

11   원문은 다음과 같다: tal lakṣyate na tu ucyate.

베단따에서 중요한 함축은 '폐기 수용 함축'jahadajahal-lakṣaṇā이다. 이를 '부분 함축'bhāga-lakṣaṇā이라고 부르기도 한다. 전통적인 예로는 '그가 이 데바닷따이다'가 있다. 이 문장의 뜻은 무엇인가? 과거에 보았던 그 데바닷따가 현재에 보고 있는 이 데바닷따라는 뜻이다. 한 사람이 데바닷따를 만난다. 처음에는 데바닷따를 인지하지 못한다. 다른 사람이 와서 이 데바닷따가 어릴 적의 그 데바닷따라고 알려준다. 비로소 어릴 적의 데바닷따를 떠올리며 '그가 이 데바닷따이다'라고 알게 된다. 어떻게 알게 되는가? 과거의 그 데바닷따와 현재의 이 데바닷따 사이에 존재하는 차이점을 버린다. 둘 사이에 존재하는 유사점을 취한다. 즉, 폐기와 수용이 동시에 행해진다. 폐기 수용 함축이다. 부분을 버리고 또 부분을 취한다. 부분 함축이다. 이제 이 함축을 정의해볼 수 있다. 어떤 말의 일차적 의미에서 모순되는 부분이 폐기되고 또 모순되지 않는 부분인 이차적 의미가 수용(함축)되는 것이다.

함축의 방법은 주로 "그것이 너이다"와 같은 위대한 문장에 적용된다. 이 문장은 '절대인 브라흐만이 곧 너 자신이다'라는 뜻이다. 일차적 의미가 도저히 통하지 않는다. 어떻게 한계를 가진 인간이 절대적인 브라흐만일 수 있겠는가. 둘은 같은 것일 수 없다. 그럼에도 우빠니샤드에서는 같은 것이라고 규정한다. 이차적 의미를 따져봐야 한다. 분명 '그것'인 브라흐만과 '너' 사이에는 모순되는 부분이 있다. 브라흐만은 간접적이고 너는 직접적이다. 모순되는 부분은 버린다. 반면에 둘 사이에는 모순되지 않는 부분도 있다. 둘 다 순수의식이다. 아니, 둘 다 순수의식으로 이해되어야 한다. 모순되지 않는 부분은 취한다. 이로부터 '그것'이라는 말과 '너'라는 말에 의해 순수의식이 함축된다. 둘은 같은 것일 수 있다. '그것이 너이다'라는 문장은 브라흐만과 개별자아의 동일성을 알려주는 게 맞다. 그것도 함축이라는 긍정적인 방법을 통해 알려준다. 더 나아가 브라흐만을 '존재, 의식, 무한'이라고 정의한 것도 함축의 방법이다. 브라흐만은 '존재'라는 말로 표현될 수 없기 때문이다. '존재'라는 말은 '비존재가 아닌 것'을 함축하기 때문이다. 함축은 지식을 적극적으로 산출하는 방법인 것이다.

세 가지 방법은 이와 같다. 모두 언어의 한계를 뛰어넘어 절대에 대한 지식을 전하려는 시도이다. 궁금한 것은 세 방법 사이의 관계이다. 특히 부정적 방법과 긍정적 방법 사이의 관계이다. 어느 것이 가장 중심적인 방법인가 하는 것도 논쟁이 된 바 있다. 여러 학자들이 다양한 답변을 내놓는다.

혹자는 샹까라가 함축을 제안했다는 점에 주의를 집중시킨다. 브라흐만의 언표 불가능성을 극복하는 방법으로 함축을 제안했다는 것이다.[12] 이렇게 주장하면 네띠 진술이나 덧놓기와 걷어내기는 언표 불가능성을 '극복하는' 방법이 아니다. 그저 그것을 '알려주는' 방법에 지나지 않는다. 혹자는 부정과 긍정의 두 방법이 단일한 방법이라고 강조한다. 샹까라가 그러한 입장이라고 본다. 무지를 파기하기 위해서는 모든 방법을 총동원해야 한다. '뱀이 아니다, 뱀이 아니다!'라고 부정적으로 외치는 것만으로 충분하지 않다. '밧줄이다!'라고 긍정적으로 지시해야만 한다.[13] 혹자는 세 방법이 단계적으로 실행되어야 한다고 주장한다. 먼저 덧놓기를 통해서

12   Rambachan(1991) pp. 67-76 참조.
13   Comans(2000) pp. 289-290 참조.

는 실재에 대해 초점을 맞출 수 있다. '네띠 네띠'를 통해서는 그렇게 근사한 실재가 부정과 무효화를 겪게 된다. 마지막으로 함축을 통해서는 실재에 대한 정의가 도출된다.[14]

전통적으로도 비슷한 논의가 있었다. 우빠니샤드에는 브라흐만을 묘사하는 부정적 문장과 긍정적 문장이 공존한다. 어느 문장이 더 중요할까? 두 가지 상반된 입장이 제시되었다. 하나, 부정적 문장이 더 중요하다. 왜냐하면 부정적 문장은 그 자체로 브라흐만에 대한 지식을 전하기 때문이다.[15] 만다나 미슈라의 견해인 듯하다. 바마띠학파이다. 부정 자체는 부정의 토대를 필요로 한다. 그러니 부정적 문장으로부터 그 토대인 브라흐만이 자연스럽게 알려진다. 둘, 긍정적 문장이 더 중요하다. 왜냐하면 부정적 문장은 긍정적 문장에 대한 반복진술일 뿐이기 때문이다. 빠드마빠다의 견해이다. 비바라나학파이다. 밧줄과 뱀을 예시로 들 수 있다. '이것은 뱀이 아니다'라는 것은 부정적 문장이다. 이 문장은 '이것은 밧줄이다'라는 긍정적 문장을 다르게 진술한 것일 뿐이다.[16] 부정적 문장도 필요하긴 하다. '브라흐만'이라는 개념을 명료화하기 위해서이다. 브라흐만이 물질적인 것 따위가 아니라는 것을 알기 위해서이다.

베단따의 주류는 비바라나학파이다. 긍정적 문장의 손을 들어준다.

---

14 Comans(2000) p. 290, 재인용. 원문은 다음을 참조: De Smet, R. V.(1953), *The Theological Method of Śaṃkara*, Rome: Pontifical Cregorian University, p. 289. De Smet의 경우에 '걷어내기'와 '네띠 진술'은 동일한 것으로 간주된다.

15 『상끄셰빠 샤리라까』 1.250 참조.

16 『상끄셰빠 샤리라까』 1.257-258 참조. 『상끄셰빠 샤리라까』의 저자인 사르바즈냐뜨만은 이 입장을 지지한다.

논리적으로 긍정적 문장이 우선시된다. 브라흐만은 "존재이자 지식이자 무한이다."<따잇띠리야 우빠니샤드 2.1.1>라는 등처럼 일단 규정되어야 한다. 브라흐만의 본질이 알려진다. 이로부터 "그것은 광대하지도 않고 미세하지도 않으며"<브리하다란야까 우빠니샤드 3.8.8>라는 등의 부정적 문장이 작동한다. 브라흐만의 무(無)속성, 비(非)이원성 등을 알 수 있다. 브라흐만의 본질이 더 잘 이해된다.

지식을 얻기 위한 수단들

마침내 베단따의 지식이 스승에게서 제자에게로 전해진다. 어떤 제자는 쉽게 직접적 지식을 얻는다. 대부분의 제자들은 그것을 얻지 못한다. 왜 이러한 차이가 발생할까? 장애 때문이다. 대부분이 장애를 안고 있다. 직접적 지식이 발생하지 못하도록 하는 장애이다. 다양한 장애가 여러 문헌들에서 묘사된다. 가령 "죄악(악업), 세속적인 부주의함,[17] 영원한 것과 무상한 것에 대한 분별과 관계하여 이전에 확고하게 배움을 얻지 못함, 세상의 이목을 지나치게 의식함, 카스트 등을 자기로 가정함 등"<우빠데샤 사하스리(산문) 1.4>이라는 장애가 열거된다. 장애가 없는 자는 바로 직접적 지식을 얻는다. 바로 해탈한다.

직접적 지식을 얻기 위해서는 여러 수단들을 활용해야 한다. 그로부

---

17 '세속적인 부주의함'이라는 것은 언행이 제어되지 못하고 방종한 상태를 가리킨다.

터 장애를 제거해야 한다. 당연히 수많은 수단들이 등장한다. 시대마다 학자마다 그 수단들은 조금씩 상이하다. 워낙 복잡해서 온전하게 이해하는 것이 불가능할 지경이다. 다만 지식의 수단들은 크게 두 가지로 나뉜다. '내적 수단'antaraṅga과 '외적 수단'bahiraṅga이다. 내적 수단은 지식의 발생에 직접적으로 작용하는 것이다. 외적 수단은 그 발생에 간접적으로 작용하는 것이다. 내적 수단은 본질적이고 외적 수단은 부차적이다.

지식 발생의 내적(본질적) 수단은 듣기, 숙고하기, 명상하기 등이다. 직접적 지식의 발생에 일차적인 역할을 한다. 그 발생의 직접적인 수단이다. 반드시 듣기 등을 거쳐야만 직접적 지식이 발생하는 것이다. 샹까라는 "듣기, 숙고하기, 믿음, 전심전념 등의 내적 수단들"<브라흐마 수뜨라 주석 4.1.18>이라고 언급한 바 있다. 베단따 수행론에서 핵심 중의 핵심이다.

외적 수단으로는 대표적으로 4가지 선행요건을 들 수 있다. 듣기 등을 시작하기 전에 갖추어야 할 조건이다. 4가지 선행요건은 분별, 무욕, 덕목, 해탈욕이다. "분별이 있고 무심하며 평정 등의 덕목을 갖추고 해탈을 욕구하는 자만이 실로 브라흐만에 대한 탐구욕에 적합하다고 간주된다."<비베까 쭈다마니 17> 선행요건도 학자에 따라 조금씩 변용된다. 수레슈바라는 다음과 같은 선행요건을 제시한다.[18]

윤회세계의 부질없음에 대한 앎samsārāsāratājñāna, 윤회세계를 벗어나고 자 하는 욕구samsāraparijihīrṣā, 세 가지 즉 욕망, 실리, 의무를 추구하는 것

---

18   Upadhyaya(1999) pp. 188-189 참조.

버리기esanatrayatyaga, [아뜨만을] 알고자 하는 욕구vividisa, 알고자 하는 욕구를 통해 세속 떠나기vividisasamnyasa.

5가지이다. 하나씩 따져보면 4가지 선행요건과 크게 다르지는 않다. 표현이 조금씩 다른 셈이다. 이러한 선행요건은 지식의 발생에 직접적으로 작용하지 않는다. 간접적으로 그 발생에 도움을 줄 뿐이다. 듣기 등을 위한 예비단계에 불과하기 때문이다.

외적 수단은 내적 수단보다 먼저 갖추어져야 한다. 논리적으로 당연하다. 현실적으로도 당연하다. 외적으로 엉망진창인 삶을 살면서 본질적인 수행을 할 수는 없는 노릇이다. 외적 수단에 대한 언급도 다양하다. 4가지 선행요건과는 별도로 수많은 버전이 등장한다. 예를 들어『아빠록샤 아누부띠Aparoksa-anubhuti』에서는 지식을 얻기 위한 15단계를 제시하기도 한다.[19] 들어봤음직한 대부분의 수행법이 포함된다. 후대에는 요가 수행법이 외적 수단으로 자주 거론된다. 지식을 얻기 위한 외적 수단은 많고도 많다. 힌두교의 관점에서는 크게 의례와 정화를 꼽을 수 있다. 베단따도 힌두교의 한 사상이자 실천이다. 의례와 정화를 중요시한다.

의례(제의)는 힌두교도의 의무이다. 죄악을 소멸시켜준다. 죄악은 지식이 발생하는 데 크나큰 장애이다. 고행이 이 죄악을 소멸시켜주기도 한다. 그래서 고행을 지식의 수단으로 간주하는 경우도 있는 것이다.[20] 죄악

---

19 『아빠록샤 아누부띠』 102-103 참조.
20 『상끄셰빠 샤리라까』 3.358-361 참조.

이 소멸되면 마음이 정화된다. 즉 의례가 마음의 정화를 야기한다. 지식이 깃들게 하기 위해서이다. "아그니호뜨라 등의 상시적 의례는, 죄악을 소멸하는 수단으로 사용되는 것을 통해 마음의 정화 수단이라고 간주됨으로써 해탈을 목적으로 하는 '브라흐만에 대한 앎'을 야기하는 것"<브라흐마 수뜨라 주석 4.1.18>이다. 좁은 의미의 의례가 이와 같다. 넓은 의미에서는 모든 수행법이 곧 의례이다. 의례의 변형이다.

'정화'라는 것은 굉장히 넓은 개념이다. 문화적이고 윤리적이고 육체적이고 심리적인 정화를 모두 아우른다. 힌두교 문화에서 필수적인 것이다. 힌두교 문화는 정화를 위한 의례의 향연이다. 정화를 위한 수행의 향연이다. 정화는 외면적 의례와 내면적 의례의 복합물이다. 개인과 집단을 신성하게 만들기 위한 기나긴 노정이다. 삶과 세계 전체가 정화되어야 한다. 인간의 모든 부문이 정화되어야 한다. 다만 베단따는 내부적 정화를 더 강조한다. 정화 가운데도 심리적 정화가 최고봉인 것이다. 지식이 깃들게 하기 위해서이다. "결국 해탈을 욕구하는 이는 열심히 마음의 정화를 행해야 한다. 그리고 그것이 정화되는 경우에 해탈은 손바닥의 과일과 같게 된다."<비베까 쭈다마니 183>

지식의 수단들 가운데 중요한 것이 하나 남아 있다. 명상이다. 명상은 분류하기가 쉽지 않다. 외적 수단과 내적 수단 중 하나에만 쉽게 포함될 수 없기 때문이다. 명상은 그야말로 다양한 목적을 가진다. 주로 낮은 브라흐만에 대한 명상이 그러하다. "계속적 명상들 중에 어떤 것들은 번영을 목적으로 하고, 어떤 것들은 점진적 해탈을 목적으로 하며, 어떤 것들은 행위(의례)의 극대화를 목적으로 한다."<브라흐마 수뜨라 주석 1.1.12> 목적들 가운데 '점진적 해탈'과 '의례의 극대화'를 주목할 만하다. 각각 외적 수단인 정화와 의례와 관련이 깊다. 낮은 브라흐만에 대한 명상은 외적 수단인 셈이다. 직접적 지식을 바로 발생시키지는 못한다. 결코 내적 수단이 될 수 없다. 내적 수단이 되려면 높은 브라흐만에 대한 명상이어야 한다. 직접적 지식을 바로 발생시켜야 한다. '듣기, 숙고하기, 명상하기'의 그 명상이어야 한다.

명상을 통해서도 해탈할 수 있다. 높은 브라흐만을 명상하는 경우이다. 무속성, 무형태의 브라흐만에 몰입하는 경우이다. 이 경우에도 직접적 지식이 산출되어야 한다. 명상이 지식의 내적 수단으로 기능해야 한다. 그래야만 베단따의 공리를 훼손하지 않는다. 오직 지식만이 해탈의 수단이라는 공리 말이다.

적절한 착오처럼 '브라흐만'이라는 존재를 명상하고서도 해탈한다. … '보석의 빛'과 '등불의 빛'에 대해 보석이라는 생각을 하며 돌진하는 경우, [그 둘은] 비록 허위적 지식이라는 것은 다르지 않을지라도 목적인 행동과 관련해서는 다르다. 방의 안쪽에 등불이 있고 그 빛이 문 밖에서 보이듯이, 마찬가지로 다른 곳에도 보석의 빛이 문 밖에서 보인다. 멀리서 두 빛을 보고 나서 보석이라는 생각을 하며 돌진하는 두 사람 모두, 빛을 보석이라고 생각하는 허위적 지식을 가진다. 등불의 빛을 향해 돌진한 자는 보석을 얻지 못한다. 보석의 빛에로 돌진한 자가 확실히 보석을 얻을 뿐이다. 등불의 빛을 보석으로 착각한 것은 '부적절한 착오'라고 간주된다. 보석의 빛을 보석으로 착각한 것은 '적절한 착오'라고 불린다. … 굶주림보다는 구걸이 더 낫듯이, 마찬가지로 다른 것보다는 명상이 더 낫다. 비천한 세상사보다 의례 등을 실행하는 것이 더 낫다. 그리고 그것보다는 유속성 [브라흐만에

대한] 명상이 더 낫고, 그것보다는 무속성 [브라흐만에 대한] 명상이
더 낫다.<빠짜다쉬 9.1-6; 9.120-121>

상당히 재미있는 비유이다. 등불의 빛을 보석으로 착각한 것은 부적
절한 착오이다. 보석의 빛을 보석으로 착각한 것은 적절한 착오이다. 둘 다
착오이긴 매한가지이다. 보석의 빛도 보석 그 자체는 아니기 때문이다. 그
렇지만 적절한 착오를 통해서는 원하는 것을 얻기도 한다. 명상이 바로 그
적절한 착오이다. 명상은 행위의 일종이기 때문에 착오이다. "앎과 명상의
차이점이 무엇이냐고 말한다면, 들어보시오! 지식은 사물에 의존해야 하
는 것이고, 명상은 행위주체에 의존해야 하는 것이다."<빠짜다쉬 9.74> 명
상은 주관과 대상이라는 이원성의 한계 속에서 작동한다. 이원성은 그 어
떤 형태이든 착오에 지나지 않는다. 그럼에도 적절한 착오는 직접적 지식
을 낳는다. 낮은 브라흐만에 대한 명상도 때로는 직접적 지식을 낳는다. 높
은 브라흐만에 대한 명상은 말할 것도 없다. 이원성의 한계 속에서 비이원
적인 브라흐만에 몰입한다. 보석의 빛이 아니라 보석 자체를 대상으로 한
다. 그 명상은 직접적 지식을 낳는 데 탁월한 효과가 있다. 지식의 수단들 가
운데 최고의 것이다.

지식의 수단들을 두고 볼 때 베단따는 돈오점수(頓悟漸修)인 듯하다.
지식의 외적 수단들은 오랫동안 수행되어야 한다. 내적 수단들도 반복되
어야 한다. 점수이다. 그러는 와중에 갑작스럽게 직접적 지식이 온다. 돈오
이다. 하지만 이게 전부는 아니다. 돈오돈수(頓悟頓修)도 가능하다. 어떤 이
는 '그것이 너이다'라는 문장을 듣고 바로 직접적 지식을 얻는다고 한다.

베단따는 그 가능성도 인정한다. 돈오점수와 돈오돈수가 모두 열려 있다.

항상 '돈오' 그 자체인 직접적 지식에 초점이 맞춰진다. 이 지식을 맞이하기 위해 오랫동안 준비를 해야 한다. 육체, 감관, 숨, 마음, 자아의식, 지성 등을 올바르게 관리하고 통제해야 한다. 한마디로 말해, 터를 잘 가꾸어야 직접적 지식이 열매 맺는다. 인도의 모든 수행론이 그러하다. 터를 잘 가꾸는 것에서 출발한다. 들판을 잘 가꾸어야 씨앗이 싹튼다. 그 싹이 자라고 풍성한 수확을 얻는다. 마찬가지로 심신을 잘 가꾸어야 지식의 씨앗이 싹튼다. 그 싹이 자라고 어느 순간 확고한 지혜로 만개한다. 단시간에 심신의 터를 갈고 닦을 수는 없다. 대부분의 사람들이 무수한 윤회 속에서 '점수'를 거듭해야 하는 이유이다.

베단따의 수행론은 기본적으로 물질과 육체를 평가 절하한다. 아니, 그러한 것과 유사한 정신적인 것마저 평가 절하한다. 순수정신(순수의식)만을 분리해내야 하기 때문이다. 육체적인 영역을 혹독하게 관리한다. 정신적인 영역도 냉혹하게 통제한다. 관리하고 통제해서 가둔다. 부정적인 것들을 괄호 안에 묶음으로써 순수정신의 독존이 가능해진다. 직접적 지식은 그 독존의 방에 들어가는 최후의 문이다.

체험하는 앎이 진정한 앎

베단따의 직접적 지식은 체험이기도 하다. 나의 바깥에 존재하는 무언가를 체험하는 것은 아니다. 오직 나 자신을 체험하는 것이다. 게다가 체험하는 주체가 따로 있고 체험하는 대상이 따로 있는 것도 아니다. 온전히 하나가 된 채 자각을 체험할 뿐이다. 차라리 '깨우침'이라는 말이 더 잘 어울린다. '체험'이라는 말도 꽤나 어울릴 수 있다. 간접적 지식이 아닌 직접적 지식은 어쨌거나 직접 경험되는 것이기 때문이다.

베단따를 '체험주의'라고 불러도 좋다. 한정된 의미에서이다. 우선 '실천적'이라는 측면에서 체험주의이다. 베단따에서는 영혼의 자유로 이끌지 못하는 앎은 진정한 앎이 아니다. 거추장스러운 앎에 불과하다. 이로부터 학자보다는 현자나 성자를 더 우러러본다. 앎을 삶으로 전화시킨 사건을 경이로운 체험으로 간주하는 것이다. 이론은 체험되어야 한다. 그런데 이 체험은 일반적 경험이 아니다. '경험해보아야 안다'라고 말할 때의 그런 경험과는 다르다. 차라리 그런 경험에 대한 반성에 가깝다. 무엇 무엇에 대한 경험이 아니라 경험 그 자체이다. 경험의 근원에 대한 경험이다. '원형적'인 경험이다. 베단따의 지식 이론은 실천적이고 원형적인 체험에서 완결된다.

직접적 지식이 발생하는 것은 곧 해탈이다. 지식의 발생과 '해탈'이라는 사건은 동시적이다. 앎이 곧 됨이다. 앎과 됨 사이에는 그 어떤 시간적 간극도 없다. "실로 그 지고한 브라흐만을 아는 자는 브라흐만 자체가 된다."<문다까 우빠니샤드 3.2.9> 참된 나를 알면 참된 나가 된다. 논리적으로 따지면 순서가 있기는 하다. 맨 먼저 직접적 지식이 발생한다. 무지의 상태인 마음이 그 상태를 벗어난다. 브라흐만 상태로 된다. 즉, 브라흐만의 본질과 일치하는 마음의 상태가 된다. 시간적으로는 순서가 없다. 아는 것, 도달하는 것, 획득하는 것은 동시에 일어난다. 산스끄리뜨 동사에서도 '알다'라는 뜻을 가지는 어근은 '도달하다, 획득하다'라는 뜻도 동시에 가진다.[21] 아는 것이란 참된 나에 대한 체험이다. 그러다 보니, 아는 것은 참된 나에 도달하는 체험이다. 참된 나를 획득하는 체험이다.

체험은 계시와 모순되지 않는다. 체험은 결코 교외별전(教外別傳)이 아니다. 우빠니샤드와 별도로 깨우침을 얻는 방법은 없기 때문이다. 또한 우빠니샤드 자체가 체험이기 때문이다. 우빠니샤드의 성자들은 실제로 아뜨만을 체험했다고 한다. 이 체험에 대한 기록이 '우빠니샤드'라는 계시이다. 체험이 계시를 구성한다. 정신의 지각인 체험은 분명 계시와 다른 것이 아니다. 지각 우선주의와 계시 절대주의는 이렇게 조화를 이룬다. 『브라흐마 수뜨라』에서도 '지각'pratyakṣa이라는 말은 '계시'śruti를 가리키기도 한다. 예를 들어 "[이는] 지각(계시서)과 추론(전승서)으로부터 [알려진다]."<브라흐마 수뜨라 1.3.28>라고 한다. 문맥을 따른다면 지각은 반드시 우빠니샤드를 지시해야 한다. 총 세 번의 사례가 등장한다.[22] 베단따는 체험이 담긴 그 계시를 다시 체험하려고 한다. 체험을 재현하기 위해 프로그램을 정교하게 다듬는다. 프로그램을 잘 따라가면 실제로 아뜨만을 체험할 수 있다. 해탈은 계시의 재현이자 체험의 재현이다.

베단따의 체험은 신비적인 것이 아니다. 신을 만나는 것도 아니고 깊

---

21 예컨대, √vid, √labh, √upalabh, √pratipad, √grah, √vibhū, √anubhū, √avagam 등의 어근들이다.

22 나머지 두 사례는 "[이는] 지각(계시서)과 추론(전승서)을 통해서 [알려진다]."<브라흐마 수뜨라 3.2.24>라는 것과 "또한 지각(계시서)과 추론(전승서)은 이와 같음을 [즉, 지고한 빛이 변형에서 머물지 않는다는 것을] 보여준다."<브라흐마 수뜨라 4.4.20>라는 것이다.

은 삼매에 빠지는 것도 아니다. 확실히 몽롱한 상태와는 거리가 멀다. 의식이 선명한 상태에서 경험하는 것이다. 아니, 더 이상 선명할 수 없는 의식의 상태를 경험하는 것이다. 그러한 상태는 지속적으로 이어져야만 한다. 삼매처럼 들어가고 나오는 체험이 아니기 때문이다. 첫 체험 이후에 지속성이 없다면 제대로 된 체험이 아닐 공산이 크다. 이러한 까닭에 베단따의 체험은 일상적인 면모를 보여준다. 체험은 일상에서 벌어지는 일인 것이다. 또한 일상화되어야만 진짜 체험인 것이다.

한 가지는 간과하지 말아야 한다. 강조점은 체험에 있지 않고 지식에 있다. 베단따의 직접적 지식은 지식의 체험이 아니다. 체험적 지식이다. 체험을 강조하다 보면 자칫 지식 이후에 체험이 더 필요하다고 착각할 수 있다. 필요하지 않다. 지식이 최종점이다. 지식이 직접적이기 때문에 체험적이라고 말할 수 있을 뿐이다. '체험'이라는 말을 쓰더라도 그 본질이 지식이라는 점은 변치 않는다.

모름에 대한 어떤 전망

하나를 알면 모든 것을 안다. 참으로 수수께끼 같은 말이다. 여러 방식으로 그 뜻을 표현할 수 있다. 존재 자체인 브라흐만을 알면 모든 존재들을 안다. 모든 현상의 본질인 아뜨만을 알면 모든 현상들을 안다. 제1원인을 알면 그로부터 파생된 모든 결과들을 안다. 원형을 알면 모든 변형들을 안다. 전체로서의 하나를 알면 전체를 이루는 모든 부분들을 안다. 비슷하면서 조금씩 다른 표현들이다. '지식'과 관련해서는 이렇게 표현할 수 있다. 지식 그 자체인 브라흐만을 알면 구체적인 모든 지식들을 안다. 지식의 근원을 알면 분기된 모든 지식들을 안다. 지식의 토대를 알면 그 위에 세워진 모든 지식들을 안다.

A를 알면 B를 안다는 식이다. 앎, 앎, 앎이 반복된다. 무지에서 시작했으니 지식으로 끝나는 것이 자연스러운 과정이다. 아쉬운 점도 있다. 베단따는 지식에 대한 반성을 촉구하지만 여전히 선두에 지식을 내세우고 있다. 그렇게 보인다. 기존의 지식이 아니라 새로운 지식이 삶을 전환시킨다고 갈파한다. 단 하나의 지식만이 그럴 수 있다고 설파한다. 지식의 틀에서 빠져나오지 못하는 듯하다.

A를 알면 B를 안다는 것은 오직 A만 알아도 충분하다는 뜻이다. 수행론의 관점에서 그러하다. B에 대한 지식은 몰라도 되는 것이다. B에 대한 지식에 얽매여 있는 한 A를 알지 못한다. B를 완전히 모름으로써 A를 알 수 있다. 일반적 지식은 수행에 도움이 되지 않는다. 아니, 수행을 방해한다. 무지를 증폭시킨다. 아는 것이 모르는 것이다. 차라리 B에 대해 모르는 편이 더 낫다. 일반적 지식을 가지지 않는 편이 수행에 더 좋다. B에 대해 모르는 것은 무지가 파기된 상태와 유사하다. A에 대한 지식의 가능성을 높인다. 모르는 것이 아는 것이다. 이와 같다. 우빠니샤드의 역설이 다시금 확인된다. "아는 자들에게 알려지지 않고, 알지 않은 자들에게 알려진다."<께나 우빠니샤드 2.3> 아는 것이 모르는 것이다. 모르는 것이 아는 것이다.

베단따의 새로운 지식은 모름에 대한 전망을 열어젖힌다. 새로운 지식은 기존의 지식을 거부한다. 기존의 지식을 모르는 편이 더 바람직하다고 본다. 모름의 방법론이 작동하는 셈이다. 그것은 기존의 지식을 제거하려는 마음가짐이다. 일반적 지식을 향하던 고개를 홱 돌린다. 쌓여 있던 그 지식을 차례차례 지운다. '모른다, 모른다'라는 생각이 무지의 파기를 앞당긴다. 무지가 완전히 파기되는 것은 모름의 절정이다. 지식의 주체도 대상도 철저히 사라진다. 자각만이 존재하는 비이원성의 상태가 온다.

모름의 끝은 새로운 앎의 시작이다. 모름에 끝이 없다면 베단따는 미완성인 채로 남는다. 모름은 기필코 끝장나야 한다. 그 끝은 생각 멈추기이다. 안다는 것도 생각이요, 안다고 생각하는 것도 생각이다. 생각의 흐름은 물의 흐름처럼 끝없이 이어진다. 생각을 멈춰야만 온전하게 모르는 상태가 된다. 모름이 끝난다. 텅 빈다. 생각이 멈추는 지점은 텅 빔이다. 이는 마치 자아가 해체되는 것과 같다. '나'와 관련된 모든 생각들이 사라지기 때문이다. 생각이 그렇게 멈출 때 모름이 끝나고 지식이 발생한다. 텅 빈 그 자리를 지식이 가득 채운다. 다 버릴 때 다 얻는다는 이치가 적용되는 것이다. 해체된 자아는 해체되면서 비로소 모든 것이 된다. 경계가 없기 때문에 모든 곳에 충만해 있다. 모름으로부터 자아를 깨끗이 비울 때, 앎 자체가 충만한 채로 나타난다.

모름의 방법론은 자만하지 않으려는 마음가짐이기도 하다. 자만보다 더 큰 수행의 적이 어디 있겠는가. 자만을 경계하는 목소리는 인도철학의 문헌들마다 쟁쟁하다. 베단따도 다르지 않다. 예컨대 "브라흐만을 안다는 [생각을] 버리는 자가 아뜨만을 아는 자일 뿐"<우빠데샤 사하스리(운문) 12.13>이라고 한다. 브라흐만을 안다고 생각하는 자는 정작 모르는 자이다. 자만은 금물이다. 브라흐만을 정말 아는 자는, 안다는 생각조차 하지 않는다. 순진무구한 어린아이가 자만을 모르는 바와 같다. 우빠니샤드에서도 이미 자만을 경계한 바 있다. 『찬도그야 우빠니샤드』 6.1.3에서는 아버지가 아들에게 자만을 경고한다. "얘야, 슈베따께뚜야, 이제 너는 이렇듯이 자만해 있고 식자라고 생각하며 잘난 체하고 있구나!"

식자나 학자는 모름을 두려워한다. 앎이 자기 정체성의 핵심이기 때문이다. 모름은 모름이고, 앎은 앎일 뿐이다. 베단따는 다른 가능성을 보여준다. 앎은 모름이고, 도리어 모름은 앎에 가깝다. 모름의 텅 빔을 겪지 않고서는 결코 안다고 말할 수 없다. 『브리하다란야까 우빠니샤드』 3.5.1에서는 정신의 3단계 변화를 제시한다. 3단계는 학자, 아이, 성자이다. 훌륭한 인간 브라흐만이 되려면 이 3단계를 다 거쳐야 한다. 학자와 성자 사이에 아이가 끼어 있다. 아이란 세상의 상식과 통념이 없는 상태를 가리킨다. 또한 위선이나 오만이 없는 상태를 가리킨다. 모름의 상태를 겪어야 성자가 된다. 깨우침을 얻는다.

10.
자기탐구를 통한 자기치유

10.
자기탐구를 통한 자기치유

'나는 누구인가?'라는 호기심

인간과 유인원 사이에는 어떤 차이점이 있을까? 여러 가지가 있겠지만 호기심의 차이를 빼놓을 순 없다. 유인원도 의사소통이 가능하다고 한다. 목소리, 수화 등을 사용한다. 또한 새로운 것에 호기심을 가지기도 한다. 금방 지루해하고 만다. 그런데 유인원은 결코 자기 자신에 대해 호기심을 가지지 않는다. 질문도 던지지 않는다. 인간은 다르다. 언어를 통해 '왜?'라고 끊임없이 묻는다. 특히 '나는 누구인가?'라고 심각하게 묻는다. 오직 인간만이 자신에 대해 호기심을 가진다. 긴 호흡의 호기심이다. 호기심이 머리를 좋게 만든다.

호모 사피엔스로서 인간은 행복을 좇는다. 혹자는 세 가지 종류의 행복이 있다고 한다. 일단 쾌감을 느끼는 것이 행복이다. 삶의 의미를 만드는 것도 행복이다. 더 나아가 자신의 진실한 모습을 파악하는 과정도 행복이다.[1] 이 가운데 마지막의 것을 주목할 만하다. 자신의 진실한 모습을 파악하는 것은 일종의 자기탐구ātma-vicāra이다. 자기탐구의 과정 자체가 행복이다. 자기를 알아가는 일은 그만큼 중요하다. 인간의 본질은 자기탐구에 있기도 하다.

베단따는 인간의 본질에 충실하다. 자기탐구를 신조로 삼는다. 이를 위해 회초리를 든다. 매서운 질문의 회초리이다. 왜 인간은 항상 자기 자신으로 있으면서 자기 자신을 제대로 탐구하지 않는가? 왜 그러한가? 왜 자기 자신이 아닌 바깥을 향한 탐구에만 몰두하는가? 왜 바깥의 세계만큼 흥미로운 내면의 세계에는 무관심한가? 왜 '나는 누구인가?'라고 묻는 것을 게을리 하는가?

모든 질문은 '나는 누구인가?'라는 하나의 질문에 수렴된다. '나는 누구인가?'라는 질문은 질문의 왕이다. 질문의 원형이다. 다른 모든 질문은 파생된 변형에 불과하다. 베단따는 선언한다. 우주의 기원에 나의 기원이 포함되지 않는다. 그 반대이다. 나의 기원에 우주의 기원이 포함된다. '나는 누구인가?'라는 질문은 '우주는 무엇인가?'라는 질문보다 앞선다. 원형이 변형보다 앞서 존재하는 것과 같은 이치이다. 이 질문 하나만으로 베단따는 자기탐구의 챔피언에 오른다.

---

1   유발 하라리(2015) pp. 530-560 참조. 차례대로 각각 욕구 충족, 기대 충족, 자신의 진실 파악이다.

이 질문은 가장 원초적인 형태이다. 세련된 언어로 던지는 질문이 아니기 때문이다. 충분히 세련되게 질문을 던질 수도 있다. '나'라는 존재는 실체인가, 현상인가? '나'의 자아동일성은 어떻게 가능한가? '나'의 본성은 신에 가까운가, 동물에 가까운가? 고급스러운 형태의 여러 질문들이 가능하다. 가능하지만 그렇게 하지 않는다. 이유가 있다. 세련된 질문은 진실한 마음을 끌어내지 못하기 때문이다. 원초적인 질문을 대면해야 진심에 닿을 수 있다. 마음의 가장 깊숙한 곳이 요동친다. 존재 전체가 확 끌려 들어가듯이 반응한다. 숨어 있는 진실이 꿈틀거린다. 온갖 치장을 한 '나'는 발가벗는다. 모두 원초적인 질문 앞에서 가능한 일이다.

이 질문은 가장 난해한 형태이기도 하다. 누구도 쉽게 대답하지 못하기 때문이다. 이 세상에 쉬운 질문은 많다. 나의 성격은 어떠한가? 나의 믿음은 무엇인가? 이러한 질문에 대해서는 일사천리로 답변을 늘어놓는다. 묻지 않은 것까지 덧붙이기도 한다. 반면에 '나는 누구인가?'라는 질문 앞에서는 침묵하기가 부지기수이다. 어색함도 끼어든다. 익숙함에도 익숙하지 않은 질문인 것이다. 이로부터 베단따는 상기시킨다. 이 어려운 질문을 계속 껴안고 살아가라고 권고한다. 쉽게 답할 수 있으면 질문할 필요조차 없지 않은가. 어려움을 겪으면서 겨우 더듬거리는 답변이야말로 좀 더 진실에 가깝지 않는가.

베단따의 대답은 무엇일까? 답은 정해져 있다. 질문하는 자 자신이 브라흐만이고 아뜨만이라는 것이다. 베단따는 '나는 누구인가?'라는 질문에 '너는 브라흐만이다'라고 대답하는 체계인 셈이다.[2] 그게 시작이고 그게 끝이다. 허무할 필요는 없다. 베단따에서 중요한 것은 정해져 있는 답이 아니다. 정해져 있는 답을 향해 나아가는 과정이다. 자기탐구의 과정이다. 그 답이 진정으로 자기 자신의 것이 되기 위해서는 탐구가 꼭 필요하다.

베단따의 자기탐구는 세속적인 성공과는 무관하다. 빈손으로 끝난다. 세상을 떠들썩하게 만들지 않는다. 그저 자신에 대한 자신의 성공이다. 성공한 사람이 존재하지 않는 성공이다. 제대로 된 탐구는 자신의 흔적을 지운다. 흔적 없는 자신에 도달한다. 자기 자신에 대해 완전히 무관심해질 때야말로 온전한 자기 자신이 된다. 자기 자신이 아무것도 아님을 알 때야말로 특별한 자기 자신이 된다.

자기탐구란 어떤 것인가?

'나는 누구인가?'라는 질문은 우빠니샤드 시대부터 시작된다. 시작된다기보다는 본격적으로 제기된다. 이 질문은 전면에 드러나 있지 않다. 그럼에도 마치 모든 우빠니샤드에 전제된 것처럼 보인다. 우빠니샤드는 '나'의 존재 방식에 대해 다양한 방식으로 답변한다. 심지어 우주 창조에 관한 이야기도 이 질문에 대한 답변이다. 인간의 속박과 자유에 관한 이야기는 말할 필요조차 없다. 베단따는 그 바통을 이어받는다.

나는 누구인가? 이 [세계는] 어떻게 창조되었는가? 실로 누가 이 [세

---

2   『나이슈까르므야 싯디』 3.53 참조.

계의] 창조주인가? 이 [창조는] 어떤 물질적 원인으로 이루어지는가? <아빠록샤 아누부띠 12>

'속박'이라고 불리는 것은 무엇입니까? 그것은 어떻게 왔습니까? 그것은 어떻게 지속됩니까? 그것으로부터 어떻게 자유로워집니까? 아뜨만이 아닌 그것은 무엇입니까? 지고한 아뜨만은 무엇입니까? 이 둘은 어떻게 분별됩니까? 이러한 것들을 말씀해주십시오. <비베까 쭈다마니 51>

이러한 유형의 질문은 자신을 향해 던져진다. 스승을 향해서도 던져진다. 질문의 내용은 대우주, 소우주 모두와 관계한다. 궁극적으로는 소우주의 주인인 '나'에 관해서이다. 왜냐하면 '나는 누구인가?'라는 것이 궁극적 질문이기 때문이다. 탐구란 이 질문에 대해 답을 구하는 것이다. 침착하게 또 단계적으로 답을 구해야 한다.

소우주를 아는 것은 대우주를 아는 것이다. 이 명제는 우빠니샤드의 최대 공헌이다. 베단따만 받아들이는 명제가 아니다. 인도철학의 대부분이 받아들인다. 특히 수행론에서 그러하다. 간단하게 '소우주의 수행론'이라고 명명할 수 있다. 소우주에 대한 이해가 세계 전체에 대한 이해와 동일하다는 사고방식이다. 이로부터 자기탐구는 정당성을 가진다. 소우주인 자기 자신을 탐구하기만 해도 세계 전체를 탐구하는 것이 되기 때문이다. 소우주인 인간은 대우주의 부분인 듯하지만 부분이 아니다. 전체이다. 소우주에 대한 탐구도 부분에 대한 탐구가 아니다. 전체에 대한 탐구이다. 결국 소우주에 대한 탐구는 전체에 대한 통찰과 다르지 않다. 자기 자신만 알아도 전체를 통찰할 수 있다. '나는 누구인가?'라는 질문이 궁극적인 것일 수밖에 없는 이유이다.

자기탐구는 필연적으로 자기대화이다. 자기문답의 과정이다. 자기가 묻고 자기가 답한다. 소우주 자체에서 실행되는 수행론이기 때문에 그러하다. 스승이 묻거나 답하더라도 자기문답이나 마찬가지이다. 일종의 역할극이다. 제자는 의식이고 스승은 순수의식이다. 의식과 순수의식 사이의 내적인 대화인 셈이다. 대화가 지속되고 또 깊어지면 질문은 서서히 사라진다. 자기문답의 끝에서는 모든 질문이 완전히 사라진다. 그러면 순수의식이 대화의 상대를 잃는다. 더 이상 대화가 필요치 않다. 자기탐구는 자기대화가 종료되는 지점에서 종료된다.

자기탐구의 목적은 지식이다. 육체적으로 또 심리적으로 준비가 되어 있는 자가 탐구를 시작한다. 지식을 얻기 위한 여정이다. 여정의 중간 기착지는 간접적 지식이다. 여정의 최종 도착지는 직접적 지식이다. 베단따에서는 특히 직접적 지식을 얻기 위한 탐구를 강조한다.

> 믿음 없음이 간접적 지식을 방해할 뿐 다른 것이 아니다. 탐구 없음이 직접적인 지식을 방해한다. 만약 탐구를 하고서도 브라흐만 즉 아뜨만을 직접적으로 알지 못한다면, 직접성에 귀착될 때까지 다시 또 다시 탐구해야 한다.<빤짜다쉬 9.31-32>

믿음이 간접적 지식을 낳는다. 지식을 가진다는 것은 받아들인다는 뜻이다. 받아들인다는 것은 믿는다는 뜻이다. 아뜨만을 믿어야만 아뜨만

308

을 안다고 말할 수 있다. 그리고 탐구가 직접적 지식을 낳는다. 믿고 있는 지식이 다 직접 체험되는 것은 아니다. 체험될 때까지 쉼 없이 탐구를 지속해야 한다. 그래도 직접 체험되지 않는다면 탐구가 부족한 것이다. 전적으로 자신의 책임이다. 칠전팔기의 정신으로 또 다시 탐구해야 한다. "지식은 탐구 없이는 다른 성취수단들을 통해 발생하지 않는다."<아빠록샤 아누부띠 11>

탐구의 중요성은 『브라흐마 수뜨라』에 의해 뒷받침된다. 그것도 첫 번째 수뜨라에 의해서이다. 첫 번째 수뜨라가 주는 무게감은 만만치 않다. 일반적으로 경전 전체의 주제를 소개하기 때문이다. 이렇게 소개한다. "이제 이로부터 브라흐만에 대한 탐구욕이 [나아간다]."<브라흐마 수뜨라 1.1.1> 경전 전체의 주제는 '브라흐만'이라고 밝혀진다. 지극히 당연하다. 그런데 이 브라흐만에 대한 '탐구욕'jijñāsā도 함께 언급된다. 경전 전체가 브라흐만에 대한 탐구욕과 관계된다는 점을 선언하는 것이다. 이로부터 이 경전을 색다르게 정의내릴 수도 있다. 『브라흐마 수뜨라』는 브라흐만에 대해 알고자 하는 욕망에 대답하는 경전이다. 탐구욕을 채워주는 경전이다.

즉시 의문이 생긴다. 신성한 경전에서 어떻게 '욕망'이라는 것을 언급한다는 말인가. 욕망이라는 것은 인도철학의 관점에서 극히 혐오스러운 것이 아닌가. 하지만 예외도 있다. 브라흐만에 대한 탐구욕과 관련해서는 면죄부가 주어진다. 욕망이 사라진 상태인 해탈을 목적으로 하기 때문이다.[3] 직접적 지식을 얻기 위한 욕망만큼은 용인하는 것이다. 불가피하다.

---

3   대부분의 베단따 학자들은 해탈과 관련된 욕망에 대해서는 다른 욕망과는 다르

경험적 관점에서는 고통이라는 것이 거짓이기보다 실재이지 않는가. 그렇다면 경험적 관점에서는 해탈을 위해 노력하는 것마저 실재여야 하지 않는가. 탐구욕은 불가피하다. 탐구욕은 필요악으로서의 욕망이다. 그런 욕망마저 용인하지 않는다면 브라흐만을 탐구하려는 시도가 애당초에 불가능할 것이다.

자기탐구의 조건들

―――

자기탐구에는 계기가 중요하다. 탐구를 촉발시켜주는 계기 말이다. 필연이든 우연이든 그러한 계기가 작동해야 한다. 자기 자신에게로 관심을 돌리게끔 해주어야 한다. 스승이 그러한 역할을 한다. 결정적으로 중요한 계기이다. 스승은 장황하게 설명하지 않는다. 정제된 지식만을 전한다. 스승은 꿀벌처럼 '우빠니샤드 문장'이라는 꽃들로부터 '지식'이라는 불멸의 꿀을 모아준다. 또한 스승은 신들이 대해(大海)에서 불멸수를 뽑아낸 것처럼 성전의 바다로부터 지고한 지식을 추려낸다.[4] 그러한 지식은 비밀의 열쇠와 같다. 스승은 탈출구를 열 수 있는 비밀의 열쇠를 가진 자이다.

스승이라는 계기를 얻는 것은 행운이다. 좋은 스승을 만나는 것은 마치 은총을 얻는 것과 같다. "다음의 세 가지는 실로 얻기 어려운 것으로서

―――――――――――――

게 면죄부를 준다. 특히 만다나 미슈라, 바짜스빠띠 미슈라, 샹카빠니Śaṅkhapāṇi와 같은 학자들은 직접적으로 그 욕망을 긍정한다. Framarin(2009) pp. 124-125 참조.
4   각각의 비유는 『우빠데샤 사하스리』(운문) 18.230과 19.28 참조.

신의 은총이 낳은 결과이다. 인간이 되는 것과 해탈을 욕구하는 것과 위대한 사람을 의지처로 삼는 것이다."<비베까 쭈다마니 3> 위대한 스승을 만나기가 그만큼 어렵다는 고백이다. 사실이다. 다만 스승을 만나지 못한다고 해서 자기탐구가 불가능한 것은 아니다. 차이가 있을 뿐이다. 혼자 가는 길은 비포장도로와 같다. 스승이 이끌어주는 길은 포장도로와 같다. 위대한 스승이 이끌어주는 길은 고속도로와 같다.

스승은 진리를 구현한 사람이다. 아뜨만을 체험한 사람이다. 그 사람이 눈앞에서 현존한다는 것은 특별하다. 신뢰가 중요하다. 신뢰할 만한 스승이라면 가만히 있어도 신뢰가 시작된다. 신뢰할 준비가 되어 있으면 곧장 신뢰가 시작된다. 스승의 현존이 진리를 증명한다. 스승의 현존이 신뢰를 낳는다. 더 이상 따져볼 것이 없다. 신뢰는 자아를 무장해제시킨다. 스승의 말씀은 물이 스펀지에 빨려 들어오듯이 빨려 들어온다. '그것이 너이다'라는 말이 진실로서 다가온다. 직접적 지식이 가능하다고 확신할 수밖에 없다. 자기탐구를 시작할 수밖에 없다. 스승은 진실의 힘 그 자체이다.

전통적인 예화도 자기탐구에 스승이 중요하다는 점을 알려준다. 자기탐구는 어떻게 촉발되는가? 스승은 어떤 도움을 주는가? 예화는 이러한 종류의 질문에 답을 준다. 특히 본성을 자각하는 사자 이야기가 대표적이다. 베단따 바깥에서도 널리 회자된다.

한적한 초원의 호숫가에서 양들이 평화롭게 풀을 뜯고 있다. 그때 만삭인 어미 사자가 배고픔을 견디다 못해 양을 사냥하기로 마음먹고 조심스럽게 접근한다. 어미 사자가 양떼를 향해 달려드는 순간 갑자기 산통이 찾아온다. 어미 사자는 새끼 수사자 한 마리를 낳고 숨진다. 도망가다가 호숫가로 되돌아온 양떼는 혼자 남겨진 이 새끼 사자를 어떻게 해야 할지 의논한 끝에 자신들의 무리 속에서 기르기로 결정한다. 이후부터 새끼 사자는 어린 양들과 함께 풀을 뜯어 먹고 '메에 에에'라는 울음소리를 내면서 행복하게 잘 자란다. 사자는 자신이 양이라고 철석같이 믿은 채 어느덧 젊은 사자로 성장한다.

어느 날 젊은 수사자가 호숫가에서 양들과 함께 평화롭게 풀을 뜯어 먹고 있을 때이다. 한 마리의 늙은 수사자가 양들을 향해 접근하다가 이 젊은 사자를 보고 깜짝 놀란다. 며칠 동안 늙은 사자는 젊은 사자가 양처럼 먹고 양처럼 우는 것을 유심히 관찰한다. 늙은 사자는 젊은 사자가 사자라는 사실을 모르고 있다고 결론 내린 후 그 사자를 직접 일깨워주기로 작정한다. 늙은 사자는 젊은 사자가 혼자 있을 때를 틈타 가까이 다가간다. 젊은 사자가 막 도망가기 시작하자 늙은 사자는 급박하게 불러 세운다. 늙은 사자는 젊은 사자에게 이곳에서 양들과 함께 왜 이러고 있느냐고 묻는다. 젊은 사자는 자신이 양인데 양들과 함께 지내는 것은 당연하지 않느냐고 되묻는다. 늙은 사자는 젊은 사자를 호수로 데려가서 수면에 비친 두 사자의 얼굴을 비교해보라고 권한다. 그러고서 젊은 사자가 양이 아니라 자신처럼 백수의 왕인 사자일 뿐이라고 넌지시 알려준다. 젊은 사자는 약간 의아해 하지만 자신은 양이 분명하다고 확신에 차서 대답한다. 늙은 사자는 문제의 심각성을 인지한 채 일단 물러서기로 한다. 그후 늙은 사자는 시시때때로 젊은 사자를 찾아와 사자라는 점을 일깨워준다. 젊은 사자는 자신이 사자라는 사실을 점점 알아가지만 사자의 본성을 온전하게 인식하지는 못한다.

마침내 늙은 사자는 젊은 사자의 본성을 일깨워주기 위해 중대한 결심을 한다. 어느 날 그는 젊은 사자에게 자신의 동굴로 함께 가자고 권유한다. 젊은 사자는 늙은 사자와 상당히 친밀해진 사이이기에 선 뜻 그를 따라 나선다. 늙은 사자는 동굴에 도착한 다음 자신이 아껴두 던 고기 한 덩어리를 가져와 젊은 사자에게 먹으라고 건넨다. 젊은 사 자가 한사코 거부하자 늙은 사자는 하는 수 없이 강제로 젊은 사자의 입을 벌리고 고기 덩어리를 집어넣는다. 고기 덩어리를 삼키자마자 갑자기 젊은 사자의 몸은 이제껏 겪어본 적이 없는 상태로 바뀌기 시 작한다. 젊은 사자는 모든 근육이 불끈거리고 뜨거운 피가 돌면서 온 몸이 주체할 수 없는 힘으로 가득 차는 것을 체험한다. 젊은 사자는 드 디어 '어흥!'이라고 크게 소리치면서 자신의 본성을 깨우친다. 탈바꿈 한다.

이 이야기의 초점은 자기발견과 자기각성이다. 누구든 항상 자기 자 신으로 존재하는데 그 사실을 모를 뿐이다. 그 사실을 아는 순간 완전히 다 른 차원의 존재로 거듭난다. 메시지는 이렇게 선명하다. 다만 계기가 있어 야 한다. 스승이라는 계기가 마련되어야 한다. 늙은 사자는 젊은 사자에게 '사자'라는 사실을 알려준다. 간접적 지식이다. 또한 사자로서 본성을 '자 각'하게끔 이끌어준다. 직접적 지식이다. 스승이 안배되어 있기만 하다면 자기탐구는 쉽게 결실을 맺는다. 대부분은 그런 스승을 잘 만나지 못한다.

자기탐구에서 또 중요한 것은 체계이다. 마구잡이식 탐구는 적절하 지 않기 때문이다. 체계란 곧 진리의 발견술이다. 합리적인 방식의 접근이 수행의 질을 담보한다. 얼핏 베단따에서 제시하는 탐구의 여러 방법들은 중구난방으로 다가오는 듯하다. 그것들을 체계적으로 이해할 필요가 있 다. 그러면서 자기만의 방식을 정립해야 한다. 경전이나 스승은 대체로 큰 방향을 알려줄 뿐이다. 그 이후는 탐구자 개개인의 몫이다.

수레슈바라는 『나이슈까르므야 싯디』의 서두에서 '탐구의 미확립' avicāritasiddha을 지적한 바 있다.[5] 탐구의 미확립이 이원성의 원인이라는 것이다. 달리 말해, 탐구가 확립되지 않음으로써 무지의 상태가 지속된다는 것이다. 탐구의 미확립이란 무엇일까? 탐구가 아예 시도되지 않았다는 뜻일까? 그렇기는 하다. 하지만 그게 전부는 아니다. 잘못된 탐구를 뜻할 수도 있다. 잘못된 탐구란 체계가 확립되지 않은 탐구이다. 체계적으로 탐구하지 않았기 때문에 이원성이 지속된다는 지적이기도 하다. 길 위에서는 항상 제대로 가고 있는지 점검해야 한다. 자기탐구의 여정에서도 중간점검은 필수이다. 나아갈 길을 더 정교하게 확립해야 한다. 체계는 마치 자기탐구를 위한 기초체력과도 같다.

베단따의 탐구라고 해서 특별하지는 않다. 보통의 탐구와 그 체계가 거의 다르지 않다. 문제의식에서 출발하여 실천이나 행동으로 끝맺는다. 예를 들어 베단따의 자기탐구는 다음과 같은 체계를 따를 수 있다.[6]

① 근본문제: 순수의식은 왜 대상과 동일시되고 마는가?
② 문제분석: 주어진 세계(대상)에 대해 탐구를 시작해야 한다.
③ 초월원리: 순수의식만이 존재한다는 것은 명백하다.
④ 이론체계: 참으로 존재하는 것을 분별해야 한다.
⑤ 실천체계: 진리를 발견할 수 있는 방법이 필요하다.

---

5 『나이슈까르므야 싯디』 1.1 참조.
6 Balasubramanian(1988) Introduction III 참조.

근본문제부터 실천체계까지 일목요연하다. 출발한다. 아뜨만과 아뜨만이 아닌 것이 왜 동일시되는지 의문을 가진다. 그로부터 아뜨만이 아닌 것에 대한 탐구를 시작한다. 아뜨만만이 존재한다는 결론으로 이어진다. 참으로 존재하는 아뜨만을 분별해야 한다는 것을 이론적으로 안다. 아뜨만을 실제로 체험할 수 있는 방법을 따른다. 끝맺는다. 탐구는 이와 같이 체계를 갖출 때 힘을 얻는다. 중단하지 않을 가능성이 커진다.

자기탐구에서 또 하나 중요한 것은 지속성이다. 불교에는 '몸을 잊고 수행한다'라는 말이 있다. 구도의 길은 험하고 험하다. 안이한 마음으로 도전할 수 있는 길이 아니다. 그러니 자기 몸이 망가지는 것도 잊은 채 수행에만 매진해야 한다는 뜻이다. 직접적 지식을 향하는 탐구의 길도 마찬가지이다. 결과가 담보되지 않는 긴 긴 인내의 길이다. 감내하지 않으면 아무것도 얻지 못한다.

해탈을 향한 욕망은 전 존재의 반응이다. 어정쩡하게 해탈을 추구하는 것은 해탈을 향한 욕망이 아니다. 해탈을 향한 욕망으로써 삶을 치장해서는 안 된다. 그 욕망은 삶의 장신구와 같은 것이 아니기 때문이다. 해탈을 향한 욕망이 전 존재를 채워야만 자기탐구가 지속될 수 있다. 한 생애만으로는 전혀 가능하지 않다고 한다. 무수한 생애 동안 공덕을 쌓고 탐구를 이어가야 가능하다고 한다.

생명체들 가운데 사람으로 태어나는 것이야말로 얻기 어렵고, 그보다는 힘(에너지)을 가지는 것이 또 그보다는 청정해지는 것이 얻기 어렵다. 그보다는 베다적인 다르마의 길을 지향하는 것이 얻기 어렵고, 궁극적으로는 지식을 가지는 것이 가장 얻기 어렵다. 아뜨만과 아뜨만이 아닌 것 사이의 분별, 완전한 직각, 브라흐만의 본질에 머무르는 것, [그리고] 해탈. [이러한 것들은] 셀 수 없이 많은 탄생에서 잘 행한 선행들이 없이는 얻어지지 않는다.<비베까 쭈다마니 2>

생명체들 가운데 사람으로 태어나는 것부터 쉽지 않다. 사람 중에서도 심신의 힘을 가진 자로 태어나야 한다. 그보다는 청정한 자로 태어나야 한다. 그보다는 윤리적인 자로 태어나야 한다. 그보다는 초월적인 지식을 가진 자로 태어나야 한다. 이것이 마지막이다. 좁은 문을 계속 계속 통과해야 한다. 선행을 쌓고 쌓아야 해탈의 길로 중단 없이 나아갈 수 있다. 신의 은총이 관여한다고 생각할 수밖에 없다. 아니, 실제로는 무수한 생애를 요구하지 않을 수 있다. 엄청난 다짐이 필요하다는 것을 우회적으로 표현했을지도 모른다. 지속적인 노력이 필요하다는 것을 다그치는 목소리일지도 모른다.

'탐구'는 베단따에서 노력의 서사를 담아낼 수 있는 어휘이다. 베단따 문헌에는 '노력'이라는 어휘를 직접 쓰는 경우가 드물다. 그나마 예를 들자면 "따라서 지식을 가진 자는, 외적 대상의 즐거움을 향한 갈망을 떠난 채로, 훌륭하고 또 위대한 스승에게 다가가 그가 가르친 [진리의] 의미에 마음을 집중하면서 해탈을 위해 노력해야 한다."<비베까 쭈다마니 8>라고 한다. 노력이 불필요해서 쓰지 않는 것은 아니다. 노력을 함의하는 말들이 많기 때문이다. '탐구'라는 말도 맹렬한 노력을 암시한다. 탐구욕에 적합하기 위해서 얼마나 많은 노력을 해야 하는가. 도덕적으로 육체적으로 또 심리적으로 잘 준비되어야 한다. 확실한 믿음도 구비되어야 한다. 탐구욕이 시작되는 데도 혹독한 노력이 필요한 것이다. 그 이후에는 또 얼마나 오랜 노력이 필요한가. 오로지 탐구하는 대상에 전심 전념해야 한다. 브라흐만에 대한 몰두와 몰입으로 삶이 채워져야 한다. 어느 때라도 탐구의 정신이 결코 느슨해져서는 안 된다. 분명하다. 참된 탐구는 '열심히 노력해야 한다'라는 말보다 훨씬 거대한 노력을 담는다. 베단따의 자기탐구는 지속적인 노력의 역사이다.

인과의 방법론과 5덮개의 방법론

자기탐구를 위한 구체적인 수행법은 무엇인가? 잘 알려져 있는 세 가지 방법론들이다. 우빠니샤드 시대의 산물이다. 5덮개의 방법론, 3상태의 방법론, 인과의 방법론이다. 이것들은 수행론의 단골메뉴이다. 이것들은 내적인 것으로 눈을 돌리기 위해 고안된다. 외적인 거짓된 나로부터 내적인 참된 나로 나아가려는 목적을 가진다. 소우주의 아뜨만을 탐구하기 위한 베단따의 특별한 수행법이다. 예를 들어 『비베까 쭈다마니』에서는 "그 어떤 것은 '나'라는 관념의 근저로서 스스로 영원히 존재한다. 세 가지 상태의 관찰자이자 다섯 덮개와는 상이한 것이다."<비베까 쭈다마니 127>라고 한다. 세 가지 방법론이 매우 압축적으로 언급되어 있다.

얼핏 이런 의문이 들 수도 있다. 분명 5덮개와 3상태의 방법론이 소우주를 탐구하는 것은 맞다. 그렇지만 인과의 방법론은 다르다. 인과의 방법론은 대우주를 탐구하려는 장치에 불과하다. 인과의 방법론은 세계의 원인이 브라흐만이라는 것을 알기 위해 작동하지 않던가. 소우주의 아뜨만과는 무관하지 않던가. 전변설과 가현설만 해도 너끈히 이를 뒷받침한다. 인과이론의 핵심인 저 학설들은 모두 대우주에 관한 이야기이다.

하지만 그러하지는 않다. 브라흐만이 원인이라는 것은 아뜨만이 원인이라는 것과 같을 뿐이다. 범아일여가 적용된다. 더군다나 베단따는 '소우주의 수행론'이다. 대우주의 인과관계는 소우주의 인과관계를 알기 위한 예비적 고찰이다. 브라흐만이 원인이라는 것을 통해서 아뜨만이 원인이라는 것을 더 확실히 알 수 있는 셈이다. 결국 인과의 방법론은 아뜨만이 원인이라는 것을 알기 위한 수단이다. 심신복합체가 결과라는 것을 알기 위한 수단이다. 소우주에 대한 탐구이다.

인과의 방법론은 베단따 문헌의 도처에서 발견된다. 인과이론은 그만큼 중요하다. 베단따 형이상학의 핵심을 이룬다. 형이상학이 수행론으로 이어지기에 수행론의 핵심이기도 하다. 예를 들어 『아빠록샤아누부띠』에서는 다음과 같이 인과의 방법론을 소개한다.[7]

① 불연속의 방법으로 원인 찾기(원인이 없으면 결과가 없다)
② 연속의 방법으로 결과에 존재하는 원인 찾기(결과가 있으면 원인이 있다)
③ 결과에 존재하는 원인 보기

---

7   『아빠록샤 아누부띠』 138-139 참조.

④ 결과의 파기

⑤ 인과관계의 소멸

전형적인 인과의 방법론이다. 인과관계를 통해 인과관계를 초월하려는 시도이다. 이를 위해 '연속과 불연속의 방법'이라는 논리를 동원한다. 어느 것이 원인이고 어느 것이 결과인지 파악할 수 있는 방법이다. 아뜨만이 없으면 심신복합체가 없다. 따라서 아뜨만이 원인이다. 심신복합체가 있으면 아뜨만이 있다. 즉 아뜨만은 심신복합체에도 존재한다. 따라서 결과에서마저 존재하는 아뜨만이 원인이다. 이로부터 아뜨만이 스스로 영원히 존재하는 원인이라고 결론 내려진다. 바로 그 아뜨만을 직관해야 한다. 아뜨만에 대한 직관은 결과의 파기를 수반한다. 결과는 원인의 변형에 불과하기 때문이다. 의존적인 변형은 파기되어도 마땅하기 때문이다. 결과가 파기되면 인과관계는 소멸된다. 원인 자체만 남는다. 오직 아뜨만만이 존재한다. 내적인 탐구가 완결되고 목표가 달성된다. 이와 같이 인과의 방법론은 소우주의 수행론이다. 자기탐구에 무척이나 유용하다.

5덮개의 방법론은 『따잇띠리야 우빠니샤드』 2장에서 기원한다. '음식으로 이루어진 것' 등의 5가지가 등장한다. 음식, 생기, 마음, 인식, 환희의 순서이다. 뒤로 갈수록 더 내면적인 것이다. '덮개'라는 표현은 등장하지 않는다. 그런 만큼 5가지는 부정적인 것이 아니다. 그저 인간을 구성하는 요소들인 듯하다. 브라흐만에 대한 명상을 목적으로 하는 듯하다. 소우주의 5요소를 통해 대우주의 브라흐만을 명상하려는 발상으로 보인다.

혹자들은 5가지를 각각 차례대로 존재, 생물, 동물, 인간, 신에 대응시킨다. 과도한 풀이일 수 있다. 고개를 끄덕이게끔 하는 구석도 있다. 인간이 존재 일반의 요소부터 신의 요소까지 모든 요소들을 가진다고 설명하기 때문이다. 부분은 전체의 압축판이다. 인간은 복합적이다. 소우주인 한 인간은 대우주의 모든 요소들을 내포할 수 있는 것이다. 소우주에 대우주가 다 들어 있다. 그러하기에 소우주를 통해 대우주를 명상하는 것이 가능하다. 즉 한 인간의 5가지 요소를 통해 대우주의 브라흐만을 명상할 수 있다. 브라흐만에 대한 명상은 곧 아뜨만에 대한 명상이다.

우빠니샤드에서 5요소는 5겹의 인간으로 묘사된다. 음식으로 이루어진 인간 안에 생기로 이루어진 인간이 존재한다. 생기로 이루어진 인간 안에 마음으로 이루어진 인간이 존재한다. 가장 안쪽에는 환희로 이루어진 인간이 존재한다. 이 5겹의 인간은 완전히 동일한 모양새를 하고 있다. 각각 머리, 오른팔, 왼팔, 몸통, 꼬리(하부)를 가진다. 동쪽을 향해 새처럼 앉아 있는 인간을 상상한 것이다. 동쪽은 제의를 지내는 방향이다. 5겹의 인간이 동쪽을 향해 새처럼 앉아 있는 꼴이다. 재미있는 상상력이다. 제의에서는 대개 더 좋은 결과를 낳기 위해 명상을 실행한다. 내적인 제의인 명상 자체에서도 더 좋은 결과를 낳고자 한다. 이를 위해 점진적으로 더 내부에 존재하는 '인간'에 몰두한다. 더 내부에 존재하는 '자기 자신'(아뜨만)에 몰입한다. 명상의 대상이 더 내적이면 내적일수록 더 좋은 결과를 얻을 수 있기 때문이다. 5요소를 통한 내적인 탐구는 이런 식으로 작동한다.

5요소는 후대에 '5덮개'라는 이름으로 확실하게 자리 잡는다. 5덮개는 무언가를 숨기는 기능이 있다. 덮개들 속에는 더 이상의 내부를 가지지 않는 아뜨만이 있다. 덮개들은 그 아뜨만을 숨긴다. 맨 바깥쪽에 존재하는 것은 '음식으로 이루어진 덮개'annamaya-kośa이다. 인간의 몸을 가리킨다. 그 안의 것은 '생기로 이루어진 덮개'prāṇamaya-kośa이다. 인간의 생명 에너지를 가리킨다. 그 안의 것은 '마음으로 이루어진 덮개'manomaya-kośa이다. 인간의 감각기관과 마음을 가리킨다. 그 안의 것은 '인식으로 이루어진 덮개'vijñānamaya-kośa이다. 인간의 지성을 가리킨다. 맨 안쪽에 존재하는 것은 '환희로 이루어진 덮개'ānandamaya-kośa이다. 인간의 잠재력을 가리킨다. 모두 인간을 구성하는 요소들이다. 동시에 가짜인 자아들이다. 덮개에 불과한 것들을 결코 아뜨만이라고 착각해서는 안 된다. 그러니 5가지 요소들을 다 갖추었다고 해서 온전한 인간일 수는 없다. 삶의 목표인 지고선이 없기 때문이다. 지고선은 곧 아뜨만이다. 5덮개는 겹겹으로 지고선을 덮고 있다. 헛것들이다. 헛것들은 끝끝내 부정되어야만 한다.

5덮개는 부정되어야 하지만 방법적으로 부정된다. 아뜨만을 탐구하기 위해 의도적으로 부정된다는 말이다. 부정되는 과정 자체가 자기탐구의 과정이다. 부정의 도달점은 유일한 긍정적 존재인 아뜨만이다. "5가지 덮개들 모두가 걷어내질 때, 순수하고 영원히 동질적인 환희이며 내재적인 형태이고 지고하며 자기조명적인 그 [아뜨만이] 드러난다."<비베까 쭈다마니 153>

3상태의 방법론

3상태의 방법론은 '4종catuṣpād 이론'으로 널리 알려져 있다. 3상태란 생시 상태, 꿈 상태, 숙면 상태를 가리킨다. 차례대로 제1상태, 제2상태, 제3상태이다. 여기에 아뜨만 상태인 제4상태를 더하면 4종 이론이 된다. 방법론이라는 측면에서는 '4종'이 아니라 '3상태'라고 불러야 한다. 제4상태는 단지 방법론을 통해 도달할 수 있는 목표에 지나지 않기 때문이다. 3상태의 방법론을 통해 제4상태인 아뜨만에 도달할 수 있다. 마치 5덮개의 방법론을 통해 5덮개와는 다른 아뜨만에 도달하는 것과 같다. 인과의 방법론을 통해 인과를 초월하는 아뜨만에 도달하는 것과 같다.

생시, 꿈, 숙면은 인간이 경험하는 의식의 모든 상태들이다. 이 외에도 기절 상태 등이 있을 수 있다. 그러나 일상적인 측면에서는 3상태가 전부이다. 인간은 대부분 깨어 있거나 꿈을 꾸거나 깊이 잠들어 있을 뿐이다. 베단따는 바로 이러한 3상태를 통해 아뜨만을 탐구하고자 한다. 꽤 명료하고 철저하게 3상태를 분석한다. 경험적이다. 과학적이다. 이러한 찬사를 가끔 덧붙이는 사람들이 있을 수밖에 없다.

3상태의 방법론은 실제로 자기탐구의 백미이다. 여러 이유를 들 수 있다. 무엇보다도 일상으로부터 도출된 것이다. 누구나가 3상태를 매일 경험한다. 누구나가 자기탐구의 장으로 들어올 수 있다. 또한 아뜨만이 순수의식이라는 것을 아는 데 매우 효과적이다. 생시, 꿈, 숙면 상태를 비교함으로써 순수의식을 경험적으로 가늠할 수 있다. 순수의식이 무엇인지 포착할 수 있다. 탐구가 성공할 가능성이 크다는 말이다. 더욱이 이 방법론은 확장될 만한 여지가 많다. 소우주에 대한 경험이 대우주에도 적용될 수 있다는 것이다. 생시와 잠은 하루를 구성한다. 이승과 저승은 윤회를 구성한다. 생시는 이승과 같고 잠은 저승과 같다. 하루가 반복되듯이 윤회도 반복된다.

예를 들어『브리하다란야까 우빠니샤드』4장 3절에서는 하루와 윤회를 서로 대응시킨다. 심지어 생시와 잠이 순환되는 것은 대우주에서 창조와 소멸이 순환되는 것으로 확장되기도 한다. 소우주의 이치가 곧 대우주의 이치인 셈이다. 그런 만큼 이 방법론을 통한 자기탐구는 곧 세계에 대한 탐구이다. 으뜸가는 탐구라고 할 만하다.

5덮개의 방법론처럼 3상태의 방법론도 우빠니샤드에서 기원한다. 초기 우빠니샤드에서부터 3상태가 모두 등장한다. 특히 숙면 상태로서의 잠을 상당히 찬양한다. 다만 제4 상태에 대해서는 조금씩 견해가 다르다.『브리하다란야까 우빠니샤드』는 제4에 대한 실마리를 주지 않는다.『찬도그야 우빠니샤드』는 제4를 수용하는 듯하다.『마이뜨리 우빠니샤드Maitri-upaniṣad』는 제4가 온전하게 포함되는 4종 이론을 성립시킨다.『만두끄야 우빠니샤드』는 베단따에서 통용되는 4종 이론을 최종적으로 완성시킨다.

3상태의 방법론을 다루지 않는 베단따 학자는 많지 않다. 그만큼 이 방법론은 일반적이고 핵심적이다. 또한 독점적이다. 베단따만의 고유한 방법론이다. 다음은 이 방법론을 적용하는 대표적인 예시이다.

> 생시에서 소리, 감촉 등 지식의 대상들은 분화됨으로 말미암아 차이를 가진다. 그것들과는 다른 그것들의 '의식'은 동질성으로 말미암아 차이를 가지지 않는다. 꿈에서도 마찬가지이다. 단지 지식의 대상들이 생시에서는 지속적이지만 여기서는 지속적이지 않다는 것이 차이점이다. 결국 그 둘(생시와 꿈)에서 동질적인 의식은 차이를 가지지 않는다. 잠에서 깨어난 자는 '숙면의 무자각'에 대한 앎(의식)을 기억할 것이다. 그리고 기억이란 알려지는 것과 관계한다. 결과적으

로 그곳(잠)에서 알려지는 것은 무자각이다. [숙면에서의] 이 의식은 꿈에서의 의식처럼 대상들과는 다르지만 의식 [자체로서는] 다르지 않다. 이와 같이 세 가지 상태 모두에서 의식은 하나이다. 다른 날에도 마찬가지이다.<빤짜다쉬 1.3-6>

베단따는 변하는 것과 변하지 않는 것을 늘 구분한다. 여기서도 마찬가지이다. 생시든 꿈이든 모든 대상들은 변하기 마련이다. 그런데도 변하지 않는 것이 있다. 의식이다. 이 의식은 더 나아가 숙면에서도 존재한다. 깨어날 때 '아무런 꿈도 꾸지 않고 잘 잤다'라고 알기 때문이다. 결국 생시, 꿈, 숙면에서 의식은 한결같이 존재한다. 생시와 꿈의 경험은 죄다 부정된다. 꿈에 의해 생시의 경험이 부정된다. 생시에 의해 꿈의 경험이 부정된다. 세 상태에서 언제나 동일한 것으로 존재하는 의식만은 결코 부정되지 않는다. 매일매일 그와 같다. 그 의식이 바로 제4 상태인 아뜨만이다. 3상태를 통한 자기탐구는 이런 식으로 작동한다.

꿈이 부정되는 것은 받아들일 만하다. 깨어나면 꿈의 경험은 사라지기 때문이다. 그런데 생시가 부정되는 것은 받아들이기 힘들다. 왜 생시의 경험마저 부정되는 것일까? 베단따는 대답한다. 생시와 꿈은 상호지양의 관계이기 때문이다. 상호모순의 관계라는 말이다. "꿈은 생시에서 참이 아니고, 또 생시는 꿈에서 참이 아니다."<아빠록샤 아누부띠 57> 다른 무언가에 의해 지양되는 것은 참된 존재일 수 없다. 생시는 거짓이다. "예컨대 꿈에서의 육체가 덧놓인 것이듯이, 실로 마찬가지로 [생시에서의] 이 육체도 덧놓인 것이다."<아빠록샤 아누부띠 93> 꿈이 거짓이라면 어찌 생시는 거짓이 아니라고 말할 수 있겠는가. 베단따의 관점에서는 꿈이나 생시나 그게 그거다.

그렇다면 숙면은 어떠한가? 유사한 논리가 적용된다. 생시와 꿈의 경험은 숙면에서 존재하지 않는다. 숙면의 경험도 생시와 꿈에서 존재하지 않는다. 상호지양의 관계이다. "바로 그 둘은 소멸(숙면)에서 존재하지 않고, 또 소멸은 그 둘에서 존재하지 않는다. 이와 같이 셋은 거짓이어야 한다."<아빠록샤 아누부띠 57-58> 숙면의 경험(의식)도 생시나 꿈처럼 지속적이지 않다. 지속적이지 않으니 거짓이다. 물론 숙면은 생시나 꿈과는 다르기도 하다. 숙면의 의식은 마치 순수의식인 아뜨만인 듯하다. 아쉽게도 지속적이지 않다. 깨어나면 사라지고 만다. 깨어나면 또 다시 무지의 상태로 되돌아오고 만다. 아쉽게도 자각하지 못한다. 아무도 숙면하는 그 시간에 숙면한다는 것을 알지 못한다. 자각하지 못하기에 깨우침은 아니다. 이 때문에 베단따는 제4 상태인 뚜리야turīya[8]를 상정했던 것이다.

뜨거운 논쟁이 하나 있다. 한 인도 학자가 주장한다. 적어도 베단따에서는 제3 상태인 숙면이 순수의식이어야 한다. 경험되는 3가지 상태를 벗어난 제4 상태를 상정할 필요가 없다. 문헌에는 분명 제4가 언급된다. 하지만 그 제4는 제3 상태와 동등한 것에 불과하다.[9] 반박이 뒤따를 수밖에 없다. 그럼에도 상당히 일리 있는 주장이다. 베단따가 합리적인 사상이라는 변론이 숨어 있다. 베단따의 고유성을 살리려는 기획이 숨어 있다.

....

8   '제4, 네 번째'를 뜻하는 caturīya에서 ca가 탈락한 말이다.
9   Saccidānandendra(1929) pp.153-154; 184-189 참조.

사실 베단따는 잠 중심적 사고이다. 서양의 생시 중심적 사고가 아니다. 다른 말로, 3가지 의식 가운데 잠이 가장 우위라는 것이다. 잠이 가장 고차원적인 의식이다. 그와 달리 요가에서는 생시가 가장 고차원적인 의식이다. '요가'와 동일시되는 '삼매'는 생시에서만 가능하기 때문이다.[10] 그러고 보면 요가의 사고방식이 점차적으로 베단따에 영향을 미쳤을 가능성이 크다. 초기 우빠니샤드에서는 숙면 자체가 적정(寂靜)samprasāda[11]의 상태였다. 자유의 상태였다. 요가에서는 제4가 자유의 상태였다.[12] 생시에서 깨우침을 얻는 상태였다. 후대로 갈수록 베단따에서는 제4가 더 강조된다. 그 와중에는 요가의 삼매도 덩달아 베단따에 강하게 유입된다.

베단따에서 잠은 일종의 비유이다. 소멸에 대한 비유이다. 깊은 잠은 마치 무한한 대양과 같다. 생시의 경험과 꿈의 경험은 파도처럼 끝없이 밀려온다. 그 모든 거센 경험들을 잠은 잔잔하게 소멸시킨다. 마치 죽음과 같다. 성교의 황홀감과 같다. 그런데 이러한 잠의 소멸은 구원을 위한 열쇠이기도 하다. 깊은 잠에서는 외부와 내부의 모든 기관들이 작용을 멈춘다. 아니, 그것들은 아뜨만에 융합되고 만다. 완전히 소멸하는 듯하다. 적정의 상태이다. 그렇게 소멸하는 순간이야말로 완전한 합일의 순간이다. 가장 해탈에 가깝다.[13] 해탈이라는 고원한 이념은 깊은 잠의 소멸에서 그 가능성

---

10 Indich(1980) p. 59; 64 참조. 요가철학에서는 숙면, 꿈, 생시의 순서로 고차원적 의식을 상정한다. 숙면을 의식의 부재로 간주한다. 생시에서 의식이 작동pravrtti되지 않고 억제nivrtti된 상태에 있는 삼매를 추구한다.
11 『브라하다란야까 우빠니샤드』 4.3.15 참조.
12 Oldenberg(1991) p. 165 참조.
13 스탠리 월퍼트(1999) p. 270 참조.

을 보여준다. 일상의 경험에서 매일매일 확인된다. 깊은 잠은 해탈을 꿈꾸게 하는 매혹적인 비유였던 셈이다.

3상태의 방법론은 순수의식이 일상에서 탐구될 수 있다는 점을 알려준다. 일상의 의식을 분석해보면 순수의식만이 지속적이라고 밝혀지는 것이다. 가장 중요한 실마리는 숙면이다. 생시는 꿈이 거짓이듯이 거짓이다. 숙면은 순수의식에 가깝지만 그 또한 거짓이다. 다만 비유의 관점에서는, 숙면이 순수의식을 훌륭하게 지시해준다. 숙면은 해탈이다. 깨우침의 관점에서는, 숙면이 그 자체로 순수의식일 수는 없다. 숙면은 해탈이 아니다. 어느 관점이든지 숙면은 탐구의 열쇠이다. 베단따에서 가장 비밀스러운 일상은 깊은 잠이다.

현실 가능한 서사

베단따의 자기탐구는 공허한 담론이 아니다. 구체적이고 현실적이다. 그 덕택에 베단따도 공허한 담론이 아닐 수 있다. 베단따는 활기를 띤다. 단순한 이야기가 가지를 친다. 허술한 이야기가 빽빽이 채워진다. 베단따에 생명력을 부여하는 것은 전적으로 자기탐구이다. 라마나 마하리쉬가 그 실례이다. 그는 '나는 누구인가?'라는 질문 하나만으로 베단따의 아이콘이 된다. 베단따 사상의 현존이 된다.

자기탐구는 베단따의 현실적인 서사를 가능케 한다. 탐구되지 않은 베단따는 빈껍데기일 뿐이다. 그 누구의 베단따도 아니다. 탐구가 시작되는 순간 베단따는 누군가의 베단따가 된다. 무대에 조명이 들어온다. 잔잔한 음악이 흐른다. 텅 빈 무대에 주인공이 등장한다. '베단따'라는 극이 공연된다. 결코 동일한 공연이 펼쳐지지는 않는다. 각본은 동일하더라도 각자가 상이한 공연을 펼친다. 베단따의 자기탐구는, 그렇게 각본을 현실화한다. 그 누구의 삶을 통해 살아 있는 베단따를 만든다. 삶의 이야기가 된다.

자기탐구의 서사는 고통에서 출발한다. 삶을 지극히 고통스러운 것으로 받아들인다. 그러다가 구원의 복음을 듣는다. 자신의 내면에 고통이 아니라 환희가 내재해 있다는 반가운 소식이다. 탐구는 바로 이 지점에서 본격화된다. 탐구가 지속되는 동안 무수한 타자들을 만난다. '거짓된 나'들을 만난다. 그 타자들을 다 떠나보내야만 자아를 본다. 참된 나를 본다. 탐구는 여기까지이다. 참된 나를 깨우친다고 약속할 수는 없다. 깨우치지 못할 가능성이 훨씬 크다. 깨우칠 수도 있다. 적어도 자기탐구의 결말은 열려 있어야 한다.

세상이 행복의 무대라면 탐구가 전혀 필요치 않다. 고통의 무대이기 때문에 탐구가 필요하다. 탐구욕이 생긴다. 게다가 고통이 사라지는 상태가 가능해야 한다. 사라진다는 희망이 있어야만 탐구욕이 강해진다. 더욱이 고통이 사라지게끔 하는 수단이 있어야 한다. 수단이 없다면 도무지 아무것도 할 수 있는 게 없기 때문이다. 물론 그 수단은 쉬운 것이 아니어야 한다. 쉬운 수단이라면 누구나가 쉽게 목표를 이룰 수 있다. 예를 들어 술이나 쇼핑으로 고통을 파기할 수 있다면 모두가 그렇게 하고 말 것이다. 탐구욕이 들어설 자리가 없다. 어려운 수단이어야만 한다. 그래야만 그 어려운 길을 걷고자 하는 욕구가 생긴다.[14] 당연하게도 삶의 고통을 넘어서는 길이 쉬울 리는 없다.

탐구의 목표는 탐구의 최종점이다. 그렇지만 그 목표는 반드시 일찍부터 전해져야 한다. 목표는 탐구의 추동력이기 때문이다. 베단따에서 그 목표는 환희ānanda이다. 고통과 반대되는 것이다. 그렇다고 환희가 세속적인 기쁨인 것은 아니다. 일상적인 감정과는 거리가 멀다. 인간의 조건 자체가 변하는 것이다. 고통에서 환희로 변한다. 환희란 살아 있음의 희열이다. 온 존재를 가득 채우는 존재감의 충만이다. 환희가 탐구를 부채질한다.

이 환희는 후기 베단따에서 사랑priya과 유의어가 된다. 일상적인 감정으로서 사랑을 가리키지 않는다. 무척 특별한 종류의 사랑이다. 아뜨만과 관계되는 사랑이기 때문이다. 우빠니샤드에도 후기 베단따의 개론서에도 사랑은 크게 다르지 않다.

> 여보, 실로 남편에 대한 사랑에서 남편이 소중하게 되지 않습니다. 그와 달리 아뜨만에 대한 사랑에서 남편이 소중하게 됩니다. … 여보, 실로 만물에 대한 사랑에서 만물이 소중하게 되지 않습니다. 그와 달리 아뜨만에 대한 사랑에서 만물이 소중하게 됩니다.<브리하다란야까 우빠니샤드 2.4.5>

> [아뜨만이 아닌] 다른 경우에 저 아뜨만에 대한 사랑을 목적으로 하는 것과 달리, 아뜨만의 경우에는 다른 것을 목적으로 하지 않는다.

---

14 이상은 고통을 언급하는 『상크야 까리까Sāṃkhya-kārikā』 1에 대한 『땃뜨바 까우무디Tattva-kaumudī』의 해설을 참고한 것이다.

따라서 그것(아뜨만에 대한 사랑)은 지고하다. 결국 아뜨만은 지고
한 환희이다.<빤짜다쉬 1.9>

아뜨만에 대한 사랑은 원천적 사랑이다. 모든 일상적인 사랑의 원천
이 되는 사랑이다. 마치 생명력의 근원과도 같은 것이다. 자기 자신이 존재
하지 않는다면 남편에 대한 사랑이 무슨 소용이 있겠는가. 다 소용 없다. 자
기를 사랑하기 때문에 타자를 사랑할 수 있다. 자기사랑이 사랑의 출발점
이다. 그러하기에 이 사랑은 자립적일 수밖에 없다. 다른 사랑은 아뜨만에
대한 사랑을 토대로 해서 가능하다. 의존적이다. 반면에 아뜨만에 대한 사
랑은 다른 사랑을 목적으로 하지 않는다. 그 자체로 존립한다. 자립적이다.
모든 사랑을 가능케 하는 사랑 중의 사랑이다. 지고한 사랑이다. 결국 '아뜨
만에 대한 사랑' 타령은 아뜨만 자체에 대한 이야기이다. 아뜨만에 대한 사
랑은 그렇게 원천적이다. 자립적이다. 지고하다. 아뜨만 자체도 본디 그와
같다. 아뜨만에 대한 사랑은 아뜨만의 본질이 사랑이라고 아는 것이다. 아
뜨만의 본질이 환희라고 아는 것이다. 아뜨만은 궁극의 사랑이자 궁극의
환희이다.

이제 추동력을 얻은 탐구는 본격적으로 진행되어야 한다. 무엇보다
도 실행이 중요하다. 탐구하려고 마음만 먹은 단계에 머물러 있어서는 안
된다. 샹까라도 탐구가 실행되어야 한다는 점을 강조한다. "왜냐하면 진리
나 허위는 사람에 의해 실행되지 않으면 그 자체로 승리나 패배가 일어나
지 않기 때문이다."<문다까 우빠니샤드 주석 3.1.6> 실행되지 않은 위대한
진리는 그 어떤 의미도 없다는 선언이다. 베단따의 진리마저 탐구를 통해

검증되지 않으면 무용지물이다. 고통을 넘어 환희에 도달할 수 있는지 확인해보아야 한다. 베단따의 주어진 각본이 현실화될 수 있는지 실행해보아야 한다.

자기탐구의 과정에서는 수많은 서사가 만들어진다. 필연적이다. 베단따의 각본이 각자마다 다르게 다가올 수밖에 없는 것이다. 누군가는 자기자각을 앞세운다. 누군가는 자신의 내적 성숙을 끄집어낸다. 누군가는 자신에 대한 믿음을 강조한다. 또 누군가는 자기경계와 자기반성을 들이민다. 모두 자기탐구의 과정에서 겪는 이야기들이다. 어떤 이야기이든 거침없이 가능할 것이다.

그런데 그 이야기들은 모두 어디로 가버렸을까? 어디로 가버리고 마지막 결과만 남았을까? 왜 베단따 문헌은 아뜨만에 대한 깨우침만으로 채워졌을까? 깨우침 이전의 그 수많은 이야기들은 어떻게 되었을까? 타자의 이야기였기 때문에 베단따에 기입되지 못했을까? 기입되지 못했다면 완전히 사라지고 만 것일까?

자기탐구의 대상은 자아이다. 다만 '타자로서의 자아'에 가깝다. '타자로서의 자아'를 거쳐 '자아로서의 자아'에 도달한다. 아뜨만이 아닌 것을 거쳐 아뜨만에 도달한다. 탐구는 그렇게 타자에 더 많이 할애된다. "따라서 세계, 개별자아, 지고한 아뜨만에 관해 항상 탐구해야만 한다."<빤짜다쉬 6.12> 세계나 개별자아에 관한 탐구가 타자에 대한 탐구이다. 인과(因果)도, 5덮개도, 3상태도 모조리 타자에 대한 탐구에 불과하다. 타자가 없이는 경험이 불가능하다. 경험이 없이는 해탈도 불가능하다. 경험을 통해서만 경험을 지워나갈 수 있는 법이다. 그렇게 타자를 지워나가는 것이 탐구의 과정이다. 지워나간다. 끊임없이 백지화(白紙化)하는 것에 전념한다. 지워진 것은 흔적을 남기지 않는다. 그렇기 때문에 베단따에는 타자의 흔적이 없는 것일까? 타자에 관한 이야기가 다 사라진 것일까? 자아인 아뜨만에 관한 찬사만 남은 것일까?

완전히 사라진 것은 아니지만 사라지긴 사라졌다. 바로 이로부터 베단따에 대해 좋지 못한 평판이 등장하기도 한다. 현실 가능한 서사가 아니라는 평판이다. 자기탐구의 과정에는 지난한 이야기들이 양산된다. 그러한 이야기들이 남아 있어야 탐구가 더 현실감 있게 다가온다. 치열한 이야기이든 밋밋한 이야기이든 탐구의 매혹을 배가시킨다. 깔끔한 이야기이든 늘어지는 이야기이든 그 자체가 베단따를 풍성하게 꾸민다. 베단따는 그러지 못했다. 타자에 대한 이야기를 모두 지워버리고 자아에 대한 이야기만 남겨두었다. 불가능할 것만 같은 최종목표만 남겨두었다. 불가능한 귀환의 꿈이다. 공허하다. 베단따는 자기탐구의 생생한 현실적 이야기로 다시 채워져야 한다.

타자의 이야기는 베단따의 행간에 숨어 있을 것이다. 숨어 있기 때문에 다시 불러낼 수 있다. 현재 실행되고 있는 자기탐구가 그것을 불러낸다. 시공간을 넘어 그것과 대화를 한다. 아니, 숨어 있기만 해도 좋다. 수많은 꿈과 좌절과 진실과 위선을 상상하기만 해도 좋다. 타자의 이야기가 베단따의 잃어버린 역사이기만 해도 충분하다. 오히려 베단따를 인간적인 이야기로 만들 것이다. 휴, 해방된다. 도달해야 할 목표는 반드시 도달할 필요가 없는 것이 된다. 한없이 자기탐구를 계속하는 것만으로도 너끈하다. 결말은 아무래도 좋다. 열린 결말이다. 모든 탐구는 실패로 불리지 않아야 한다. 숨어 있는 타자의 이야기는 그저 베단따를 한껏 살아본 이야기일 뿐이다. 새롭게 채워지는 타자의 이야기도 그저 그런 이야기일 뿐이다.

고통을 덜어내는 자기치유

대부분의 수행론은 자신의 본성을 발견하는 것으로 끝맺는다. 베단따의 자기탐구도 마찬가지이다. 참된 나를 아는 자는 '자기 본래성'svāsthya[15]을 얻는다고 한다. 자기 본래성이란 자신이 본래적으로 속해 있던 상태를 가리킨다. 거짓된 나를 파기함으로써 본성인 참된 나를 얻는 것이다. 이를 '해탈'이라고 부른다. 결과 중심적인 관점에서 본다면, 자기탐구는 오직 해탈에만 집중해야 한다.

과정 중심적인 관점에서는 이야기가 달라진다. 자기탐구는 그 과정 자체로도 의의를 가질 수 있다. 굳이 결과에 도달하지 않아도 된다. 자기탐구는 기어이 무언가를 발견하는 것이 아니다. 오히려 자기를 무화시키는 과정이다. 무언가를 발견하는 것이 아니라면 반드시 끝에 도달하지 않아도 괜찮다. 그냥 덜어내는 과정만으로도 수행적인 의미를 가진다. 무엇을 덜어내는가? 고통을 덜어낸다. 삶의 조건들을 덜어낸다. 그러한 과정 속에서 자기치유를 이룬다. 자기 속에서 거짓된 것들을 덜어내는 과정 자체가 치유인 셈이다.

....

15   『브라흐마 수뜨라 주석』 4.3.14 참조.

자기탐구는 근원적 건강성을 지향한다. 고통이란 질병의 유의어이다. 고통으로부터 벗어나는 것이란 질병으로부터 벗어나 건강을 회복하는 것이다. 베단따의 관점에서 삶의 모든 조건들은 고통이다. 질병이다. 덜어내야 한다. 임시방편이나 미봉책으로는 통하지 않는다. 최종적인 방편이 요청된다. 베단따는 그러한 각본을 제공한다. 본래적으로 자기 존재가 항상 건강하다는 것을 깨우치라는 각본이다. 각본을 따라가다 보면 어느 순간 존재의 건강성을 맛볼 수 있다. 한 조각이더라도 넉넉하다. 노력이 결코 헛되지 않다. 비할 데 없이 황홀한 환희를 체험할 것이다.

삶은 자기 채색이다. 사람들은 각자 자신이 욕망하는 바대로 자신의 삶을 채색한다. 베단따도 채색을 피할 수는 없다. 단지 무채색에 도달하는 방식으로 채색한다. 탐구욕이란 그런 것이다. 모든 욕망들이 무상하다는 것을 아는 순간 다른 선택은 불가능하다. 무채색의 채색을 선택해야만 한다. 욕망을 넘어서려는 욕망을 선택해야만 한다. 이는 자아를 백지화하는 여정이다. 5덮개를 벗겨내듯이 채색된 모든 자아들을 벗겨내려는 움직임이다. 욕망에 붙들린 자아들을 덜어내려는 시도이다. 치유의 과정이다. 무채색에 가까워지면 질수록 역설적이게도 평온한 환희를 체험할 것이다.

베단따의 자기탐구는 지극히 개인적이다. 사회에 무관심하다. 역사에도 무관심하다. 자기탐구를 통해 세계를 변화시킨다는 착각에 빠지지 않는다. 개인적 각성은 개인적인 차원의 문제만 해결해준다. 자기치유는 세상의 치유로 이어지지 않는다. 사회적, 역사적 차원의 문제는 베단따의 관심 밖이다. 아예 다른 영역이라고 선을 긋는다. 선을 그은 덕택에 베단따의 전통이 지속되어 왔는지도 모를 일이다. 그렇다고 해서 자기치유의 중요성이 감소되는 것은 아니다.

　인생의 절반은 타인과의 관계 속에서 산다. 나머지 절반은 홀로 자신 속에서 산다. 베단따는 바로 저 나머지 절반에 관한 이야기이다. 인생의 절반을 잘 꾸려가기 위해서 어떻게 해야 하는지 알려준다. 아니, 관계 속에서 살더라도 홀로 사는 것과 마찬가지이다. 인생은 깜깜한 터널과 같다. 자신이 가고 있다는 걸 아는 건 자신뿐이다. 자신의 괴로움을 느끼는 것도 자신뿐이다. 자신을 위로해줄 수 있는 것도 자신뿐이다. 베단따는 삶의 적막강산을 철저하게 이해하는 자를 위한 이야기이다. 가장 쉽게 가장 가깝게 실천할 수 있는 방법을 전해준다. 거창하지 않다. 작은 습성의 씨앗을 뿌리기만 하면 된다고 한다. 자기탐구는 그러하다. 개인적 삶을 바꾸기 위해 작은 습성의 씨앗을 뿌리는 일이다. 그 작은 씨앗 하나가 삶을 완전히 탈바꿈시킨다. 중요한 것은 크기가 아니라 밀도이다.

　자기탐구는 개인의 차원을 넘어 인간 종의 차원으로 나아가기도 한다. 인간이라는 존재의 치유를 앞에 두고 끝장 승부를 보려고 하기 때문이다. 삶의 덧없음을 향해 인간은 끊임없이 질문을 던진다. 모든 세대가 그렇게 한다. 그럼에도 그 질문은 느슨하기만 하다. 세대가 이어지는 것만큼 그 질문의 농도가 이어지지는 않는다. 베단따는 배수진을 친다. 처연하게 그 질문에 매달린다. 개인이 매달리지만 한 세대가 매달리는 듯하다. 인간 종이 매달리는 듯하다. 베단따는 질문의 윤회를 멈추기 위한 선구자의 외로운 도전이다. 인간 존재를 치유하려는 끝장 승부이다.

11.
듣기, 숙고하기, 명상하기의 실천

11.
듣기, 숙고하기, 명상하기의 실천

세부적인 것을 버리는 수행법

세상의 작은 일에 관심을 가진 채로 깨우침을 얻을 수 있을까? 일상적인 것들을 세세하게 챙기면서 위대한 깨우침이 가능할까? 베단따는 부정적으로 대답할 것이다. 외부를 향해 있는 감각은 깨우침의 최대 적이다. 내부의 기관들마저 가장 깊은 내부만을 향해야 한다. 외부는 그 자체로 고통이고 미망이다. 단호하게 일상의 작은 신(神)들을 버려야 한다. '아뜨만'이라고 불리는 무연(無緣)한 신만을 간구해야 한다.

대부분의 수행법이 그러하다. 털어내고 버리고 멈추고 떠나기를 권고한다. 복잡한 몸과 마음을 단순하게 만들라고 한다. 몸과 마음이 세부적인 것들에 얽매여 있으면 존재의 고양이 이루어지지 않는다. 일상적 삶에서는 쉽지 않은 일이다. 아예 일상적 시공간을 떠나야 한다. 다른 시공간에서는 세부적인 것들이 크게 영향을 미치지 않는다. 좋은 조건이 갖추어진다. 물론 일상적 삶에서도 깨우침이 가능할 수 있다. 부정할 수 없다. 그럼에도 깨우침은 세부적인 것을 떠나야만 현실화될 수 있다. 일상적 삶에서든 일상을 벗어난 삶에서든 그러하다. 디테일detail을 버려야 깨우침을 얻는다.

디테일에 민감한 것은 대체로 젊은 시절이다. 나와 너 사이의 미묘한 차이를 큰 것으로 받아들인다. 무슨 일이든 처음인 듯 주목하고 처음인 듯 반응한다. 남들의 눈에 별것 아닌 것에도 중요한 의미를 부여한다. 티끌 같은 감정도 소중하게 여긴다. 그러다가 노년을 향하면서 점점 디테일에 무관심해진다. 디테일은 가고 뼈대만 남는다. 일반화의 함정에 빠져 차이를 부담스러워한다. 과정과 절차는 생략한 채 결과만 차지하고자 한다. 모난 돌은 드디어 다 닳은 돌이 된다.

나이가 들수록 새롭거나 불편한 것을 회피하려는 경향이 있다. 익숙하고 편안한 것만 찾는다. 삶의 디테일은 그렇게 잊히거나 무시된다. 심한 경우에는 폭력적이라고도 할 만하다. 들어도 듣지 않고 보아도 보지 않는다. 마치 베단따의 깨우친 자와 같다. "현명한 자는 다양한 사유에 크게 지치고 나서 평안에 도달한다. 그는 생각하지도 않고 알지도 않으며, 듣지도 않고 보지도 않는다."<아슈따바끄라 상히따 18.27> 디테일을 부정하는 것은 차이를 부정하는 것이다. 차이를 부정하는 것은 베단따의 단골메뉴이다. 노년에 그럴 가능성이 커진다. 베단따는 노년에 더 잘 이해할 수 있는 사상이다. 가히 '노년의 철학'이다.

무심함과 냉정함은 노년과 베단따의 공통점이다. 오랜 세월을 거친 노년의 마음은 무심과 냉정으로 점철된다. 도무지 흔들릴 만한 여지가 없다. 대부분의 디테일이 자극이나 충격을 주지 못한다. 아닐 수도 있지만 그럴 가능성이 크다는 말이다. 베단따도 마찬가지이다. 외부를 향한 모든 세부적인 움직임들을 꽁꽁 싸매 버린다. 마음의 모든 세부적인 작용들을 탈탈 털어버린다. 인간은 무미건조한 뼈대로만 남는다. 그래야만 무심과 냉정으로 존재하는 듯한 아뜨만이 된다.

베단따의 수행론은 이런 식이다. 삶의 디테일로부터 벗어나기를 거침없이 요구한다. 차이를 버리고 보편에만 집중하라고 다그친다. 그 수행론의 한가운데에 듣기, 숙고하기, 명상하기가 자리한다. 아니, 듣기, 숙고하기, 명상하기는 수행론의 전부나 마찬가지이다. 바로 이 세 가지를 통해 베단따의 프로그램에 익숙해질 수 있다. 베단따의 프로그램에 익숙해지는 것은 곧 보편에 익숙해지는 것이다. 프로그램에 익숙해지면 그 프로그램은 자기 것이 된다. 결국 듣기, 숙고하기, 명상하기를 통해서는 그 보편이 자기화된다. 보편인 아뜨만이 자기 삶으로 들어온다. 그 과정에서 디테일과 차이는 서서히 사라져간다. 자연스럽게 멀어져간다.

맨 먼저 듣는다. 듣지 않으면 그 어떤 시작도 가능하지 않다. 그 다음에는 생각한다. 들은 것이 과연 받아들일 만한지 심사숙고한다. 확신이 들지 않는 것에 삶을 온전히 던질 수는 없다. 그 다음에는 명상하고자 한다. 명상은 곧 집중이다. 무언가에 집중해야만 바로 그 무언가에 가까워질 수 있는 법이다. 분명하다. 이러한 수행법은 오직 아뜨만을 목적으로 한다. 오직 아뜨만을, 듣고 숙고하고 명상한다. 그것을 향해 직진할 뿐이다. 그러니 주변의 풍경은 장애에 지나지 않는다. 안타깝게도 삶의 세부적인 것들은 송두리째 외면당할 수밖에 없다. 수행론에서는 불가피한 일일 수밖에 없다.

'문사수'라는 이론 또는 실천

베단따는 이론이자 실천이다. 그 이론과 실천 사이에 경계를 나누기가 힘들다. 어떤 이는 '그것이 너이다'라는 신비스러운 문장 하나를 듣고 곧바로 해탈한다고 한다. 그는 이론을 통해 해탈하는가? 아니면 실천을 통해 해탈하는가? 쉬이 대답할 수 없다. 어떤 이는 밤낮으로 애쓰고 낮밤으로 애써도 해탈하지 못한다고 한다. 그는 이론이 모자라서 해탈하지 못하는가? 아니면 실천이 모자라서 해탈하지 못하는가? 역시 대답하기 어렵다.

인도철학은 이론과 수행을 잘 나누지 않는다. 원론과 그 적용은 하나이다. "이론과 실천은 하나일지니, [그것을] 보는 자는 봅니다."<바가바드 기따 5.5> 나누더라도 편의상 나눌 뿐 실제로 나누지는 않는다. 나누는 것은 위험한 일이다. 이론 없는 수행이 맹목적이고 수행 없는 이론이 공허하다는 것을 알기 때문이다. 그래서 학자인 성자도 있고 성자인 학자도 있다. 경전을 읽는 것은 그 자체로 명상이다. 침묵을 지키는 것은 그 자체로 강독이다. 이론과 실천은 자기 입으로 자기 꼬리를 무는 뱀처럼 서로 연결되어 있다. 이론과 실천을 구분하는 것은 거대한 무지이다. 유기체와 같은 베단따의 몸뚱이를 자르는 것과 같다. 베단따의 생명력을 빼앗는 일과 같다.

하긴 베단따에는 육체적 수행법이 덜 발달되어 있기는 하다. 몸을 움

342

직이는 수행법이 거의 없다. 실천의 영역이 그만큼 넓지 않다는 말이다. 요가와 비교해보는 것만으로도 충분하다. 요가는 윤리적, 육체적, 심리적 수행법을 두루 갖추고 있다. 육체적, 심리적 수행법은 꽤나 세밀하다. 베단따는 윤리적 수행법에 그저 심리적 수행법 중의 하나인 명상을 더 얹고 있을 뿐이다. 육체적 수행법은 감감무소식이다. 학파 내에서 요가의 영향력이 커지던 후대로 가서야 조금씩 언급되는 정도이다. 육체적 수행법이 약하다는 차원에서 베단따는 주로 정신의 수행법인 셈이다. 이론과 실천의 경계가 희미할 수밖에 없다. 이론과 실천이 정신의 영역에서 하나로 똘똘 뭉쳐져 있는 것처럼 보이기 때문이다. 정신의 영역에서는 이론과 실천을 구분 짓기가 특히나 어려운 법이다.

이론과 실천이 하나이다. 그 까닭에 이론의 출발점과 실천의 출발점은 동일하다. 애초에 출발점은 오직 하나인 것이다. 그것은 바로 듣기이다. 듣기는 베단따의 시작이다. 무엇이든 베단따의 가르침을 듣지 않은 채로는 베단따가 시작되지도 않는다. 반드시 먼저 들어야 한다. 인도에서는 화자(話者)뿐만 아니라 청자(聽者)의 관점도 중요시한다. 진리에 관해서라면 더더욱 그러하다. 청자는 완성된 진리를 피동적으로 듣는다. 사실상 듣는 것이 아니라 들리는 것이다. 베단따의 가르침은 바깥에서부터 안으로 들린다. 그때부터 베단따의 프로그램이 시작된다. 듣기에 이어 숙고하기와 명상하기가 뒤따른다. 문사수(聞思修)의 순서이다. 숙고하기와 명상하기는 듣기보다 능동적인 과정이다. 당연히 이 과정에도 이론과 실천의 구분은 없다. 하나의 이론과 실천이 하나의 수행론을 이룬다. 문사수는 이론과 실천이 절묘하게 결합된 하나의 프로그램인 것이다.

문사수는 불교에서도 등장하는 수행법이다. 예를 들어 초기불교의 경전인『디가 니까야Dīgha-nikāya』에서는 3가지 지혜를 말한다. 생각(사)과 들음(문)과 명상(수)으로 이루어진 지혜이다.[1] 불교에서도 일반적인 순서는 문사수이다. 그런데 문사수는 불교 이전의 우빠니샤드에서 이미 실행된 수행법이다. 가장 오래된 우빠니샤드에 등장한다.

> 여보 마이뜨레이여, 실로 아뜨만을 보아야만 하고 들어야만 하고 숙고해야만 하고 깊이 명상해야만 합니다. 여보, 실로 아뜨만을 봄으로써 들음으로써 숙고함으로써 인식함(직관함)으로써, 이 모든 것을 압니다.<브리하다란야까 우빠니샤드 2.4.5>

'듣기', '숙고하기', '깊이 명상하기'가 차례로 열거된다. 문사수의 원형이다. 잘 보면, '보기'도 등장한다. 이 보기는 왜 후대에 사라지고 말았을까? 참으로 불가사의하다. 보기가 아닌 듣기가 출발점이 된 데에는 다 이유가 있을 것이다. 아무튼 우빠니샤드의 문사수를 베단따는 그대로 계승한다. 문사수의 대상이 아뜨만이라는 것도 계승한다. 문사수는 힌두교의 정통 수행법이다.

문사수에 앞서 4가지 선행요건이 요구된다. 분별, 무욕, 덕목, 해탈욕이다. 이러한 요건을 갖춘 다음 본격적으로 문사수의 3단계를 수행해야 한다. 문사수의 듣기 단계부터 스승이 필요하다. 스승을 통해 경전의 가르침

---

1 『디가 니까야Saṃgītisutta』, 3.10 참조.

을 들어야 베단따에 진정으로 입문할 수 있는 것이다. 이로부터 문사수는 사제관계를 통해 더 잘 파악될 수 있을 듯하다. 샹까라가 암시를 준다. 그가 쓴 『우빠데샤 사하스리』의 산문 편에서이다. 이 산문 편은 3개의 장으로 이루어져 있다. 1장에서는 스승이 제자에게 성전의 가르침을 전한다. 제자는 거의 일방적으로 듣는다. 제자가 가끔 적재적소에 질문을 던지기도 한다. 스승은 성전을 인용하여 제자의 질문에 답한다. 1장은 듣기이다. 2장에서는 스승과 제자가 심각하게 논의를 펼친다. 성전은 전혀 인용되지 않는다. 오로지 이성과 논리에 의존할 뿐이다. 이를 통해 제자의 의심은 소해되고 미혹은 소멸된다. 제자의 확신으로 끝맺는다. 2장은 숙고하기이다. 이제 3장에서는 스승과 제자가 더 이상 등장하지 않는다. 그저 명상의 방법을 설명하기만 한다. 이 단계에는 스승의 역할이 더 이상 필요하지 않다. 확신에 찬 제자는 홀로 명상에 잠겨들어야 한다. 침묵과 함께 그렇게 해야 한다. 3장은 명상하기이다. 이와 같이 샹까라는 책의 구성을 통해 문사수를 쉽게 알려준다. 아주 특별한 고안이다. 3단계의 특징이 고스란히 파악된다.

확실히 베단따의 수행은 주로 정신의 영역에서 벌어지는 이벤트이다. 확실하다. 듣고 숙고하고 깊이 명상하는 것은 정신의 활동이다. 공부하는 것과 매우 흡사하다. 공부란 배우고 생각하고 깊이 기억하는 것이다. 문사수도 그와 같다. 스승으로부터 배운다. 스승과 함께 생각한다. 혼자서 깊이 기억한다. 베단따의 문사수는 베단따를 공부하는 방법인 셈이다. 확대해보면 삶을 공부하는 방법일지도 모른다.

듣기, 숙고하기, 명상하기란 무엇일까?

베단따에는 '베단따의 문사수'가 있다. 아뜨만이 문사수의 대상이기 때문에 다른 전통의 문사수와는 다르다. 문사수에 대한 정의를 보면 베단따의 문사수라는 것을 금세 알아차릴 수 있을 정도이다. 물론 정의는 문헌마다 조금씩 상이하다. 그나마 공통점이 있어서 다행이다.

『베단따 사라』에서는 이렇게 정의한다. 듣기란 유일무이한 실재가 우빠니샤드의 취지임을 확정하는 것이다. 어떻게 확정하는가? 성전을 해석함으로써 그렇게 한다. 숙고하기란 취지라고 들은 그 실재를 논의와 함께 계속 생각하는 것이다. 다만 논의가 우빠니샤드의 가르침을 벗어나서는 안 된다. 명상하기란 잡념 없이 오직 그 실재에 대한 관념만이 흐르는 것이다. 한마음으로 아뜨만에 집중하는 것이다.[2] 이처럼 듣기, 숙고하기, 명상하기는 모두 실재인 아뜨만을 대상으로 삼는다. 성전이 아뜨만을 취지로 한다고 듣는다. 합리적인 논의를 통해 아뜨만을 숙고한다. 일념으로 아뜨만을 명상한다.

『베단따 빠리바샤』의 정의도 크게 다르지는 않다. 미세한 차이는 존재한다. 미세한 차이가 결정적일 때도 있지만 일단 큰 틀의 정의는 상당히 유사하다.

'듣기'라고 불리는 것은 비이원적 브라흐만에 대한 우빠니샤드의 취

---

2   『베단따 사라』 30.2; 30.10; 30.11 참조.

지 확정에 호응하는 마음의 작용이다. '숙고하기'라고 불리는 것은 성언의 확정적 의미가 다른 지식수단과 모순적이라는 의심이 드는 경우에 '그것(의심)의 제거에 호응하는 추리'를 본질로 하는 지식을 야기하는 마음의 작용이다. '명상하기'라고 불리는 것은 시초도 없는 나쁜 인상에 의해 대상들에 사로잡혀 있는 의식이 대상들로부터 돌아서고 아뜨만이라는 대상에 고정되는 데 호응하는 마음의 작용이다.<베단따 빠리바샤 9.22-24>

듣기란 성전이 실재를 취지로 한다고 확정하는 것이다. 숙고하기란 의심을 제거하는 논증적 지식을 얻는 것이다. 명상하기란 의식이 실재에 고정되는 것이다.

두 문헌의 공통점은 이러하다. 듣기는 취지 확정이다. 숙고하기는 논증을 통한 생각이다. 명상하기는 의식의 집중이다. 이보다 더 쉽게 말할 수도 있다. 3단계는 지식을 얻기 위한 수단이다. 앎의 과정이다. 따라서 듣기란 '바르게 알기'이다. 숙고하기란 '확실히 알기'이다. 명상하기란 '실제로 알기'이다. 모름이나 잘못된 앎으로부터 바르게 알기 위해 듣는다. 의심스러운 것을 확실히 알기 위해 숙고한다. 습관을 벗어나 실제로 알기 위해 명상한다.

이 가운데 듣기는 일종의 '깨우는 벨소리'wake-up call와 같다. 누구나가 그 소리를 들을 수 있다. 소리는 잠을 깨운다. 아니, 어둠 속의 영혼을 깨운다. 어떤 사람은 소리를 듣고 즉시 깨어난다. 곧바로 영혼이 선명해진다. 대부분의 사람들은 소리를 듣고도 깨어나지 못한다. 계속 멍한 영혼으로 산다. 듣기를 통해서 존재가 탈바꿈하는 경우는 흔치 않다. 들어도 '깨우는 벨

소리'라는 것을 알아차리지 못하기 때문이다. 알아차려도 장애가 너무 많기 때문이다.

숙고하기는 이성의 영역에 속한다. 논리적이고 언어적인 방법으로 아뜨만에 대한 의심을 제거하는 단계이다. 논리적인 방법으로는 '연속과 불연속'이 있다. 언어적인 방법으로는 '함축'이 있다. 이러한 방법을 통해서는 브라흐만에 대한 확신을 얻는다. 아뜨만에 대한 일말의 의심조차 사라진다.

연속과 불연속은 사물의 관계를 규명하는 방법이다. 연속적으로 존재하는 것과 불연속적으로 존재하는 것을 통해서이다. 아뜨만은 어떤 경우에도 연속적으로 존재한다. 육체가 없어도 항상 존재한다는 말이다. 다른 것들은 불연속적으로 존재한다. 아뜨만이 없으면 결코 존재하지 못한다는 말이다. 그러므로 오직 아뜨만이 유일한 실재이다. 다른 것들은 비실재이다. 논리적인 방법은 이런 식이다. '그것이 너이다'라는 문장을 해석할 때 이 방법을 사용하기도 한다.

함축은 두 가지 목적을 가진다. 첫째, 언어를 초월한 브라흐만(아뜨만)을 알기 위한 것이다. 둘째, "그것이 너이다"와 같은 위대한 문장의 의미를 파악하기 위한 것이다. 브라흐만은 말을 통해 일차적으로 알려질 수 없다. 불에 대해 '이것은 불이다'라고 말하면 불이 알려진다. 브라흐만은 그 어떤 말로도 알려지지 않는다. 말은 관계, 속성, 행위, 종, 관습을 지시하는데, 브라흐만은 이런 것과는 무관하기 때문이다.[3] 그래서 우빠니샤드

---

3   『나이슈까르므야 싯디』 3.103 참조.

는 '네띠 네띠'(이러한 것도 아니고 그러한 것도 아니다)라고 브라흐만을 묘사한다. 결국 함축이 필요하다. 우빠니샤드는 브라흐만을 '존재, 의식 (지식), 무한'이라고 정의한다. 그런데 '존재, 의식, 무한'이라는 말로부터 브라흐만이 직접 알려지지 않는다. 말로부터 직접 알려지면 브라흐만이 아니기 때문이다. 간접적으로 알려진다. '존재'라는 말은 '비존재와는 다른 것'을 함축한다. '의식'이라는 말은 '비의식과는 다른 것'을 함축한다. '무한'이라는 말은 '유한한 것과는 다른 것'을 함축한다. 이로부터 '존재, 의식, 무한'이란 '비존재이고 비의식이고 유한한 것과는 다른 것'을 함축한다. 언어를 초월한 브라흐만은 이렇듯 감춰진 의미를 통해 알려진다. '그것이 너이다'와 같은 문장도 감춰진 의미를 통해 그 진의(眞意)가 알려진다. 개별자아가 곧 브라흐만이라는 것이 진의이다. 결과적으로 함축은 두 가지를 알려준다. 첫째, 브라흐만이 무엇인지 알려준다. 둘째, 개별자아가 바로 그 브라흐만이라고 알려준다. 언어적인 방법은 이런 식이다.

　　마지막으로 명상하기nididhyāsana는 일반적인 명상dhyāna으로 이해해도 무방하다. 샹까라의 계속적 명상upāsanā, 빠리상크야나parisaṃkhyāna와도 크게 다르지 않다. 계속적 명상이란 "동일한 관념의 흐름을 만드는 것"<브라흐마 수뜨라 주석 4.1.7>이다. 아뜨만에 대한 하나의 생각을 계속 유지하는 것인 셈이다. 샹까라는 '명상하다'라는 동사가 '동일한 관념의 흐름을 만들다'라는 뜻이라고 밝히기도 한다.[4] 계속적 명상은 참된 동일성의 상태를 유지하는 것이 목적이다. 빠리상크야나는 역방향이다. 아뜨만이 아닌

4　『브라흐마 수뜨라 주석』 4.1.8 참조.

것들을 아뜨만으로 여기는 잘못된 관념을 제거하려는 명상이다. 빠리상크야나는 거짓된 동일성의 상태를 파기하는 것이 목적이다. 요가의 명상인 쁘라상크야나prasaṃkhyāna에 번뇌를 제거하려는 목적이 있는 것과 흡사하다. 이와 같은 명상은 그 어떤 이름으로 불리든 단 하나의 최종 목적으로 나아간다. 바로 유일무이의 아뜨만에 대한 직접적 지식을 획득하는 것이다.

명상하기에는 어떤 것을 알면 바로 그것이 된다는 논리가 숨어 있다. 아는 것이 곧 되는 것이다. 아니, 생각하는 것이 곧 되는 것이다. 생각대로, 뜻대로 된다. "실로 자기가 자유롭다고 가정하는 자는 자유롭고, 또 자기가 속박되어 있다고 가정하는 자는 속박되어 있다. '생각한 바대로 될 것이다'라는 것은 이 세상의 세평(世評)이자 진실이다."<아슈따바끄라 상히따 1.11> 결국 하나의 대상을 집중해서 명상하면 바로 그 대상이 될 수 있다는 말이다. 자신이 아뜨만이라고 생각하면 아뜨만이 된다. 아뜨만을 계속 명상해야만 하는 이유이다. "어떤 대상에 대해 아주 열심히 신념을 가진 채로 명상하는 사람은 실로 그 [대상이] 될 것이다. '말벌과 벌레'의 [예시와] 같이, [이는] 쉽게 알 수 있다."<아빠록샤 아누부띠 140> 말벌과 벌레의 비유가 등장한다. 간단한 이야기이다. 말벌에 붙잡힌 벌레가 굴에 갇힌다. 말벌은 벌레를 마비시킨 채 다시 밖으로 나간다. 벌레는 옴짝달싹하지 못한 채 굴의 입구만을 쳐다보고 있다. 굴의 입구에 말벌이 다시 나타나는 순간 자신이 곧바로 먹힐 것을 안다. 벌레는 입구에 시선을 고정한 채 끊임없이 말벌을 떠올린다. 말벌에 집중한다. 집중한다. 집중한다. 집중한다. 마침내 벌레는 말벌이 된다! 말벌이 된다! 기묘하다. 다소 당황스러운 결말이다. 그렇지만 어떤 대상을 깊이 생각하면 바로 그 대상이 된다는 것을 알려주기 위한 비유이다. 명상의 중요성과 효력을 설파한다.

명상하기는 지속이 중요하다. 습관을 만들어야 한다. 일상이 명상이 되도록 중단 없이 행해야 한다. 모든 관계가 불편해질 정도로 지독하게 행해야 한다.

> 명상대상의 본질에 대한 자기가정이 자신에게서 생길 때까지 명상하고 나서, 그 다음에 바로 그와 같이 죽음에 이르기까지 집중해야 한다. … 명상이란 행하고자 하거나 행하지 않고자 하거나 다른 방식으로 행하고자 하는 인간의 의욕에 의해 가능하다. 따라서 관념의 흐름을 항상 행해야 한다. 예를 들어, 주의 깊은 베다 학습자는 습성에 따라 꿈에서도 공부한다. 실로 [베다] 암송자는 꿈에서도 암송함에 틀림없다. 마찬가지로 명상자 역시 습성화해야 한다. 훼방하는 관념을 버린 채 끊임없이 명상한다면, 인상이 박힘으로 말미암아 꿈 등에서조차 명상을 만난다.<빠짜다쉬 9.78; 80; 81; 82>

여기서는 강한 표현들을 대면할 수 있다. 죽음에 이르기까지 집중해야 한다. 항상 행해야 한다. 습성화해야 한다. 꿈 등에서조차 명상을 만난다. 이러한 표현들은 지속성을 강조하기 위해서이다. 지속해야 명상이 무르익는다. 시간이 지나 명상이 무르익으면 직접적 지식을 낳는다. 직접적 지식을 낳지 못하더라도 의심이 있어서는 안 된다. 벌레가 말벌이 되듯이 언젠가는 명상대상인 아뜨만 그 자체가 되는 법이다.

듣기냐 명상하기냐

———

　듣기, 숙고하기, 명상하기는 3단계이다. '3단계'라는 말로부터 한 가지 의문이 생길 수 있다. 3단계는 앞 단계에서 끝날 수 있는 불연속적인 단계인가? 아니면 반드시 차례대로 단계를 거쳐야 하는 연속적인 단계인가? 불연속적인 단계라면 듣기로부터 직접적 지식을 얻을 수 있어야 한다. 듣기에서 수행이 끝난다. 그럴 수 없을 경우에 숙고하기와 명상하기로 나아간다. 연속적인 단계라면 듣기로부터 결코 직접적 지식을 얻을 수 없다. 반드시 숙고하기를 거쳐야 하고 명상하기를 거쳐야 한다.

　브라흐만에 대한 직접적 지식 또는 직접지각sākṣātkaraṇa은 어떻게 가능한가? 『베단따 빠리바샤』에서는 두 가지 입장이 존재했다는 것을 전해준다.[5] 하나는 성언śabda으로부터 발생한다는 입장이다. '그것이 너이다'와 같은 성언을 들음으로써 그 지식이 발생한다고 한다. 듣기 중심주의이다. 진리에 관한 언설로부터 최종적 지식이 온다. 다른 하나는 기관indriya으로부터 발생한다는 입장이다. 당연히 내부기관을 가리킨다. 숙고하기와 명상하기를 통해 정화된 내부기관에서 그 지식이 발생한다고 한다. 명상하기 중심주의이다. 주관의 심리활동으로부터 최종적 지식이 온다. 베단따의 두 하위 학파 가운데 비바라나학파는 듣기 중심주의이다. 샹까라가 시초이고 수레슈바라도 여기에 속한다. 바마띠학파는 명상하기 중심주의이다. 만다나 미슈라가 시초이다.

5　『베단따 빠리바샤』 9.13-17 참조.

듣기 중심주의의 원리는 간단하다. 우빠니샤드의 위대한 문장은 진리를 담고 있다. 누군가 진리에 관한 그러한 말을 제대로 듣는다. 그것이 너이다! 그러면 진리를 담고 온 말은 사라지고 진리만 남는다. 듣기만으로도 너끈하다. 말을 통해 말을 넘어선 것을 알 수 있다.

무엇보다 중요한 것은 직접성이다. 위대한 문장은 직접적인 순수의식에 관한 것이다. 그것을 듣는 자도 직접적인 순수의식이다. 직접성이 직접성을 만난다. 게임 끝이다. 듣는 것만으로 순수의식의 진리를 깨우칠 수 있다.[6] 굳이 체험인 명상을 통해 직접성을 확보할 필요가 없지 않는가. 아뜨만 자체가 직접적이지 않는가. 또 하나 중요한 것은 우빠니샤드가 지식수단이라는 사실이다. 지식이라는 결과를 낳는 수단인 것이다. '계시서'라는 하나의 지식수단이 작동하면 '지식'이라는 결과가 발생해야 한다. 듣기를 통해서이다. 그렇다면 왜 굳이 또 다른 수단을 요청해야 하는가. 계시서로 충분하지 않는가. 계시서로부터 지식을 얻을 수 없다면 명상으로부터도 얻을 수 없다. 듣기로부터 지식을 얻을 수 없다면 명상하기로부터도 얻을 수 없다.

듣기를 통해 깨우침을 얻지 못할 수도 있다. 샹까라는 무지ajñāna, 의심saṃśaya, 그릇된 관념viparyaya 때문이라고 말한다.[7] 모두 장애들이다. 장애가 워낙 거대해서 듣기가 직접적 지식을 낳지 못할 수 있다. 간접적 지식만 낳을 수 있다. 그러면 숙고하기로 나아가고 명상하기로 나아가야 한다. 어느

----

6   Ram-Prasad(2001) pp. 200-201 참조.
7   『브라흐마 수뜨라 주석』 4.1.2 참조.

단계든 장애는 존재한다. 장애가 존재하는 한 듣기, 숙고하기, 명상하기를 계속 반복해야 한다. 장애가 소멸되면 지식이 발생한다. "지식은 다만 듣기 등을 매개로 하여 발생함으로써, 오직 장애가 소멸된다는 견지에서 발생한다."<브라흐마 수뜨라 주석 3.4.51> 반복하다 보면 어느 단계든 장애가 소멸될 것이다. 어느 단계든 직접적 지식이 발생할 것이다. 장애가 없는 사람은 예외이다. 아무런 장애도 없는 사람은 처음 듣는 순간에 깨우침을 얻는다고 한다. 대부분 사람들은 무진장한 장애를 안고 있을 뿐이다.

비바라나학파에서는 수행의 과정을 장애의 제거 과정으로 본다. 목표인 해탈이 본래성의 회복이기 때문이다. 본래적으로 해탈한 상태임에도 장애 때문에 그것을 알지 못한다. 기필코 장애를 제거해야 그것을 알 수 있다. 그 장애를 제거하는 과정이 듣기, 숙고하기, 명상하기이다. 듣기를 통해서는 지식수단과 관련되는 장애를 제거한다. 지식수단은 계시서이다. 계시서는 개별자아와 브라흐만의 동일성을 가르친다. 듣기는 그 계시서를 계시로 받아들이지 못하는 회의나 그릇된 인식을 없앤다. 권위(진리성)를 인정해야만 그러한 장애가 사라진다. 숙고하기를 통해서는 지식대상과 관련되는 장애를 제거한다. 지식대상은 개별자아와 브라흐만의 동일성이다. 숙고하기는 이 가르침을 부정하는 논증을 물리친다. 이로부터 그 동일성을 회의하는 장애가 사라진다. 명상하기를 통해서는 그릇된 인식이라는 장애를 제거한다. 그릇된 인식이란 오래된 사고 습관, 뿌리 깊은 본능 등이다. 편견, 성욕 등을 예로 들 수 있다. 동일성에만 집중하는 명상에서는 쉬이 그러한 장애가 사라진다.[8]

명상하기 중심주의의 원리도 간단하다. 우빠니샤드의 위대한 문장은 진리를 담고 있다. 누군가 진리에 관한 그러한 말을 듣는다. 그것이 너이다! 그렇지만 진리를 담고 온 말이 진리를 전해주지는 않는다. 말을 통한 인식은 간접적인 것이기 때문이다. 그 간접적인 것은 반드시 직접적인 것으로 전환되어야 한다. 명상이 요청된다. 명상의 체험은 그 자체로 직접적이다.

역시나, 이 경우에도 중요한 것은 직접성이다. 듣기 중심주의에서는 듣기로부터 직접성이 가능하다고 본다. 명상하기 중심주의에서는 불가능하다고 본다. 언어를 통한 인식은 한계를 가지기 때문이다. 오직 명상만이 직접성을 낳는다. 명상하기가 직접적 지식의 최종 수단이다. "이 가운데 명상하기는 '브라흐만에 대한 직접적 지식'의 직접적 원인이다. … 숙고하기는 명상하기에 대한 원인이다. … 듣기는 숙고하기에 대한 원인이다." <베단따 빠리바샤 9.25-27> 한 단계 한 단계 나아가야 한다. 1단계에서 2단계로, 2단계에서 3단계로 나아가야 한다. 직접적 지식은 3단계인 명상하기의 몫이다. 명상하기는 해탈을 위한 마지막 관문이다. "해탈의 수단들 전체에서 실로 박띠가 가장 중요하다. 박띠는 자신의 본질을 지속적으로 주시하는 것이라고 언급된다."<비베까 쭈다마니 32> 해탈의 수단들 중에서 최고봉이 명상이라는 언급이다. '박띠'는 종종 명상을 가리키기도 한다. 명상하기로부터 직접적 지식을 얻으면 그 즉시 해탈이다.

베단따는 후대로 갈수록 명상을 더 중요시한다. 직접적 체험을 더 중요시한다. 요가의 영향이 크게 있었을 것이다. 신베단따에서는 정점을 찍

---

8   Upadhyaya(1999) pp. 210-211 참조.

는다. 신베단따는 체험적 신비주의에 가깝다. 삼매에 대한 신비적 체험이 그 핵심이다. 그런데 삼매는 신베단따보다 훨씬 이전에 이미 강조된 바 있다. 14-15세기 베단따 문헌들에서는 이미 수행론의 중심에 들어와 있다.

> 무속성 [브라흐만에 대한] 명상이 단계적으로 무르익으면 삼매가 될 것이다. 이로부터 '지멸'이라고 불리는 삼매가 쉽게 얻어진다. 지멸을 얻은 경우에 그 사람의 내부에는 접촉되지 않은 실재(아뜨만)가 남는다. 그것이 지속적으로 습성화될 때 문장으로부터 실재에 대한 인식이 생길 것이다.<빠짜다쉬 9.126-127>

> 자신의 본질인 순수의식에 대한 그와 같은 직접적 지식에 이를 때까지 듣기, 숙고하기, 명상하기, 삼매를 실행하는 것이 필요하기 때문에, 그것들을 또한 설명한다.<베단따 사라 30.1>

앞의 글에서는 명상이 무르익으면 삼매가 된다고 한다. 특히 '지멸' nirodha이라는 삼매가 습성화되면 실재에 대한 인식이 생긴다고 한다. 명상, 삼매, 직접적 지식의 순서이다. 뒤의 글은 더 노골적이다. 직접적 지식에 이를 때까지 3단계에다 삼매를 실행하는 것이 필요하다고 한다. 똑같이 명상, 삼매, 직접적 지식의 순서이다. 3단계에 삼매가 추가된 4단계가 등장한 셈이다. 직접성을 강조하다 보니 삼매와 같은 체험을 끌어들인 것이다. 명상하기 중심주의의 유산이다. 아니, 베단따 전체가 서서히 그렇게 변해간다. 어쩌면 직접성에 대한 베단따의 강박증이 낳은 결과일지도 모른다.

베단따의 마지막 거장은 약 17세기의 마두수다나 사라스바띠이다. 그는 심지어 삼매를 직접적 지식과 동일시하기도 한다. 3가지 삼매를 통해 직접적 지식의 3단계를 묘사한다. 첫 번째 삼매는 스스로 정상적인 의식으로 돌아올 수 있는 단계이다. 브라흐만을 탁월하게 아는 자의 경지이다. 두 번째 삼매는 타인에 의해서만 그렇게 돌아올 수 있는 단계이다. 브라흐만을 더욱 탁월하게 아는 자의 경지이다. 세 번째 삼매는 스스로도 타인에 의해서도 깨어날 수 없는 단계이다. 브라흐만을 가장 탁월하게 아는 자의 경지이다.[9] 여기까지이다. 이쯤 되면 베단따인지 요가인지 구분이 안 간다. 물론 삼매는 요가의 전유물이 아니다. 베단따도 삼매를 다룬다. 그럼에도 삼매를 통해 직접적 지식을 설명하는 것은 낯설다. 베단따의 초기에는 명상과 삼매를 크게 강조하지 않기 때문이다. 16-17세기는 혼성과 종합의 시대이다. 또한 직접적 체험이 대세가 된 시대이다.

베단따는 움직인다. 마치 강물처럼 흘러간다. 상류와 하류의 강물은 같지만 또 다르다. 그러하듯이 초기와 후기의 베단따도 같지만 또 다르다. 하류의 강물에는 여러 지류들이 섞인다. 그러하듯이 후기의 베단따에도 여러 학파들의 가르침이 섞인다. 베단따의 초기에는 듣기가 더 우위에 있다. 계시서의 권위가 극대화된 시대에는 듣기의 권위도 상한가를 치게 마련이다. 후기에는 명상하기가 더 우위에 있다. 체험의 중요성이 강조된 시대에는 명상하기로 무게중심이 쏠릴 수밖에 없다. 듣기 중심주의도 명상

---

9   『바가바드 기따 구다르타 디삐까』 3.18 참조. 그는 『요가 바시슈타』로부터 이러한 도식을 빌려왔다고 한다.

하기 중심주의도 시대를 따라 움직인 결과물이다. 모두 베단따의 찬란한 역사이다.

우빠니샤드에서는 '듣기'와 별도로 '보기'도 계시한다. 이를 염두에 둔다면 직접적 지식은 듣기 이전에도 가능하다. 듣기, 숙고하기, 명상하기의 어느 단계에서도 가능하다. 샹까라부터 그 여지를 준다. 브라흐만처럼 '존재하는 것'은 계시서뿐만 아니라 직각(直覺)을 통해서도 알 수 있다고 말하기 때문이다.[10] 존재하는 것은 이미 존재하고 있으므로 듣지 않아도 볼 수 있다. 마음의 눈으로 직각할 수 있다. 계시서의 가르침마저 애초에 누군가 본 것에 관해서이다. 따라서 보기는 언제든지 가능하다. 듣기, 숙고하기, 명상하기가 없어도 가능하다. 굳이 듣기냐 숙고하기냐 그렇게 따질 필요가 없다. 아뜨만을 보는 것은 항상 열려 있어야 한다.

두 입장 모두 현실적으로 한 가지만큼은 공유한다. 현실적으로 그러하다. 수행의 과정이 지난하다는 관점에서는 한 가지를 역설할 수밖에 없기 때문이다. 듣기, 숙고하기, 명상하기를 '항상 반복적으로 수련해야 한다는 것'nitya-abhyāsa이다.[11] 어차피 듣기만으로 깨우침을 얻는 것은 불가능하지 않는가. 듣기의 입장에서도 반복적 수련을 강조하지 않는가. 때로는 현실적인 것이 정답에 가깝기도 하다.

---

10 『브라흐마 수뜨라 주석』 1.1.2 참조.
11 『아빠록샤 아누부띠』 101 참조.

계시와 이성과 체험의 상승작용

___

　듣기, 숙고하기, 명상하기는 망각한 것을 재인식하는 과정이다. 망각한 것은 아뜨만이다. 사람들은 아뜨만을 망각한 상태로 살아간다. 그러니 망각하고 있다는 사실을 어쨌든 배워야 한다. 들어야 한다. 망각의 현실을 인정하고 나서는 아뜨만을 인식할 수 있는 가능성을 따져보아야 한다. 그 인식은 재인식이다. 아뜨만이 인식의 주인임에도 그것을 모르고 있다가 다시 인식하는 것이기 때문이다. 가능성을 따지는 것은 숙고하기이다. 가능성이 있어야 삶이 그쪽으로 향한다. 가능성을 확인하고 나서는 현실화에 온 정신을 집중해야 한다. 자신이 아뜨만이라고 생각한다고 해서 바로 아뜨만이 되지는 않는다. 열중해야 한다. 몰입해야 한다. 오직 아뜨만만 생각하면서 살아가는 것이 명상하기이다. 생각이 현실로 된다. 망각은 순식간에 끝나고 번뜩 재인식하는 상태에 도달한다.

　이 과정에서 '듣기'라는 수단은 계시를 지시한다. '숙고하기'라는 수단은 이성을 지시한다. '명상하기'라는 수단은 체험을 지시한다. 망각한 것을 재인식하기 위해서는 계시와 이성과 체험이 모두 작용해야 하는 것이다. 이것들은 인간을 구성하는 요소들이다. 세 요소가 함께할 때는 각각이 따로 작용할 때보다 더 경이롭다. 경이로운 결과를 낳을 수 있다. 세 요소가 함께할 때 굉장한 상승작용(시너지)이 만들어지기 때문이다.

　베단따는 바로 그 상승작용을 상기시킨다. 인간이 가진 다양한 무기들을 당당하게 활용하라고 권유한다. 그것들이 함께할 때 믿을 수 없는 일이 벌어진다고 확신한다. 아뜨만을 알기 위해서는 총력을 기울여야 하는 것이다. 『브라흐마 수뜨라』의 구성이 좋은 실례이다. 이 경전은 4개의 장으로 구성되어 있다. 1장은 '조화'samanvaya이고, 2장은 '무모순'avirodha이고, 3장은 '성취수단'sādhana이다. 차례대로 듣기, 숙고하기, 명상하기와 대응한다. 차례대로 계시, 이성, 체험과 대응한다. 계시는 듣기를 통해 조화되어야 한다. 혹은 조화롭게 들려야 한다. 그것은 숙고하기를 통해 이성과 모순되지 않아야 한다. 그것은 명상하기라는 성취수단을 통해 체험되어야 한다. 이로부터 4장은 '결과'phala이다. 1장, 2장, 3장이 함께할 때 4장의 해탈이라는 결과가 나온다.

한 가지가 놀랍다. 이성에 대한 긍정이 꽤나 특이하다. 인도의 전통에서는 이성에 대한 폄하가 흔하디흔하기 때문이다. 예를 들어 "나는 '실재에 대한 지식'이라는 집게를 잡은 채 심장의 내부로부터 '다양한 종류의 사유'라는 가시를 뽑아내고 말았다."<아슈따바끄라 상히따 19.1>라고 한다. 이성적 사유는 뽑아내야 할 가시와 같다. 이렇게 이성은 폄하된다. 이성을 과신하는 근대의 서양과는 다르다. 인도는 이성을 불신하는 편이다. 놀라움은 베단따가 이성을 그렇게 폄하하지 않는다는 데 있다. 겉으로는 폄하한다. 속내를 들여다보면 무한대로 활용한다. 위상은 낮추지만 역할은 높인다. 매우 적극적인 긍정이다. 숙고하기에서 나타나는 이성의 활약은 베단따의 균형감각을 시사해준다.

균형감각은 삶의 전체성이라는 전망에서 발달한다. 인간의 삶에 들어온 것들 중에는 버릴 것이 없다. 고대 인도의 관점에서 이성적인 요소는 버릴 게 아니다. 베단따에서도 그에 걸맞은 역할을 다한다. 비이성적이거나 신비적인 요소도 버릴 게 아니다. 베단따에서는 계시나 직관적 체험에 버금가는 것이 없어 보인다. 오히려 과잉이다. 이성적인 요소가 그 과잉을 지긋이 눌러준다. 균형감각이다. 계시든 이성이든 체험이든 인간이 잘 살아가는 데 필요한 수단들이다. 베단따는 균형 잡힌 시선으로 그 수단들을 다룬다. 이념적으로 그러하지 않더라도 현실적으로 그러하다. 듣기, 숙고하기, 명상하기가 현실적인 증거이다.

아무튼 베단따에서 계시와 이성과 체험은 공존한다. 공존하면서 공조한다. 그러면서 일종의 반성적 사고를 낳는다. 본디 베단따는 반성적 사고에도 익숙하다. 베단따는 기존의 가치를 뒤흔든다. 그로부터 자기 자리를 반성하게끔 한다. 나에 집착하는 마음의 습관을 버리라고 한다. 나의 경험에 의미를 부여하는 습관도 버리라고 한다. 반성은 대체로 잘못된 습관에 대한 반성이다. 일종의 반성적 사고이다. 계시와 이성과 체험의 공조는 또 다른 차원의 반성적 사고이다. 믿는 것과 합리적인 것과 직관하는 것이 지속적으로 서로 반응하기 때문이다. 상호작용이다. 그 어떤 요소도 따로 작용하지 않는다. 믿는 것은 합리적인 것의 도전을 받는다. 합리적인 것은 직관하는 것의 승인을 받는다. 이런 식이다. 항상 상호작용 속에서 수행이 이루어진다. 삶이 펼쳐진다. 일종의 반성적 사고라고 할 만하다.

계시와 이성과 체험의 상호작용은 공부의 반복을 의미한다. 샹까라도 '지식의 반복적 학습'jñāna-abhyāsa을 말한다. 인생의 4단계를 살아가는 유랑자의 의무로 부과된다.[12] 진리를 좇는 유랑자는 이미 알고 있는 지식을 쉼 없이 반복해야만 하는 것이다. 지식의 반복이란 무엇일까? 듣기, 숙

---

12   『브라흐마 수뜨라 주석』 3.4.50 참조.

고하기, 명상하기의 반복이다. 계시, 이성, 체험의 반복이다. 누가 이것을 반복할까? "'그것이 너이다.'라는 것을… 직각할 수 없는 자에게는 반복이 사용될 뿐이다."<브라흐마 수뜨라 주석 4.1.2> 다시 말해, 장애를 가진 자가 반복한다. 어떻게 이것을 반복할까? 계시된 것이 이성적으로 숙고되고, 숙고된 것이 체험된다. 이뿐만이 아니다. 체험된 것이 계시를 통해 다시 조정될 수도 있다. 숙고된 것이 계시를 통해 다시 확인될 수도 있다. 이와 같이 공부는 반복된다. 계시와 이성과 체험 사이의 오고감이다. 각각이 각각을 검토하고 반영하고 종합한다. 끝없이 움직인다. 늘 생동감 있게 움직인다. 움직이는 이유는 자명하다. 지식을 죽이는 장애를 걷어내기 위해서이다. 지식이 살아 있는 것이 되도록 하기 위해서이다. 마침내 지식이 직접적인 것이 될 수 있을 때까지 움직인다. 이와 같은 공부의 반복이 베단따의 반성적 사고이다.

계시와 이성과 체험의 협업(協業)은 상승작용을 일으킨다. 절제된 삶 속에서 이 삼두마차(三頭馬車)는 베단따 수행을 이끈다. 굳이 수행이 결과를 낳지 않아도 좋다. 굳이 수행의 영역이 아니라도 좋다. 믿는 것과 합리적인 것과 직관하는 것이 서로 잘 감응하기만 해도 전인적인 삶에 가까워진다. 반성할 수 있다는 것만으로도 기꺼이 성공적이다.

자신의 삶을 다시 쓰기

디테일을 버려야 깨우침을 얻는다. 수행에 대해서나 쓸 수 있는 말이다. 일상에서는 그 누구도 주의를 기울이지 않을 말이다. 디테일이 없는 일상은 일상이 아니기 때문이다. 베단따의 듣기, 숙고하기, 명상하기는 철저하게 수행의 담론이다. 디테일을 버리게끔 한다. 그렇지만 이 수행의 담론을 일상의 담론으로 옮겨볼 수도 있다. 디테일이 있는 담론으로 바꿔볼 수도 있다. 듣고 생각하고 집중하는 것은 그저 일상의 활동이기 때문이다. 일상에서 매우 디테일한 것으로 다가올 수 있는 활동이기 때문이다.

듣기, 숙고하기, 명상하기는 썩 괜찮은 자기 관리법일 수 있다. 자기를 가장 잘 돌볼 수 있는 자는 자기 자신이다. 자기를 잘 돌봄으로써 자기를 잘 관리할 수 있다. 듣기는 '자기수용'이다. 자신에 대한 자신의 목소리를 듣는다. 자신을 있는 그대로 받아들인다. 자신을 과장하거나 왜소화하지 않는다. 숙고하기는 '자기검토'이다. 수용된 자기 자신의 가능성을 생각한다. 자신을 변모시킬 수 있는 방법을 탐색한다. 자신을 설득하고 변화를 긍정한다. 명상하기는 '자기연마'이다. 변화하고자 하는 방향으로 자신의 삶을 집중시킨다. 끝없이 자신을 갈고 닦는다. 자신의 장애와 한계를 넘어서려고 한다. 이와 같다. 자기수용이고, 자기검토이고, 자기연마이다. 베단따의 정통 수행법과 크게 다르지도 않다. 수행법도 넓은 의미에서는 자기 관리법이다.

자기뿐만 아니라 타인에 대해서도 적용될 수 있다. 듣기, 숙고하기, 명상하기는 타인과 소통하는 방법일 수 있다. 사람들은 자신에 대해서만큼 타인에 대해 크게 관심을 기울이지 않는다. 대충 듣고 대충 생각하고 대충 집중한다. 태도를 바꾼다. 진심으로 듣고 진심으로 생각하고 진심으로 집중한다. 진심은 끝끝내 통하게 마련이다. 그러면 달라도 뭔가 달라진다. 작은 시도가 큰 변화를 만든다. 소통을 외치지 않아도 소통으로 차고 넘친다.

더 나아가 자신의 삶을 다시 쓰는 방법론일 수 있다. 혼자서 그렇게 하지 않는다. 자신에 대한 자신의 말을 자신이 듣지 않아야 하는 것이다. 타인이 시발점이다. 자신에 대한 타인의 말을 자신이 듣는다. 아무래도 더 객관적인 평가가 나올 법하다. 혹은 혼자서 그렇게 할 수도 있다. 자신이 자신을 마치 타인처럼 평가할 수 있는 경우이다. 이로부터 자신의 삶을 '다시 쓰기' 한다. 글자로 쓴다는 말이 아니다. 자신의 지나간 삶 전체를 제대로 성찰한다는 말이다. 여기서 듣기는 타인에게 귀 기울이는 단계이다. 타인의 말을 듣지 않으면 귀신도 자기 정체를 모른다. 숙고하기는 들은 것에 비추어 자기의 과거를 돌이켜보는 단계이다. 자기 삶의 과정을 되불러온다. 주로 씁쓸한 복기일 수밖에 없다. 다시 쓰기 위한 준비에 해당된다. 명상하기는 실천적으로 자기 삶을 다시 쓰는 단계이다. 명상처럼 평온함이 깔리고 진실함이 우러나와야 한다. 다시 쓰기란 자신과의 화해이다. 버릴 것은 다 버리고 가능한 한 간소해져야 한다.

다시 쓰기는 베단따의 수행론처럼 '의도적으로' 진행된다. 자신의 삶을 다시 쓰고자 하는 열망이 가득해야 한다. 일종의 재시동rebooting과 같다. 쓰고 있는 삶을 잠시 멈춘 채 다시 쓰기 때문이다. 자신의 중심은 견고하게 유지된 채로 자신의 삶이 새롭게 열린다. 다시 쓰기는 베단따 수행론의 일상적 버전일 수 있다.

오늘 하루가 한 생애이다. 인간은 날마다 죽고 날마다 산다. 하루를 마치고 잠드는 밤은 한 생애의 소멸이다. 잠에서 깨어나는 모든 아침은 새로운 생애의 시작이다. 아침마다 내 삶은 재시동된다. 마치 '제로'인 듯이 다시 시작된다. 내 존재가 사라지지는 않는다. 존재는 사라지지 않고 하루하루 한 생애의 소멸과 생성이 반복될 뿐이다. 반복되는 윤회와 같다. 밤부터 아침까지 잠의 시간은 맑아지고 가벼워지는 과정이다. 이 과정도 되풀이된다. 그리하여 재시동되는 아침에는 그저 많은 것들을 잊어버려야 한다. 홀가분하다. 새로운 생애에는 새로운 듯이 세상을 만나야 한다. 모든 것들이 낯설어야 한다. '다시 쓰기'란 이와 같은 재시동을 의도적으로 실행하는 것이다. 살아 있어도 죽은 것과 같은 일상에 생명력을 기입하는 방법이다.

아프만 찾기에서는 디테일이 죽는다. 디테일을 살리면서 아프만 찾기에 조금 가까워질 수는 있다. 듣기, 숙고하기, 명상하기를 통해 자신의 삶을 다시 쓰는 것이다. 그러면 베단따의 가르침이 일상을 완전하게 뒤덮지 않아도 된다. 그 가르침이 일상에 스며들면서 일상적으로 현실화될 수 있다. 그래도 버려지는 디테일은 무수하다. 어쩔 수 없다. 무언가를 선택하는 순간 무언가를 잃는 것은 인간의 숙명이다. 다행이다. 되도록 덜 잃는 선택도 있을 수 있다.

12.
죽음을 두려워하지 않기

12.
죽음을 두려워하지 않기

죽음이라는 문제

죽음의 얼굴을 똑바로 쳐다볼 수 있을까? 눈을 돌리지 않을 수 있을까? 아무래도 힘든 일이다. 흔히 인간이 똑바로 쳐다볼 수 없는 것에는 두 가지가 있다고 한다. 태양과 죽음이다. 하나는 눈부시기 때문이고 하나는 두렵기 때문이다. 죽음에 대한 두려움은 영웅도 떨게 한다. 성자도 떨게 한다. 그 실체를 모르기 때문에 더욱 두렵다.

한때 죽음은 철학과 종교의 주제였으나 이제는 그렇지 못하다. 과학이 죽음을 논하는 시대이다. 과학은 죽음의 실체를 과학의 방식대로 규명한다. 규명하지 못하는 것은 규명하지 않는다. 과학이 알려주어도 특별히 아는 것도 없다. 달라지는 것도 별로 없다. 여전히 미스터리인 것은 미스터리로 남는다. 그런데 죽음을 안다고 해서 죽음에 대한 두려움이 사라지지는 않는다. 안다고 해도 죽음의 얼굴을 똑바로 쳐다보기는 힘들다. 쳐다볼 수 있는 유일한 방법이 하나 있다. 과학을 등에 없고 죽지 않는 존재가 되는 길이다. 불멸의 존재가 되면 더 이상 죽음이 두렵지 않을 것이다.

죽음에 대한 태도는 어림잡아 네 가지이다. 신이 죽음으로부터 구원해주는 것을 빼고 말하는 경우이다. 수용, 무시, 초연, 초극이다. 첫째, 수용의 태도는 죽음을 정면으로 받아들인다. 피한다고 능사는 아니다. 죽음이 존재한다는 것을 인정하고 죽음이 최후의 승자라는 것을 인정한다. 최대한 죽음과 친밀해지려고 한다. 둘째, 무시의 태도는 죽음보다 삶을 중요시한다. 살아 있는 동안에 죽음은 존재하지 않는다. 죽음 이후에 죽음은 존재하지 않는다. 전혀 죽음을 의식할 필요가 없는 것이다. 그저 죽음을 무시한 채 살아가기만 하면 된다. 셋째, 초연의 태도는 수용하기도 하고 무시하기도 하는 것이다. 어차피 모든 사람은 죽는다. 죽음을 인정해야 한다. 다만 죽음은 죽음이고 삶은 삶이다. 흙으로 돌아갈 때까지 삶에 충실해야 한다. 생사의 문제에 얽매일 필요도 없다. 생과 사를 결정하는 것은 인간의 일이 아니다. 넷째, 초극의 태도는 수용하지도 않고 무시하지도 않는 것이다. 죽음을 수용하든 무시하든 달라지는 것은 없다. 죽음은 두려움이다. 심지어 초연하더라도 두려움이 완전히 사라지지 않는다. 죽음을 극복하지 않는 이상 죽음의 굴레를 벗어날 수 없다. 불멸만이 유일한 답이다.

인도철학은 주로 초극의 태도를 견지한다. 베단따도 마찬가지이다. 특히 베단따는 죽음에 대한 두려움으로부터 사유를 시작한다. 두려움이 없는 상태인 불멸로 나아가려고 한다. 죽음이 시작이고 불멸이 끝이다. 죽음과 불멸 사이에 베단따의 수행론이 자리 잡는다. 베단따는 죽음을 극복하려는 방법론이다. 죽음 자체보다는 죽음의 초극에 온 신경을 집중한다.

그러다 보니 베단따에서는 죽음 자체에 대한 논의가 미흡하다. 몇 가지 이유가 있을 수 있다. 가장 큰 이유는 생로병사(生老病死)가 모조리 '고통'이라는 개념에 포괄되기 때문이다. 고통은 대부분 인도철학의 출발점이다. 인도철학은 삶을 고통으로 간주하고 그 고통을 없애는 수단을 탐구한다. '고통'이라는 것은 매우 넓은 개념이다. 생로병사마저 고통을 이루는 일부에 지나지 않는다. 고통은 탄생, 노화, 질병, 죽음을 다 합한 것보다 더 크다. 윤회마저 고통에 포함된다. 그 결과 죽음은 단독으로 다루어지기 어렵다. 고통을 다룰 때 함께 다루어질 뿐이다. 다른 방식으로 말할 수도 있다. 인도철학은 윤회를 극복하는 데 목적을 둔다. 윤회는 너무나도 당연한 현상으로서 아무도 그것을 부정할 수 없다. 윤회란 죽음과 재생의 무한한 반복이다. 그렇다면 한 생애의 끝인 죽음은 아무런 문제도 안 된다. 죽음이 삶의 끝이 아닌데 무슨 문제가 될 것인가. 문제가 안 되는 죽음을 독립적으로 다룰 필요가 없다. 사정은 이와 같다. 베단따는 이러한 입장인 것이다.

또 다른 이유도 있다. 죽음에 대한 논의가 베다 문헌에서 거의 완결되었기 때문이다. 베다는 인도철학의 시원이다. 상히따부터 우빠니샤드까지 인도철학의 원형적인 논의가 다 들어가 있다. 죽음에 대한 논의도 마찬가지이다. 하물며 베다의 권위는 신성불가침이다. 베다의 가르침은 진리 그 자체로 받아들여진다. 죽음에 대한 논의도 진리 그 자체로 받아들여질 수밖에 없다. 특히 우빠니샤드는 사후세계를 상세하게 설명한다. 우빠니샤드를 계승하는 베단따는 곧이곧대로 그 세계관을 흡수한다. 죽음에 대한 새로운 논의가 필요치 않다. 오래된 논의로도 충분하다. 베단따는 이러한 입장인 것이다.

결국 베단따에서 죽음을 논의하는 자리는 거의 없다. 그 자리는 고통이나 윤회가 차지해버린다. 고통이나 윤회를 극복하는 방법이 차지해버리고 만다. 그 방법은 곧 죽음을 극복하는 방법이기도 하다. 죽음은 고통이나 윤회의 하위범주이기 때문이다. 고통이나 윤회의 끝은 불멸이다. 죽음의 끝도 불멸이다. 불멸 속에서 모든 논의가 만난다. 이렇게 베단따에서는 불멸에 대한 논의 속에 죽음에 대한 논의가 살아 있다.

우빠니샤드의 사후세계

윤회의 기원에 관해서는 여러 가지 학설이 존재한다. 베다 기원설도 있고 사문(沙門) 기원설도 있다. 부족 전통이나 드라비다Dravida 전통 기원설도 있다. 초기 우빠니샤드 시대에 들어와서는 윤회가 확고히 자리 잡는다. 업과 윤회가 널리 받아들여진 것은 우빠니샤드 시대라는 말이다. 예를 들어 "[각각의] 행위(업)에 따라 식견에 따라, 어떤 영혼들은 육화되기 위해 자궁으로 나아가고, 어떤 영혼들은 정물을 좇아간다."<까타 우빠니샤드 5.7>라고 한다. 또한 이 시대에는 사후세계에 대한 흥미로운 묘사도 등장한다. 죽어도 죽지 않는 영혼에 관한 묘사이다. 가히 뜨겁게 불멸을 탐구하던 시대에 걸맞다.

인도인의 죽음관은 윤회에 바탕을 둔다. 윤회의 방식을 알아야 죽음을 알 수 있다. 윤회의 극복 방식을 알아야 죽음의 극복 방식을 알 수 있다. 사후세계에 대한 묘사는 윤회의 방식을 알려준다. 덤으로 윤회의 극복 방식도 암시해준다. 이처럼 사후세계는 윤회를 이해하기 위한 실마리이다. 죽음을 이해하기 위한 실마리이기도 하다.

고대 인도의 사후세계는 '2도(二道) 5화(五火)설'로 알려져 있다. 2도설은 죽은 영혼이 나아가는 두 가지 길을 가리킨다. '조상의 길'pitṛyāna과 '신의 길'devayāna이다. 조상의 길은 윤회의 길이다. 제의, 자선 등의 선행을 한 자들이 간다. 신의 길은 탈(脫)윤회의 길이다. 지식을 가진 자들이 간다. 윤회의 길인 조상의 길은 5단계로 변신하는 과정이다. 5단계는 5가지 불로 상징된다. 이로부터 5화설이 등장한다.

인도의 대부분 철학과 종교에서는 윤회를 믿는다. 영혼을 믿는다. 불교도 예외가 아니다. 불교는 단지 영혼의 실체성을 부정할 뿐이다. 영혼 자체는 받아들인다. 힌두교든 불교든 고대 인도의 우주관으로부터 그다지 자유롭지는 못하다. 고대 인도인은 이렇게 생각한다. 영혼은 '우주'라는 감옥에 갇혀 있다. 우주는 둥근 형태이다. 천장에는 해와 달과 별이 박혀 있다. 그 가운데 달에서 사는 것이 저승의 삶이다. 평평한 지상에는 영혼들이 특정한 육체에 머문 채로 살아간다. 이승의 삶이다. 영혼은 끊임없이 이승과 저승을 오간다. 지독히 권태롭게 지상과 달을 오간다. 지상에서의 삶과 달에서의 삶을 영원히 오가는 것이 윤회이다. 이 길이 달의 길이자 조상의 길이다. 조상이 되기 때문에 '조상의 길'이라고 불린다. 달에서 머무는 동안 조상이 되어버리는 것이다. 당연하게도, 감옥을 탈출할 수 있는 방법이 있어야 한다. 둥근 천장의 유일한 탈출구는 해이다. 정수리 위쪽에 떠 있는 해를 구멍으로 삼아 감옥을 탈출하면 된다. 윤회를 벗어날 수 있다. 다만 극소수만이 갈 수 있다. 이 길이 해의 길이자 신의 길이다. 해를 통해 감옥인 우주를 벗어나면 '브라흐만 세상'brahma-loka에 도달한다. '신의 세상'deva-loka이라고도 불린다. 완전한 자유의 세상이 열린다.

두 가지 길만 존재하지는 않는다. 조상의 길, 신의 길 이외에 다른 길도 있다. 제3의 길이다. 달에 가지도 못하는 길이다. 하루살이에 들어간 영혼을 떠올리면 된다. 가혹하고 비참한 운명을 가진 영혼의 길이다.

> 이제 이 두 길의 어느 하나도 [따르지] 않는 그들은 반복적으로 되돌아오는(윤회하는) 그러한 매우 작은 존재들입니다. '태어나라! 죽으라!'라는 그것이 제3의 상태입니다. 이 때문에 저 세상은 가득 채워지지 않습니다. 따라서 [그것을] 혐오해야 합니다.<찬도그야 우빠니샤드 5.10.8>

태어나라! 죽으라! 태어나라! 죽으라! 이런 명령이 쉼 없이 이어진다. 태어나자 말자 죽고, 죽자 말자 또 태어난다. 비극적인 영혼들이다. 이러한 영혼들 덕택에 달의 세상은 영혼들로 가득 채워지지 않는다고 한다.

조상의 길과 신의 길은 경맥(나디)nāḍi에서 갈라진다. 영혼이 어느 경맥으로 빠져나가느냐 하는 것에 따라 길이 결정된다. 죽음과 동시에 생명의 모든 요소들은 심장에 집결한다. 기관들이 짐을 싸서 심장에 모인다는 말이다. 심장의 끄트머리가 빛나고 길의 관문이 보이기 시작한다. 영혼이 이사를 갈 준비가 된 상태이다. 영혼이 몸 전체에 뚫려 있는 경맥들로 나아가면 조상의 길이다. 연기를 타고 달로 간다. 달에서 업의 결과를 다 누린 뒤에 이승으로 다시 되돌아온다. 영혼이 정수리에 있는 단 하나의 경맥으로 나아가면 신의 길이다. 신의 길에서는 빛 등의 안내자가 등장한다. 마지막에는 초인간적인 영혼이 마중을 나와 브라흐만 세상으로 데리고 간다. 브라흐만 세상에 머무는 영혼은 이승으로 다시 되돌아오지 않는다.

5화설은 저승인 달에서 이승인 지상으로 되돌아오는 과정을 가리킨다. 상상이 만든 산물이다. 화장 풍습과 강우 현상을 결합한 것이기 때문이다. 화장터에서 올라간 연기가 비로 내려오는 과정인 셈이다. 시신을 화장하면 연기가 하늘로 올라간다. 연기는 수증기와 흡사하다. 수증기로부터 비구름이 만들어지고 비가 내려온다. 올라간 것은 내려오기 마련이다. 영혼도 이렇게 올라갔다가 내려온다.

> 남은 기간까지 그곳에서 머문 다음, 그러고 나서 그들은 갔던 바대로의 바로 그 행로로 다시 되돌아옵니다. 천공으로, 천공으로부터 대기로, 대기가 되고 나서 연기가 됩니다. 연기가 되고 나서 수증기가 됩니다. 수증기가 되고 나서 구름이 됩니다. 구름이 되고 나서 비로 내립니다. 그들은 이곳에서 쌀, 보리, 초본, 수목, 깨, 콩으로 태어납니다. 정녕 이로부터 벗어나기는 더 어렵습니다. 실로 음식을 먹고 정자를 방출하는 그러그러한 자로, 바로 [그렇게] 다시, 그는 존재합니다. 그 경우에 이곳에서 고귀한 행동을 한 그들은 실로 빠른 방식으로 브라흐마나 태생이나 끄샤뜨리야 태생이나 바이샤 태생과 [같은] 고귀한 태생을 얻을 것입니다. 그리고 이곳에서 저열한 행동을 한 그들은 실로 빠른 방식으로 개의 태생이나 돼지의 태생이나 짠달라의 태

생과 [같은] 저열한 태생을 얻을 것입니다.<찬도그야 우빠니샤드
5.10.5-7>

저승에서 이승으로 내려오는 경로는 꽤 복잡하다. 달, 천공, 대기, 연기, 수증기, 구름, 비, 곡물(음식), 정자, 자궁의 순서이다. 단순화시키면 5가지이다. 천상dyu, 비(중간지대)parjanya, 지상pṛthivī, 남자puruṣa, 여자yoṣā이다. 이를 '5화설'이라고 부른다. 우빠니샤드에서 5가지를 5개의 불로 명상하는 것을 전하기 때문이다.[1]

베단따는 우빠니샤드의 사후세계를 그대로 받아들인다. 특히 2도설은 베단따에서 매우 중요하다. 아무래도 윤회와 탈윤회의 문제가 얽혀 있는 까닭에서일 것이다. 조상의 길이 아니라 신의 길이 최종 목표이다. 신의 길에서는 다시 윤회하지 않지 않는가. 신의 길은 그 자체로 해탈이지 않는가. 그런데 아니다. 이렇게 끝나면 너무 밋밋하다. 새로운 것이 없다. 베단따는 신의 길을 넘어서는 무언가를 제시할 법하다.

죽음이란 무엇인가?

죽음의 반대말은 무엇일까? 윤회가 등장하기 이전까지는 '삶'이다.

---

1   이러한 내용은 <찬도그야 우빠니샤드 5.3-10>에 등장하고 '빤짜그니(5화)pañcāgni 의 명상적 지식'이라는 이름으로 전해진다.

죽음이란 한 번뿐인 삶이 끝나는 것이다. 삶과 죽음은 완벽한 반대말이다. 윤회를 받아들이고 나면 어떻게 될까? 죽음mṛta의 반대말은 '불멸'amṛta이다. 그럴 수밖에 없다. 윤회에서는 죽음이 삶의 끝이 아니라 새로운 삶의 시작이기 때문이다. 윤회에서는 태어나는 사건과 죽는 사건만이 존재한다. 삶은 한없이 이어진다. 이 끝없는 유랑을 멈추는 것이 불멸이다. 태어나고 죽는 사건을 완전히 멈추어야 한다. 불멸이란 태어남과 죽음의 완전한 소멸인 것이다.

죽음을 알기 위해서는 '육체'라는 말을 잘 이해해야 한다. 이 말은 다양한 용법을 가진다. 베단따의 한 용법에서는 순수의식이 아닌 모든 것을 가리킨다. 아뜨만이 아닌 모든 것을 아뜨만의 육체라고 보는 것이다. 아뜨만은 불변한다. 아뜨만이 아닌 것들은 변화한다. 따라서 육체란 변화하는 것들을 지칭하는 셈이다. 결론이 나온다. 윤회는 변화의 영역이므로 육체가 윤회한다. 결코 아뜨만이 윤회하지는 않는다. 윤회하는 것은 아뜨만이 아닌 것들이다. 태어남이라는 사건에서는 아뜨만이 가시적 육체를 취한다. 가시적 육체가 이승을 살아간다. 죽음이라는 사건에서는 아뜨만이 미시적 육체를 취한다. 미시적 육체가 저승을 살아간다. 가시적 육체와 미시적 육체는 아뜨만이 아닌 것들이다. 아뜨만은 이와 같은 육체가 없이는 움직일 수 없다. 영혼은 탈것 없이 움직이지 못하기 때문이다. 물론 아뜨만은 애시당초 움직임과는 무관하다. 움직임은 그저 착각에 불과하다. 육체도 착각에 불과하다.

가시적 육체란 살덩이를 가리킨다. 미시적 육체란 기관과 숨의 복합체를 가리킨다. 전문적으로 말해, 베단따의 미시적 육체는 17개의 요소들로 이루어져 있다. "[열일곱 개] 부분들은 5인식기관, 지성, 마음, 5행위기관, 그리고 5숨이다."<베단따 사라 13.2> 이승에서는 아뜨만이 가시적 육체와 미시적 육체를 모두 가진다. 죽음과 함께 아뜨만은 가시적 육체를 버린다. 화장장에서 그 육체는 불에 타 소멸된다. 저승에서는 아뜨만이 미시적 육체만을 가진다. "이로부터 [즉, 미시적이기 때문에, 가시적인 육체가] 소멸된다고 해서 [미시적인 육체가 소멸되지는] 않는다."<브라흐마 수뜨라 4.2.10> 다시 이승으로 되돌아올 때는 미시적 육체에다 새로운 가시적 육체를 추가한다. 이러한 과정은 '두 겹의 옷'에 비유될 수 있다. 이승에서는 두 겹의 옷을 입고 있다. 죽음이란 겉옷을 벗어던지는 것과 같다. 속옷이었던 것이 겉옷이 된다. 저승에서는 그 한 겹의 속옷만 입고 있다. 탄생이란 다시 겉옷을 입는 것과 같다. 두 겹의 옷을 입고 이승을 산다.

죽음이란 조건의 변화이다. 탈것의 변화에 지나지 않는다. 영혼은 가시적 육체를 타다가 미시적 육체를 탄다. 단지 이것뿐이다. 입고 있던 겉옷을 벗어던진 정도의 변화일 뿐이다. 미시적 육체는 저승으로 가는 여로를 이끈다. 이승으로 돌아와서는 가시적 육체에 의존한 채로 활동한다. 이렇듯 미시적 육체가 윤회의 핵이다. 미시적 육체가 '영혼 기록부'인 것이다. 선업과 악업이 그곳에 기록되어 있다. 해탈에 이르기 전까지 이 육체는 절대 사라지지 않는다. 죽음과 탄생을 지배한다. 죽음이 조건의 변화이듯이 탄생도 조건의 변화이다. 죽음도 탄생도 영겁의 윤회 속에서는 사소하고 또 사소한 사건이다.

또한 죽음이란 삶의 결산이다. 죽음의 그 순간에 삶의 결산이 이루어진다. 한마디로 업의 결산이다. 선한 행위를 한 자들은 조상의 길로 나아간다. 참된 지식을 얻은 자들은 신의 길로 나아간다. 제3의 길도 있다. 악행을 저지른 자들은 지옥에 떨어지기도 한다. 다시 태어날 때의 운명도 죽음의 순간에 미리 결정되는 것이나 마찬가지이다. 무서운 죽음이다. 정말 삽시간에 모든 판결이 이루어진다.

이와 같이 죽음은 일종의 통과의례와 같다. 이승의 삶에는 '정화의식'samskāra이라고 불리는 매우 많은 통과의례들이 있다. 힌두교도는 통과의례를 거역할 수 없다. 이 통과의례는 사회의 균형을 유지시킨다. 윤회의 견지에서는 생과 사가 그와 같은 통과의례들이다. 생사의 통과의례도 역시 거역할 수 없다. 이 통과의례는 우주의 균형을 유지시킨다.

윤회는 그야말로 막강하게 죽음을 규정한다. 윤회의 등장이 힌두교도의 죽음관을 바꾼 것이다. 베다 시대 초기에는 이승과 저승의 구분만이 존재한다. 저승에서 이승으로 돌아오는 재생의 관념은 발달하지 않는다. 특별히 '다시 죽는 것'punarmṛtyu이라는 관념이 생겨난 것은 주목할 만하다. 브라흐마나 시기에 접어들자 바로 이 '다시 죽는 것'이라는 관념이 성행한다. 저승에서 다시 죽는 것을 의미한다. 영혼이 저승에 가서 불멸하지 못하고 다시 죽는 것이다. 엄청난 두려움이다. 그리하여 저승에서 다시 죽지 않기 위해 특별한 제의를 발달시킨다. 저승에서 다시 되돌아오지 않는 신의 길도 상상한다. 마침내 우빠니샤드 시기에 들어서자 윤회의 관념이 자리잡는다. 영혼은 저승에서 이승으로 재생한다. 반드시 재생한다. 죽음에 대한 이해가 획기적으로 전환된다. 죽음은 일종의 통과의례로 간주된다. 영원히 죽음과 삶이 이어진다. "인간은 낟알처럼 익어가고 낟알처럼 다시 태어난다."<까타 우빠니샤드 1.6> 끝없는 죽음과 끝없는 삶에 대한 혐오감도 나타난다.[2] 끝없는 소멸에 대한 피로감이다. '소멸되지 않는 소멸'이 고통을 낳는다고 인식하게 된다.[3] 이로부터 윤회의 고통을 극복하기 위한 방안도 제시된다. 하나는, 저승에서 불멸할 수 있는 신의 세상을 얻는 것이다. 브라흐만 세상에서 이승으로 다시 돌아오지 않는다는 확고한 믿음이다. 또 하나는, 이승에서 불멸할 수 있는 생(生)해탈을 얻는 것이다. 살아 있는 채로 해탈하는 것을 가리킨다. 이처럼 윤회로부터 우빠니샤드의 죽음관이 확립된다. 죽음을 극복하는 방법도 확립된다. 베단따도 이러한 전망에서 거의 벗어나지 않는다.

베단따는 우빠니샤드의 전망에서 몇 발자국 더 나아가기도 한다. 죽음에 관해 다음과 같은 전망을 보여준다. 첫째, 죽음은 대부분의 사람에게서 통과의례와 같다. 반면에 해탈한 사람에게는 자유로운 삶이 완성되는 지점이다. 생해탈을 얻은 사람은 죽음과 함께 완전히 해방된다. 둘째, 죽음은 개별자아에서 발생하는 사건일 뿐이다. 아뜨만에서는 존재하지 않는 사건이다. 아뜨만에 대한 무지가 죽음을 실제 사건인 양 착각하게끔 한다. 이로부터 죽음을 두려워할 필요도 없다. 셋째, 죽음을 극복하는 가장 현명한 방법은 현재의 삶에서 깨우침을 얻는 것이다. 깨우침이란 자신의 불멸하는 본질을 아는 데 있다. 현재의 삶에서이다. 내세에서 불멸을 얻는 것은 온전한 해결책이 아니다. 이처럼 베단따의 전망은 죽음을 극복하는 방법에 맞춰져 있다. 확실히 베단따는 불멸에 관한 이야기이다.

....

2   로버트 찰스 제너 (1996) p. 84 참조.
3   Oldenberg(1991) p. 70 참조.

두려움이 없는 브라흐만의 승리

누군들 죽음을 두려워하지 않으랴. 우빠니샤드에서도 마찬가지이다. 아무리 불멸을 이야기한들 죽음에 대한 두려움bhaya이 감춰지지는 않는다. 우빠니샤드에서 그 두려움에 대해 직접 고백하는 경우는 드물다. '두려움이 없음'abhaya에 대해 자주 언급한다. 두려움이 없음은 우빠니샤드의 이상이기도 하다. 아니나 다를까, 죽음이 두렵기 때문에 두려움이 없음에 도달하려고 한다. 사멸의 존재를 넘어 불멸의 존재가 되려고 한다. 다 두려움 때문이다.

바르뜨리하리Bhartrhari라는 수행자 겸 시인이 살았다. 무욕(無慾)에 관해 100편의 연작시를 썼다. 그는 두려움이 인간의 원초적 감정이라는 것을 잘 알고 있다.

> 향락이 있을 때는 병에 대한 두려움, 고상한 지위가 있을 때는 강등에 대한 두려움, 재물이 있을 때는 [적대적인] 왕에 대한 두려움, 명예가 있을 때는 굴욕에 대한 두려움, 권력이 있을 때는 적에 대한 두려움, 아름다움이 있을 때는 노화에 대한 두려움, 박식함이 있을 때는 논적에 대한 두려움, 덕이 있을 때는 험담에 대한 두려움, 육체가 있을 때는 죽음에 대한 두려움. 지상에서 인간에 속하는 모든 것들은 두려움과 함께하네. 오직 무욕만이 두려움이 없음이네.<바이라그야 샤따깜 31>

두려워하는 이유도 참 많다. 별의별 게 다 두렵다. 시인은 인간에 속하는 모든 것들이 두려움과 함께한다고 읊는다. 그냥 일상의 전부가 두려운 감정으로 채워진다고 해도 과언이 아니다. 두려움 가운데 가장 큰 것은 마지막의 두려움이다. 육체가 있을 때 죽음이 다가오는 것에 대한 두려움이다. 시인은 무욕을 통해 두려움이 없음에 도달한다고 끝맺는다. 시인의 혜안이다. 우빠니샤드의 결론과 크게 다르지 않다. 욕망이 없으면 그 어떤 것도 두려워하지 않는다. 원하는 것이 없다. 이루고자 하는 것이 없다. 두려울 게 무엇 있으랴!

우빠니샤드는 두려움을 넘어서기 위한 사유이다. 두려움은 인간에게서 가장 오래된 감정이다. 유전자에 각인되어 있는 듯한 원초적 감정이다. 가장 강렬한 것이기도 하다. 두려웠던 기억은 평생 잊히지 않는다. 죽음에 대한 두려움은 어떠한가? 원초적인 것 중에서도 원초적이다. 자신의 존재가 소멸된다는 예감은 극심한 공포를 불러일으킨다. 혹자는 죽음에 대한 두려움을 두고 진화적 반응이라고 규정한다. 특정한 공격에 맞서 대응하거나 달아나려는 태세를 갖추는 것이라고 한다. 생명을 공격하는 것에 대한 응전인 셈이다. 우빠니샤드는 이와 같은 두려움을 '두려움이 없음'으로써 극복하고자 한다.

우빠니샤드의 이상은 해탈이다. 다만 가장 오래된 초기 우빠니샤드는 약간 다르다. 해탈보다는 두려움이 없음을 이상으로 간주한다. 업과 윤회에 대한 생각이 무르익지 않은 시절이다.

> 그러한 이 아뜨만은 이러한 것도 아니고 그러한 것도 아닙니다. 그것은 지각되지 않기 때문에 지각 불가능한 것입니다. ⋯ 자나까여, 당신은 실로 두려움이 없음에 도달했습니다.<브리하다란야까 우빠니샤드 4.2.4>

그는 말했다: 눈에서 보이는 그 뿌루샤, 그것은 아뜨만이다. 그것은 불멸이고, 두려움이 없음이다. 그것은 브라흐만이다. 그래서 심지어 그곳(눈)에 버터기름이나 물을 붓더라도, 그것은 단지 눈꺼풀로 흘러가 버린다.<찬도그야 우빠니샤드 4.15.1>

아뜨만에 도달하는 것은 두려움이 없음에 도달하는 것이다. 불멸을 얻는 것이다. 아니, 아뜨만이나 브라흐만 자체가 두려움이 없음이다. 두려움이 없는 존재이다. 바로 그 두려움이 없는 존재로부터 분리되면서 인간은 두려움을 가진다. "왜냐하면 누구든지 그것에서 조금이라도 간극(차이)을 만드는 바로 그때, 그러면 두려움이 그에게 생기기 때문이다."<따잇띠리야 우빠니샤드 2.7.1> 간단한 원리이다. 모든 인간은 본질적으로 브라흐만(아뜨만)이다. 본질적으로 두려움이 없는 존재이다. 그 본질을 망각함으로써 두려움이 있는 존재가 된다. 그 본질을 재인식하면 두려움이 없음에 도달할 수 있다. 분리가 없는 유일무이성에 도달할 수 있다. 결국 두려움이란 분리로부터 발생한다. 브라흐만에 융합됨으로써 그 두려움은 소멸한다.

두려움에 대해 두려움이 없음이 승리한다. 이는 죽음의 힘에 대해 브라흐만의 힘이 승리하는 것을 암시한다. 세상 모든 것들이 두려워하는 그 브라흐만이 바로 나의 본질이다. 뭐가 두려울 것인가. 브라흐만이 경이롭다면 나 또한 경이롭다. 두려울 게 없다. 죽음이 나를 지배하지 않는다. 오히려 내가 죽음을 지배한다. 뭐가 두려울 것인가. 오직 나의 본질에 의해 죽음과 같은 세상의 이치가 작동할 뿐이다. 두려울 게 없다. 브라흐만의 두려움 아래서는 죽음의 두려움이란 아무것도 아니다. 죽음이 두려운 것이 아니라 그 죽음을 지배하는 원리가 더 두려운 것이다. 그 원리는 브라흐만이고, 내가 브라흐만이다. 브라흐만의 힘이 최후의 승자이다.

『브리하다란야까 우빠니샤드』 3.9.28에서 야즈냐발끄야는 묻는다. 잘린 나무는 뿌리로부터 다시 자란다. 그렇다면 죽은 사람은 어느 뿌리로부터 다시 살아나는가? 여러 사제들에게 묻고는 스스로 대답한다. 지식이자 환희인 브라흐만이다. 브라흐만이라는 뿌리가 죽은 사람을 다시 살린다. 전형적인 우빠니샤드의 어법이다. 이 이야기는 브라흐만의 힘이 승리한다는 것을 여실히 보여준다. 브라흐만은 죽음을 완벽하게 제압하는 것이다. 당연히 윤회의 괴로움도 죽음의 두려움도 사라진다. 믿을 수 없는 일이다.

> 실로 육체 등에 대해 아뜨만이라며 자기가정을 하는 자가 괴로움·두려움 등을 가지는 것을 보았다고 해서, '베다'라는 지식수단으로부터 발생한 브라흐만 즉 아뜨만에 대한 직접적 앎을 통해 그 자기가정이 파기된 때에, 바로 그가 거짓된 지식에 기인한 바로 그러한 괴로움·두려움 등을 가진다고 추정할 수는 없다.<브라흐마 수뜨라 주석 1.1.4>

보이는 세계만이 전부는 아니다. 때로는 믿을 수 없는 일이 벌어진다. 우빠니샤드는 보이지 않는 세계의 승리를 예언한다. 베단따도 고개를 끄덕인다. 보이지 않는 세계에 관해서라면 우빠니샤드가 챔피언이다.

죽음의 죽음으로서 해탈

베단따에서는 죽음의 극복이 곧 윤회의 극복이다. 윤회의 극복은 '되돌아오지 않음'anāvrtti과 같은 표현으로 제시된다. 『브라흐마 수뜨라』의 마지막 수뜨라에서 확인할 수 있다. 마지막 수뜨라는 555개 수뜨라들의 최종 결론이다. 그만큼 중요하다. "[만약 자유로운 자들의 권능이 유한한 경우에 그들에게 '되돌아옴'이 수반된다고 한다면, 그들은] 되돌아오지 않는다; 성언 때문이다; [그들은] 되돌아오지 않는다; 성언 때문이다."[4] 누군가 질문한다. 어떻게 되돌아오지 않는다는 것을 아는가? 수뜨라는 대답한다. 성언 때문이다. 우빠니샤드를 통해 알 수 있다는 뜻이다. 그러하다. 우빠니샤드에서 이미 '다시 되돌아오지 않는다'라고 밝힌 바 있다.

> 그들은 그 브라흐만 세상들에서 지고한 자로 영구히 삽니다. 그들은 다시 되돌아오지 않습니다.<브리하다란야까 우빠니샤드 6.2.15>

> 이를 통해 도달한 자들은 이 '인간의 순환'으로 되돌아오지 않는다. … 그는 브라흐만 세상을 취한다. 그리고 그는, 다시 되돌아오지 않는다.<찬도그야 우빠니샤드 4.15.5; 8.15.1>

어디로 되돌아오지 않는가? 이 세상으로 되돌아오지 않는다. 달의 세상에서는 이 세상으로 되돌아온다. 반면에 브라흐만 세상에서는 이 세상

---

4   『브라흐마 수뜨라』 4.4.22: anāvṛttiḥ śabdād anāvṛttiḥ śabdāt.

으로 되돌아오지 않는다. 인간의 순환인 윤회의 종말이다. 다시는 죽지 않는다. 다시는 윤회하지 않는다.

우빠니샤드의 성자들은 바란다. 저승에서 다시 죽어 이승으로 되돌아오는 일이 없기를 희망한다. 신의 세상에서 불멸의 존재로 살기를 희망한다. 그 바람이 '되돌아오지 않음'으로 표현된다. 그런데 신의 길을 따라 신의 세상에 도달한 영혼은 정말 되돌아오지 않는가? 혹여 그 영혼마저 되돌아오지는 않는가? 신의 길이란 그저 조상의 길이 연장된 것에 불과하지 않는가? 신의 길에서도 여전히 개별성은 남아 있지 않는가? 개별성이 남아 있는 이상 윤회가 계속되지 않는가? 이런 의심이 있을 법하다. 논쟁이 있을 만하다.

결국 베단따는 선언한다. 두 가지 가능성 때문에 신의 세상은 최종이 아니다. 먼저 첫 번째 가능성이다. 브라흐만 세상에서 이 세상으로 다시 되돌아올 수도 있다. 아주 신성한 존재로 다시 태어난다. 해탈에 더 가까울 수 있는 존재로 재생하는 것이다. 브라흐만 세상은 그저 해탈의 전 단계에 불과하다. 해탈의 문턱까지 간 영혼은 브라흐만 세상을 거쳐 다시 윤회한다. 그럼으로써 해탈에 한 걸음 더 다가간다. 이는 점진적 해탈kramamukti에 속한다. 오랜 시간에 걸쳐 단계적으로 해탈에 이를 수 있다는 생각이다. 베단따는 바로 이 점진적 해탈을 도입함으로써 브라흐만 세상을 격하시킨다. 하나의 예비단계로 만들어버린다. 브라흐만 세상은 더 이상 종착지가 아니다. 또 하나의 가능성도 있다. 어떤 영혼은 브라흐만 세상 자체에서 깨우침을 얻기도 한다. 그곳에서 브라흐만에 대한 직접적 지식을 얻는다. 그러고서 우주가 소멸하는 시기에 마침내 해탈한다. "무속성 [브라흐만에 대해] 참되게 명상하는 자는 이 생애나 그 죽음에서 혹은 브라흐만 세상에서 브라흐만에 대한 직접적 지식을 얻을 것이다."<빤짜다쉬 9.150> 이 경우에도 점진적 해탈이 배경에 깔려 있다. 브라흐만 세상은 더 이상 종착지가 아니다.

브라흐만 세상이 종착지가 아니라면 무엇이 종착지인가? 이승에서 살아 있는 채로 해탈하는 것이 종착지이다. 생해탈이다. 이 생해탈은 점진적 해탈에서도 가능하다. 즉각적 해탈sadyomukti에서도 가능하다. 어쨌거나 이승에서 육체를 가진 채로 해탈할 수 있다. 이렇게 생해탈은 베단따의 최종적 목표가 된다.

이로부터 '되돌아오지 않음'은 새롭게 해석된다. 우빠니샤드의 가르침은 신성한 것이다. 되돌아오지 않음을 부정할 수는 없다. 다만 브라흐만 세상에 감으로써 되돌아오지 않음을 얻는다는 의미는 아니다. 다른 의미를 찾아내야 한다. 샹까라는 이렇게 풀이한다. "하지만 참된 직관을 통해 무명을 일소하고 영원히 존립하는 열반(涅槃)에 깊이 몰두하는 자들에게는, 되돌아오지 않음이란 확립된(성립된) 것에 지나지 않는다."<브라흐마 수뜨라 주석 4.4.22> 명쾌한 해법이다. 되돌아오지 않음이란 윤회하지 않음이다. 윤회하지 않음은 항상 확립되어 있는 것이다. 아뜨만을 참되게 아는 자에게는 윤회하지 않음이 선명하게 보이기 때문이다. 윤회하지 않는다는 사실을 이승에서 아는 것이 가장 중요하다. 앎의 문제이다. 굳이 브라흐만 세상으로 갈 필요가 없다. 그곳에서 되돌아오지 않음을 얻을 필요가 없다. 되돌아오지 않음을 이 삶 속에서 아는 것만으로도 충분하다. 생해탈을 통해 모든 게 해결된다. 생해탈이 정점이다. 죽음 이후에 얻는 해탈은 '사(死)해탈'이라고 불린다. 사해탈은 생해탈에 뒤따르는 현상에 지나지 않는다.

생해탈은 우빠니샤드에서 잉태된 개념이다. 전면적으로 등장하지는 않는다. 그에 반해 사해탈에 대한 관념은 우빠니샤드에서 비교적 뚜렷하다. 브라흐만에 융합되는 것이 곧 사해탈이다. 깨우침을 얻은 개개의 영혼은 죽음과 함께 브라흐만에 융합된다.

> 잘 배우고 지적인 자가 실로 간다라 지방에 도달할 수 있다. 바로 그와 같이 이 세상에서 스승을 가진 사람은 지식을 얻는다. 그는 자유로워지지 않는 바로 그러한 만큼 오래 있다가, 그리고 나서 융합된다.
> <찬도그야 우빠니샤드 6.14.2>

> 이제 욕망하지 않는 자에 대해서입니다. 욕망이 없고 욕망을 벗어나고 욕망이 충족되고 아뜨만을 욕망하는 자의 생기(기관)들은 떠나지 않습니다. 브라흐만 자체로 존재하면서 브라흐만에 되들어갑니다.
> <브리하다란야까 우빠니샤드 4.4.6>

스승을 통해 지식을 얻은 자는 육체가 살아 있는 동안 해탈이 지연된다. 곧바로 자유로워지지 않는다. 업의 화살이 멈출 때까지 기다려야 한다. 화살은 추진력이 소멸되어야 멈춘다. 마찬가지로 육체도 현생에서 작동한 업이 소멸되어야 멈춘다. 육체가 죽은 뒤에 지식을 얻은 개별자아는 브라흐만에 융합된다. 바로 이 지식을 얻은 자는 욕망이 없는 자이기도 하다. 아뜨만은 욕망을 넘어선 것이기 때문이다. 그러한 자의 영혼에서는 떠남조차 존재하지 않는다. 조상의 길은 물론이거니와 신의 길로도 떠나지 않는다. 브라흐만 상태로 존재하다가 죽음과 함께 브라흐만에 되들어간다. 이와 같이 사해탈은 우빠니샤드에서 선명하게 등장하는 편이다. 죽음에 이르러서야 완전한 융합이 이루어지는 것이다. 그렇다고 생해탈에 대한 실마리가 없지는 않다. 지식을 얻은 자는 이미 브라흐만 자체로 존재한다고 하지 않는가. 또한 해탈은 단지 죽음에 이를 때까지 지연될 뿐이라고 하지 않는가. 확실히 생해탈은 잉태되어 있다. 심지어 잉태를 넘어 출산되어 있기도 하다. "그의 가슴에 머무는 모든 욕망들이 멈출 때, 그러면 [그의] 사멸은 불멸이 되고, 그는 이곳에서 브라흐만을 획득하리라."<브리하다란야까 우빠니샤드 4.4.7> 상당히 선명한 발언이다. '이곳에서' 불멸이 되고 '이곳에서' 브라흐만을 획득한다고 한다. 생해탈은 베단따를 위해 벌써 준비되어 있는 셈이다.

베단따는 다르다. 베단따는 '깨우침'이라는 사건 자체에 더 큰 의미를 부여한다. 생해탈이 사해탈보다 더 중요하다. 브라흐만을 아는 자는 바로 그 브라흐만이 된다. 지식을 통해 즉시 브라흐만 상태가 된다는 말이다. 브라흐만 상태는 해탈을 의미한다. 그렇다면 생해탈은 이미 브라흐만 상태이다. 죽음에서 브라흐만에 융합되는 것이 무슨 소용이란 말인가. 또한 생해탈은 이미 해탈 상태이다. 죽음 자체가 무의미한데 사해탈이 무슨 소용이란 말인가. 생해탈이 최후이다. 생해탈 이후에 남은 일이라곤 육체의 소멸을 기다리는 것뿐이다. 생해탈이 본질적 사건이라면 사해탈은 우연적 사건이다.

생해탈은 아뜨만과 아뜨만이 아닌 것을 분리함으로써 이루어진다.

육체, 기관, 마음 등으로부터 아뜨만을 단절해야 한다. 이때 단절되는 것은
육체와의 관계이다. 결코 육체가 아니다. 살아 있는 동안 육체는 존속되기
때문이다. 이 육체를 강제로 없앨 수는 없다. 육체는 오직 죽음의 사해탈에
서 단절된다. 생해탈에서는 관계만이 단절된다. 생해탈은 관계의 종말이
요 독존의 탄생인 것이다. 오직 아뜨만에만 머문다. 육체, 기관, 마음 등은
철저히 외면된다.

베단따의 생해탈은 베단따의 죽음을 새롭게 규정한다. 굉장한 일이
다. 죽음에 대한 태도 변경을 불러온다. 육체의 죽음과 같은 것은 대수롭지
않은 사건으로 간주된다. 실제의 죽음은 무시되어도 좋다. 그와 달리 새로
운 유형의 죽음이 제시된다. 은유적 죽음이다. 이 죽음은 추구되어야만 하
는 것이다. 생해탈을 가리킨다. 생해탈은 실제의 죽음 이전에 은유적으로
죽는 것이다. 육체, 기관, 마음 등과 모든 관계를 단절하는 것이다. 세속성
의 죽음이자 개별성의 죽음이다. 어마어마한 전환이다. 세속적인 모든 것
들로부터 삶을 분리시키는 강렬한 죽음이다. 자기 자신을 이루는 모든 개
별성을 포기하는 강력한 죽음이다. 이 죽음은 현실이 된다. 실제의 죽음을
죽이고 은유적 죽음을 살림으로써 그렇게 된다. 샹까라도 말한다. "또한
죽음의 죽음이 존재하기 때문에 해탈이 가능하다."[5]

한마디로 베단따의 죽음관은 이러하다. 개별성이 은유적으로 죽으
면 실제의 죽음은 존재하지 않는다. 개별성이 은유적으로 죽는 것은 생해

5 『브리하다란야까 우빠니샤드 주석』 3.3.1: tasmāc ca mokṣa upapadyate yasmāt mṛtyor mṛtyur asti.

탈의 상태이다. 그러면 실제의 죽음은 전혀 존재하지 않는 헛사건이 된다. 그리고 하나의 죽음은 다른 하나의 탄생을 낳게 마련이다. 개별성이 은유적으로 죽으면 보편의 아뜨만이 산다. 죽는 것이 죽어야 죽지 않는 것이 산다.

'나는 죽는다'에서 죽음의 주어는 무엇일까? 베단따에 따르면 죽음의 주어는 없다. 개별자아는 허상이기 때문에 주어가 될 수 없다. 아뜨만은 죽지 않기 때문에 '죽는다'의 주어가 될 수 없다. 술어는 어떨까? 술어인 '죽는다'라는 현상은 가능한 것일까? 베단따에 따르면 죽음의 술어도 없다. 개별자아처럼 모든 현상도 거짓에 지나지 않는다. 실제로 벌어지는 사건이 아니다. 불변의 관점에서는 '죽는다'라는 현상이 존재하지 않는다. 베단따에는 이와 같이 죽음의 주어도 술어도 없다. 실제의 죽음은 존재하지 않는다. 물론 개별성을 은유적으로 죽일 때 가능한 일이다. 개별성을 가상으로 만들어버릴 때 일어날 일이다. 개별성의 죽음은 보편성의 획득이다. 보편성의 획득은 생해탈이다. 생해탈이 실제의 죽음을 무화시킨다.

베단따에서 개별성의 죽음은 지고선이다. 지고선인 불멸이다. 이렇게 생각하는 것은 인도에서 흔한 일이다. 여러 상징이나 비유를 통해 뒷받침된다. 불멸과 유사한 경험은 소마주스, 마약, 숙면, 죽음 등에서 얻어진다.[6] 성적인 환희에서도 얻어진다. 소마주스와 마약은 황홀경으로 안내한다. 초월의 신성에 합일되는 느낌을 준다. 개별성의 상실이다. 숙면과 죽음에서도 개별성이 사라진다. 하루의 기억이 사라지고 한 생애의 기억이 사라진다. 개별성의 파괴이다. 이러한 상징이나 비유는 모두 불멸을 지시한

----

6   Matilal(2002) p. 403 참조.

다. 모두 불멸에 대한 간접 경험이다. 성적인 환희도 다르지 않다. 그것은 개별성의 죽음을 임의로 경험할 수 있는 최고의 방법이다. 우빠니샤드의 초월적 환희는 종종 성적인 황홀과 동일시되기도 한다. "그 뿌루샤는 최상의 지성인 아뜨만에 껴안겨서 바깥도 전혀 모르고 안도 전혀 모릅니다." <브리하다란야까 우빠니샤드 4.3.21> 아뜨만에 안기는 것은 합일을 의미한다. 그러면 안과 밖에 대한 구별마저 존재하지 않는다. 성적인 황홀과 다르지 않다. 그 상태에서는 모든 개별성이 끝장난다. 아버지는 아버지가 아니다. 어머니는 어머니가 아니다. 도둑은 도둑이 아니다. 살인자는 살인자가 아니다.[7] 개별적인 구별이 존재하지 않는 곳에 비(非)이원성이 존재한다. 보편자만 존재한다. 그것이 불멸이다.

　이 세상에는 길 밖의 길을 가고자 하는 자가 있다. 그에게는 조상의 길도 신의 길도 성에 차지 않는다. 길이란 길은 그저 사멸하는 것에 불과하기 때문이다. 사멸하지 않기 위해서는 길을 벗어나야 한다. 윤회의 길을 벗어나야 한다. 그래서 그는 조상의 길로도 신의 길로도 가지 않는다. 여행자의 굴레를 벗어던진다. 생해탈을 목표로 삼는다. 마침내 '길을 벗어나는 자'anadhvaga가 된다. 그는 아뜨만을 자각하고 브라흐만에 도달한다. 그에게는 탄생도 죽음도 두려움도 모두 존재하지 않는다.[8] "나는 태양처럼 빛나고 어둠을 넘어서는 그 위대한 뿌루샤를 안다. 오직 그를 앎으로써 죽음을 넘어선다. 가야 할 다른 길은 없다."<슈베따슈바따라 우빠니샤드 3.8>

7　『브리하다란야까 우빠니샤드』 4.3.22 참조.
8　『우빠데샤 사하스리』(운문) 17.56; 17.58.

길을 벗어나야 불멸의 길이 열린다. 베단따의 길이다.

경계를 떠도는 진리유랑자

길을 벗어나기 위해서는 길을 벗어나려고 해야 한다. 단숨에 벗어나기는 힘들다. 적절한 실습이 필요하다. 베단따는 '유랑기, 즉 산느야사'samnyāsa라는 인생단계를 제시한다. 유랑기를 통해 '죽는 연습'과 '죽지 않는 연습'을 할 수 있다. 유랑기는 4가지 인생단계 가운데 마지막 단계이다. 보통은 학습기에서 가정기와 은퇴기를 거쳐 유랑기에 도달한다. 베단따는 학습기에서 바로 유랑기로 나아가는 것을 선호한다. "학습기 그 자체로부터 출가해야 합니다."<자발라 우빠니샤드 4>에서 알 수 있다.

산느야사는 사문(沙門) 전통과 깊은 관련이 있다. 불교 문헌에 등장하지는 않는다. 순전히 힌두교의 개념이다. 그 기원은 베다이다. 불교 등의 비(非)베다 전통과 접촉하고 동화되다가 힌두교의 중심에 자리 잡는다.[9] 그 뜻은 '세상을 떠남', '세상 떠나기'이다. 세속적인 삶과 완전히 결별하는 것을 가리킨다. 산느야사를 행하는 자가 '산느야신'samnyāsin이다. '세상을 떠난 자'를 의미한다. 힌두교의 '스바미(스와미)'svāmī, '사두'sādhu 등과 비슷한 말이다. 불교의 '비구'(比丘)와도 비슷한 말이다. 한마디로 진리를 찾기 위해 구걸하면서 유랑하는 구도자이다. '진리유랑자'라고 부를 만하다. 이

----

9   가빈 플러드(2008) pp. 127-151 참조.

러한 산느야사 전통은 베단따에서 정점을 찍는다. 샹까라가 변곡점을 만들었기 때문이다. 그는 인도 전역에 수도원과 교단을 설립했다. 사실이 아니라 전승일 수 있다. 그렇지만 그 덕택에 산느야사 전통은 힌두교의 중심에 뿌리내린다.

산느야신에도 종류가 있다. 누군가는 실재에 대한 지식을 가진 채 세상을 떠난다. 듣기, 숙고하기, 명상하기를 충실히 이행한 이후이다. 이를 '지식을 얻은 자의 세상 떠나기'vidvat-saṃnyāsa라고 부른다. 우빠니샤드의 야즈냐발끄야가 대표적이다. 그는 자신의 아내마저 산느야신으로 만든 뒤에 유랑의 길을 떠난다. 반면에 누군가는 지식에 대한 강한 열망을 가진 채 세상을 떠난다. 베다 학습, 의례, 고행 등을 이행한 이후이다. 이를 '지식을 얻고자 하는 자의 세상 떠나기'vividiṣā-saṃnyāsa라고 부른다. 구도자의 길이다. 지식을 얻는 것이 최종 목표이다.[10] 두 종류의 산느야신 모두 길을 벗어나기 위해 유랑자가 된다. 유랑은 "브라흐만에 대한 지식을 성숙시키는 데 보조적이기 때문"<브라흐마 수뜨라 주석 3.4.20>이다. 이미 그 지식을 얻은 자는 생해탈을 위해 세상을 떠난다.[11] 연습이 거의 필요치 않다. 극소수가 이 경우에 속한다. 반면에 구도자는 그 지식을 위해 세상을 떠난다. 연습이 반드시 필요하다. 대다수가 이 경우에 속한다.

세상을 떠나는 것 자체는 탁월한 연습이다. 세상을 떠나는 것은 불(火)과 의례로부터 분리되는 것을 의미한다. 힌두교도에게는 끔찍하다. 문명

---

10   이상 두 종류의 산느야신에 관해서는 『지반묵띠 비베까』 1장을 참조하시오.

11   『지반묵띠 비베까』 1장 참조.

인의 삶에서 미개인의 삶으로 바뀌는 것을 의미한다. 힌두교도에게는 소름끼친다. 안정된 삶을 버리고 세상 밖으로 떠나는 것이 어디 손쉬운 일이 겠는가. 사회적으로 문화적으로 단절되는 삶을 선택하는 것이 어디 간단한 일이겠는가. 그럼에도 그렇게 한다. 사회적인 죽음을 선택하고 문화적인 죽음을 선택한다. 죽는 연습을 한다. 누더기를 걸친 채 방방곡곡을 떠돈다. 일용할 양식과 소금을 동냥한다. 마음은 언제나 제어된 상태여야 한다. 무욕을 지키면서 오직 진리만을 추구한다. 이렇게 산느야신은 미리 죽는다. 사회적, 문화적 죽음이다. 개인적 죽음이기도 하다. 떠남으로써 모든 개별성의 흔적들도 지우기 때문이다. 그래서 산느야신이 죽으면 일반적인 장례를 치르지 않는다고 한다. 특별하게 삼매의 의례를 베푼다고 한다.[12]

그렇다고 해서 산느야신은 힌두교를 버리는가? 산느야신은 힌두교 사회의 바깥에 위치하는가? 결코 아니다. 어떻게 보면 더 철저하게 힌두교에 속한다. 힌두교의 최고 가치인 해탈을 추구하기 때문이다. 그에게서 힌두교의 외부적 의례는 내면화된다. 의례의 불이 진리의 불로 바뀐다. 내면적 의례가 시작된다. 바로 진리 탐구이다. 해탈을 위한 지식을 성숙시키고자 하는 것은 내면에서 행해지는 영혼의 의례인 셈이다.

> 반면에 출가자에게는 모든 행위들을 떠남으로 말미암아, 실행하지 않는 것에 기인하는 죄스러움이 생기지 않는다. 그리고 마음억제, 감각철회 등 그에게 속하는 특성은 '브라흐만에 완전히 자리 잡음'을

---

12 존 M. 콜러(2003) p. 136 참조.

강화할 뿐 [그것과] 대립하지 않는다. 실로 그의 경우에 자신의 인생단계에서 규정된 행위는, 마음억제, 감각철회 등에 의해 지지되는 바로 그 '브라흐만에 몰두하는 것'이고, 다른 자들의 경우에는 제의 등이다. 그리고 이를 위반하는 경우에 그는 죄스러워진다.<브라흐마 수뜨라 주석 3.4.20>

산느야신은 힌두교의 틀 속에 들어와 있다. 산느야신에게도 죄가 생길 수 있기 때문이다. 언제일까? 내면의 브라흐만에 몰두하지 않을 때이다. 제의 등의 행위를 하지 않을 때가 아니다. 그렇게 규정되어 있다. 산느야사는 '독존의 인생단계'라고도 불린다. 홀로 떠도는 단계이다. 세상과 단절된 산느야신에게는 제의 등의 행위가 필요치 않다. 그는 그저 브라흐만에만 몰두해야 한다. 브라흐만에 대한 지식을 성숙시키기 위해서이다. 바로 이것이 죽지 않는 연습이다. 불멸을 위한 영혼의 연습이다.

죽음을 극복하기 위해서는 죽는 연습이 있을 수 있다. 죽지 않는 연습도 있을 수 있다. 베단따는 산느야신을 통해 그러한 연습을 한다. 각각의 인생단계에는 정해진 목표가 있다. 그 목표를 향해 각고의 노력을 기울여야 한다. 학습기에는 공부의 성취를 위해서이다. 가정기에는 가정의 번영을 위해서이다. 이것이 인생단계가 존재하는 이유이다. 인생단계를 뜻하는 산스끄리뜨 낱말은 '아슈라마'āśrama이다. 이 말의 어근은 '스스로 노력하다'라는 뜻을 가진다.[13] 강한 의지와 지속적인 노력이 요구된다. 각각의 인

---

13 명사 'āśrama'의 동사 어근인 '√śram'(=√āśram)에는 '스스로 노력하다'to exert oneself라는 뜻이 있다. 따라서 'āśrama'라는 말은 특정한 목표를 성취하기 위해 집

생단계마다 요구된다. 마지막 유랑기에는 모든 초점이 죽음을 극복하는 데 맞추어진다. 그렇지 않을 거라면 굳이 세상을 떠날 필요가 없다. 진리를 찾는 유랑이다. 몸도 유랑하고 마음도 유랑한다. 그러다 보면 사회적 죽음을 받아들일 수 있을 것이다. 독존을 유지해야 죽지 않는 법을 익힌다. 그러다 보면 개인적 죽음을 받아들일 수 있을 것이다. 개별성을 제거해야 죽지 않는 법을 익힌다.

산느야신은 진리를 찾아 방랑한다. 방랑은 길을 벗어나려고 하는 자의 숙명이다. 이 진리유랑자는 죽음과 삶의 경계를 떠돈다. 세상의 관점에서 그는 이미 죽은 자이다. 살아 있지만 세속적으로 죽었다. 그는 이 세상에 존재하지 않는다. 그렇기 때문에 그는 새롭게 태어날 수 있다. 절호의 기회이다. 또한 진리유랑자는 죽음의 시선에서 세상을 본다. 세상은 온통 잿빛이다. 오직 진리만이 그 잿빛을 걷어낸다. 속박된 인간에서 자유로운 인간으로 새로운 삶을 준다. 새로운 삶은 아뜨만의 시선에서 얻어진다. 아뜨만의 시선에 이를 때까지 진리유랑자는 계속 방랑한다. 죽음도 없고 삶도 없다. 그 절대고독 속에서 마침내 죽음과 삶은 의미를 잃는다. 덧없는 것은 덧없다. 결국 진정한 죽음은 하나뿐이다. 진정한 삶도 하나뿐이다. 개별자아가 죽어야 아뜨만이 산다. 이것이 방랑의 끝에서 찾아내야 할 길이다. 유랑자의 진리이다.

중적인 노력이 이루어지는 것을 함의한다.

죽은 듯이 살아가기

생로병사는 유해하다. 유해한 것을 원하는 사람은 없다. "자유로운 자라면 아무도 자신의 감옥을 만든 뒤에 [그곳에] 들어가지는 않기 때문"<브라흐마 수뜨라 주석 2.1.21>이다. 아무도 스스로 수인(囚人)이 되려고 하지는 않는다. 유해한 것은 회피하고 유익한 것은 추구하려고 한다. 유익한 것이란 만족을 일으키는 것이다. 그것도 영원히 만족을 일으켜야 한다. 생로병사의 반대편에는 불멸이 놓일 수밖에 없다. 죽음이 유해하다면 불멸은 유익하다. 이 단순한 사고방식이 베단따의 죽음관을 관통한다.

두려움의 문제도 간단하게 해소된다. 아무래도 두려움이 현실적으로 가장 큰 문제일 것이다. 죽음의 두려움을 넘어설 수 있는 묘수가 필요하다. 베단따의 환영설이 묘수가 된다. 널리 알려져 있는 그 환영설이다. "이 우주가 환영일 뿐이라는 것을 앎으로써 호기심이 사라진다면, 죽음이 가까이 왔을지언정 어찌하여 굳건한 지성을 가진 자가 두려워하겠는가!"<아슈따바끄라 상히따 3.11> 싱거울 수 있다. 하지만 대양을 본 자에게는 연못의 크기란 크기조차 아니다. 우주가 환영이라고 아는 자에게는 죽음이란 눈꺼풀의 떨림에도 못 미친다. 모든 것이 환영이라면 죽음은 무화된다. 두려움도 무화되고 만다. 밧줄이 뱀처럼 보일 때에 두려움이 생긴다. 뱀이 환영인 줄 아는 순간에 그 두려움은 사라지고 만다.

세상은 환영과도 같다. 발자국을 남기려고 애쓰지 말아야 한다. 흔적을 남기려고 발버둥치지 말아야 한다. 흔적이란 헛심 쓴 사상누각과도 같다. 허공에다 헛손질을 하는 짓이다. 그냥 덧없음의 물결에 영혼을 맡긴 채

떠내려가야 한다. 유랑해야 한다. 베단따의 진리유랑자는 세상과 싸우지 않는다. 세상을 떠난 채로 세상을 피한다. 이전에 맛본 세상의 풍미를 모두 피한다. 더 이상 환영의 간계에 걸리지 않는다. 진리유랑자는 죽음에 대해서도 공세적이지 않다. 수세적이다. 실제의 죽음을 피하고 은유적 죽음을 향한다. 자기 자신을 떠나고 버리는 일에만 몰두한다. 그러면 실제의 죽음은 자연스럽게 극복된다. 쇄도하는 죽음을 마주치지 않고서도 그것을 넘어선다.

베단따는 안다. 유약함이 강인함을 이긴다. 무력함이 강력함을 이긴다. 그래서 죽은 듯이 살라고 한다. 진리유랑자를 통해 그렇게 사는 법을 알린다. 무척 나약하고 허약한 방식인 듯하다. 세상으로부터 도망치는 듯하다. 그럼에도 죽은 듯이 보이는 것이 가장 잘 사는 길이다. 눈에 띄지 않는 자가 성공한 자이다. 기억되지 않는 자가 성취한 자이다.

유약하고 무력하게 보이는 것은 일종의 전략이다. 업의 감옥으로 다시 들어가지 않기 위해서이다. 업의 감옥은 윤회의 감옥이다. 이 세상에서 남기는 흔적은 모조리 업의 장부에 기록된다. 되도록 아무것도 하지 않아야 한다. 그 어떤 기록도 남기지 말아야 한다. 윤회를 반복하지 않기 위해서이다. 강인함과 강력함은 도리어 나쁜 결과를 초래한다. 강인하고 강력하게 세상과 싸우는 것은 감옥 속의 발버둥에 지나지 않는다. 쇠사슬이 더 옥죄어 올 뿐이다. 탈출의 가능성으로부터 점점 더 멀어진다. 환술의 힘은 압도적으로 막강하다. 대적을 불허한다. 그 힘 아래서는 죽은 듯이 사는 것이 답이다. 죽은 듯이 살면서 영혼을 쇄신하고 고양하는 것이 최선의 방책이다.

베단따는 본다. 유약하거나 무력하다고 해서 밑바탕까지 그러하지는 않다. 밑바탕에는 강인하고 강력한 힘이 숨어 있다. '진리'satya라는 이름의 힘이다. 그 힘이 없으면 죽은 듯이 사는 것은 그저 죽은 것이다. 피동적인 삶에 불과하다. 그 힘이 있기 때문에 죽은 듯이 사는 것은 특별한 삶이다. 능동적인 삶의 기술이다. 마하뜨마 간디가 이를 예증한다. 그의 비폭력이나 비협조는 얼핏 피동적인 것으로 오해 받는다. 하지만 그것은 영국 식민정부에 대항하는 가장 적극적인 무기이다. 진리를 밑바탕에 깔고 있기 때문에 가능하다. 밑바탕에서 그 진리는 무궁한 힘을 표면으로 전한다. 덕택에 표면은 죽은 듯해도 좋다. 죽은 듯해도 괜찮다. 유약함과 무력함을 한 꺼풀만 벗겨도 진리의 힘이 요동치고 있기 때문이다.

죽은 듯이 사는 것은 끝끝내 망아(忘我)의 상태로 나아간다. 감각의 창이 닫히고 생각의 문이 닫힌다. 그곳이다. 순수의식의 텅 빈 공간이다. 심연의 그곳에서 자기는 마치 소멸되는 듯하다. 그곳을 향해 죽은 듯이 사는 것은 죽음을 연습하는 것이다. 죽음을 연습하는 것도 죽음에 못지않다. 베단따의 연습은 실전을 방불케 하기 때문이다. 하나의 세계가 죽음으로써 새로운 세계가 태어난다. 죽은 듯이 삶으로써 죽지 않는 세계가 태어난다.

13.
지금 여기의 생생한 깨우침

13.
지금 여기의 생생한 깨우침

베단따의 지금 여기

 '지금 여기'now and here의 정체는 무엇일까? 어디까지가 지금이고, 어디까지가 여기일까? 수없이 들어왔고 또 듣는다. 지금 여기를 살라고 한다. 그런데 사람마다 '지금'이 다르다. 어떤 이에게는 무언가를 하고 있는 긴 시간이 지금이다. 어떤 이에게는 매 찰나가 지금이다. 사람마다 '여기'도 다르다. 어떤 이에게는 저 세상이 아닌 이 세상이 여기이다. 어떤 이에게는 일상의 공간이 여기이다. 지금도 여기도 그 경계가 지극히 모호하다. 지금 여기는 도대체 무엇일까?

 베단따도 지금 여기의 삶을 손짓한다. 가히 지금 여기의 사유를 펼쳐 보인다. 생해탈이 최종 목표이기 때문이다. 무엇보다도 생해탈은 이 생애에서 스스로 구원을 얻고자 하는 것이다. 반드시 현재의 생애이다. 반드시 자력구원이다. 베단따는 영혼의 부활이나 신의 심판을 전하지 않는다. 천국은 무지가 만들어낸 것이라고 간주한다. 자기 자신 이외에 그 어떤 것도 구원의 수단으로 삼지 않는다. 베단따는 철저하게 현재의 생애만을 지시한다. 지금 여기이다. 눈 깜박할 새 지나가는 현생이 지금 여기이다. 아득하고 아득한 윤회의 관점에서는 현생이 지금 여기인 것이다. 영겁 속에서 바로 이 현생에 집중하라는 메시지가 생해탈로 나타난다. 생해탈은 베단따식으로 '지금 여기'를 처연하게 외치는 것이다.

'현재의 생애'에서 '현재의 일상'으로 앵글을 돌려본다. 깨우침을 얻기에 이 생은 짧아도 너무 짧다. 생은 짧은데 일상은 끝없이 반복된다. 반복하기를 그만두어야 한다. 마치 반복되는 윤회를 멈춰야 하듯이 반복되는 일상을 멈춰야 한다. 베단따는 변모를 이야기한다. 현재 일상의 변모이다. 생각을 바꿈으로써 존재를 바꾼다. 베단따의 신조이다. 자기 자신을 가장 고귀한 존재로 상승시키는 일이다. 일상은 그대로인데 존재가 변한다. 존재가 변하면 모든 것이 변한다. 이렇게 현재의 일상이야말로 지금 여기이다. 그 무엇이든 지금 여기의 일상에서 해결해야 한다. 베단따는 권유한다. 현재의 일상에서 자기 존재에 대한 생각을 바꾸어야 한다.

다시 '현재의 순간'으로 앵글을 돌려본다. 숨 쉬고 있는 매 순간순간이다. 사람들은 그 순간들을 무작정 흘려보낸다. 순간을 만나지 않고 떠나보낸다. 버리는 것이나 마찬가지이다. 베단따는 그 순간을 만나라고 한다. 순간을 만나야 영원의 표정을 하고 있는 자기 자신을 만난다. 자기 자신을 느낀다. 그 어떤 말도 필요 없다. 정신의 느낌이 중요하다. 자기 자신으로 존재하는 충만한 느낌만이 이어진다. 무한한 환희일 것이다. 고통이 끼어들 틈도 없을 것이다. 결국 순간만이 지금 여기이다. 지금 여기다운 지금 여기이다. 베단따는 존재의 충만을 정신으로 느끼라고 강조한다. 그것을 현재의 순간마다 영혼의 환희로 느끼라고 역설한다. 베단따의 성자들이 그렇게 했다. 라마나 마하리쉬가 그렇게 살았다.

현재의 생애가 지금 여기이다. 현재의 일상도 지금 여기이다. 현재의 순간도 지금 여기이다. 현생은 가장 거대한 지금 여기이다. 매순간은 가장 작은 지금 여기이다. 지금 여기가 여럿이다. 베단따는 여러 양상을 가진 지금 여기를 이야기하는 듯하다. 알고 보면 여럿이 아니다. 지금 여기는 하나일 뿐이다. '해탈'이라는 이름의 지금 여기이다. 베단따는 지금 여기의 삶을 위해 '해탈'이라는 마당을 펼쳐놓는다.

베단따는 묻는다. 인간은 얼마나 자유롭지 못한가? 왜 자유롭지 못한가? 어떻게 자유로울 수 있는가? 묻고 또 묻는다. 자유에 대한 질문이 베단따의 최종 질문이다. 해탈이 베단따의 최종 목표이기 때문이다. 그 자유는 지금 여기의 자유이다. 영혼의 깨우침이다. 그 깨우침이 진정으로 지금 여기에서 가능하다고 본다. 아니, 그 깨우침 이후에야 진정으로 지금 여기를 살 수 있다고 본다. 베단따는 베단따 식으로 지금 여기의 자유를 사유한다.

아쉬운 점도 있다. 잘 알려져 있는 아쉬움이다. 베단따의 자유가 개인의 초월만을 목표로 삼는다는 것이다. 세상 속에서 세상을 껴안으며 나아가는 자유는 아니다. 세상과의 관계를 끊으면서 나아가는 자유이다. 베단따의 한계이다. 김성동의『만다라』에서 젊은 승려 법운은 개인의 해탈을 추구한다. 불법(佛法)의 테두리 속에서 오직 자기 자신과 싸운다. 땡초 지산은 대승적 해탈을 추구한다. 세상과의 만남 속에서 세상 모든 것과 싸운다. 베단따는 전자에 가깝다. 전자만을 오롯이 추구해왔다. 전자와 후자 사이에 긴장관계도 거의 없었다. 단지 지금 여기에서 지금 여기를 초월하려고 했다. 지금 여기를 초월함으로서 지금 여기를 살려고 했다. 보통의 지금 여기와는 꽤나 다르다. 베단따만의 지금 여기이다.

불교의 해탈처럼 베단따의 해탈은 마음공부에 의존한다. 일체유심조(一切唯心造)도 그중의 하나이다. 마음이 모든 것을 만든다. 마음이 속박을 만들고 마음이 자유를 만든다. 속박도 자유도 마음에 달려 있다.

> [자신의] 아들이 먼 지방에 가 있는 경우에, [아들이 죽었다고] 거짓 말쟁이가 소식을 전하면, [그 아들이] 분명 살아 있음에도 그의 아버지는 죽었다고 생각하면서 울부짖는다. [반면에 그 아들이 이미] 죽었음에도 그러한 기별을 듣지 못하면, [아버지는] 울부짖지 않는다. 결국 마음의 세계가 모든 개별자아의 속박을 만든다.<빤짜다쉬 4.34-35>

아들이 살았어도 슬퍼할 수 있다. 아들이 죽었어도 슬퍼하지 않을 수 있다. 사실과 무관하게 마음이 삶을 좌지우지한다. 마음이 자유의 열쇠이다. 마음에 따라 지금 여기를 살 수도 있고 그렇지 못할 수도 있다. 베단따의 지금 여기는 전적으로 마음에 달려 있다. 마음이 지금 여기의 삶을 결정한다.

인간의 지고한 목표

힌두교도에게는 4가지의 인생 목표가 있다. '인간의 목표'purusārtha라고 불린다. 욕망, 실리, 의무, 해탈이다. 욕망을 충족하고 실리를 추구하는 것은 동서고금을 막론하고 공통적이다. 인간 사회에서 그 예외가 없다. 의무란 카스트 등에 따라 강제되는 삶의 본분을 가리킨다. 힌두교도만의 고유한 목표이다. 해탈이란 영혼이 윤회로부터 벗어나는 것을 가리킨다. 힌두교도뿐만 아니라 불교도, 자이나교도도 해탈을 받아들인다. 인도 문화권의 고유한 목표이다.

4가지 인간의 목표는 각각을 탐구하는 학문śāstra을 낳는다. 욕망의 학문, 실리의 학문, 의무의 학문, 해탈의 학문이다. 그만큼 4가지가 다 중요하다. 인간이라면 이 4가지를 골고루 추구해야 한다. 그렇다고 위계가 없는 것은 아니다. 앞의 것보다 뒤의 것이 더 높게 평가된다. 욕망이 가장 낮다. 해탈이 가장 높다. 대부분의 학파나 종파도 해탈에 대해서는 특별한 의미를 부여하는 편이다.

> 실로 여기에서, 4가지 종류의 인간의 목표 가운데 즉 '의무, 실리, 욕망, 해탈'이라고 불리는 것들 가운데 오직 해탈이 지고한 인간의 목표이다. "그는, 다시 되돌아오지 않는다."라는 등이 계시됨으로써 그것(해탈)이 영원하다고 확정되기 때문이다.<베단따 빠리바샤 0.1>

> 또한 행위주체로부터 해탈하지 못한 자는 인간의 목표를 완성하지 못한다. 행위주체라는 것은 고통의 형태이기 때문이다. … 실로 아뜨

만의 유일성, 영원성, 순수성 등이 알려져 있는 경우에는 좀 더 기대하는 그 어떤 것도 생기지 않는다. 인간의 목표가 종결되었다는 생각이 발생하기 때문이다.<브라흐마 수뜨라 주석 2.3.40; 4.3.14>

베단따는 한술 더 뜬다. 오직 해탈만이 지고한 목표이다. 우빠니샤드에서 해탈이 영원하다고 확정되기 때문이다. 영원한 것이 최고인 것은 지극히 당연하다. 해탈을 얻지 못하면 인간의 목표는 완성되지도 못한다. 고통이 있는 곳에다 '완성'이라는 말을 붙일 수는 없는 노릇이다. 해탈을 얻으면 모든 것이 종결된다. 그 어떤 기대도 생기지 않는다. 무척이나 강력하다. 베단따는 해탈에 강력한 의미를 부여한다. 거의 해탈 지상주의이다. '해탈'이라는 최고봉에 오르지 않으면 아예 산을 오른 것도 아니라고 하는 듯하다. 베단따를 '해탈의 학문'이라고 부르는 것이 이해된다. 해탈의 학문 중에서도 해탈의 학문이다.

지고한 것은 닿기 어렵다. 설산처럼 까마득하다. 인적도 없다. 해탈이 지고하면 지고할수록 해탈을 얻기는 어려운 법이다. 해탈의 학문이 끼고 있는 오래된 고민이다. 해탈은 현실적 목표가 될 수 없기 때문이다. 그렇다고 상징적 목표로 재조정하는 것도 좀 곤란한 일이다. 그저 최대한 자기완성에 가까워지기 위한 장치로 간주할 수는 없는 것이다. 지고한 목표는 그 지고함 때문에 양면적이다. 긍정적인 면과 부정적인 면을 모두 가진다.

분명 해탈은 지고하다. 기본적으로 지고한 것에 도달하기 때문에 지고하다. 그 지고한 것은 '삿찌다난다'saccidānanda라고 불린다. 존재이자 의식이자 환희이다. 아뜨만이다. 바로 그것에 도달한다. 다른 것들은 '참으로 존재하는 것'이 아니다. 그것들에 현혹되지 말아야 한다. 외부기관인 감각과 내부기관인 마음이 눈을 감는다. 그러면 순수의식만이 어둠 속에서 찬란하게 광명의 눈을 뜬다. 불편한 것들이 모두 사라진다. 사라지면서 아주 특별한 종류의 환희만이 넘쳐난다. 이와 같이 지고한 것이란 지고한 것은 모조리 해탈이 다 자기 것으로 삼는다. 참으로 존재하는 것이다. 물질도 의식도 아닌 순수의식이다. 고차원적인 환희이다. 해탈은 지고한 것들의 총체에 도달하는 것이기 때문에 지고하다.

인간의 목표는 가치와 관련된다. 해탈은 가장 큰 가치를 부여받은 개념이다. 가치론적으로 최고의 이상이다. 그 상태를 열반nirvāṇa처럼 부정적으로 묘사할 수는 없다. 열반은 훅 불어서 꺼진 상태를 가리킨다. 베단따는 그 반대로 '환희'ānanda라고 긍정적으로 묘사한다. 비할 데가 있는 보통의 즐거움은 아니다. 가장 커다란 즐거움이라서, 비할 데가 없는 즐거움이다.[1]

> 욕망한 것을 얻을 때 기쁨의 변형이 가라앉으면 그곳에는 커다란 즐거움이 있다. 향유할 때는 더 커다란 즐거움이 있다. 실로 [무언가를] 얻는다고 기대할 때도 [그 즐거움이] 분명 어느 정도는 있다. 하지만 무심하게 될 때 가장 커다란 [즐거움이] 있다.<빤짜다쉬 15.17-18>

환희는 모든 즐거움의 모태(母胎)와도 같은 것이다. 세상에는 다양한 즐거움들이 있다. '쾌락, 기쁨, 희열감, 행복감' 등 세밀하게 불리기도 한다.

---

1   '비할 데가 있는 즐거움'과 '비할 데가 없는 즐거움'에 대해서는 『베단따 빠리바샤』 9.3-5를 참조하시오.

그것들은 모태인 환희의 편린에 지나지 않는다. 작디작은 조각이다. 그만큼 환희는 비할 데가 없는 것이다. 비할 데가 없기 때문에 결코 사라지지 않는다. 영원히 무심한 즐거움이다. 환희는 가치론적으로 가장 좋은 상태를 가리킨다. '즐거운 것'이라기보다 '좋은 것'이다.

　인도철학은 행복을 추구하는 철학이 아니다. 고통을 회피하는 철학이다. 아니, 고통을 뿌리째로 없애는 철학이다. 고지에는 '고통의 완전한 소멸'이라는 깃발이 꽂혀 있다. 다들 그 고지로 올라가는 길을 찾기에 분주하다. 다만 부족할 수 있다. 동기 부여가 약할 수 있다. 베단따는 다른 깃발 하나를 추가한다. '비할 데가 없는 환희'라는 깃발이다.

　'환희'라는 목표를 향해 달려간다. 그것은 보상이다. 숙명의 길을 벗어나려는 자를 위해 준비된 보상이다. 달콤한 목표인 셈이다. 해탈을 향한 의지를 북돋워준다. 그 궁극의 환희가 어떤 맛인지 궁금하지 않을 수 없다. 혹여 비할 데가 없는 환희까지 도달하지 못해도 좋다. 환희의 상승은 자존감의 상승이다. 즐거운 것보다는 좋은 것을 추구하는 삶으로부터 자부심이 높아진다. 자기를 더 존중할 수 있다. 더 좋은 삶으로 나아가는 것은 그 자체로도 달콤하다. 달콤한 목표에 도달하지 못해도 달콤하다.

　해탈한 자는 실제로 달콤함을 맛보지 않는다. 달콤함을 맛보는 주체가 해탈에서 존재할 리 없다. 도무지 환희를 느끼는 주체가 해탈에서 존재할 리 없다. 해탈한 자는 단순히 환희 그 자체로 존재한다. 그래도 어떤 느낌이어야 한다면, 그건 살아 있다는 느낌이다. 일상적 표현으로 '아, 살아 있구나!'라는 것과 유사하다. 그 느낌이 계속 이어진다. 좀 더 무겁게 말한다면, 존재감의 충만이다. 충만한 존재감이다. 존재하고 있다는 의식이 발밑

에서부터 정수리까지 차오르는 것이다. 진중하고도 명랑하다. 그 느낌이
계속 이어진다.

해탈이란 무엇인가?

진리는 하나이지만 다양한 이름으로 불린다. 해탈도 마찬가지이다.
해탈은 하나이지만 다양한 방식으로 묘사된다. 베단따의 해탈이 특히 그
러하다. 하지만 해탈에 대한 근본적인 생각이 상충되지는 않는다. 묘사가
다양할 뿐이다. 베단따에서는 어느 정도 일관되게 해탈이 전해져온다.

> 계시서와 대스승의 은총을 통해 확고한 지식이 생기는 경우에 그 사
> 람은 윤회세계의 모든 원인(굴레)으로부터 자유로워진다. 신체와
> 감관은 부서지고, 미시적 원소들로 되돌아가지 않으며, 행위의 사슬
> (연쇄)로부터 풀려나고, 바로 즉각적으로 해탈된다. '시작되지 않은
> 업'의 속박이 완전히 소멸하는 때에 '시작된 업'의 힘으로 말미암아
> 얼마 동안 생해탈자(生解脫者)로 존재할 경우, 그는 가장 탁월한 환
> 희이자 다시 돌아옴이 없는 것이자 독존(獨存)인 '비슈누의 지고한
> 거처'에 도달한다.<바끄야 브릿띠 50-53>

해탈에 관한 일반적인 서술이다. 전형적이다. 먼저 해탈의 원인은 지
식이라고 알려준다. 지식을 얻으면 즉각적으로 해탈된다고 한다. 윤회세
계와 관련되는 신체, 원소 등이나 행위로부터 자유로워진다는 것이다. 그

래서 해탈은 윤회세계로부터 벗어나는 것이라고 한다. 이는 곧 모든 업의 소멸이다. 다만 현생에서 시작된 업 때문에 생해탈의 상태로 존재한다고 한다. 그 지고한 상태를 화려하게 찬양하면서 마무리 짓는다. 이 정도만으로도 너끈하다. 베단따의 해탈론으로 손색이 없다. 해탈에 관해 큰 이야기는 다 한 셈이다.

해탈에 대한 정의는 좀 더 전문적이다. 샹까라를 먼저 소환할 필요가 있다. 애당초에 그가 해탈을 다양하게 정의했기 때문이다. 그의 저작들을 통해 대략 5가지의 정의를 찾아볼 수 있다. 첫째, 무지의 파기avidyā-nivṛtti이다. 둘째, 속박의 소멸bandhana-nāśa이다. 셋째, 영원한 탈육화성aśarīratvam nityam이다. 넷째, 브라흐만 상태brahma-bhāva이다. 다섯째, 모든 것을 아뜨만으로 하는 상태의 획득sarvātmatva-prāpta이다. 복잡해 보이지만 전혀 복잡하지 않다. 무지가 사라지는 것은 곧 속박이 사라지는 것이다. 속박이 사라지는 것은 곧 윤회로부터 벗어나는 것이다. 육화된 상태로부터 벗어난다는 말이다. 그것은 곧 브라흐만 상태이다. 브라흐만 상태는 곧 모든 것을 아뜨만으로 하는 상태이다. 이처럼 5가지 정의는 동일한 것을 지시한다. 표현이 다양한 것은 여러 측면에서 해탈을 바라보기 때문이다.

나올 것은 다 나왔다. 베단따의 모든 문헌으로 확대해봐도 그게 그 말이다. 샹까라의 정의를 맴돌 뿐이다. 크게 부정적 정의와 긍정적 정의로 나뉜다. 부정적 정의란 어떤 상태를 부정하는 방식의 정의이다. 해탈은 무지, 속박, 육화, 윤회, 고통 등이 부재하는 것이다. 긍정적 정의란 어떤 상태를 긍정하는 방식의 정의이다. 해탈은 브라흐만의 상태가 되는 것이자 모든 것을 아뜨만으로 하는 상태가 되는 것이다. 또 해탈은 지고한 행복을 획득하는 것이다. 후대로 갈수록 긍정적 정의가 더 강화된다. 해탈보다 더한 행복은 없다는 식의 목소리가 커진다.

해탈에 대한 정의는 죄다 하나의 지점으로 모일 수 있다. 바로 인과율의 탈피이다. 무지, 속박, 육화, 윤회, 고통 등은 모조리 인과율의 지배를 받는 윤회세계의 상태이다. 이것으로부터 벗어나야 한다. 브라흐만, 아뜨만, 지고한 행복 등은 모조리 인과율의 지배를 벗어난 절대의 상태이다. 이것을 향해 나아가야 한다.

인도인은 쇠사슬을 차고 춤을 춘다. 스스로 인과율의 구속에 빠지고 스스로 그 구속으로부터 자유로워지려고 한다. 업의 세계에 자신을 가둔 채 업을 소멸시키기 위해 발버둥 친다. 아이러니하다. 유희의 관점에서나 겨우 이해할 수 있을지 모르겠다. "바람에 의해 구름이 흘러오고, 또 바로 그 바람에 의해 구름이 흘러간다. 마음에 의해 속박이 상상되고, 바로 그 마음에 의해 해탈이 상상된다."<비베까 쭈다마니 174> 속박도 해탈도 상상에 지나지 않는다. 인간은 유희처럼 자기를 감금하고 유희처럼 자기를 해방하는 것이다. 마치 병 속에 갇혀 입구를 찾지 못하는 파리와도 같다. 파리는 고통스럽다. 겨우 겨우 입구를 찾고 환희와 함께 빠져나온다. 그 모든 과정을 구경하는 자는 바로 자기 자신이다. 자신이 자신의 고통을 보고 자신의 환희를 본다. 이 유희에서 인간은 보이는 자인 동시에 보는 자이다. 마치 신의 자기유희인 듯하다.

유희는 인도인의 과장법에 따라 더욱 극적인 것이 된다. 예를 들어 위대한 브라흐마 신의 하루는 인간의 시간으로 43억 2천만 년이다. 이 하루 동안에 인간 세상에는 14번의 대홍수가 일어난다고 한다. 지독한 과장이다. 저 기나긴 시간 동안에 인간의 한 생애는 어떤 의미를 가질 수 있는가. 저 반복되는 무한의 시간 속에서 무력한 한 인간은 무엇을 할 수 있는가. 왜소하다. 왜소함을 자각할 뿐이다. 그리고 왜소함을 자각함으로써 그것으로부터 벗어나려고 한다. 과장법은 그렇게 추동력이 된다. 자극제가 된다. 인과율에 지배되는 인간의 속박을 선명하게 드러낸다. 이로부터 그 지긋지긋한 인과율을 탈피하려는 자가 등장한다. 인과율의 속임수를 파악하여 인과율의 바깥에 존재하려는 자가 등장한다. 극소수만이 해탈에 성공한다. 성공은 신과 같은 위대한 존재가 됨으로써 가능한 일이다. 정말 그렇다. 자신의 본질이 왜소함에 있지 않고 위대함에 있다는 것을 깨우쳐야 한다. 인과율에 지배당하지 않고 인과율을 지배한다고 깨우쳐야 한다. 깨우침이 있을 때라야만 모든 것이 한편의 연극이라고 밝혀진다. 불가피한 유희라고 밝혀진다. 알고 보면, 인신(人神)이 자기 존재를 확인하는 놀이였던 것이다. 속박과 해탈의 놀이는 인신의 유희였던 것이다. 그 유희는 낮은 브라흐만의 신성한 놀음이다. 인과율의 장(場) 속에서 벌어지는 자기 푸닥거리이다. 저 높은 브라흐만과는 무관한 자기의식의 전변이자 가현이다. 높은 브라흐만을 위한 우주적 제의이다.

높은 브라흐만은 인과율의 바깥에 존재한다. 시간kāla과 공간deśa과 계기nimitta에 지배되지 않는다. 해탈도 무시간, 무공간, 무계기이다. "해탈은 행위의 결과와 달리 [특정한] 공간·시간·계기에 의존한 채로 초래될 수 없다."<브라흐마 수뜨라 주석 4.1.13>고 한다. 브라흐만이 곧 해탈이다. 왜냐하면 브라흐만은 영원한 해탈의 상태이기 때문이다. 높은 브라흐만의 관점에서는 어떤 사건도 일어나지 않는다. 시간, 공간, 계기에 따르는 사건이 존재하지 않는다. 속박도 해탈도 전혀 일어나지 않은 사건이다.

보다 인간적인 관점에서 해탈은 고통의 소멸이다. 정신적인 질병이 제거되는 것이다. 영혼은 본래부터 건강하다. 영혼의 질병인 고통은 착각에 불과하다. "고통의 연쇄는 '나의 것'도 아니고 '나'도 아니다. … 그것은 실로 꿈에서 보이는 것처럼 비실재이다."<우빠데샤 사하스리(운문) 10.5> 고통은 무지가 낳은 것이다. 그래서 '무지의 파기'와 '고통의 파기'는 결코 다른 말이 아니다. 고통이 소멸되면 건강한 영혼이 드러난다. 본래부터 고통과 무관한 아뜨만 상태가 된다.

아뜨만 상태는 지고한 행복이라고 묘사된다. 도달할 만한 가치가 충분하다는 의도에서이다. 무심하고 초연한 행복과 유사하다. 개별자아가 없기 때문에 행복감은 존재하지 않는다. 그저 순수의식만이 무연하게 존재한다. 아무런 콘텐츠도 없다. 아무런 콘텐츠도 없지만 순수의식은 존재한다. 무(無)를 끌어안고 있는 유(有)이다. 무를 닮은 유이다. '자아가 없는 자아'selfless self라는 표현이 그럴싸하다.[2] 모든 것을 아뜨만으로 하는 상태를 획득하기 때문에 개별적 자아self는 없다. 순수의식만 남기 때문에 보편적 자아self는 있다. 베단따에서는 개별이 보편에 의존한다. 현실의 다종다양한 행복은 지고한 행복에 의존한다. 개개인의 행복도 지고한 행복에 의존한다. 지고한 행복은 곧 행복의 보편이다.

해탈은 보편에 도달하는 것이라고 할 만하다. 보편은 '참으로 존재하는 것'이다. 존재의 보편, 의식의 보편, 환희의 보편에 도달한다. 이 때문에

---

2   존 M. 콜러(2003) p. 173 참조.

누구에게든지 해탈의 상태는 동일하다. 진정으로 해탈했다면 동일한 보편에 도달해야 한다. 베단따의 해탈에 한정해서 그러하다. 불교의 해탈이 베단따의 해탈과 똑같지는 않다. 베단따의 해탈은 베단따의 프로그램이 낳은 결과물이다. 베단따의 아뜨만 사상에서 나온 것일 뿐이다. 보편적인 아뜨만에 도달하는 것이 해탈이다.

자기 본래성의 회복

해탈에 '도달한다'. 해탈을 '얻는다'. 해탈을 '낳는다'. 과연 이와 같은 표현은 합당할까? 합당하지 않다. 쓰면 안 된다. 그런데도 왜 이러한 표현을 쓸까? 오래된 언어 습관 때문이다. 다르게 표현할 방법이 거의 없기 때문이다. 불가피하다. 어쨌거나 해탈은 삶의 목표이다. 목표에 도달하고 목표를 얻는다. 수단을 통해 목표를 낳는다. 불가피하게 이러한 표현을 쓸 수밖에 없다. 다만 해탈의 본질을 분명히 알고 그렇게 써야 한다.

베단따에서는 속박도 해탈도 실제로 존재하지 않는다고 한다. 만약 속박이 실제로 존재한다면 그것은 파기되지 않는다. 가상으로 존재해야 파기될 수 있다. 실재는 지양되지 않는 것이기 때문이다. 속박이 가상이라면 해탈까지도 가상이다. 전혀 지나치지 않다. 해탈은 도무지 그 어떤 것도 아닌 것이다. 생성되는 것utpādyam도 아니다. 획득되는 것āpyam도 아니다. 변형되는 것vikāryam도 아니다. 정화되는 것saṃskāryam도 아니다. 결론적으로 그 어떤 것도 아닌 가상이다.

첫째, 해탈은 생성되는 것이 아니다. 생성되는 것은 신업(身業), 구업(口業), 의업(意業)을 원인으로 한다. 해탈은 여하한 업도 원인으로 삼지 않는다. 도리어 업은 해탈을 방해한다. 또한 생성되는 것은 무상하다. 반면에 해탈은 영원하다고 잘 알려져 있다. 둘째, 해탈은 획득되는 것이 아니다. 해탈은 아뜨만이 되는 것이다. 아뜨만은 자신의 본질이다. 어떻게 자신이 자신을 획득한다는 말인가. 아뜨만이 자신의 본질이 아니어도 마찬가지이다. 아뜨만은 만물에 의해 이미 영원히 획득되어 있다. 획득되어 있는 것을 또 어떻게 획득한다는 말인가. 셋째, 해탈은 변형되는 것이 아니다. 말도 안 된다. 변형되는 모든 것은 무상하다. 해탈은 결코 무상한 것이 아니다. 넷째, 해탈은 정화되는 것이 아니다. 정화란 좋은 것을 추가하거나 나쁜 것을 제거할 때 가능하다. 해탈은 브라흐만이 되는 것이다. 브라흐만은 탁월하고 순수하다. 추가해야 할 좋은 것이 필요치 않다. 제거해야 할 나쁜 것도 전혀 없다.[3]

'획득된 것의 획득'āptasya āpta이란 표현은 매우 흥미롭다. 샹까라는 이미 획득된 것의 획득은 불가능하다고 보는 듯하다. 이유는 간명하다. 해탈이 획득되는 것은 아니라는 점을 강조하기 위해서이다. 제자인 수레슈바라는 다르다. 이미 획득된 것의 획득을 받아들인다. 그는 두 가지 종류의 획득을 구분한다. 하나는 '획득되지 않은 것의 획득'이다. 어떤 마을에 도달하는 것이 그 예이다. 도달하지 않은 마을에 도달하는 것으로서 획득이다. 정말 획득하는 것 같은 획득이다. 실제의 획득이다. 다른 하나는 '획득된 것

---

3   『브라흐마 수뜨라 주석』 1.1.4 참조.

의 획득'이다. 잃어버린 목걸이 찾기가 그 예이다. 그 목걸이는 본래부터 자기 목에 걸려 있었다. 그것을 모르고 있다가 다시 찾았다는 이야기이다.[4] 브라흐만도 그와 같다. 자신의 본질로 항상 획득되어 있는 것이다. 그것을 다시 획득하는 것이 해탈이다. 정말 획득하는 것 같지 않은 획득이다. 실제의 획득이 아니다. 수레슈바라는 이렇게 생각한다. 이유는 간명하다. 해탈이 실제의 사건은 아니라는 점을 강조하기 위해서이다.

획득된 것의 획득은 실제의 사건이 아니다. 그렇다면 고통의 파기도 실제의 사건이 아닐 것이다. 그 파기에는 두 가지 종류가 있다고 한다. 하나는 실제의 고통에 대한 파기이다. 살 속에 파고든 가시가 주는 고통을 없애는 것이다. 이건 실제의 사건이다. 정말 파기하는 것 같은 파기이다. 다른하나는 실제가 아닌 고통에 대한 파기이다. 상상된 뱀으로부터 느끼는 고통을 없애는 것이다. 이건 실제의 사건이 아니다. 두려움이라는 그 고통은 상상된 뱀으로부터 온 것이기 때문이다. 근거가 없는 고통이다. 고통도 상상된 것에 지나지 않는다. 바로 이 고통을 파기하는 것이 해탈이다. 정말 파기하는 것 같지 않은 파기이다. 없는 것을 없애는 것인 셈이다.

주의해야 할 점이 하나 있다. 노력과 관련되는 문제이다. 만약 고통이 상상된 것에 지나지 않는다면 어떻게 되는가? 그 고통을 없애려는 노력도 모조리 쓸모없는 것이 되지 않는가? 충분히 그럴 수 있다. 없는 것을 없애려는 노력은 헛심 쓰는 것과 같다. 이에 대해 베단따는 대답한다. 일상적 관점에서는 고통이 실제로 존재한다. 해탈의 관점에서 존재하지 않을 뿐이

다. 그러기에 일상적 관점에서는 해탈을 위한 노력도 충분히 의의가 있다. 존재하는 듯한 고통을 없애기 위해 충분히 노력할 수 있다. 안심이다. 노력은 현실이다.

『베단따 빠리바샤』는 종합한다. 해탈은 이미 획득된 환희의 획득이다. 긍정적 정의이다. 해탈은 이미 제거(파기)된 해악의 파기이다.[5] 부정적 정의이다. 어떻게 정의하든 해탈은 실제의 사건이 아니다. 환희는 이미 획득되어 있는데 그것을 획득할 뿐이다. 획득된 것의 획득이다. 해악은 이미 파기되어 있는데 그것을 파기할 뿐이다. 파기된 것의 파기이다.

왜일까? 왜 베단따는 해탈이 실제의 사건이 아니라고 이렇게도 강조하는 것일까? 이유는 잘 알려져 있다. 그것은 해탈이 '자기 본래성'svāsthya의 회복이기 때문이다. 자기 자신은 항상 순수의식으로 존재한다. 항상 해탈한 상태로 존재한다. 단지 그 사실을 모르고 있을 뿐이다. 해탈은 그 사실을 다시 아는 것이다. 앎으로써 본래적인 자기를 되찾는 것이다.

바보인 아이 10명이 헤엄을 쳐서 강을 건넌다. 강을 건넌 뒤에 대장인 아이는 10명 모두 무사히 건넌 것을 확인하려고 한다. 그는 강둑에 서 있는 아이들을 한 명씩 한 명씩 세어 나간다. 아뿔싸! 9명뿐이다. 대장 아이는 매우 당황스러워한다. 정신을 바짝 차리고 다시 한 번 한 명씩 한 명씩 세어 나간다. 그래도 여전히 9명뿐이다. 대장 아이는 한 아이를 잃어버렸다는 생각에 어쩔 줄 몰라 한다. 그때 한 어른이 소란스러운 그곳으로 다가가 무슨 일인지 묻는다. 대장 아이는 10명의 아

---

5   『베단따 빠리바샤』 9.10 참조.

이가 강을 건넜는데 9명밖에 남지 않았으니 1명이 실종되었다고 대답한다. 그러자 어른은 자신이 다시 한 번 몇 명인지 확인해보겠다고 하면서 아이들을 세어 나간다. "하나, 둘, 셋, 넷 … 아홉!" 잠시 쉬었다가 그는 자기 옆에 있는 대장 아이를 가리키며 '열!'이라고 크게 외친다. 그러면서 이렇게 말한다. "네가 바로 그 열 번째 아이로구나! 너는 계속해서 너 자신을 세지 않았던 거야. 네가 바로 그 잃어버린 1명의 아이란다."[6]

이야기는 적잖이 소박하다. 교훈적인 의도가 뻔히 드러나 보인다. 우빠니샤드의 '그것이 너이다'를 아이들을 위한 버전으로 만든 듯하다. 대장 아이는 자신이 잃어버린 열 번째 아이라는 것을 모르고 있었다. 어른이 자신을 가리키며 '열!'이라고 외칠 때 비로소 그 사실을 깨우쳤다. 하지만 대장 아이는 항상 그 열 번째 아이로 존재하고 있었다. 그렇게 존재하고 있었다는 점은 변하지 않는다. 변하는 것은 앎이다. 대장 아이는 앎을 통해 자기가 존재하는 바를 회복한다. 자기 본래성을 회복한다.

자기 자신은 아뜨만이다. 아뜨만은 내부의 지배자이다. 모든 존재들의 내부에 들어간 채 내부로부터 지배하는 자이다. "흙에서 살지만 흙 안에 있는 것이고, 흙이 알지 못하는 것이며, 흙을 육신으로 가지는 것이고, 흙을 안으로부터 지배하는 것. 그것은 내부의 지배자, 당신의 불멸하는 아뜨만입니다."<브리하다란야까 우빠니샤드 3.7.3> 흙뿐만이 아니다. 모든 존재

---

6   이 이야기는 베단따 문헌에서 매우 압축적으로 제시되곤 한다. 예를 들어 『우빠데샤 사하스리』(운문) 12.3; 18.172-174, 187, 190에 등장하고, 『나이슈까르므야 싯디』 3.64에 등장한다.

들 각각에 내부의 지배자가 있다. 당연히 자기 자신에도 내재해 있다. 아뜨만이 내재해 있기 때문에 자기 본래성을 회복하는 것은 가능하다. 자기를 잘 들여다보기만 해도 충분히 가능하다.

자기 본래성은 내재적인 동시에 초월적이다. 다르게 말해, 자신의 본질은 아뜨만인 동시에 브라흐만이다. 아뜨만은 내부의 지배자이다. 마치 기관의 내부에 갇혀 있는 듯하다. 갇혀 있기 때문에 결코 초월할 수 없는 듯하다. 이로부터 상크야학파는 기관 바깥에 존재하는 영혼을 제시한다. '뿌루샤'Puruṣa라고 불리는 순수정신이다. 뿌루샤는 기관 바깥에 존재함으로써 항상 초월적이다. 우빠니샤드와 베단따는 다르다. 기관 바깥에 존재하는 영혼이 아니라 기관 안에 존재하는 영혼을 제시한다. '아뜨만'이라고 불리는 순수의식이다. 아뜨만은 모든 존재들의 내부로 들어갔기 때문에 내재적이다. 그렇다고 초월할 수 없는 것은 아니다. 범아일여에 따라 내재적 아뜨만은 곧 초월적 브라흐만이다. 내재해도 초월해 있다. 초월해도 내재해 있다. "'아뜨만이 모든 것과 연계되지 않은 채로 존재한다는 것'은 '육체 등의 모든 것이 아뜨만을 결여한다는 것'을 [의미하지] 않아야 한다."<우빠데샤 사하스리(산문) 2.58> 이러한 것이 우빠니샤드와 베단따의 논리이다. 특히 베단따의 무지는 내재와 초월의 문제를 간단하게 풀어버린다. 경험적 세계는 무지의 산물이다. 기관은 무지의 산물이다. 영원불변의 아뜨만이 그 기관 속에 갇힐 리가 없다. 가능성 제로이다. 내재도 초월도 구분에 지나지 않는다. 경험적 관점에서나 그렇게 구분한다. 아뜨만과 브라흐만은 하나이고 전체이다. 자기 본래성의 회복은 그 하나이고 전체인 것을 되찾는 일이다.

구름이 걷히는 것만으로 태양이 드러난다. 구름만 걷힌다. 구름에 가려졌을 때도 태양은 존재했다. 무지가 파기되는 것만으로 아뜨만의 상태가 된다. 무지만 파기된다. 무지에 빠져 있을 때도 아뜨만은 존재했다. 이렇듯 항상 자기 본래성으로 존재한다. 남은 것은 자기 본래성을 가리는 무지를 물리치는 일뿐이다. 가상의 연극을 시작해야 한다. 베단따의 각본을 따른다. 자신이 연출자이다. 자신이 배우이고 자신이 관객이다. 자신이 막을 올린다. 연극은 계속된다. 막이 언제 내려질지 그것만큼은 알 수 없다.

해탈 이후에는?

누구든 살아 있으면서 자기 본래성에 도달할 수 있다. 생해탈이다. 자기 본래성에 도달한 뒤에는 육신의 죽음만을 기다리면 된다. 사해탈이다. 생해탈을 얻은 자에게 사해탈은 일종의 선물과도 같다. 그냥 주어지는 것이다. 그러니 생해탈만 얻으면 된다. 생해탈이 해탈의 꽃이다. 생해탈이 베단따의 꽃이다. 문헌에서도 대개 생해탈에 대한 묘사만 등장한다. 과연 '생해탈을 얻은 자'mukta는 어떻게 묘사될까? 그는 어떤 모습으로 존재할까? 이 세상을 어떻게 살아갈까? 이 세상을 어떻게 평가할까?

『찬도그야 우빠니샤드』 4.4-9에는 제자 사뜨야까마Satyakāma가 등장한다. 스승은 그를 입문시킨 뒤에 그에게 소를 보살피는 임무를 준다. 일종의 시험이다. 소를 보살피는 동안에 사뜨야까마는 행운을 얻는다. 신령한 존재들로부터 브라흐만에 대한 가르침을 듣게 된 것이다. 그 후 스승의 집으로 돌아왔을 때 스승이 말한다. "애야, 실로 너는 브라흐만을 아는 자처럼 빛나는구나!"<찬도그야 우빠니샤드 4.9.2> '빛난다'는 것은 구체적으로 무엇을 의미할까? 샹까라는 주석에서 풀이한다. 해맑은 기관과 미소 띤 얼굴을 의미한다.[7] 얼굴 전체가 맑고 밝다는 뜻인 셈이다. 몸에서 영혼의 향기가 난다. 지식을 얻은 자의 겉모습은 이와 같다.

『이샤 우빠니샤드』는 이렇게 시작한다. "지상에서 움직이는 그 무엇이든, 이 모든 것에는 신이 깃들어야만 한다."<이샤 우빠니샤드 1> 지상의 모든 것들은 그 자체로 신이다. 온전히 하나이다. 따라서 나와 만물 사이에는 차이가 없다. 나의 안에서 만물을 보고, 만물의 안에서 나를 본다. 도대체 누가 누구를 미워할 수 있겠는가. 그렇게 보는 자에게는 증오가 존재하지 않는다. 증오는 나와 만물 사이에 차이가 있다고 생각하는 자에게나 존재한다. 차이가 없다고 보는 자는 깨우침을 얻은 자이다. 그에게는 증오가 존재하지 않는다. 미혹도 슬픔도 존재하지 않는다.[8] 그의 마음은 신의 마음인 듯하다. 깨우침을 얻은 자의 마음은 이와 같다.

해탈한 자는 특별해야 한다. 사람들은 그가 평범하게 존재하는 것을 원치 않는다. 때로는 해탈한 자의 은총을 이야기한다. 그는 태양과도 같다고 한다. 지상의 모든 생명체들이 그 빛의 기운을 받는다. 그는 봄vasanta과도 같다고 한다.[9] 겨울을 견뎌온 모든 생명체들이 그 생명의 기운을 받는다. 이러한 이야기는 다소 당황스러울 수 있다. 비유적인 묘사이다. 모호한

---

7 prasannendriyaḥ prahasitavadanaś ca.
8 『이샤 우빠니샤드』7 참조.
9 『비베까 쭈다마니』39 참조.

찬양이다. 그럼에도 이러한 이야기는 개인의 해탈이 공공성을 띨 수도 있다는 것을 암시한다. 간접적인 공공성이다. 해탈한 자는 그저 가만히 존재하기만 한다. 간접적으로 무수한 사람들이 축복을 받는다. 혜택을 누린다.

해탈한 자가 직접 나설 수 있는 가능성은 없을까? 세상을 위해 무언가를 할 수 있는 가능성 말이다. 가능성은 거의 없다. 해탈의 상태에는 개별성이 존재하지 않기 때문이다. 자아ego가 완전히 소멸한다. 무(無)의 심연이 끝없이 펼쳐진 순수의식만이 남는다. 그 어떤 인식이나 의지나 감정도 없다. 당연히 그 어떤 행동도 없다. 그럼에도 가능성을 말하는 사람이 있다. 개별성은 없지만 인격personality은 있다고 보는 것이다. 인격이 있기 때문에 타인들을 위해 무언가 할 수 있다. 특별한 방식으로 세상에 기여할 수 있다. 해탈한 자가 타인의 선을 위해 지속적으로 노력할 수 있다고 생각하는 것이다.[10]

개별성이 없으면 해탈한 자는 어떻게 세계를 대면할까? 아니, 어떤 세계가 그의 앞에 펼쳐질까? 베단따는 다양한 목소리를 들려준다. 대개는 비유이다. 직접적인 언어로 묘사하기가 힘들 것이다. 대개는 세계를 부정적으로 그린다. 해탈한 자는 세계가 환영이라는 것을 깨우쳤다. 좋은 소리가 나올 리 없다. 세계는 생명력이 없다. 알맹이가 없다. 쓸모가 없다. 헛것이다.

다음 한 가지는 해탈한 자에게 공통적이다. 해탈한 자는 세계를 지각한다. 거짓인줄 알면서도 지각한다. 지각하는 것까지 소멸되지는 않는다. 그에게도 눈이 있고 귀가 있다. 보고 듣는 그러한 기능까지 절멸하는 건 아니다.

---

10   Murti(1983) p. 344; 349 참조.

하지만 그 거짓된 지식은 지양되었음에도 두 개의 달을 인식하는 것처럼 잠재인상에 힘입어 일정 시간 동안 존속할 뿐이다.<브라흐마 수뜨라 주석 4.1.15>

예컨대, 마술이라고 알고 있는 자는 비록 그 마술을 보고 있을지라도 그것이 실재라고는 보지 않는다.<베단따 사라 35.1>

두 개의 달은 오래된 비유이다. 눈병에 걸려 하나의 달이 두 개로 보이는 현상을 가리킨다. 헛보임이다. 샤까라는 말한다. 두개의 달을 인식하는 착각처럼 세계에 대한 지각도 사라지지 않는다. 해탈한 자도 육체를 가지고 있기 때문이다. 육체는 병에 걸린 듯이 거짓된 지각을 계속 양산한다. 피할 수 없다. 해탈한 자도 세계를 지각해야 한다. 이 비유는 대부분의 베단따 학자들이 선호하는 것이다. 그런데 말이다. 지각하더라도 그 지각된 내용이 거짓인 줄 안다. 마술에 속을 때 마술이라고 알면서도 속는 것과 같다. 세계가 거짓이라는 것을 알면서도 지각한다. 모르고 속는 것과 알고도 속아주는 것의 차이이다. 해탈한 자는 알고도 속아준다. 생해탈의 숙명이다. 육체를 가진 채로 해탈하려면 어쩔 수 없다. 해탈한 뒤에도 세계를 지각한다고 인정해야 한다. "지고한 아뜨만이 남는다는 것은 또한 그것의 존재성에 대한 확신일 뿐 세계에 대한 망각(비지각)이 아니다. 그렇지 않으면 생해탈이 가능하지 않을 것이다."<빤짜다쉬 6.14>

지각하는 건 좋다. 그렇다면 그는 세계를 어떻게 지각할까? 다르게 말해, 세계는 어떤 모습으로 그에게 지각될까? 많은 학자들이 흥미로운 비유를 든다. 만다나 미슈라는 해탈한 자가 자신의 몸을 그림자처럼 경험한다고 한다.[11] 육체가 그림자처럼 지각된다. 실체가 아니라고 밝혀진 세계는 생기를 잃어버린다. 사르바즈냐뜨만은 해탈한 자가 자신의 몸을 뱀의 허물처럼 본다고 한다. 또한 세계를 타버린 밧줄처럼 본다고 한다.[12] 육체든 세계든 생명력을 상실한다. 건들기만 해도 부서질 만큼 퍼석하다. 비드야란야는 해탈한 자의 세계를 죽은 쥐에 은유한다. 불쾌한 대상으로 간주하는 듯하다. '브라흐만 세상'조차 한 오라기 짚에 불과한 것으로 인지된다고 한다.[13] 놀랍다. 천상의 천상마저 그렇게 알려질 뿐이다. 삼라만상이 마냥 무의미하다.

세계가 부정적으로 지각된다고 해서 해탈이 끔찍하지는 않다. 끔찍할 리 없다. 흥미로운 비유들은 겨냥하는 바가 따로 있다. 세계와 그렇게 철저하게 단절해야 한다는 것을 알려주기 위해서이다. 심지어 부정적으로 지각될 리 없다. 해탈한 자는 '텅 빈 마음'śūnyacitta을 가질 뿐이기 때문이다. "윤회세계가 소멸된 초인간적인 자에게는 살생도 없고 결코 자비도 없다. 오만도 없고 겸손도 없다. 경이도 없고 결코 동요도 없다."<아슈따바끄라 상히따 17.16> 그에게는 어느 하나가 없다고 해서 다른 하나가 있지 않다. 살생이 없다고 해서 자비가 있지 않다. 증오가 없다고 해서 사랑이 있지 않다. 마음에 아무것도 없다. 마음이 전혀 움직이지 않는다. 그저 세계는 무관심하게 내버려진다. 긍정도 부정도 하지 않는다. 해탈한 자는 오직 자기 자신의 영광에만 머무른다. 무엇에 관심을 가지겠는가. 무엇을 하겠는가. 유일무이의 무연한 향연만이 이어진다.

---

11   『브라흐마 싯디』 3장 참조.
12   『상끄셰빠 샤리라까』 4.54-55 참조.
13   『빤짜다쉬』 7.279; 6.285 참조.

인간의 자립성에 대한 찬양

거짓된 지식은 참된 지식을 이기지 못한다. 베단따의 일관된 가르침이다. 참된 지식은 궁극적인 것과 관계한다. 궁극적인 실재를 대상으로 한다. 이 때문에 참된 지식이 해탈을 낳는다. 궁극적인 것을 알면 궁극적인 것이 된다. 궁극적인 것을 벗어나면 모두 상상이고 망상이고 환상이다. 거짓된 지식이고 속박이다. 바로 그 궁극적인 것은 의존하지 않는 것이다. 자립적인 실재이다.

실재는 그 자체로 존재하는 것이다. '실체'라고 불러도 무방하다. 다른 것에 의존하지 않는다. 샹까라가 선명하게 알려준다. "어떤 것이 다른 것에 의존하지 않는 본질을 가진다면, 그것은 실재이다. 다른 것에 의존하는 본질을 가진다면, 실재가 아니다. 다른 것이 부재하는 경우에 [그 자체도] 부재하기 때문이다."<따잇띠리야 우빠니샤드 주석 2.8.5> 실재는 스스로 존재하기에 자립적이다. 비실재는 스스로 존재하지 못하기에 의존적이다. 비실재는 실재가 부재하는 경우에 그 자체도 부재한다. 핵심은 '의존성'과 '자립성'이다. 이것이 베단따의 속박과 해탈을 가른다. 비실재의 의존성에 속해 있으면 속박이다. 실재의 자립성에 속해 있으면 해탈이다.

해탈의 가장 중요한 특성은 자립성이다. 자립성을 확보하는 것이 해탈인 셈이다. 존재론적으로 자립성이 요구된다. 인식론적으로도 자립성이 요구된다. 또한 가치론적으로도 자립성이 요구된다. 존재론, 인식론, 가치론에 걸쳐 자립성을 얻어야 한다. 자립적인 곳에 자유가 있다. 의존적인 곳에는 자유가 없다.

존재론적으로 아뜨만은 자립적이다. 아뜨만은 그 자체로 존재한다. 존재하기 위해 아뜨만이 아닌 것들을 필요로 하지 않는다. 반면에 아뜨만이 아닌 것들은 아뜨만 없이는 존재하지 못한다.

> 아니다. 아뜨만이 공간처럼 바로 그 자체로 연계되지 않는 것이라고 용인하기 때문이다. [다만] '아뜨만이 모든 것과 연계되지 않은 채로 존재한다는 것'은 '육체 등의 모든 것이 아뜨만을 결여한다는 것'을 [의미하지] 않아야 한다. 예컨대 '공간이 모든 것과 연계되지 않은 채로 [존재한다는] 것'이 '모든 것이 공간을 결여한다는 것'을 [의미하지] 않는 바와 마찬가지이다.<우빠데샤 사하스리(산문) 2.58>

마치 공간과도 같다. 공간은 만물이 없이도 그 자체로 존재한다. 반면에 만물은 공간 없이는 존재하지 못한다. 공간에 비유되는 이 아뜨만은 실재이다. 오직 실재만이 자립적이다. 현상은 의존적이다.

인식론적으로도 아뜨만은 자립적이다. 순수의식은 자립적인 주관이다. 마음 등의 내부기관은 의존적인 주관이다. 순수의식은 자기조명적이다. 태양처럼 스스로 빛나고 다른 것을 비춘다. 내부기관은 그렇지 않다. 스스로 빛나지 못한다. 순수의식 없이는 대상을 비추지(인식하지) 못한다. 이로부터 하나를 알면 모든 것을 알 수 있다는 논리가 나온다. 앎의 궁극적 근원인 아뜨만이 알려지면 세상의 모든 것들도 알려진다.

아뜨만은 가치론적으로도 자립적이다. 아뜨만은 무한한 환희로 지시된다. 환희는 그 자체로 삶의 최고 목표이다. 그 자체로 완결적이고 자립적이다. 보통의 즐거움은 그 자체로 완결적이고 자립적이지 않다. 그것은 금세 사라지고 만다. 언제나 괴로움과 연결되어 있다. 이 아뜨만의 환희는 사랑으로 대체되기도 한다. 지고한 환희는 곧 지고한 사랑이다. 지고한 사랑도 자립적이다.

> 이것(의식)은 아뜨만이자 지고한 환희이다. [이것은] 지고한 사랑의 거처이다. '내가 존재하지 않지 않고 좀 더 존재하기를!'이라는 아뜨만에 대한 사랑에서 관찰되는 까닭에서이다. [아뜨만이 아닌] 어떤 것이 저 아뜨만에 대한 사랑을 목적으로 하는 것과 달리, 아뜨만은 다른 것을 목적으로 하지 않는다. 따라서 그것(아뜨만에 대한 사랑)은 지고하다. 결국 아뜨만은 지고한 환희이다.<빤짜다쉬 1.8-9>

자식을 사랑한다. 자식이기 때문에 사랑하는 것이 아니라 아뜨만 때문에 사랑한다. 연인을 사랑한다. 연인이기 때문에 사랑하는 것이 아니라 아뜨만 때문에 사랑한다. 모든 사랑은 아뜨만에 대한 사랑에 의존한다. 자기 자신이 존재하지 않으면 세상 모든 것이 의미 없다. 아뜨만에 대한 사랑으로부터 모든 사랑이 나온다. 아뜨만에 대한 사랑은 그 자체가 목적이다. 지고한 사랑인 것이다. 결국 아뜨만에 대한 사랑만이 자립적인 사랑이다. 나머지는 의존적인 사랑이다. 자립적인 사랑에 도달하는 것은 지고한 환희이다. 해탈이다. 자립적인 사랑은 그 자체로 온전한 삶의 목표이다.

요약하자면 이러하다. 실재는 자립적이고 현상은 의존적이다. 순수 의식은 자립적이고 내부기관은 의존적이다. 지고한 환희나 사랑은 자립적이고 보통의 환희나 사랑은 의존적이다. 이렇게 삿찌다난다(존재, 의식, 환희)의 자립성을 얻는 것이 해탈이다. 자립적이어야 자유가 있다. 자립적이어야 지속적이다. 해탈은 지속적인 자유이다.

해탈은 인간의 자립성에 대한 찬양이다. 최고의 찬사이다. 자립성은 무관계의 다른 이름이다. 독존의 다른 이름이다. 브라흐만이든 아뜨만이든 본래 그 어떤 관계도 가지지 않는다. 독존한다. 그러다가 관계를 맺음으로써 속박의 세계로 빠져든다. 상대적인 세계로 추락한다. "아들 등이 고려되지 않는 경우에 [한 남자는] 아버지도 아니고 할아버지도 아니다. 그와 마찬가지로 내재력이나 덮개가 고려되지 않는 경우에 [브라흐만은] 신도 아니고 심지어 개별자아도 아니다."<빤짜다쉬 3.42> 남자가 아들을 낳는 것은 관계 맺기이다. 이로부터 무관계이던 남자는 아버지가 된다. 아들 때문에 아버지가 된다. 아들과의 관계가 없다면 아버지는 존재하지 않을 것이다. 여기서 아버지는 남자에 의존한다. 의존적이다. 남자는 아버지에 의존하지 않는다. 자립적이다. 이와 같다. 브라흐만이 5덮개를 가지는 것은 관계 맺기이다. 이로부터 무관계이던 브라흐만은 '개별자아'로 불린다. 5덮개 때문에 개별자아가 된다. 5덮개와의 관계가 없다면 개별자아는 존재하지 않을 것이다. 여기서 개별자아는 브라흐만에 의존한다. 의존적이다. 브라흐만은 개별자아에 의존하지 않는다. 자립적이다. 이와 같은 자립성이야말로 인간의 본질이다. 인간의 본래성이다. 해탈의 길은 잃어버린 자립성을 되찾는 길이다. 의존의 상대적인 세계에서 자립의 절대적인 세계로 나아가는 방도이다. 해탈이 자립성을 널리 기린다.

인간적인 면에서 관계를 끊는 것은 잔인한 일이다. 자립적인 인간으로 우뚝 서는 것은 어쩌면 냉정한 짓일지도 모른다. 그럴 것이다. 독존이라는 결과는 상식적으로 잘 납득이 되지 않을 수 있다. 다만 과정의 관점에서는 자립성이 많은 것을 시사해준다. 독존이라는 결과를 낳기 위해서는 삶의 전방위에서 자립성이 필요하다. 갑자기 자립성에 도달하지는 않는다. 삶의 모든 요소에서 의존하지 않으려는 습성을 키워야 한다. 연습이 필요하다. 꾸준히 자립성에 가까워져야 한다. 이렇듯 과정의 관점에서는 해탈이 천천히 자립성을 배양한다. 천천히 자립적인 삶을 북돋는다.

유랑의 끝과 정착

의존은 속박이고 자립은 해탈이다. 베단따는 의존적인 인간에서 자립적인 인간으로 재탄생할 것을 권한다. 이보다 더 시급한 일은 없다. 의존하고 있는 모든 것들을 털털 털어버려야 한다. 자기 자신만 남겨야 한다. 자기 자신이 유일하게 해탈의 수단인 까닭이다. 다른 그 무엇도 해탈을 위한 밑천이 될 수 없다. "아버지에게는 빚으로부터 구제해주는 아들 등이 있지만, 속박으로부터 구제해주는 것은 자신 이외에 그 누구도 없다."<비베까쭈다마니 53> 맞는 말이다. 태생적으로 모든 사람은 훌륭한 자산을 가지고 있다. 누구든 예외 없이 자립할 수 있다.

해탈은 영혼의 끝에서 이루어진다. 가고 또 가다가 닳아버린 끝이다. 덜어내고 또 덜어내다가 퍼석해진 끝이다. 땅의 끝과 같고 세상의 끝과 같다. 그곳은 적막강산이다. 주위에는 아무도 없고 아무것도 없다. 아무 생각도 없고 아무 일도 없다. 자기 자신만 존재한다는 의식이 환희처럼 꽉 채워져 있다. 드디어 열정이나 희망 같은 것이 없어서 좋다. 무언가 열심히 하지 않아서 좋다. 반성이니 성찰이니 그런 것이 없어서 좋다. 억지로 타인에게 다가가지 않아서 좋다. 크든 작든 의존하고 있던 모든 것들이 남김없이 사라진다. 해탈은 정신의 자립이다.

고대 인도의 관점에서 자립이란 곧 정착이다. 해탈은 영혼이 자립하는 것이다. 해탈은 영혼이 윤회로부터 벗어나 아뜨만에 정착하는 것이다. 자립하는 것이 정착하는 것이다. 모든 윤회하는 영혼은 윤회를 멈추고자 한다. 영원한 유랑을 끝내고자 한다. 우주적인 유랑이다. 한 번도 멈추지 않고 계속 떠돈다. 언젠가 유랑의 끝에 정착이 시작된다. 단 한 번의 정착이다. 윤회가 끝난다. 의존하던 시간, 공간, 계기들이 모두 사라진다. 영혼만이 홀로 선다. 정착하는 것이 자립하는 것이다.

가고 또 간다. 산스끄리뜨에는 '가다'라는 뜻을 가진 동사가 두드러지게 많다. 영혼도 유랑하고 또 유랑한다. 갠지스강을 가리키는 말은 '강가'gaṅgā이다. '감'gam이라는 동사가 어원이다. '감'은 '가다'라는 뜻을 가진 대표적인 동사이다. 강이 흘러가듯이 영혼도 그렇게 유랑한다. 또 있다. 세계를 가리키는 말이 그야말로 끝판 왕이다. '자가뜨'jagat이다. 이 말도 '감'gam이라는 동사가 어원이다. 세계는 가는 것이요 변하는 것이다. 이 세계에서는 쉴 새가 없다. 영혼은 이 세계에서 쉴 새 없이 유랑해야 한다. 영혼의 유랑은 해탈에서 끝난다. 해탈은 비유적으로 '얻는 것'이자 '도달하는 것'이다. 정착하는 것이다. 산스끄리뜨에는 '얻다, 도달하다'라는 뜻을 가진 동사가 두드러지게 많다. 유랑하는 영혼은 정착의 욕구를 숨길 수 없다. 얻고 도달하고자 맹렬히 희원한다.

모든 유랑은 정착을 목적으로 한다. 가벼운 유랑은 정착을 더 사랑하게끔 해준다. 여행이 일상의 공간을 더 빛나게 해주는 것과 같다. 끝없는 유랑은 피로감만 남긴다. 정착의 꿈이 그 피로감을 씻어준다. 현실의 정착지이든 꿈속의 정착지이든 정착이 유랑을 가능케 한다. 정착이라는 목적이 없는 유랑은 유랑이 아니다. 유랑은 정착에 의존할 때만 유랑이다.

베다 문명은 침입자인 아리안이 건설했다. 그들은 유목민이었다. 중앙아시아에서 인도로 이주했다. 인도에 도달하기까지 그들은 얼마나 오랜 유랑을 경험했을까? 인도 땅에서 그들은 농경민으로 환골탈태했다. 유목문화를 농경문화로 전환시켰다. 정착이 주는 풍요를 누렸다. 제의를 발달시켰고 명상을 발달시켰다. 어쩌면 고대의 이러한 경험이 윤회와 해탈을 규정지었을지도 모를 일이다. 윤회는 유랑이고 해탈은 정착이다. 영혼은 가는 것을 멈추고 어딘가에 도착해야 한다. 불안의 시간을 평온의 시간으로 바꾸어야 한다. 농경사회는 유목사회에 비해 자급자족적이다. 떠돌던 유목민은 인도에서 마침내 자립의 꿈을 이루었다. 정착하는 영혼이 자립하는 영혼이다.

베단따는 정착하려는 자를 위한 길이다. 자신을 구원하려면 무언가에 뿌리를 내리고 있어야 한다. 그 무언가는 자신 속에 있다. 자신 속에 목표가 있고 자신 스스로 그 수단이다. 자신을 수단으로 삼아 뿌리를 더 깊이 내리도록 힘써야 한다. 오직 뿌리이다. 뿌리가 잘 뻗도록 자신의 모든 것을 활용해야 한다. 엄청난 에너지가 필요하다. 지금 여기를 새롭게 창조하는 일이기 때문이다. 베단따는 단순히 지금 여기를 부르짖지 않는다. 부르짖는다고 달라지는 건 없다. 베단따는 지금 여기를 창조한다. 자기 자신을 창조하는 일에 가깝다. 자기 자신에 깊숙이 뿌리내리게 되면 필요한 게 없다. 채울 게 없다. 두려울 게 없다. 비로소 온전하게 지금 여기의 삶이 시작된다.

14.
베단따와 함께 성장한 다른 전통들

14.
베단따와 함께 성장한 다른 전통들

타자와의 만남과 성장

    혼자서 자신의 변화를 끌어낼 수 있을까? 타자와의 접촉 없이 스스로 성장할 수 있을까? 그럴 수 있기도 하다. 예외적인 사례가 있다. 하지만 대부분은 그러지 못할 것이다. 직접적이든 간접적이든 타자와의 만남이 있어야 성장이 있다. 예를 들어 이렇게 상상해본다. 씨름을 배운다. 거의 매일 연습 상대를 통해 기술을 몸에 익힌다. 그러다가 연습 상대를 더 이상 구할 수 없다. 혼자서 연습하기 시작한다. 꾸준히 그렇게 한다. 과연 연습 상대를 잃어버린 그 이후부터 씨름 실력은 늘 수 있을까? 특별한 경우가 아니라면 그럴 수 없을 것이다. 혼자서 성장하기란 때론 기적에 가까운 일이다.

    『데미안』의 잘 알려진 구절이다. 한 세계를 깨야 새로운 세계를 얻는다. "새는 알을 깨고 나온다. 알은 곧 세계이다. 태어나려는 자는 한 세계를 파괴해야만 한다." 알은 장벽을 가리킨다. 세상이 만든 장벽이자 자신이 만든 장벽이다. 그 알을 깨야 한다. 과연 혼자서 할 수 있을까? 알에 갇혀 있는 줄 아는 자만이 알을 깨려고 한다. 갇혀 있다는 사실을 혼자서 자각할 수 있을까? 누군가 바깥에서 두드려주어야만 자각할 수 있지 않을까? 알을 깨려고 하는 자만이 깰 수 있는 방법을 찾으려고 한다. 갇혀 있는 자는 도움도 없이 혼자서 깰 수 있을까? 누군가 바깥에서 깨는 것을 도와주어야만 깰 수 있지 않을까?

타자와의 만남이 성장을 이끈다. 인도철학사가 훌륭한 증거이다. 인도철학사는 그것을 실증한 역사이다. 여러 학파들이 만나고 성장한 역사이다. 예를 들어 기원후 4-6세기의 굽따Gupta 왕조는 인도문화의 황금기이다. 철학의 황금기라고도 할 만하다. 힌두교철학과 불교철학의 상호작용이 왕성한 시대였다. 산스끄리뜨가 공용어로 된 것이 큰 역할을 했다. 상호작용의 긍정적 영향은 굽따 왕조 이후까지 이어졌다. 상호작용이 왕성할 때 양자는 크게 성장했다. 그러다가 불교철학이 쇠퇴한 이후 힌두교철학도 곧장 쇠퇴의 길을 걸었다. 상대를 잃어버렸기 때문이다. 타자와의 만남이 끝났기 때문이다. 불교철학의 쇠퇴는 인도철학사의 가장 큰 비극이다.

서양철학사는 '이어 달리기'에 가깝다. 전대의 오류를 후대가 교정한다. 전대의 문제점을 후대가 보완한다. 인도철학사는 '함께 달리기'에 가깝다. 여러 학파나 종파들이 비슷한 시기에 출범한다. 시대를 공유하면서 서로가 서로의 거울이 되고 채찍이 된다. 서로가 서로를 고양시킨다. 힌두교철학과 불교철학이 공존하던 시대야말로 절창의 시대이다. 인도철학사의 황홀한 절정이다.

홀로 태어나고 자라나는 사유체계는 존재하지 않는다. 어떤 사유체계든 특정한 토양에서 태어난다. 특정한 환경에서 자라난다. 그 토양과 환경은 늘 기존의 사유체계들로 빽빽하다. 결코 그 그늘을 벗어날 수 없다. 힌두교철학과 불교철학도 그러하다. 우빠니샤드의 그늘로부터 붓다는 자유로울 수 없다. 붓다의 가르침은 우빠니샤드 사유에 대한 적극적 대응일 뿐이다. 베단따도 당연히 그러하다. 대승불교의 그늘로부터 베단따는 자유로울 수 없다. 베단따는 대승불교에 대한 우빠니샤드 전통의 적극적 대응일 뿐이다. 그렇게 힌두교철학과 불교철학은 영향을 주고받는다. 아니, 영향보다는 상호작용interaction이 더 적절해 보인다. 처음부터 끝까지 서로 영향을 주고받는다. 제각각 근본적인 틀을 유지한 채 작용과 반작용을 이어나간다. 매우 광범위하게 서로 얽히고설킨다. 이것이 상호작용의 역사이다. 만남과 성장의 역사이다. 누구도 상식적인 선에서 이러한 점을 부정할 수는 없다.

베단따의 성립 과정도 상호작용의 역사이다. 베단따는 상호작용이 빚은 찬란한 작품이다. 학파로서 베단따는 수백 년에 걸쳐 성립된다. 그 잉태와 출산의 과정에는 여러 학파들의 사유가 녹아 있다. 정통철학과 이단철학이 모두 기여한다. 샹까라는 전대의 유산들을 종합하면서 학파를 창시한다. 그 이후에도 상호작용은 계속된다. 신베단따도 상호작용의 산물이다. 베단따의 근대판 버전으로 재탄생한 것이다. 이 버전은 거의 몰개성의 종합에 가깝다. 인도철학은 후대로 갈수록 종합의 정신이 더 강하게 지배한다. 함께 달리기가 낳은 독특한 풍경이다. 상호작용의 힘이다.

한국에서 베단따는 불교 덕택에 가끔 관심을 받는다. 최근에는 요가 덕택에 그 관심이 좀 더 커지고 있다. 사실 아주 작은 관심이다. 애처로울 만큼 미미한 관심이다. 그런데 관심 이전에 베단따는 이미 익숙한 사유이다. 베단따의 사유가 한국불교에 녹아 있기 때문이다. 한국불교는 번번이 베단따와 혼동되곤 한다. 상호작용의 흔적이다. 요가에는 더 많이 녹아 있기 때문이다. 요가는 번번이 베단따처럼 보이기도 한다. 상호작용의 흔적이다.

베단따는 종종 들러리처럼 호명된다. '한국'이라는 무대에서이다. 베단따의 힘은 미약하다. 불교도 요가도 대개는 구별 짓기 위해 베단따를 불러낸다. 일방적으로 불려나간다. 생각해보면, 차이점보다는 유사점이 더 많다. 그럴 수밖에 없다. 인도라는 하나의 토양과 환경을 어찌 무시할 수 있겠는가. 서구적 사유에 비하면 얼마나 많은 것들이 비슷하겠는가. 과거 '인도'라는 무대에서는 모두 생사고락을 함께한 전통이었다. 함께 만나고 함께 성장했다. 베단따를 대하는 태도는 곧 자기 자신을 대하는 태도일지도 모른다.

영원한 큰집, 미맘사

베단따가 첫 번째로 만나는 타자는 미맘사이다. 그 기원 때문이다. 베단따는 미맘사로부터 기원한다. 미맘사는 브라흐마나 문헌을 해석하면서 다르마를 탐구한다. 베단따는 이를 모방한다. 우빠니샤드 문헌을 해석하면서 브라흐만을 탐구한다. 모방의 과정에서 베단따는 베다 근본주의를 표방한다. 베다는 힌두교의 성전이다. 브라흐마나도 우빠니샤드도 베다의 일부분이다. 베단따는 미맘사와 함께 정통철학을 대변하게 된다. 두 학파는 '자매학파'라고 불린다. 미맘사는 큰집이다. 베단따는 큰집에서 분가한 작은집이다.

미맘사는 제의의 철학이다. 미맘사는 문헌 해석학에서 출발한다. 해석의 대상인 문헌은 브라흐마나이다. 브라흐마나는 제의를 다룬다. 미맘사는 처음부터 끝까지 제의가 그 관심사이다. 제의를 통해 우주의 질서에 참여하고자 한다. 이를 위해 제의와 우주를 연결시킨다. 둘은 하나처럼 연결되어 있다. 제의를 잘 지내는 일은 우주의 질서를 유지하는 일이 된다. 그렇게 함으로써 인간의 숙명을 극복할 수 있다. 고통을 이기고 죽음을 넘어설 수 있다. 무엇보다도 제의를 올바르게 지내는 것이 가장 중요하다. 이 제의는 필연적으로 행위로 이루어진다. 신성한 명령 그 자체인 제의적인 행위는 '다르마'(정의, 의무)라고 불린다. 미맘사는 다르마의 철학이다.

당황스러울 수도 있겠지만 미맘사는 무신론적이다. 신은 제의를 구성하는 한 요소에 지나지 않는다. 공물을 바쳐야 하는 대상에 불과한 것이다. 베단따도 무신론적이다. 힌두교를 대표하는 두 정통철학이 무신론적이다. 강하게 말하면 무신론이다. 절대자로서 최고신을 부정한다. 그렇다면 세계의 법칙은 어떻게 주어지는가? 최고신이 없는 세상은 어떻게 질서를 이루는가? 미맘사는 다르마를 제시한다. 다르마 자체가 법칙이자 질서이다. 베단따는 브라흐만을 제시한다. 브라흐만 자체가 법칙이자 질서이다. 여기서 두 학파는 의기투합한다. 다르마와 브라흐만의 권위를 확보해야 한다. 그러기 위해서는 '브라흐마나'와 '우빠니샤드'라는 문헌의 권위를 확보해야 한다. 두 학파는 베다를 신성한 문헌으로 규정한다. 무오류의 성전으로 떠받든다. 그래야 다르마와 브라흐만이 정당화된다. 다르마와 브라흐만은 각각 미맘사와 베단따의 신이 된다.

베다에 관해서라면, 베단따는 미맘사를 거스르지 않는다. 학파를 성립시키기 위한 불가피한 전략이다. 베다의 권위에 절대적으로 복종한다. 베다의 가르침에 아무런 오류도 없다고 간주한다. 모순이 있는 듯하면 모순이 없는 것으로 해석한다. 모두 미맘사가 한 일들이다. 베단따는 그 원리와 방법을 흉내 낸다. 그렇게 베다의 권위를 인정하고 베다의 문장들을 해석한다. 특히 우빠니샤드가 그 대상이다. 결과적으로 베단따는 당당한 하나의 학파가 된다.

학파로 성립되는 과정에서 베단따는 미맘사와 차별화하기도 한다. 이것도 전략이다. 가르침의 내용에 차이가 없으면 학파가 될 수 없는 법이다. 베단따는 행위와 지식의 차이점을 강조한다. 행위는 속박을 낳고 지식은 해탈을 낳는다고 역설한다. 행위와 지식의 간극은 점점 더 커진다. 두 학파의 사상적 간극도 점점 더 커진다. 하지만 미맘사와의 관계는 크게 변하지 않는다. 베단따가 학계의 중심을 차지한 이후에도 그러하다. 큰집과 작은집의 관계이다. 공식적으로 베단따는 늘 미맘사에 상보적인 학파로 자리매김 된다.

큰집과 작은집처럼 어정쩡하다. 혈육이지만 껄끄럽다. 큰집은 바른 행위를 추구한다. 규정과 명령을 추종한다. 작은집은 영혼의 자유를 추구한다. 형식의 틀을 벗어난 내면적 지혜를 사랑한다. 서로 어울리기 힘들어 보인다. 그래도 큰집은 큰집이다. 베단따의 어떤 학자들은 행위를 부분적으로만 부정한다. '미맘사'라는 큰집을 인정해야 하기 때문이다. 작은집도 작은집이다. 어떤 학자들은 행위를 전면적으로 부정한다. '베단따'라는 작은집의 분가를 정당화해야 하기 때문이다. 베다의 두 소생은 공식적인 행사에만 함께 모인다. 평소에는 각자 묵묵히 다른 살림을 한다.

멀고도 가까운 이웃, 상크야와 요가

베단따와 상크야, 요가는 오랜 세월을 함께한다. 우빠니샤드 시대부터 현재까지 떼려야 뗄 수 없는 관계이다. 서로 라이벌이기 때문에 경원하려고 한다. 모두 해탈의 학문이기 때문에 사상적으로는 아주 유사하다. 멀고도 가깝다. 오래된 이웃사촌과 같다. 한집처럼 살면서 자주 찌지고 볶는다. 원수처럼 대하기도 한다. 세월 덕택에 이집 살림과 저집 살림이 그게 그거다.

상크야와 요가학파는 해탈을 삶의 목표로 삼는다. 실질적으로 해탈에만 관심을 둔다. 인간의 조건은 고통이다. 고통을 없애기 위해 해탈의 방법론을 탐구한다. 각각 이론과 실천을 다 겸비한 학파이다. 상크야는 더 이론적이고 요가는 더 실천적이다. 두 학파는 '자매학파'로 불린다. 사이좋은 자매이다. 다른 자매학파와 달리 친밀도가 매우 높다. 형이상학은 이원론 (二元論)을 취한다. '순수정신'Puruṣa과 '자연의 원리'Prakṛti를 내세운다. 순수정신과 심신(心身)을 가진 인간에 대한 철학적 성찰이라고 보면 된다. 인간은 심신에 얽매이기 때문에 고통을 받는다. 심신으로부터 순수정신을 분리하는 것이 해탈이다. 분별적 지식이 해탈의 수단으로 제시된다.

상크야와 요가의 기원은 우빠니샤드 시대이다. 고행자들 가운데 일부가 이 전통의 씨를 뿌린다. 우빠니샤드 자체에도 이원론의 흔적이 적잖게 있다. 물론 우빠니샤드의 주류는 일원론(一元論)일 것이다. 베단따는 이 일원론을 따른다. 이원론과 일원론은 인도철학의 숨겨진 역사에서 열띤 경쟁을 벌였을 것이다. 상크야와 요가는 기원후 3-4세기경에 그 체계를 완성시킨다. 베단따보다 이르다. 이원론이 일원론보다 먼저 학파로 자리 잡은 셈이다. 베단따는 상크야와 요가의 이원론이 낳는 문제점을 극복하는 데 골몰한다. 베단따는 그 문제점을 해결하는 방식으로 진화한다.

샹까라는 상크야, 요가와 베단따를 차별화한다. 『브라흐마 수뜨라 주석』에서 제1의 논적은 상크야이다. 곳곳에서 상크야를 비판한다. 가장 큰 비판은 자연의 원리를 향한다. 상크야는 자연의 원리로부터 이 세계가 창조된다고 본다. 베단따는 결코 그럴 수 없다고 본다. 상크야의 전변설과 베단따의 가현설이 대립하는 지점이다. 상크야에서는 자연의 원리와 그 창조가 실재적이다. 베단따에서는 죄다 가상적이다. 이 간극 때문에 샹까라는 상크야를 맹폭하는 것이다. 상크야가 논박되면 요가마저 논박된다. 자연스럽다. 자매 학파로서 공유하는 것이 많기 때문이다. 요가를 별도로 비판하기도 한다. 샹까라는 요가의 이원론을 거부하고 요가를 통해 해탈할 수 있다는 점을 거부한다.[1]

---

1 베이더는 샹까라가 빠딴잘라 요가를 비판했던 두 가지 점이 '요가의 이원론적 형이상학'과 '요가가 해탈의 수단이라는 주장'이라고 말한다. 조나단 베이더 (2011) p. 176 참조.

샹까라의 칼날은 날카롭다. 상크야와 요가의 몸통을 베려고 한다. 무지막지하게 적대시하는 듯하다. 하지만 그게 전부는 아니다. 샹까라는 상크야, 요가가 베단따와 유사하다는 것을 잘 알고 있다. 지나치게 유사하다. 그렇기 때문에 상크야와 요가로부터 베단따를 차별화해야 한다. 차별화를 위해서는 과격하게 따질 수밖에 없다.

> 왜냐하면 상크야와 요가는 궁극적인 '인간의 목표'에 대한 성취수단으로 이 세상에서 널리 알려져 있고, 식자들에 의해 수용되며, 또 "상크야와 요가를 통해 도달되는 그 원인을 신으로 알고 나서, 모든 굴레들로부터 해방된다."<슈베따슈바따라 우빠니샤드 6.13>라는 베다의 전거를 통해 지지되기 때문이다.<브라흐마 수뜨라 주석 2.1.3>

> 그럼에도 어떤 우둔한 자들은, 출중한 사람들이 수용하고 참된 직관을 구실로 삼아 나아가는 상크야 등의 위대한 지식체계들을 본 뒤에, 참된 직관을 위해 그것들마저 수용해야만 한다고 간주할지도 모른다. 게다가 논증이 심오할 수 있기 때문에, 또 전지한 자들이 말했기 때문에, [그들은] 그것들을 믿을지도 [모른다].<브라흐마 수뜨라 주석 2.2.1>

상크야는 위대한 체계이다. 해탈을 목표로 한다. 식자들도 받아들인다. 베다도 뒷받침해준다. 가히 베단따에 버금갈 정도이다. 그럼에도 아닌 것은 아니다. 우둔한 자들처럼 속지 말아야 한다. 위대한 체계처럼 보이지만 해탈을 이끌어내지는 못한다. 베단따를 따라올 수는 없다. 바로 이것이 샹까라의 시선이다. 무척이나 복잡 미묘하다. 상크야, 요가는 베단따와 지나치게 유사하다. 그러나 차별화할 수 있을 만큼 차이도 있다.

샹까라가 기준점이다. 상크야, 요가와 베단따는 샹까라의 시대까지 차별화의 길을 걷는다. 샹까라 이후부터 양자는 동화(同化)의 길을 걷는다. 완전히 유사하게 되지는 않는다. 결코 그럴 수 없다. 베단따는 힌두교철학의 중심적인 학파로 성장한다. 상크야는 고대 유물과 같은 학파로 쇠락한다. 결국 상크야, 요가가 베단따 속으로 다소간 녹아든다. 베단따는 상크야, 요가로 다소간 경도된다. 딱 이 정도이다.

요가의 경우는 동화마저 뛰어넘는다. 20세기의 일이다. 요가와 베단따는 일정 부분 통합화의 길을 걷는다. 그 전조는 오래 전부터 나타난다. 샹까라 이후 베단따 문헌에는 요가의 술어들이 점차적으로 밀려들어온다. 어떤 문헌은 베단따의 것인지 요가의 것인지 구분할 수 없기도 하다. 16세기 전후 융합의 시대에 두 학파는 한층 가까워진다. 영국 식민지 시대 신베단따에서는 두 학파가 하나로 묶이기도 한다. 힌두교의 통합적 전통으로 묶이는 것이다. 20세기 현대 요가는 두 학파를 넘나든다. 경계는 거추장스러운 것이 된다. 요가와 베단따의 가르침은 서로 혼용되기도 한다. 두 학파의 통합화는 현재에도 복잡하고 다양한 양상으로 진행 중이다.

어쩌면 이러한 역사는 필연적인 귀결일 것이다. 인도철학에서 베단따와 가장 유사한 학파는 상크야이기 때문이다. 교리적으로 단연 상크야이다.[2] 상크야의 뿌루샤(순수정신)와 베단따의 아뜨만은 거의 같은 것이다. 마음, 자아의식, 지성 등의 내부기관도 공통적이다. 심리적 세계를 순

---

2   Mayeda(1979) p. 12 참조.

수의식의 반사reflection로 이해하는 것도 흡사하다. 이 때문에 샹까라가 그토록 차별화하려고 애썼던 것이다. 베단따의 고유성을 확보하기 위해 그랬던 것이다.[3] 수행론에서도 유사성은 많다. 해탈은 분별적 지식을 수단으로 삼는다. 융합이 아니라 분리가 해탈의 수단인 셈이다. '속성이 있는 상태'saguṇa에서 '속성이 없는 상태'nirguṇa로 나아가려는 것도 공통적이다. 불순에서 순수로 나아가는 것이 해탈이다. 생해탈과 사해탈을 모두 받아들이는 것도 똑같다. 세부적으로도 유사성은 더 열거될 수 있다.

상크야는 전변설을 따르고 베단따는 가현설을 따른다. 세계의 창조를 설명하기 위한 이론들이다. 알고 보면, 후자는 전자의 변형에 지나지 않는다. 전변설에 환영적인 요소가 가미되면 가현설이 된다. 어쨌거나 창조의 주체는 자연의 원리이다. 전변설에서는 '쁘라끄리띠'라고 불린다. 이것은 참으로 존재하는 것이다. 창조의 주체는 실재이다. 창조되는 세계도 실재일 수밖에 없다. 가현설에서는 '무지' 또는 '환술'이라고 불린다. 명칭에서 알 수 있다. 무지나 환술은 참으로 존재하지는 않는 것이다. 환영적인 것이다. 환영적인 것으로부터는 환영적인 것이 창조된다. 창조되는 세계는 환영일 수밖에 없다. 전변하기는 전변하는데 그 결과가 '거짓으로 나타난다.' 그래서 가현설이다. 얼핏 전변설과 가현설은 꽤 다른 이론처럼 보인다. 아니다. 전변설의 창조 과정은 상당히 관념적이다. 마음의 영역으로부터 물질세계가 창조되기도 한다. 환영설의 요소가 다분하다는 말이다. 반면에 가현설의 창조 주체는 상당히 실재적이다. 학자들에 따라 무지나 환영

3　Potter(1981) p. 20 참조.

에 상당한 실체성을 부여하기도 한다. 환영설의 요소를 약화시킨다는 말이다. 이처럼 전변설과 가현설은 같은 듯 다르고 다른 듯 같다. 상크야와 베단따의 관계를 닮아 있다.

어쩌면 두 학파의 가장 큰 차이는 자격의 문제와 직결될 것이다. 베단따의 관점에서 상크야와 요가는 자격 미달이다. 이들은 베다 전통에 속하지 않기 때문이다. 베단따는 모든 체계를 '베다에 근거하는 체계'śrauta와 '베다에 근거하지 않는 체계'aśrauta로 나누기도 한다. 상크야와 요가는 베다에 근거하지 않는다. 추론에 근거한다. 그들은 뿌루샤나 쁘라끄리띠를 추론을 통해 증명하려고 한다. 추론이 성언보다 더 우위에 있다. 더 우위에 있는 수단을 통해 형이상학적 실재가 알려지는 게 더 낫다고 본다. 그들은 '추론의 형이상학'을 펼친다. 바로 이것이 꼬투리가 된다. 베단따는 형이상학적 실재가 추론을 통해 알려질 수 없다고 본다. 추론을 통해 알려진다면 사람마다 상이한 실재를 제시하고 말 것이다. 베다를 통해 알려져야만 한다. 성언만이 초월적인 실재를 알려주는 수단이다. 계시만이 그러한 수단이다. 베단따는 '계시의 형이상학'을 펼친다. 이것이 바로 상크야와 요가를 향한 베단따의 공격이다. 추론학파에 대한 성전학파(계시학파)의 공격이다. 시쳇말로 족보 따지기이다. 상크야와 요가는 '베다'라는 족보가 없다. 족보가 없기 때문에 그들의 가르침은 사이비에 불과하다. 가르침 이전에 학파 자체가 자격 미달이다. 베단따는 라이벌의 출생성분을 직접 공박한 셈이다.

상크야와 요가는 친밀한 적이다. 가깝기 때문에 멀리하는 것이다. 한때 상크야와 요가는 베단따의 디딤돌이었다. 베단따는 그들을 발판으로 삼아 힌두교철학을 장악했다. 이후로도 결코 그 간접적 공로를 망각하진 않은 듯하다. 인도인이 쓴 인도철학사로 『사르바 다르샤나 상그라하』가 있다. 14세기 베단따 학자인 마다바가 쓴 책이다. 이 책은 가장 열등한 학파부터 가장 우등한 학파의 순서로 기술된다. 16개의 학파가 등장한다. 유물론이 최하위이고 그 위가 불교이다. 베단따가 최상위이고 그 아래가 요가이다. 요가 아래가 상크야이다. 족보가 없어도 인정할 건 인정하는 모양이다. 마땅히 흠잡을 것이 크게 없어서 자격을 물고 늘어진 것일지도 모르겠다.

남 같은 이복형제, 유신론적 베단따

샹까라의 비이원론적 베단따학파는 무신론적이다. 이후에 등장하는 베단따학파들은 철저한 유신론이다. '비슈누주의'Vaiṣṇavism라고도 불리는 베단따이다. 어쨌거나 그들도 베단따는 베단따이다. 최고의 실재를 '브라흐만'이라고 부른다. 다만 그 브라흐만을 다르게 이해한다. 무신론적 베단따는 그것을 아뜨만(참된 나)이라고 받아들인다. 유신론적 베단따는 그것을 비슈누 신이라고 받아들인다.

태생부터 다르다. 무신론적 베단따는 그 자체로 정통 브라흐만교(바라문교)의 사상이다. 유신론적 베단따는 대중적 신앙 운동을 브라흐만교에 편입시키면서 등장한 사상이다. 11세기를 전후해서 라마누자가 최초로 샹까라와는 다른 베단따를 정초한다. 16세기 짜이딴야Caitanya에 이르기까지 여러 베단따학파들이 등장한다. 모두 신학에 가깝다. 샹까라의 베단따와 사상적, 교리적 간극도 크다. 마치 이복형제와 같다. '베단따'라는 성씨로 묶여 있지만 서로 다른 환경에서 자랐고 또 자란다. 남보다 더 서먹한 이복형제이다.

비슈누주의의 기원은 복잡하다. 대표적으로 바가바따Bhāgavata 종파와 빤짜라뜨라Pañcarātra 종파가 있다. 두 종파는 구분되기도 하고 구분되지 않기도 한다. 전자는 끄리슈나Kṛṣṇa가 주신이고 후자는 나라야나Nārāyana가 주신이라고 한다. 전자는 좀 더 현교적이고 후자는 좀 더 밀교적이라고 한다. 전자에『바가바드 기따』,『비슈누 뿌라나Viṣṇu-purāṇa』,『바가바따 뿌라나Bhāgavata-purāṇa』,『박띠 수뜨라Bhakti-sūtra』등이 속한다. 마드바, 님바르까Nimbārka, 발라바Vallabha, 짜이딴야가 이 전통의 신학자들이다. 후자는 알바르Ālvār 전통과 함께 슈리바이슈나바Śrīvaiṣṇava 종파로 이어진다. 알바르란 남인도에서 사원을 순례하며 신을 찬송하던 음유시인들이다. 슈리바이슈나바의 대표적인 신학자가 라마누자이다.

유신론적 베단따는 비슈누와 개별 영혼, 물질(세계) 사이의 관계를 따진다. 그 관계로부터 각 학파의 명칭이 만들어진다. 라마누자의 경우 개별 영혼과 물질은 비슈누의 몸 또는 양상이다. 무한한 비슈누가 양자에 의해 한정되는 것이다. 한정된 비슈누만큼은 양자와 둘이 아니라 하나이다. '한정 비이원론'Viśiṣṭādvaita을 주창한다. 마드바의 경우 오직 비슈누만이 실재이다. 비슈누, 개별 영혼, 물질은 서로 상이하다. 개별 영혼과 개별 영혼도 다르고 물질과 물질도 다르다. '이원론'Dvaita을 주창한다. 님바르까는 비슈누와 개별 영혼이 다르기도 하고 같기도 하다고 본다. '이원론적 비이원론'Dvaitādvaita이라고 불린다. 발라바는 개별 영혼이 비슈누의 부분이지만 본질적으로 비슈누와 동일하다고 본다. '순수 비이원론'Śuddhādvaita이라고 불린다. 마지막으로 짜이딴야의 신학은 하나의 학파로 간주되지 않기도 한다. 그는 비슈누와 개별 영혼의 관계를 알 수 없는 초월적인 것으로 본다. 그의 신학은 '불가사의한 차이 겸 무차이'acintya-bhedābheda라고 규정된다.

유신론적 베단따는 크게 4-5개의 하위 학파로 나뉜다. 상당히 스펙트럼이 넓어 보인다. 이원론도 일원론도 그 중간적 이론도 있다. 하지만 학파들끼리 큰 차이가 있지는 않다. 기본적으로 유신론이자 일신론이다. 비슈누를 유일한 독립적 실재로 보는 것은 공통적이다. 특히 신에 대한 박띠(섬김)를 강조한다. 박띠는 힌두교 대중적 신앙의 꽃이다. 박띠를 통해 해탈을 얻을 수 있다고 보는 것도 공통적이다. 생해탈은 결코 인정하지 않는다. 해탈은 사후에 신의 나라에서 영원히 행복하게 사는 것이기 때문이다.

지식은 지성적인 것이다. 무신론적 베단따의 지향점이다. 박띠는 감성적인 것이다. 유신론적 베단따의 지향점이다. 지식과 박띠는 대립적이기도 하고 상보적이기도 하다. 무신론적 베단따와 유신론적 베단따의 관계도 그와 같다. 샹까라는 박띠를 강조하는 대중 힌두교를 무시하는 경향을 보인 바 있다. 유신론적 베단따는 한결같이 샹까라의 베단따를 허무주의라고 공격한다. 관계가 그다지 좋지는 않다. 외부의 시선에서는 대립적인 면보다 상보적인 면이 더 잘 보일 수 있다. 전체로서의 베단따는 지성과 감성의 조화를 도모한다고 평가될 수 있다. 무신론과 유신론의 공존을 도모한다고도 평가될 수 있다. 개별 학자들 중에서는 라마누자를 주목할 만하다. 그가 그러한 조화와 공존에 그나마 가장 가까이 다가가 있다.

샹까라의 베단따는 유신론적 베단따를 크게 신경 쓰지 않는다. 권력을 가진 자의 여유이다. 유신론적 베단따는 다르다. 샹까라를 집중 공격한다. 라이벌 학파의 우두머리를 일종의 간첩으로 만들어버린다. 바로 그를 '숨은 불교도'pracchanna bauddha라고 비난한 것이다. 하루 이틀의 일이 아니다. 8세기의 바스까라Bhāskara부터 시작해서 상당수의 석학들이 비난의 행렬에 동참한다.

비난하는 자들의 논리는 이러하다. 샹까라는 베단따 학자가 아니다. 베단따의 전통을 파괴하기 위해 숨어든 불교 학자이다. 증거가 있다. 그의 환영론이다. 환영론은 세계를 비실재로 간주한다. 불교의 허무주의와 똑같은 사상이다. 반면에 우리 유신론적 베단따야말로 전통을 수호하는 참된 베단따이다. 우리는 모두 세계를 실재로 본다. 세계가 실재여야만 인간의 일상적 삶은 튼튼한 기반을 가질 수 있다. 세계가 환영이라면 보통의 사람들은 삶의 동력을 잃어버리고 만다. 비난하는 자들의 목적은 하나이다. 샹까라를 용납할 수 없다. 샹까라가 베단따에 대해 주인인 양 행세하는 것을 도저히 참을 수 없다. 우리가 베단따의 진정한 주인이다. 결국 '숨은 불교도'라는 것은 정치적 수사일 수 있다. 그들의 입장에서는 샹까라가 고깝게 보인다. 『브라흐마 수뜨라』는 '차이 겸 무차이'bhedābheda의 노선을 취한다. 샹까라는 이것을 엉뚱하게 '무차이'abheda의 노선으로 해석한다. 그런데도 가장 권위 있는 해석으로 간주된다. 베단따의 전통을 이어받은 것으로 숭앙받는다. 학문적인 기만에 대해 침묵해서는 안 된다. 유신론적 베단따는 고발한다. 샹까라의 기만을 알기 쉽게 폭로한다. 샹까라는 '숨은 불교도'이다. 이러한 폭로는 학문적 자존심의 발로일 수도 있다.

항상 샹까라가 기준이다. '숨은 불교도'도 어쩌면 샹까라가 기준이라는 것에 대한 고백인 셈이다. 베단따에 관한 어떤 시도이든『브라흐마 수뜨라』를 벗어날 수 없다.『브라흐마 수뜨라』를 집어든 이상 샹까라의 주석을 대면할 수밖에 없다. 샹까라의 주석이 기준점이다. 기준을 비판해야 새로운 기준이 될 수 있는 법이다. 이렇게 유신론적 베단따는 샹까라를 의식한다. 샹까라와는 다른 해석을 지향한다. 의식하기 때문에 샹까라의 그늘에서 완전히 자유로울 수는 없다.

두 베단따가 화해한 것은 신베단따에서이다. 이복형제는 전통이라는 명목 아래 한 집에서 살게 된다. 위대한 하나의 베단따 전통으로 만들어진다. 신베단따는 겉으로 샹까라 계열이 중심이라고 표방한다. 실제로는 라마누자 계열이 중심이다. 신베단따의 주요 특징은 만유내재신론(범재신론)이다. 세상의 모든 것에 신성이 깃들어 있다는 이론이다. 신은 내재하면서도 초월한다는 이론이다. 라마누자의 핵심 사상이다.

두 베단따의 불화는 엉뚱한 곳에서 다시 이어진다. 힌두 원리주의에서이다. 힌두 원리주의는 주로 비슈누주의에 기반을 두는 편이다. 비인격적인 원리보다는 인격적인 신을 더 선호하는 편이다. 베단따는 인성주의(인격주의)Personalism와 비인성주의(비인격주의)Impersonalism로 양분된다. 전자에 유신론적 베단따가 놓인다. 후자에 무신론적 베단따가 놓인다. 샹까라는 크게 환대받지 못한다. 아무래도 비인격적인 아뜨만이 힌두교의 구심점이 되기는 힘들 것이다. 이렇게 샹까라의 비인성주의는 다시 배척당한다. 이복형제의 운명은 험난하다. 그들에게 어떤 운명의 미래가 닥칠지 쉽게 예측할 수는 없다.

잃어버린 한쪽 날개, 딴뜨라 사상

밀교인 딴뜨라Tantra는 현교인 베다 계열과는 다른 전통이다. 후대에 등장하는 힌두교의 대안적 흐름이다. 비슈누주의와 쉬바주의Śaivism가 대표적이다. 힌두교 딴뜨라는 대략 5-8세기에 성립된다. 베다적인 요소와 비베다적인 요소를 모두 가진다. 확실히 딴뜨라 전통은 베다 전통을 보완한다. 베다 전통은 베단따에서 그 사상적 정점을 찍는다. 딴뜨라 전통은 쉬바주의에서 그 사상적 정점을 찍는다. 쉬바주의도 베단따를 보완한다. 어쩌면 쉬바주의는 베단따의 잃어버린 한쪽 날개일지도 모른다. 언제 잃어버렸는지 분명하게 알 수는 없다. 힌두교의 균형 감각이 두 날개의 존재를 뒷받침한다.

비슈누주의는 자발적으로 베단따 전통에 편입된다. 베다 전통의 바깥에서 안으로 들어온다. 이로부터 철학적, 신학적 체계를 확립한다. 스스로 베단따가 된다. 베단따가 되면서 대안적 사상을 제시한다. 쉬바주의는 대체로 편입되지 않는다. 베다 전통의 바깥에 머물러 있다. 그것도 가장 먼 바깥이다. 그러면서 철학적, 신학적 체계를 확립한다. 베단따가 되지 않으면서 대안적 사상을 제시한다.

'딴뜨라'는 인도철학에서 가장 난해한 용어이다. 정의할 수 없기로 악명이 높다. 특정한 학파를 가리키지 않는다. 특정한 문헌도 아니다. 특정되는 순간에 딴뜨라는 딴뜨라가 아닌 것이 되고 만다. 차라리, 특정하기 힘든 특정한 사조이자 문화이다. 7-8세기 이후 힌두교의 여러 종파들을 지배한 거대한 흐름이다. 사상의 영역에서도 결실을 맺은 혁혁한 흐름이다.

그래도 딴뜨라에 여러 수식어를 붙일 수는 있다. 딴뜨라는 개방적이고 파괴적이고 종합적이다. 카스트의 차별과 남녀의 차별을 부정한다. 누구에게든 해탈의 길을 열어놓는다. 매우 진보적인 사고방식이다. 삶의 부정적인 요소들을 수행의 방편으로 받아들인다. 육식과 음주를 허용하기도 한다. 생각이든 관습이든 기존의 질서를 타파한다. 금기에 도전함으로써 규범을 위배한다. 베다 전통의 제의를 되살리려고도 한다. 동시에 억눌린 토착 문화를 중심의 자리에 놓는다. 예컨대 여신 숭배의 문화이다. 이질적인 요소들을 융화하고 성과 속을 통합하려고 시도한다. 갠지스강의 하류와도 같이 융합적이다.

더 나아가 딴뜨라는 현세적이고 육체적이고 신비적이다. 낙천주의적 세계관을 바탕으로 삼는다. 불교나 베단따의 염세주의적 세계관을 거부한다. 해탈뿐만 아니라 삶의 향유에도 관심을 둔다. 깨우침을 얻는 것과 성공하는 것이 현생에서 가능하다고 보는 것이다. 지극히 현세적이다. 현세적이기 때문에 육체적이다. 현생의 육체를 긍정한다. 육체의 욕망을 부정하기보다 승화시키려고 한다. 육체에서 초월적 진리가 드러난다고 본다. 육체를 탐구하는 인체생리학을 발달시킨다. 무척이나 신비로운 영역이다. 육체를 신성한 몸으로 만드는 데 몰두한다. 이를 위해 신비한 입문식과 신비한 수행법을 마련한다. 밀교답게 모든 게 비밀스럽다.

사상적으로 딴뜨라는 베다나 우빠니샤드 전통에 기대기도 한다. 가장 두드러지는 것은 대우주와 소우주의 대응관계이다. 딴뜨라 문헌에서는 이러한 대응관계를 흔하게 찾아볼 수 있다. 인체생리학은 '인체'라는 소우주에 대한 탐구이다. 대응관계에 따라 그 자체로 대우주에 대한 탐구이다. 세속을 통해 세속을 초월하려는 방법론도 특징적이다. 현교의 수행론이 대체로 그러하다. 밀교는 더 강하게 그 방법론을 추구한다. 생해탈을 목표로 삼는 것도 특징적이다. 생해탈은 우빠니샤드와 샹까라 베단따의 핵심 목표이다. 밀교도 육체를 가진 채로 영혼의 자유를 얻고자 한다. 육체 속에서의 해탈이다. 해탈 자체는 상이하지만 생해탈을 중요시하는 것은 유사하다.

딴뜨라 사상은 쉬바주의에서 만개한다. 쉬바주의에도 여러 학파들이 있다. 대표적으로 샤이바 싯단따Śaiva-siddhānta와 까슈미르 샤이비즘Kaśmir Śaivism을 들 수 있다. 전자는 7세기 남인도에서 성행한 이원론이다. 후자는 9세기 북인도 까슈미르 지방을 중심으로 번성한 일원론이다. 이원론은 개별 영혼이 쉬바와 다르다는 입장이다. 일원론은 다르지 않다는 입장이다. 특히 일원론은 샹까라의 베단따와 흡사하다. '나는 브라흐만이다'가 '나는 쉬바이다'로 대체되었다고 보면 된다. 베단따는 자신이 아뜨만인 것을 인식하라고 한다. 까슈미르의 일원론은 자신이 쉬바인 것을 재인식하라고 한다. 후자는 '재인식파'Pratyabhijñā-darśana라고도 불린다.

딴뜨라는 베다의 탈중심화이다. 하나의 중심에 대해 다른 중심이 만들어진다. 남자에 대해 여자이다. 브라흐만 계급에 대해 기타 계급이다. 정신에 대해 육체이다. 금욕에 대해 욕망이다. 유일신에 대해 지역 신이다. 먼저 문화의 영역에서 탈중심화가 일어난다. 사상의 영역에서도 그렇게 된다. 딴뜨라는 비이원론적 베단따와 같은 사상에 대한 반작용이다. 베단따는 이론적이고 추상적이고 엘리트주의적이다. 딴뜨라는 실천적이고 구체적이고 만민평등주의적이다. 누구든지 제식이나 육체를 통해 삶의 전체성에 도달할 수 있다고 한다. 그렇게 딴뜨라는 베단따 사상을 탈중심화한다. 베단따의 권위를 바깥에서 해체하고자 한다.

베단따가 딴뜨라 사상에 미친 영향은 강대하다. 쉬바주의뿐만이 아니다. 여신을 최고의 원리로 삼는 샥띠주의Śāktism에도 사상적으로 영향을 미친다. 마치 상류의 물결이 하류의 물결을 이루는 것과 같다. 차이점은 분명하다. 쉬바주의든 샥띠주의든 '약동의 철학'을 표방한다. 쉬바는 의식성(意識性)과 행위성(行爲性)을 동시에 가진다. 행위성이 우주의 약동과 삶의 약동을 만들어낸다. 그에 반해 베단따는 '제어의 철학'이다. 브라흐만은 의식성만 가진다. 행위성을 가지지 않는다. 브라흐만은 마치 기관 없는 뇌와 같다. 재인식파는 베단따를 '활력이 없는 브라흐만에 대한 이론'śānta-brahma-vāda이라고 부른다. 세상의 모든 약동을 제어해야 그 브라흐만에 도달할 수 있기 때문이다. 길은 두 개이다. 제어를 강조하는 것과 약동을 강조하는 것이다. 선택은 자유이다. 다만 어느 길이든 삶의 전체성을 대변할 수는 없다. 두 날개가 모두 필요한 것이다. 새는 두 날개로 날아야 한다.

만난 적이 있는 평행선, 불교

불교와 베단따는 서로 마주보지 않는다. 평행선을 따라 나란히 달리기만 한다. 각각 무아론과 유아론을 대변한다. 현상론과 본체론으로 맞선다. 근본적인 차이이다. '변화'를 진리라고 보는 측과 '불변'을 진리라고 보는 측은 화해가 불가능하다. 평행선은 불가피하다. 평행선은 양측의 역사이전에 양측의 사유 자체에 이미 내재되어 있다. 자존심 싸움이다. 양측은 뻣뻣이 고개를 든 채 결코 상대를 쳐다보지 않는다. 억지로 외면한다. 그만큼 상대를 크게 의식하고 있다.

영원한 평행선은 존재하지 않는다. 나란히 달리는 철길도 역에서는 교차한다. 영원한 평행선이란 생각 속에서나 가능하다. 현실에서는 거의 불가능하다. 상호작용이 왕성했던 인도철학의 학파들 사이에서는 더더욱 불가능하다. 불교와 베단따는 허세를 부리는 셈이다. 서로가 서로를 대면했던 시간을 모른 체한다. 평행선이 교차한 여러 번의 시간을 기억하지 않으려 한다. 그러다 보니 지독하게 자기중심적이다. 일방적으로 영향을 주기만 했다고 강변하기도 한다. 영향을 준 것은 과장하고 영향을 받은 것은 축소한다. 유사성이 강하더라도 그것은 영향이라기보다 우연이라고 변명하기도 한다. 안타까운 일이다. 분명 불교와 베단따는 꾸준히 서로를 의식했다. 명약관화하다. 불변을 부정해야 변화를 주장할 수 있다. 변화를 부정해야 불변을 주장할 수 있다. 당연히 서로 의식하는 수준에 그치지는 않았다. 양측은 서로 깊이 영향을 주고받았다. 인정하고 싶지 않아도 인정해야 하는 사실이다.

붓다는 우빠니샤드 사상으로부터 자유롭지 못하다. 붓다의 사상적 입장은 중도(中道)라고 잘 알려져 있다. 먼저 붓다는 자아론과 관계하여 중도의 입장을 취한다. 우빠니샤드는 영혼의 불멸성을 설파한다. 영원한 자아가 존재한다는 입장이다. '상주론'(常住論)이라고 불린다. 반면에 당대의 어떤 이들은 영혼의 사멸성을 역설했다고 한다. 유물론적 사상가들이다. 사후에 자아가 존재하지 않는다는 입장이다. 이는 '단멸론'(斷滅論)이라고 불린다. 붓다는 두 이론을 모두 거부한다. 사후에도 자아는 존재하고 윤회한다. 하지만 그 자아가 영원하지는 않다. 실체로서 자아는 결코 존재하지 않는다. 이러한 중간적 입장이다. 무아론(無我論)이 탄생한다. 그 다음으로 붓다는 인과론과 관계하여 중도의 입장을 취한다. 우빠니샤드는 하나의 원인을 주장한다. 하나의 원인에서 다수의 세계가 만들어졌다고 본다. 강한 인과론이다. '전변설'(轉變設)이라고 불린다. 반면에 당대의 어떤 이들은 인과관계에 부정적이었다고 한다. 유물론적 사상가들이다. 다수의 요소들이 우연히 결합함으로써 다수의 세계가 만들어졌다고 본다. 이는 '적취설'(積聚設)이라고 불린다. 붓다는 두 학설을 모두 거부한다. 어떤 결과에 원인이 있다는 것은 받아들여야 한다. 하지만 유일한 원인이 아니라 여러 조건들의 관계가 결과를 낳는다. 그것들은 제거될 수 있어야 한다. 이러한 중간적 입장이다. 연기설(緣起說)이 탄생한다. 그런데 무아론이든 연기설이든 중도라기보다는 반정립(反定立)에 가깝다. 우빠니샤드 사상에 대한 반정립이다. 당대에는 우빠니샤드의 유아론과 강한 인과론이 주류였기 때문이다. 중심 권력이었기 때문이다. 붓다는 이 주류에 대적하는 새로운 이론을 제창했다. 이미 정립된 우빠니샤드 사상에 대해 반정립의 사상을 제시했던 것이다.

붓다는 우빠니샤드의 사상가가 아니다. 그렇지만 우빠니샤드 시대의 사상가이다. 우빠니샤드 시대에 우빠니샤드와 대결한 사상가이다. 그 대결의 흔적은 우빠니샤드와 유사한 형식으로 전승된다. 특히『브리하다란야까 우빠니샤드』와 초기불교 문헌의 유사성은 주목받을 만하다. 서사와 대화의 방식이 유사하다는 것이다. 야즈냐발끄야는 부유한 삶을 버린다. 붓다도 그렇게 한다. 야즈냐발끄야는 가장에서 유랑자의 삶으로 나아간다. 붓다도 그렇게 한다. 야즈냐발끄야는 왕 앞에서 여러 논적들과 논쟁을 벌인다. 붓다도 그렇게 한다. 야즈냐발끄야는 베다의 여러 분파들 소속의 학자들과 대립한다. 붓다는 경쟁 관계인 철학적, 종교적 운동의 학자들과 대립한다. 결국 사상을 전달하는 프레젠테이션의 방식이 유사하다. 초기불교의 프레젠테이션 모델은 우빠니샤드였던 것이다.[4]

불교가 융성한 이후에는 주로 브라흐만교의 반작용이 뒤따른다. 기원0년을 전후로 성립된 『바가바드 기따』가 대표적이다. 이 문헌은 힌두교의 재가 윤리를 확립한다. 불교의 출가 윤리에 대한 대응책이다. 출가를 하지 않고도 해탈과 같은 고원한 삶의 목표를 이룰 수 있다는 것이 핵심이다. 평범한 힌두교도에게 이상적인 삶의 방식을 제시한다. 위기의식을 느낀 힌두교 측의 고육지책이다. 『바가바드 기따』는 베단따의 주요 문헌이다.

베단따도 불교의 영향권 아래 놓인다. 베단따 학자들 가운데 상당수는 불교에 깊이 경도되었다고 한다. 『브라흐마 수뜨라』와 『만두끄야 까리까』마저 불교의 영향을 받았다고 한다.[5] 샹까라 이전에 벌어진 일이다. 샹까라가 등장하기 이전까지 베단따는 상당 부분 불교의 세례를 받았던 것이다.

샹까라의 스승의 스승은 가우다빠다이다. 그는 『만두끄야 까리까』를 쓴다. 『만두끄야 우빠니샤드』에 대한 상술이다. 4개의 장으로 구성되어 있다. 마지막 4장은 거의 불교 문헌인 듯이 읽힌다. 대승불교로부터 용어, 비유, 논법을 빌려온다. 사상의 측면도 다르지 않다. '이미 존재하는 것은

---

4   Black(2007) p. 174 참조.
5   Nakamura(2004) p. 692 참조.

태어나지 않는다'는 학설은 중관불교의 영향이다. '무생설'(無生說)ajātivāda 이라고 불린다. 유식불교의 영향도 강력하다. 그는 의식이 현상dharma을 직접 산출하지는 않는다고 한다. 의식이 인식주관과 인식대상으로 '나타난다'고 한다.[6] 식의 전변(轉變)pariṇāma과 흡사한 내용이다. 물론 결론은 베단따를 향한다. 결론마저 불교의 것으로 나아갈 수는 없다.

베단따가 불교의 영향을 받는 동안 불교도 베단따의 영향을 받는다. 여래장(如來藏)tathāgata-garbha 사상이 대표적이다. 이 사상은 기원후 3-5세기의 후기 대승경전에서 발견된다. 중관불교의 공(空) 사상에 대한 반동이다. 유식불교와 흐름을 같이한다. 불교가 무(無)에 경도되자 다시 유(有)의 입장을 강조하기 시작한 것이다. 모든 중생이 부처의 씨앗을 가진다는 발상이다. 여래장을 상주하는 아뜨만이라고 보기도 한다. 실체론적인 사고방식에 해당된다. 우빠니샤드의 아뜨만 이론이 불교에 잠입해 들어간 셈이다. 물론 여래장 자체가 방편에 지나지 않는다고 볼 수 있다. 여래장이 있다고 알려준 다음에 공 사상으로 인도한다는 것이다. 그렇게 되면 여래장 사상은 독립적인 사상으로 규정될 수 없다. 공 사상에 보조적인 것이 되어버리기 때문이다. 인도에서 여래장 사상은 학파로 성립되지 못한다. 그럼에도 중국으로 흘러들어가 불성(佛性) 이론이 된다. 불성은 동아시아 불교에서 결코 빠질 수 없는 핵심 개념이다. 이 개념이 사용되는 경우마다 아뜨만의 그림자가 일렁인다. 방편이더라도 아뜨만의 흔적이 지워지지는 않는다.

----

6   『만두끄야 까리까』 4.54; 4.47 참조.

불교와 베단따의 관계는 샹까라에 의해 정리된다. 적어도 정리되는 듯하다. 샹까라는 모순적이다. 한편으로 불교를 강력하게 비판한다. 인정 사정 보지 않는 듯하다. 다른 한편으로 불교의 영향을 강하게 받는다. 영향을 받았다는 암시조차 남기지 않는다. 하지만 그의 체계에는 전 방위에 걸쳐 불교의 흔적이 스며들어 있다. 이 모순 속에서 불교와의 관계가 정리된다. 불교철학은 종말에 가까워지고 베단따는 전성기를 맞이한다.

샹까라는 『브라흐마 수뜨라』의 불교 비판을 이어받는다. 『브라흐마 수뜨라 주석』에서 불교를 강하게 때린다. 강도가 아주 세다. 불교를 '완전 절멸론(絶滅論)'으로 간주한다. 극단적 허무주의로 보는 것이다.

> 바이셰쉬까의 정론(定論)은 잘못된 논증과 연관되기 때문에, 베다와 모순되기 때문에, 또 식자들이 수용하지 않기 때문에 주목하지 말아야만 한다고 언급했다. 그것은 절멸론(絶滅論)이라는 것과 유사함으로 말미암아 '반(半) 절멸론'이므로, 이제 우리는 '완전 절멸론'의 정론은 더욱 주목하지 말아야만 한다는 것을 제시한다.<브라흐마 수뜨라 주석 2.2.18>

> 더 이상 말해서 무엇 하랴! 이 절멸론자의 교의가 합당함을 가지는지 모든 측면으로 검토하면 할수록, 모래땅의 우물과 같이 부서지고 부서질 뿐이다. 그곳에서 우리는 그 어떤 합당함조차도 보지 못한다. 따라서 또한, 절멸론자의 지식체계를 실천하는 것은 합당하지 못하다.<브라흐마 수뜨라 주석 2.2.32>

불교는 주목할 필요도 없는 이론이다. 쓸모없는 지식체계이다. 이론 적으로 불합리하기 때문에 실천적으로도 불합리하다. 모든 면에서 불합 리하다. 모래땅에 판 우물과 같다. 받아들일 만한 구석이 하나도 없다. 이것 이 샹까라가 내린 결론이다. 이 결론에 이르기까지 그는 불교의 교리를 조 목조목 비판한다. 비판을 모두 받아들일 수 있는 것은 아니다. 샹까라가 불 교를 제대로 이해하지 못했다는 평가가 상당하기 때문이다. 여러 가능성 이 있다. 샹까라의 몰이해가 아니라 베단따의 몰이해일 수 있다. 불교를 폄 하하기 위한 의도적 몰이해일 수 있다. 진짜 몰이해일 수 있다. 이러한 몰이 해의 혼합일 수도 있다.

샹까라에 미친 불교의 영향은 크고도 크다. 대다수의 학자들이 동의 한다. 논증 방식, 용어의 사용, 비유의 활용, 스타일 등에서 불교의 영향이 두드러진다. 유사성이 넘치고도 넘친다. 논의 구조와 논의 방식에서 불교 로부터 차용한 것이 많다는 말이다. 다만 얼마만큼 영향을 받았는지 확정 할 수는 없다. 어떤 종류의 영향인지 판단하기가 힘들다는 것이다.

확실히 샹까라는 모순적이다. 바로 이 모순은 그에 대한 평가로도 이어 진다. 먼저 그의 불교 비판은 인도에서 불교가 멸망하는 데 결정적으로 기여 했다고 한다. 그는 '불교 파멸자'로 이름을 떨친다. 힌두교 측의 믿음이다. 다 소 과장이 섞여 있을 것이다. 그럼에도 그가 비유적으로 불교 파멸에 기여했 을 것이라고는 생각할 수 있다.[7] 샹까라의 당대에 불교는 이미 쇠퇴의 길을 걷고 있었다. 샹까라가 카운터펀치를 날렸다. 그의 불교 비판이 불교의 파멸

---

7   Whaling(1979) pp. 34-35 참조.

에 마지막 결정타였다는 것이다. 딱 이 정도이다. 이 정도의 의미에서 샹까라는 '불교 파멸자'라고 불릴 수 있다. 그 다음으로 샹까라는 '숨은 불교도'라고 불린다. 라이벌 베단따학파들에 의해 그렇게 불린다. 불명예스러운 호칭이다. 샹까라는 본디 불교도인데 베단따의 가면을 쓰고 있다는 말이기 때문이다. 그만큼 샹까라의 가르침이 불교의 허무주의와 다를 바 없다는 뜻이다. 그만큼 샹까라가 지독하게 불교의 영향을 받았다는 뜻이기도 하다.

'불교 파멸자'와 '숨은 불교도'는 양립하기 힘든 호칭이다. 어떻게 불교를 파멸한 자가 불교의 스파이일 수 있겠는가. 모순적이다. 또한 극단적이다. 둘 다 그가 원하는 호칭은 아니다. 그에게 실질적으로 걸맞은 호칭도 아니다. 아무래도 샹까라의 묘한 역사적 위치 때문일 것이다. 인도에서는 그의 시대를 전후로 불교의 역사가 거의 끝나간다. 그의 시대를 전후로 학파로서 베단따의 역사가 본격적으로 시작된다. 샹까라는 그 지점에 서 있다. 불교의 도움을 받아 베단따의 전통을 재확립한다. 소명처럼 그걸 해낸다. 불교의 도움을 받는다. 마치 베단따의 가르침을 불교의 그릇에 담는 듯하다. 이로부터 '숨은 불교도'일 수 있다. 동시에 베단따의 전통을 재확립한다. 유아론이라는 힌두교의 중심 전통을 부활시킨다. 그 과정에서 불교를 매몰차게 대한다. 이로부터 '불교 파멸자'일 수 있다. '숨은 불교도'와 '불교 파멸자'는 상징적으로 꽤 의미 있는 평가인 셈이다.

샹까라는 불교화된 베단따를 전통의 베단따로 되돌린다. '재(再)베단따화'라고 부를 수 있을 것이다.[8] 일정 부분 맞는 말이다. 그냥 되돌릴 수는

8   Mayeda(2000) p. 28 참조.

없다. 수단이 필요하다. 고급스러운 논의 구조와 논의 방식이 필요하다. 그것을 쇠퇴하는 불교에서 빌려온다. 불교 이외의 다른 전통에서도 빌려온다. 어쩌면 모두 당대의 공유자산일지도 모른다. 빌려온 유산들을 베단따로 동화시킨다. 인도철학에서는 흔한 일이다. 핵심 사상을 건드리지 않는 한도 내에서 종합의 묘미를 보여준다. 심지어 상당수의 핵심 사상도 샹까라 자신의 것이 아니라고 한다. 샹까라가 논의하는 중요한 주제들은 대부분 전대에서 이미 논의된 것들이다.[9] 베단따에서든 불교에서든 이미 다루어진 것들이다. 샹까라는 그저 종합할 뿐이다. 오직 우빠니샤드의 아뜨만 사상을 훼손시키지 않는 범위 내에서 그렇게 한다. 결과적으로 샹까라는 유아론을 완성한다. 무아론의 유산마저 활용한 유아론이다. 당대에서 가능한 최선의 결과물이다. 그러니 '최선의 베단따 만들기'라고 부를 만할 것이다. 불교와 베단따의 긴 역사가 마무리된다. 애증의 역사가 종결된다.

불교와 베단따는 인도철학의 양대 산맥과 같다. 평행선처럼 나란히 뻗어 있다. 양대 전통은 이질적이다. 그럼에도 몇 차례 교차점을 만들기도 했다. 상대의 힘찬 기세만으로 자극을 얻기도 했다. 불교가 멸망한다. 그러자 많은 것들이 변하기 시작한다. 인도철학은 이종교배로부터 나온 생기 넘치는 유전자를 잃어버린다. 동종교배의 무력함이 지배한다. 인도철학은 불교의 멸망 이후에 그다지 창조적인 역사를 만들지 못한다. 베단따의 경우도 크게 예외는 아니다.

---

9   Nakamura(2004) pp. 671-681 참조.

불교와 베단따의 유사성과 차이성[10]

불교는 무상의 철학이다. '무상'이라는 가르침이 불교를 대표한다. 모든 것은 덧없다. 영원불변한 것은 없다. 영원불변에 관한 것은 단지 인간의 상상에 지나지 않는다. 예컨대 사랑이라는 것은 없다. 사랑의 현상만이 있을 뿐이다. 그저 보고 싶다는 느낌, 아껴주고 싶은 마음 등등만 있다. '사랑'이라는 말 때문에 사랑이라는 실체가 있는 줄 착각한다. 모든 사랑은 무상하기에 실체가 없다. 따라서 사물을 '무상하게 있는 그대로' 보아야 한다. 그렇게 보는 것이 곧 지혜이다.

베단따는 영원의 철학이다. 영원히 존재하는 아뜨만이 베단따를 대표한다. 모든 것은 덧없다. 그럼에도 덧없는 것들 너머에 영원불변한 것이 있다. 영원불변한 것만이 참으로 존재하는 것이다. 무상한 나머지 것들은 인간의 착각에 지나지 않는다. 예컨대 세상의 모든 사랑은 착각이다. 모든 사랑은 무상하기 때문에 진짜 사랑이 아니다. 진짜인 것은 영원한 아뜨만에 대한 사랑뿐이다. 아뜨만과 아뜨만이 아닌 것을 철저하게 분별해야 한다. 따라서 사물을 '영원히 있는 것과 영원히 있지 않는 것으로 분별해서' 보아야 한다. 그렇게 보는 것이 곧 지혜이다.

불교는 현상을 실체화하지 말고 보라고 한다. 현상을 현상 그대로 보

---

10 불교 사상은 초기불교, 부파불교, 중관불교, 유식불교 등에 따라 조금씩 차이가 있는 편이지만 베단따 사상과 개괄적으로 비교한다는 측면에서 거칠게나마 그 공통적인 면모를 제시할 수는 있을 것이다.

아야지 실체화해서는 안 된다. 개념화해서는 안 된다. 근본적으로 존재하는 것은 현상 그 자체이다. 실체는 허상이다. 베단따는 실체를 현상과 구분해서 보라고 한다. 실체를 현상과는 다른 것으로 보아야지 현상과 혼동해서는 안 된다. 실체인 듯한 현상에 속아서는 안 된다. 근본적으로 존재하는 것은 실체 그 자체이다. 현상은 허상이다.

무상과 영원의 간극은 쉽게 좁혀지지 않는다. 불교와 베단따의 간극도 그러하다. 해탈이 그 간극을 좁힐 수 있을지 모른다. 불교의 해탈마저도 영원해야 하기 때문이다. 해탈은 윤회의 연쇄를 끊는 것이다. 지속적이어야 한다. 무언가 영원한 상태이다. 불교의 목표가 해탈이라면, 불교에도 영원에 대한 담론이 들어갈 수밖에 없다. 종교로서의 역할도 그 간극을 좁힌다. 종교는 영혼이 의지할 수 있는 여지를 주어야 한다. 무상에 의지하는 것은 쉽지 않다. 무언가 영원한 것이 필요하다. 불교가 종교로 살아남으려면, 불교에도 영원에 대한 이야기가 넉넉해야 한다. 불교의 역사가 실증한다. 불교의 한편에는 영원이 자리 잡고 있다. 불교의 역사는 무상과 영원을 조화시키기 위한 지난한 모색이기도 하다.

인도철학은 대부분 철학적 가정들을 출발점으로 삼는다. 윤회, 고통, 해탈 등을 인정한 채로 출발한다. 그러다 보니 큰 틀의 유사성은 필연적이다. 분명 큰 틀의 유사성이다. 하나하나 따져보면 차이성이 확연해지기도 한다. 큰 틀에서는 불교와 베단따도 태생적으로 유사하다. 힌두교철학 가운데 베단따가 불교와 가장 유사할 것이다. 방법론이 근사하게 나아간다. 세상은 고통의 무대이다. 윤회라는 인간의 조건 자체가 고통이다. 고통을 극복할 수 있는 수단은 지혜이다. 지혜를 구하기 위해서는 금욕적으로 살아야 한다. 지혜를 얻는다면 고통이 사라진 상태인 해탈을 얻을 수 있다. 해탈은 결코 존재론적으로 변하는 것이 아니다. 단지 관점이 바뀜으로써 새로운 전망을 얻는 것에 불과하다. 이 정도의 유사성만 해도 충분하다. 세부적인 방법론에서 공유하는 것도 부지기수이다. 두 전통은 하나의 뿌리에서 나온 두 둥치와도 같다.

베단따는 대승불교가 번성하던 시절에 그 기본적 형태가 형성된다. 초기불교보다는 대승불교와 사상적으로 더 가깝다. 몇 가지 교리를 공유한다. 중관불교와는 진리가 두 가지라는 것을 공유한다. 서로 주고받는다. 우빠니샤드는 낮은 지식과 높은 지식을 구분한다. 중관불교는 세속제(世俗諦)와 승의제(勝義諦)라는 이제설(二諦說)을 제시한다. 베단따는 경험적 관점과 실재적 관점이라는 두 가지 관점을 제시한다. 유식불교와는 더 많은 것을 공유한다. 의식 중심적 사유, 의식의 자기조명, 세계의 환영 가능성 등이다. 서로 주고받는다. 우빠니샤드는 의식이나 관념으로부터도 세계가 창조된다는 것을 가르친다. 유식불교는 식의 전변과 개념적 세계의 가상성을 제시한다. 베단따는 브라흐만이라는 의식의 거짓 전변(가현)과 세계 전체의 가상성을 제시한다.

역시 근본적인 차이점은 무시할 수 없다. 무아론과 유아론이라는 차이점이다. 무아론은 '아무것도 자아일 수 없다'라는 사고방식이다. 자아란 지배할 수 있는 것이어야 한다. 그런데 세상 그 어느 것도 지배할 수 없다. 내 뜻대로 할 수 있는 것이 없다. 자아일 수 있는 것은 전혀 존재하지 않는다. 유아론은 '모든 것이 자아일 수 있다'라는 사고방식이다. 세상 모든 것은 본질적으로 순수의식인 자아(아뜨만)이다. 무한한 의식 속에서는 우주

끝까지도 지배할 수 있다. 그 자아는 오직 하나의 지배자이다. 지배자를 알면 세상 모든 것을 지배할 수 있다. 무엇이든 내 뜻대로 할 수 있다. 강렬하다. 두 이론은 강렬하게 대립한다. 완전히 다른 둥치이다.

또 하나의 근본적인 차이점은 불교의 연기설과 베단따의 인중유과론이다. 완전히 다른 두 세계에 대한 설명이다. 연기설은 무상한 현상의 세계를 설명하려는 시도이다. 찰나에 초점을 맞춘다. 모든 현상이 찰나마다 조건적으로 나타나고 사라지는 것을 알려주려고 한다. 인중유과론은 영원한 실체의 세계를 설명하려는 시도이다. 스스로 존재하는 실체(원인)에 초점을 맞춘다. 모든 결과물은 그 실체에 미리 존재하고 있다가 나타난다. 나타난 뒤에는 다시 그 실체를 향해 사라진다. 실체가 현상 세계의 인과율을 넘어 존재한다는 것을 알려주려고 한다.

수행론의 차이도 뚜렷하다. 형이상학의 차이가 수행론의 차이를 만든다. 초기불교는 찰나의 알아차림에 대해 아는 것을 중요시한다. '내가 알아차리고 있다는 것을 아는 것'이다. 베단따는 영원한 의식을 자신의 본질이라고 아는 것을 중요시한다. '알아차림(의식) 그 자체로서의 나를 아는 것'이다.[11] 대승불교는 분별(分別)vikalpa로부터 벗어나는 것을 강조한다. 분별이란 의식이 대상을 향함으로써 야기되는 여러 현상이다. 꼬리에 꼬리를 무는 허망한 사유나 판단이다. 이분법적 사고이다. 이 분별을 없애고 모든 사태를 동등하게 보는 것이 지혜이다. 베단따는 분별(分別)viveka의 중요

---

11 Burley(2007) p. 152 참조. Burley가 실제로 이렇게 구분한 것은 아니다. 그로부터 'knowing oneself as awareness (or as consciousness)'라는 표현을 빌려왔다.

성을 역설한다. 분별이란 비실재와 실재를 구별하여 가르는 것이다. 분별은 혼동aviveka의 반대말이다. 고통의 현상세계와 환희의 실재세계를 혼동하지 않고 분별하여 아는 것이 지혜이다.

　불교는 '차이성의 철학'이다. 같은 것에서 다름을 찾는다. 1초 전의 '나'와 현재의 '나'도 다르다고 본다. 무상과 연기에 바탕을 두기 때문이다. 모든 것은 끝없이 변화한다. 그 변화에는 무수한 변수들이 존재한다. 변수가 예측 불가능하듯이 세계도 예측 불가능하다. 예측 불가능성 그 자체를 수용해야 한다. 이렇게 불교는 작동한다. 같은 것에서마저 다름을 찾기 때문에 보편은 거짓이 된다. 항상 동일하게 존재하는 '나'라는 것은 없다. 보편은 생각으로 구성한 세계에 지나지 않는다. 사유를 멈출 때 차이의 세계가 제대로 알려진다.

　베단따는 '동일성의 철학'이다. 다른 것에서 같음을 찾는다. 어릴 적의 '나'와 현재의 '나'도 같다고 본다. 영원과 강한 인과율에 바탕을 두기 때문이다. 변화하는 것들 속에 변화하지 않는 것이 있다. 영원불변의 제1원인이다. 세계는 제1원인 속에 잠재해 있다가 펼쳐지는 것에 불과하다. 하나의 불변적 원인에 변화하는 세계가 결과로서 덧놓여 있는 셈이다. 변수는 존재하지 않는다. 둘 가운데 결과인 세계는 예측할 필요가 없다. 변화는 그 자체로 거짓이기 때문이다. 원인은 불변하기 때문에 예측과 무관하다. 예측의 영역을 벗어나 있는 원인만을 수용해야 한다. 이렇게 베단따는 작동한다. 다른 것에서마저 같음을 찾기 때문에 개별은 거짓이 된다. 어릴 적의 '나'라는 것이나 현재의 '나'라는 것은 없다. 개별은 금세 소멸하는 것에 지나지 않는다. 소멸 속에서 소멸하지 않는 동일자(同一者)를 알도록 해야 한다.

불교도 베단따도 인간이 만들어낸 의미가 무의미하다고 생각한다. 무의미의 철학이다. 3인칭 시점을 중시하는 방법론이다. 인간은 1인칭의 시점에서 의미를 만들어낸다. 행위자로서 무언가에 의미를 부여하지 않으면 살아가기가 힘들 것이다. 그 시점이 고통을 낳는다. 지속적으로 의미 있는 것은 없기 때문이다. 3인칭의 관찰자 시점으로 전환해야 한다. 마치 자신의 고통을 남의 고통인 양 보아야 한다. 자신의 고통이라면 손에 박힌 작은 가시조차 우주적인 고통이다. 의미를 부여하기 때문이다. 타인의 고통이라면 그의 자식이 죽는 일조차 일상적인 사건일 수 있다. 의미를 부여하지 않기 때문이다. 1인칭 시점에서 의미 있는 것은 3인칭 시점에서 모조리 무의미해진다. 불교도 베단따도 3인칭 시점을 연습하라고 한다. 인도철학이 대부분 그러하다. 열정적인 1인칭의 의미에 냉정한 무의미의 찬물을 끼얹으라고 한다.

불교는 '1인칭의 시점에서 의미 만들기'를 지극히 경계한다. 의미 만들기가 사물의 진정한 존재 방식을 왜곡한다고 본다. 사물은 시점의 바깥에서 '있는 그대로' 존재한다. 1인칭 시점의 언어와 사유 세계가 그것에 의미를 부여한다. 의미 만들기를 그만두어야 한다. '나'의 시점을 버리고 '그'나 '그것'이라는 3인칭 시점을 취하는 연습이 필요하다. 무의미의 연습이다. 그래야만 시점을 떠나 있는 그대로의 사물을 볼 수 있다.

베단따도 '1인칭의 시점에서 의미 만들기'를 지극히 경계한다. 의미 만들기가 진정한 존재를 은폐한다고 본다. 진정한 존재는 시점의 바깥에서 '영원한 것으로' 존재한다. 정신적인 것이든 물질적인 것이든 변화하는 모든 사물은 진정한 존재가 아니다. 1인칭 시점은 진정한 존재가 아닌 것에 의미를 부여한다. 의미 만들기를 그만두어야 한다. '나'의 시점을 버리고 '나를 보는 그것(아뜨만)'이라는 3인칭 시점을 취하는 연습이 필요하다. 무의미의 연습이다. 그래야만 시점을 떠나 영원한 것인 아뜨만이 될 수 있다.

사유의 연결망 속 베단따

인도철학은 복잡하다. 기원이 복잡하고 정체가 복잡하고 관계가 복잡하다. 개념이든 학파든 다 그렇다. 쉽게 무엇이라고 규정할 수 있는 게 거의 없다. 많은 것들이 얽히고설켜 있다. 뒤엉켜 있는 거미줄과 같은 모습이다. 설상가상이다. 알려지지 않은 자료도 많고 확실하지 않은 자료도 많다. 복잡함을 가중시킨다.

이 복잡함은 일종의 연결망이다. 능동적인 의미의 연결망이다. 어쩌다 보니 복잡함이 나온 것은 아니라는 말이다. 우연보다는 필연이다. 복잡함은 필연적으로 나올 수밖에 없었다. 인도철학 자체가 하나의 연결망이기 때문이다. 연결망을 이룰 수밖에 없는 조건이 갖추어져 있다. 인도철학은 '인도'라는 한정된 공간에서 전개된다. 외부와의 교섭도 활발하지 않다. 시대의 영향도 크게 받지 않는다. 기본적인 가정들을 공유한다. 주로 '산스끄리뜨'라는 단일어를 사용한다. 내부에서는 지식의 교류가 왕성하다. 수용이나 종합은 일종의 미덕에 속한다. 기타 등등이다. 그렇게 인도철학은 거대한 연결망을 이룬다. 사유의 연결망이다. 마치 살아 있는 듯이 이 연결망은 스스로 자기 확장을 이룬다. 복잡함을 가중시킨다.

연결망의 바깥에 존재하는 사유는 없다. 모든 인도철학은 연결망 속에서 존재한다. 그 속에서 생성되고 존속되고 소멸된다. 마치 인드라망과 같다. 인드라망은 그 자체로 하나의 우주이다. 인드라망 속에서 삼라만상의 변화가 있을 뿐이다. 그리하여 인도철학은 사유의 한 우주이다. 연결망으로 이루어진 한 우주이다. 모든 사유는 연결되어 있다. 심지어 가장 변방에 있는 작은 개념 하나마저 확고히 중심에 연결되어 있다.

이로부터 연결망 속에서는 기이한 일들이 벌어진다. 연결되지 않은 사유란 없기 때문이다. 무엇보다도 공생(共生)의 구조가 확립된다. 피아(彼我)를 구분하지만 적조차도 공생의 조건이 된다. 적의 소멸이 곧 자신의 손실이 되는 것이다. 영향 관계를 따지기 어렵다. 도무지 무엇이 앞서고 무엇이 뒤따르는지 분명하지 않다. 아니, 가장 먼 한 조각의 사유조차 영향을 미치기도 한다. 상호 반영은 기본이다. 서로가 서로의 성숙을 돕는다. 하나의 사유가 완성되는 데 연결망 전체가 기여할 수도 있다. '운명 공동체'라고 불릴 만하다. 하나가 생기를 잃으면 다른 하나도 생기를 잃는다. 확실히 역동성은 흘러넘친다. 일부가 사라지면 일부가 만들어진다. 일부가 힘을 얻으면 일부가 힘을 잃는다. 묶이고 흩어지고 가로지르고 넘나든다. 이렇게 연결망은 별스러운 일들로 가득하다.

연결망의 관점에서는 유사성과 차이성도 다르게 이해된다. 개념이나 학파 사이의 유사성은 곧 공통성이다. 유사성보다는 공통성이 더 어울린다. 하나의 거대한 연결망 속에 존재하므로 불가피하게 공통적이다. 전체의 특성을 공유할 수밖에 없는 것이다. 또 차이성은 곧 고유성이다. 차이성보다는 고유성이 더 어울린다. 연결망 속에서조차 개체로 존속해야 하므로 고유성을 가진다. 부분의 특성을 유지할 수밖에 없는 것이다. 이렇게 유사성과 차이성은 각각 공통성과 고유성으로 파악된다.

베단따는 그 연결망의 중심에 있다. 위치의 견지에서도 중심이다. 중요도의 견지에서도 중심이다. 부정할 필요는 없다. 모든 사유들과 일일이 직접 연결되지 않을 수 있다. 그래도 중심에서 중심의 역할을 다한다. 다르게 말해도 된다. 차라리 베단따는 그 연결망을 가장 잘 대변한다. 연결의 긴 역사를 통해 연결망의 공통성을 고스란히 품고 있다. 그러면서 고유성을 잃지 않고 있다. 베단따만으로도 연결망의 존재를 엿볼 수 있다. 특성을 맛볼 수 있다. 베단따는 가장 전형적인 연결망의 한 부분이다. 어쩌면 이러한 이유 때문에 베단따는 단 하나의 사유일 것이다. 인도의 철학과 신학을 대변하는 단 하나의 사유이다. 공통성과 고유성을 통해 대변한다.

베단따는 어떻게 인도를 대표하는 사유가 되었을까? 혹자는 일체성과 보편성을 꺼낸다.[12] 고개를 끄덕일 수도 있다. 베단따는 동일성의 철학이다. 다른 것에서 같음을 찾는다. 세상의 모든 것들은 하나의 아뜨만이다. 그 하나는 개별성이 전혀 없는 보편자이다. 단 하나의 인도적 사유를 찾을 때 베단따는 그 레이더에 걸린다. 베단따를 주축으로 삼는다. 일체성과 보편성의 팔을 크게 벌린다. 그러면 유사한 다른 사유들이 베단따에 포섭될 수 있다. 베단따는 대표성을 띨 수 있다. 그럴 듯한 논리이다. 하지만 무언가 개운치는 않다. 무엇보다도 일체성은 베단따만의 전유물이 아니기 때문이다. 비슈누주의와 쉬바주의도 일체성을 내세운다. 오히려 일신교적

---

12 마에다 센가쿠(2005) pp. 295-296 참조.

인 유신론의 일체성이 더 강한 일체성이다. 비슈누주의 등이 일체성의 사유를 대표한다. 세계는 유일신의 몸인 것이다. 더 나아가 일체성이나 보편성 아래서는 모든 차이가 부정되고 말기 때문이다. 그 어떤 차이도 유지되지 않는다. 차이를 모조리 버린 채 하나를 향해 나아갈 뿐이다. 다른 사유들은 다르다는 이유만으로 불편해진다. 베단따는 다른 사유들을 죽이면서 대표성의 자리에 오른다. 대표적인 사유라고 하더라도 결코 달갑지 않다.

연결망에서는 하나의 사유가 지배하지 않는다. 연결된 채로 공생공존한다. 공통성만을 취하고 고유성을 버리는 일이 없다. 연결망은 공통성과 고유성을 모두 존중한다. 연결망에서는 단지 전형이 존재한다. 전형이란 공통성과 고유성을 균형 있게 갖추고 있는 본보기이다. 베단따가 바로 그 전형이다. 인도철학의 전형이다. 사유의 연결망에서 가장 전형적인 사유이다. 균형 있게 인도철학의 보편성을 가지고 베단따의 특수성을 가진다. 이 전형성으로 말미암아 베단따는 인도철학을 대표한다.

15.
인도의 힘 베단따의 힘

15.
인도의 힘 베단따의 힘

영혼의 방전과 충전

인간의 지친 영혼은 어떻게 다시 회복될 수 있을까? 어떻게 다시 힘을 낼 수 있을까? 셀 수 없이 많은 답이 주어져 있다. 현실적인 방법도 있고 이상적인 방법도 있다. 어루만져주는 손길도 있고 매섭게 후려치는 손길도 있다. 종교는 지친 영혼을 위해 최적화된 안식처이다. 누구든 안길 수 있는 넉넉한 품을 가지고 있다. 굳이 종교가 아니더라도 안식처는 수두룩하다. 영혼들은 각자가 각자의 답을 구하고 찾는다. 가지각색이다. 주어진 답만큼 무수한 길이 펼쳐진다.

인간은 누구나 흔들리는 존재이다. 무시로 영혼이 유약해진다. 무소불위의 권력을 가진 자라고 해서 흔들리지 않는 것은 아니다. 완전한 지혜를 가진 자라고 해서 흔들리지 않는 것은 아니다. 가차 없이 흔들린다. 항상 꼿꼿하고 당당할 수는 없다. 한 인간을 벌거벗기면 영혼은 허허벌판 위에 혼자 서 있는 듯하다. 차갑고 매서운 강풍까지 몰아친다. 움츠리고 덜덜 떨면서 힘겨워한다. 다만 잘 드러나지 않는다. 옷으로 몸을 감추듯이 영혼도 그 실상을 슬며시 감춘다. 감춘다고 해서 다 감춰지지는 않는다. 버젓이 본모습이 삐져나온다. 인간은 이와 같이 흔들리는 존재이다. 끝없이 새 기운을 필요로 한다. 영혼은 끝없이 충전을 필요로 하는 것이다.

고대 인도의 우빠니샤드는 영혼의 회복을 위한 지침서이다. 영혼뿐만이 아니다. 사회와 세상을 충전하는 방법을 설파한다. 예를 들어 "이제 제의를 통해 자선을 통해 고행을 통해 [천상의] 세상들을 쟁취하는 자들은 연기에 도달합니다."<브리하다란야까 우빠니샤드 6.2.16>라고 한다. 제의와 자선과 고행이 열거된다. 우빠니샤드에서 어렵지 않게 볼 수 있는 용어들이다. 제의는 지상의 질서를 회복하고자 하는 방법이다. 방전된 세상을 충전한다. 자선은 인간세계의 균형을 회복하고자 하는 방법이다. 방전된 사회를 충전한다. 고행은 각 개인의 내면적 힘을 회복하고자 하는 방법이다. 방전된 영혼을 충전한다. 이렇게 충전을 통해 세상과 사회와 영혼은 원기를 회복한다. 힌두교다운 발상이다. 직접적으로 충전에 대해 말하지는 않는다. 그럼에도 그렇게 짐작할 수는 있다. 특히 영혼의 충전은 우빠니샤드 전체를 관통한다.

고행은 가장 기본적인 방법이다. 지친 영혼을 회복하기 위한 첫걸음이다. 고행은 육체를 다스리는 일이다. 육체를 약화시킴으로써 영혼을 강화시키는 일이다. 한 쪽을 누르면 다른 쪽이 부풀어 오르는 것과 같은 이치이다. 육체는 자주 과욕을 부리거나 과다하게 움직인다. 육체의 힘이 강하면 강할수록 영혼은 쪼그라든다. 빈약해진다. 이럴 때 고행이 요청된다. 아닌 경우도 있다. 영혼이 그 자체로 약해질 때도 고행이 요청된다. 일종의 채찍질이다. 고행은 영혼에 자극과 활기를 부여한다. 마치 장작불에 부채질을 할 때 불이 활활 타오르는 것과 같다.

베단따는 고행에서 멈추지 않는다. 육체를 다스리는 일에서 더 나아간다. 영혼을 다스림으로써 영혼을 충전하고자 한다. 영혼의 자기 충전이다. 스스로 방전한 것을 스스로 충전한다. 아뜨만이 최고의 충전재이다. 아뜨만이 유일한 충전재이다. 아뜨만에서 멀어지면 멀어질수록 방전이 빨라진다. 아뜨만에 가까워지면 가까워질수록 충전이 빨라진다. 무지가 방전을 낳고 지식이 충전을 낳는다. 지식을 통해 아뜨만이 완전히 드러나면 충전이 완료된다. 베단따는 영혼의 충전을 위한 사상인 셈이다.

베단따는 묻는다. 영혼을 어디까지 데려갈 수 있을까? 어디까지 높일 수 있을까? '끝까지'이다. 끝까지 데려가고 끝까지 높인다. 지친 영혼에 다시 힘을 부여하는 정도에 만족하지 않는다. 위대한 영혼으로 재탄생하기를 희망한다. 생각하기 나름이다. 생각하는 바에 따라 그것이 이루어진다. '코이'koi라는 이름의 물고기가 있다. 어항에서는 손가락 크기로 자란다. 연못에서는 세 배나 더 크게 자란다. 강물에서는 1m 전후로 자란다. 조건에 맞추어 그렇게 자란다. 영혼도 마찬가지이다. 영혼이 이 정도 크기라고 생각하면 그 정도 크기로 존재한다. 이 정도 무게라고 생각하면 그 정도 무게로 존재한다. 생각하기 나름이다. 위대한 영혼이라고 생각해야 위대한 영혼으로 존재할 수 있다. 위대한 영혼이 되면 더 이상의 충전이 필요하지 않다. 영혼의 완성이다.

충전이 하루아침에 완성될 수는 없다. 베단따가 계속해서 전언을 남기는 이유이다. 계속해서 충전에 관해 이야기한다. 숨은 의도가 있다. 오늘 뿌리는 작은 씨가 내일 큰 변화를 만든다. 그러니 오늘 당장 아뜨만의 씨를 뿌리라는 것이다. 나비효과butterfly effect이다. 나비의 작은 날갯짓이 거대한 태풍을 낳는다. 영혼의 충전을 당장 시작하라는 요청이다. 잠시 위안을 얻기 위해서가 아니다. 다시는 흔들리지 않는 존재가 되기 위해서이다.

베단따는 현재의 시간에 불멸의 시간을 기입하려는 시도이다. 만만치 않다. 헛삶을 직시해야 한다. 사멸하는 삶의 무의미를 깨우쳐야 한다. 아뜨만이 아닌 것들을 버림으로써 가능하다. 의존하지 않는 자립적인 존재로 탈바꿈해야 한다. 아뜨만을 되찾음으로써 가능하다. 모두 충전의 과정이다. 충전되는 것은 불멸 그 자체이다. 방전의 고통을 선명하게 자각한 자는 불멸에다 자신의 영혼을 꽂을 수밖에 없다.

삶의 무의미 깨우치기

베단따의 환영설은 삶의 무의미를 가르친다. 생경한 가르침은 아니다. 삶은 의미화의 연속이다. 사소한 것마저 의미가 있는 듯이 꾸며댄다. 베단따는 그 의미화가 무의미하다는 것을 강조한다. 고통을 없애기 위해서이다. 인간은 의미를 부여한 것이 소멸할 때 고통을 느낀다. 모든 것이 무의미하다면 그 어떤 고통도 존재하지 않을 것이다. 베단따는 이렇게 생각한다. 직시해야 하는 것은 삶의 무상함이 아니다. 그것은 삶의 무의미이다.

삶의 무의미성은 인생무상에서 시작한다. 자기초극에서 끝난다. 인생무상과 자기초극의 사이에 무의미성이 놓인다. 무상하기 때문에 무의미를 알 수 있다. 무의미하기 때문에 초극을 시도할 수 있다.

> 인간의 수명은 백년으로 제한되어 있다네. 그 절반은 잠으로 사라진다네. 나머지 절반 가운데 한 절반은 유년과 노년으로 사라진다네. 또 남은 다른 절반은 병과 결핍과 근심과 함께하면서 보살핌 등으로 채워진다네. 생명체들의 행복은 어디에 있겠는가! 물결보다도 더 불안정한 저 개별의 영혼에게서.<바이라그야 샤따깜 49>

인도인의 전형적인 태도가 엿보인다. 100년으로 한정된 삶은 짧고 덧없다. 무상하다. 100년 동안 도무지 행복한 일이라곤 찾아볼 수 없다. 영혼은 물결보다 더 불안정하게 살아간다. 냉철하게 보면 의미 있는 것이 전혀 없다. 무의미하다. 병과 결핍과 근심을 얄팍한 의미의 장막으로 뒤덮고 있다. 빛 좋은 개살구와 같다. 두 눈은 뜨고 있어도 앞이 안 보인다. 남은 길은 초극뿐이다. 존재의 도약을 통해 현재 상황을 타개해야 한다. 역시나, 베단따가 그렇게 한다. 삶의 무의미 속에 내던져진 자기를 스스로 탈출시킨다.

무엇보다도 무의미를 간파해야 한다. 특별한 시선이 필요하다. 보통의 시선으로는 쉽지 않다. 두 눈이 아니라 제3의 눈으로 세계를 투시해야 한다. 영원을 보는 시선이다. 영원의 시선에서만 영원의 반대항이 드러나기 때문이다. 영원의 안목 아래서는 세계가 초라하다. 무상하고 무의미한 것으로 발가벗겨진다.

영원의 안목은 마치 3인칭의 시점과 같다. 3인칭의 시점에서 본다면 나의 죽음도 무의미하다. 내가 죽는다고 해서 세상이 눈 하나 깜짝하지는 않는다. 인류가 1초 만에 멸망한다고 해도 우주는 그저 평온할 것이다. 우주의 시점에서는 의미 있는 것이 아무것도 없다. 3인칭의 시점을 계속 확장해나가면 결국 저 우주의 시점에 닿는다. 우주 자체가 하나의 시점이 되는 것이다. 그 시점에서는 모든 것이 3인칭이다. '그것'it이다. 영원의 안목은 마치 이와 같다.

'윤회'라는 말은 예사롭지 않다. 영원의 안목으로 세계를 보기 위한 하나의 장치일 수 있다. 한 생애의 시선에서는 밤낮의 순환과 계절의 순환만 보인다. 딱 그만큼만 보인다. 보이는 바대로 세상을 살아간다. 시선을 넓혀본다. 짧은 순환을 우주적 차원으로 확장시켜본다. 그러면 거대한 반복이 상상된다. 우주적 차원에서 작동하고 있는 반복이다. 윤회의 시선에 도달하게 된다. 시선을 바꾸면 모든 게 달라진다. 생사가 순환한다. 소우주의 윤회이다. 세계 자체도 순환한다. 대우주의 윤회이다. 소우주도 대우주도 끊임없이 돌고 돈다. 무한이고 무한이고 무한이다. 시선이 바뀌면서 안목도 바뀐다. 영원의 안목에서는 모든 게 달라진다. 완전히 다른 차원이 보인다. 한 생애는 정말 눈 뜨고는 못 볼 풍경이 된다. 온몸에 힘이 빠진다. '무의미'라고 말하는 것조차 쓸데없는 짓이다.

윤회의 시선에서는 한 생애의 이야기가 헛되다. 한 생애의 이야기는 되풀이되고 되풀이된다. 이번 생의 이야기는 다음 생의 이야기와 다르지 않다. 고통스러운 삶이 똑같이 이어진다. 권태이다. 끝이 없는 우주적 속박이다. 무엇을 해야 하는가? 윤회라는 가정 아래서는 어떻게 살아야 하는가?

베단따는 깨우침을 꺼내 놓는다. 깨우침이다. 무의미에 대한 깨우침이다. 단순히 무의미를 말하는 것에 그치지 않는다. 강조는 '깨우침'에 있다. 도대체 왜 윤회라는 것을 가정했겠는가. 왜 특별한 시선을 요청했겠는가. 윤회를 가정함으로써 무의미가 선명하게 드러나기 때문이다. 아니, 그렇게 함으로써 깨우침을 시도할 수 있기 때문이다. 이유가 밝혀진다. 윤회를 가정하는 이유가 알려진다. 현재의 생애를 위해서이다. 오직 현재의 생애를 다르게 살아가기 위해서이다. 현재의 생애를 다르게 살아가는 것이 깨우침이다. 만약 윤회가 있다면, 유사하고 유사한 생애를 반복할 수는 없다. 멈춰야 한다. 현재의 생애에서 깨우침을 얻어야 한다. 영원의 안목을 얻어야 한다. 결국 윤회는 현재의 생애를 다르게 살아가기 위한 장치이다. 장치에 불과하다. 실제로 윤회가 있는 것은 아니다. 특별한 삶을 위해 윤회가 고용된 셈이다.

깨우침은 일견 거창하다. 존재의 도약이다. '해탈'이라는 말의 무게는 쉬이 가벼워질 수 없다. 해탈은 가장 특별한 '다른 삶'이다. 의미화의 종결이다. 혹여 깨우침이라는 것이 덜 거창할 수도 있다. 그저 '다른 삶'을 위한 변화로 볼 수도 있다. 깨우침이란 한 생애의 이야기를 더 이상 꾸며내지 않는 것이다. 삶에 의미를 주입하는 관습과 습관으로부터 벗어나는 것이다. 그 어디에 괜찮은 삶이라는 것이 존재하는가. 괜찮은 것으로 위장하지 말고 살아가야 한다. 어떤 종류의 깨우침이든지 이래저래 도달하는 곳은 무의미이다.

베단따에 허무주의적인 요소가 강하다는 점은 부정할 수 없다. 현재의 삶에 대해 부정적으로 평가를 내리기 때문이다. 현재의 삶이 무의미하다고 보는 것이다. 그나마 다행이다. 무의미에 대해서만 언급하지는 않는다. 깨우침을 전면에 내세운다. 다른 특별한 삶으로 나아가기를 권고한다. 이로부터 베단따는 허무주의를 면한다. 차라리 허무에 대한 초극이다. 뚜벅뚜벅 허무를 향해 걷는다. 뚜벅뚜벅 허무의 너머에 도달한다. 자기초극은 스스로 찾아낸 무의미의 심연을 가로지르는 일이다.

자립적인 존재로 탈바꿈하기

무의미의 끝에는 아뜨만의 빛이 있다. 무의미 속에서 유일하게 의미를 가지는 빛이다. 아뜨만은 저 홀로 빛난다. 마치 태양과 같다. 세상 모든 존재들은 아뜨만을 통해서만 빛난다. 아뜨만이 없으면 빛을 잃는다. 아뜨만은 구원의 빛이다. 이유는 간단하다. 독존(獨存)하는 아뜨만이 자립적인 존재이기 때문이다. 결코 다른 것에 의존하지 않는다. 의존하지 않으므로 그 어떤 것에도 구애받지 않는다. 장애가 없다. 완전한 자유이다. 구원이란 자유 자체인 아뜨만에 도달하는 것이다.

베단따는 아뜨만이 자립적이라는 것을 끝없이 역설한다. 인간 영혼이 자립적이라는 것을 강조하는 셈이다. 아뜨만의 자립성은 널리 알려져 있다. 존재론적으로 자립적이다. 존재하는 모든 것들은 아뜨만에 의존할 때만 존재한다. 인식론적으로 자립적이다. 인식과 관련된 모든 활동은 아뜨만에 의존할 때만 가능하다. 가치론적으로 자립적이다. 가치 있는 모든 것들은 아뜨만에 의존할 때만 가치를 가진다. 한마디로 아뜨만은 삶의 모든 영역에 걸쳐 최후의 원천이다. 삶을 가능케 하는 유일한 원천이다. 머나먼 남의 이야기가 아니다. 자기 자신의 본질에 관한 이야기이다. 자기 자신의 본질이 의존적이지 않고 자립적이라는 것이다. 다만 알아차리지 못할 뿐이다. 각각의 영혼이 의존의 습성에 얽매여 있기 때문이다. 베단따는 바로 이 점을 규명한다. 삶의 모든 영역에 걸쳐 영혼의 자립성을 높여야 한다고 역설한다.

어떻게 하면 자립성에 도달할 수 있을까? 혹은 독존의 상태에 도달할 수 있을까? 개별성을 버려야 한다. 관계 속에서만 위세를 떨치는 개별성을 떠나보내야 한다. 어쩌면 개별성이란 아뜨만의 춤사위와 같을지도 모른다. 일종의 연기(演技)와 같다. "그리고 근원적 원인 그 자체는 최종적 결과에 이르기까지 배우처럼 이러저러한 [모든] 결과의 양상으로 [나타남으로써] 모든 경험작용의 토대가 된다."<브라흐마 수뜨라 주석 2.1.18> 아뜨만은 한 배우이다. 세계는 아뜨만의 다양한 연기이다. 모든 연기는 저마다 개별성을 가지고 있다. 아니, 개별성이 작동하는 곳에 연기가 작동한다. '나'가 있어야 '나의 삶'이 있는 법이다. 그런데 배우가 없이는 연기가 불가능하다. 배우는 연기의 토대이다. 이처럼 아뜨만이 없이는 개별적인 세계가 불가능하다. 아뜨만은 개별적인 세계의 토대이다. 토대에 도달하기 위해서는 움직임을 멈추어야 한다. 춤사위를 그만두고 연기를 그만두어야 한다. 개별성을 버릴 때 모든 관계가 사라지고 토대만이 남는다. 영혼의 몸이 사라지고 영혼만이 남는다. 개별성을 버릴 때 영혼은 자유로워진다.

토대 위에는 수많은 것들이 덧놓여 있다. 마치 하나의 뿌리 위에 덧놓인 수많은 둥치, 줄기, 가지, 잎, 꽃들과 같다. 인간은 어쩔 수 없이 덧놓인 세계 속에서 살아간다. 불가피하다. 인간의 가혹한 조건이다. 다른 무언가에 조종되는 삶이다. 스스로 설 수 없는 삶이다. 알고 보면, 모조리 해악에 지나지 않는다. 그래서 베단따는 의존성으로부터 탈피할 것을 더 강조한다. 거짓된 자유로부터 벗어나기를 종용한다. 중요한 것은 해악을 없애는 일이다. 해악을 없애면 자연스럽게 자립성이 뒤따른다.

베단따는 전면적인 자유 선언이다. 가짜 자유를 비판함으로써 그렇게 한다. 세상에 가짜 자유는 얼마나 많이 넘치고 넘치는가. 인간은 가짜 자유가 진짜 자유라고 얼마나 많이 속고 속는가. 삶은 자유인 듯한 속박의 연속이다. 그 속박에 길들여져 있다. 나의 욕망인 줄 알지만 나의 욕망이 아니다. 타인의 욕망을 흉내 낼 뿐이다. 나의 선택인 줄 알지만 나의 선택이 아니다. 타인의 선택에 영향을 받을 뿐이다. 이러한 착각은 어디서 오는가? 어떻게 끝낼 수 있는가? 베단따는 의존하는 삶과 자립하는 삶에서 답을 찾는다. 사람들은 자유롭지 않음에도 자유롭다고 착각한다. 자립적이지 않음에도 자립적이라고 착각한다. 삶을 통째로 바꾸어야 한다. 미봉책으로는 어림도 없다. 전면적으로 의존의 고리들을 끊어버려야 한다.

그야말로 자력구원의 절정이다. 아무도 도와주지 않는다. 스스로 탈바꿈할 수밖에 없다. 오직 인간만이 인간을 구원한다. 자신만이 자신을 구원한다. 구원의 결과가 자립성이듯이 구원의 과정도 자립성을 바탕으로 한다. 자립적인 삶을 살아야 자립적인 존재가 된다. 자력구원은 온통 자립성으로 채워진다.

세상은 그저 무심하다. 내가 슬프고 내가 아파도 손을 뻗어 위로해주지 않는다. 위로마저 가장한 것이거나 우연한 것에 불과하다. 세상은 그 모습 그대로 저 혼자 굴러간다. 처연하게 무심하다. 반면에 내가 무심하지 못하다. 내가 세상으로부터 끊임없이 무언가를 기대하고 있다. 내가 세상을 향해 쉴 새 없이 신호를 보내고 있다. 베단따는 단칼에 잘라버린다. 무엇보다도 세상의 무심함을 빨리 깨우치라고 한다. 그러고 나서 세상의 무심함에 나의 무심함으로 대응하라고 한다. 자력구원은 그렇게 홀로 헤쳐 나가는 길이다. 혼자 살아가는 것에 대한 연습이다. 독존의 연습이다. 독존을 연습해야 독존에 도달한다. 무심한 세상과 무심하게 거리를 두는 것부터 시작해야 한다. 관계에 의존하는 습성을 피하는 것이 독존의 지름길이다.

영혼이 자립을 향하는 것은 대단한 모험이다. 조건을 부수고 틀을 깨고 경계를 넘는 일이다. 기존의 판을 뒤엎고 새판을 까는 일이다. 우물안의 개구리가 끝없는 우주에 홀로 서는 것과 같다. 혹은 빅뱅이 발생하기 이전의 원초적 상태로 되돌아가는 것과 같다. 역시, 우주적인 스케일이다. 나를 바꾸는 것이 우주를 바꾸는 것과 동일시된다. 불가능에 가까운 탈바꿈이다. 그런 만큼 가슴이 벅차오른다. 차분하게 흥이 넘친다. 자립적인 존재로 탈바꿈하는 것은 새로운 우주를 창조하는 것이다. 전체를 꿈꾸는 파편은 결국 바로 그 전체가 된다.

정신적 미니멀리즘

———

    삶의 무의미를 깨우치는 것도 좋다. 자립적인 존재로 탈바꿈하는 것도 좋다. 다만 현실감 있게 와 닿는 목소리는 아닐 수 있다. 일상은 일상이다. 전적으로 일상이 무의미로 채워질 수는 없다. 전적으로 일상이 탈바꿈을 향할 수는 없다. 어떻게 해야 할까? 어떻게 해야 베단따가 일상에서 쉽게 받아들여질 수 있을까? 오늘날 베단따는 어떻게 해야 일상적인 삶에 녹아들 수 있을까?

    베단따를 '정신적 미니멀리즘'spiritual minimalism[1] 이라고 불러본다. 베단따는 이를 통해 일상에 좀 더 다가갈 수 있을지도 모른다. '정신적 미니멀리즘'이라는 것은 삶의 태도이다. 삶의 환경을 바꾸려는 특별한 시도이다. 무엇을 바꾸려고 하는가? 삶의 환경 중에서도 정신의 환경이다. 어떻게 바꾸려고 하는가? 그것을 최소화한다. 아니, 최소화한다기보다 단순화한다. 결코 어려운 말이 아니다. 정신적 미니멀리즘은 정신적으로 단순하게 사는 것이다. 정신적으로 가볍고 홀가분하게 사는 것이다. 딱 그만큼이다.

    정신적 미니멀리즘은 이른바 '일상적 베단따'이다. 베단따와 일상의

---

1   'spiritual minimalism'이라는 것은 20세기 후반 서양 클래식 음악계의 한 경향을 가리키는 용어로 등장한 바 있다. 'holy minimalism', 'mystic minimalism' 등으로 불린다. 음악계에서 미니멀리즘(극소주의)은 1960년대 중반에 아방가르드한 음악에 대한 반동으로 '단순한 멜로디, 조성, 화음 등'을 극대화하면서 나타난다. 그러다가 1980년대 중반에 미니멀리즘은 '정신적 미니멀리즘'spiritual minimalism과 '절충적 미니멀리즘'post minimalism으로 이분화된다. 정신적 미니멀리즘은 단순하기만 하고 이념이 없는 초기 미니멀리즘에 대한 반동이다. 대체로 과거 회귀적인 성향을 보이며 종교, 신화, 인간주의 등에서 삶의 본질을 찾고자 하는 흐름이다.

결합이다. 무엇보다도 베단따의 고유한 가치를 훼손하지 않는다. 삶의 무의미를 한껏 받아들이고 자립적인 존재를 한껏 받아들인다. '한껏'이 중요하다. 일상을 파괴하지 않는 범위 내에서 정도껏 받아들인다는 말이다. 일상의 평범한 삶 속에서 베단따의 고원한 가치를 구현하는 길인 셈이다. 정신적 미니멀리즘은 베단따의 21세기 버전일 수도 있다.

베단따의 전통적 가르침도 정신적 미니멀리즘을 지지한다. 여러 가지를 떠올릴 수 있다. 베단따는 아뜨만을 위한 사상이다. 순수의식인 아뜨만은 마치 백지 상태와 같다. 그 상태에 도달하기 위해서는 생각을 버리는 연습이 필요하다. 복잡하고 산만한 생각을 지워나가야 한다. 생각 버리기만 요구되지는 않는다. 생각 막기도 요구된다. 정신으로 유입되는 생각의 재료들을 아예 차단해야 한다. 특히 욕망을 막음으로써 생각을 막는다. 언제나 욕망이라는 것이 난잡한 생각을 만들어내기 때문이다. 결국 생각을 버리는 것과 생각을 막는 것은 정신의 간소화가 그 목적이다. 단순한 정신을 갖추어야 아뜨만의 단순한 정신성을 얻을 수 있는 법이다.

베단따의 환영설도 정신적 미니멀리즘과 통한다. 이 세계는 환영이다. 환영이라는 것은 0과 다르지 않다. 그러니 아뜨만에서 세계를 감산(減算)하면 아뜨만이 남는다. 오직 아뜨만이 유일하게 존재하는 것이다. 이것을 모르고 있기 때문에 정신은 뒤죽박죽이 된다. 무지의 상태이다. 필연적으로 분리가 요청된다. '순수정신'과 '환영인 심신복합체'의 분리이다. 분리함으로써 정신은 제자리를 찾아간다. 감산함으로써 정신의 순수성에 다가간다. 이는 곧 단순화의 과정이다. 순수정신을 둘러싸고 있는 헛것의 덮개들을 제거하는 과정이다. 덮개들이란 사유와 욕망과 행위와 같은 굴레들을 가리킨다.

정신의 단순성이다. 베단따의 가르침은 단순성으로 돌아가라는 것이다. 다만 단순성을 가르치면서 복잡한 방식으로 가르쳐서는 안 된다. 역시나 단순하다. 가르침의 양상도 미니멀리즘에 닿아 있다. 가르침이 한 줄로 요약된다. 아뜨만이 아닌 것들로부터 아뜨만을 분별해서 알아야 한다! 더 짧게 요약될 수도 있다. 그것이 너이다! 이 정도에서 베단따의 가르침은 끝이 난다. 나머지 가르침은 부연설명이거나 보조적 논의이다. 가르침의 단순성은 그 자체로 정신의 단순성에 기여하는 듯하다.

핵심은 '단순화'에 있다. 자아를 단순화한다. 욕망을 단순화한다. 자아든 욕망이든 완전히 버리지 않아도 좋다. 그저 덜어내기만 해도 좋다. 그렇게 정신적 미니멀리즘은 단순화를 겨냥한다. 전통적 베단따에서 아뜨만의 순수성만 주목하는 것과는 다르다. "지성이 존재할 때에 애욕, 의욕, 즐거움, 괴로움 등이 작용한다. 숙면에서 그것(지성)이 소멸할 때에는 [그것들이] 존재하지 않는다. 따라서 [그것들은] 지성에 속할 뿐 아뜨만에 속하지 않는다."<아뜨마 보다 23> 아뜨만에는 그 어떤 자아도 없다는 가르침이다. 그 어떤 욕망도 없다는 가르침이다. 마치 깊은 잠에서 자아도 욕망도 없는 것과 같다. 여기까지이다. 그러한 상태는 일상적인 삶에서 거의 불가능하다. 그러니 자아나 욕망을 단순화하는 것에 그쳐야 한다. 과잉인 것을 간소화하는 방식으로 나아가야 한다.

베단따는 무지와 욕망과 행위(업)의 관계를 잘 파악하고 있다. 무지가 욕망을 낳고 욕망이 업을 낳는다. 그리 달갑지 않은 연쇄이다. 연쇄를 끊어야 한다. 무지를 없애면 욕망이 사라지고 욕망이 사라지면 업이 생기지 않는다. 연쇄를 끊는 최고의 열쇠는 무지를 없애는 것이다. 무지란 거짓된 자아들을 참된 자아로 잘못 아는 것이다. 무지 때문에 거짓된 자아들이 판을 친다. 거짓된 자아들로부터 거짓된 욕망들도 판을 친다. 자아의 과잉이 욕망의 과잉을 낳기 때문이다. 혹은 자아의 과잉이 곧 욕망의 과잉이기 때문이다. 어쨌든 자아도 과잉이고 욕망도 과잉이다. 과잉이 문제이다. 말썽을 일으키는 것은 언제나 바로 그 과잉이다.

자아가 간소해지면 욕망도 간소해진다. 욕망이 간소해지면 행위도 간소해진다. 모든 것들이 가벼워진다. 과잉이 없는 곳에서는 도리어 자유로움이 넘쳐난다. 그래서 "'나'가 없을 때에 자유(해탈)가 있고 '나'가 있을 때에 속박이 있다."<아슈따바끄라 상히따 8.4>라고 하는 것이다. 머릿속에 복잡한 자아가 존재하지 않는다. 덩달아 복잡한 욕망과 복잡한 행위도 더 이상 존재하지 않는다. 정신이 단순해지면 삶마저도 단순해질 수밖에 없는 것이다.

정신적 미니멀리즘에서는 개별성이 사라지지 않는다. 아니, 사라지지 않아도 된다. 일상적인 개인은 그대로 존속된다. 정체성을 잃지 않는다. 개별적인 특성을 그대로 유지하면서 한 개인으로 살아갈 수 있는 것이다. 반면에 과잉 상태인 '나'는 최소화된다. 정신은 수많은 '나'들 때문에 피곤하다. 수많은 페르소나들이 얽히고설켜 있다. 걷어내고 지워낼 때 '나'는 최소화된다. 개별성은 사라지지 않고 최소한도로 남는다. 정신의 살림이 단순해지는 것과 같다. 정신적 미니멀리즘은 단지 정신의 살림을 단순하게 만드는 것이다.

마음은 늘 목표를 벗어날 가능성이 높다. 잘 다잡아놓은 마음도 쉽게 배반하곤 한다. 마음은 아예 욕망이 득실거리는 곳에 가지 말아야 한다. "'마음'이라고 불리는 거대한 호랑이가 '대상'(사물)의 숲이라는 곳에서 움직인다. 해탈을 욕구하는 좋은 사람들은 그곳에 가지 말아야 한다."<비베까 쭈다마니 178> 분명하다. 욕망의 대상이 다 사라진 일상의 공간은 존재하지 않는다. 가능하다면 욕망의 대상을 가까이 하지 말라는 뜻이다. 가능하다면 엉뚱한 의향이 일어날 가능성을 애초에 차단하라는 뜻이다. 정신의 살림이 간소해야 한다. 그러면 변덕스러운 마음조차 어디 갈 데가 없어지고 말 것이다.

　살아가는 데는 많은 지혜가 필요하지 않다. 베단따는 아주 단순한 지혜만으로 삶이 풍요로울 수 있다고 한다. 아뜨만에 대한 지혜 하나를 얻으면 세상의 모든 지혜를 얻는다고 한다. 그럴지도 모른다. 그럴 수도 있다. 하지만 일상에서는 울림이 적을 듯하다. 일상적인 울림도 필요할 듯하다. 이렇게 풀이해본다. 살아가는 데는 복잡한 정신이 필요하지 않다. 정신이 간소해지면 세상이 간소해진다. 정신적으로 단순하게 살면 복잡한 세상이 단순하게 자신의 앞에 펼쳐진다. 그러면 삶이 더 풍요로워진다. 유무용(有無用)과 호불호와 유불리를 따지지 않아도 된다. 거르는 것이 없다. 모든 일상사와 세상사를 다 품을 수 있다. 결코 복잡하게 생각이나 감정을 만들지 않아도 된다. 놓치는 것이 없다. 감각이 아닌 정신이 즉물적으로 반응하기만 한다. 다만 어떤 일이 닥치더라도 정신은 균형을 잃지 않는다. 단순함과 단순함의 대면에서는 염려나 쇠약이 극히 줄어든다. 지속적으로 정신의 건강성이 유지된다. 정신적 미니멀리즘은 이러한 모양새이다.

베단따의 빛과 어둠

정신적 미니멀리즘은 '자기 수양'self-culture의 영역에 속한다. 개인의 수양에 관해서라면 베단따가 챔피언 급이다. 베단따의 강점이다. 자기에 관해 넘치도록 풍성한 담론을 제공한다. 부정적인 담론도 있고 긍정적인 담론도 있다. 거짓된 나를 경계하고 참된 나를 선양한다. 정신적 미니멀리즘은 그러한 자기 담론의 결정판이다. 베단따의 자랑스러운 빛이다.

베단따의 자기 담론은 꽤 유연하다. 균형 감각이 있다. 넘치는 것은 비워주고 모자라는 것은 채워준다. 예를 들어 자기애에 빠진 사람에게는 자기 사랑의 헛됨을 일깨워준다. 온갖 포장을 뜯어내라고 권고한다. 자존감이 없는 사람에게는 자기 존재의 고귀함을 일깨워준다. 자기 내부의 신에게로 안내한다. 그렇게 한다. 베단따는 중도(中道)나 중용(中庸)으로도 이해될 수 있다. 그때그때 처방전이 다르다. 정신의 균형을 잡아준다. 베단따는 자기 담론에 관해서라면 언제나 자신만만하다.

아쉬운 점이 있다. 사회 문제에 관해 거의 할 말이 없다는 것이다. 사회 문제에 관해서라면 언제나 뒷짐을 질 수밖에 없다. 대부분의 인도철학과 다를 바 없다. 베단따는 세상사에 무관심했다. 인도의 변화무쌍한 역사와는 담을 쌓았다. 그러면서 인도의 지성계를 오랫동안 지배해왔다. 그것도 자기 수양의 담론 하나에만 기대어 그렇게 했다. 초지일관 하나의 동일한 담론에 기대어 그렇게 했다. 참 기묘한 일이다.

그렇다고 오늘날 베단따가 가능성으로 넘치는 것도 아니다. 가능성이라는 것이 갑자기 생기지는 않는다. 베단따는 현대 사회의 문제 해결에 거의 기여할 수 없다. 과거에 기여하지 못했고 현재에도 그럴 것이다. 여러 이유가 있을 수 있다. 기본적으로 언어가 없다. 자기 수양의 담론에 국한된 언어만 가지고 있을 뿐이다. 타자나 사회로 확장될 만한 개념이 완전히 부재하다시피 하다. 게다가 영역도 없다. 사회적 문제는 아예 베단따에서 다룰 주제가 아니다. 전통적으로 인도철학에는 사회철학이 포함되지 않는다.[2] 애당초 다루지 않은 주제를 억지로 다룰 수는 없는 노릇이다. 더욱이 배경도 없다. '인도'라는 배경은 베단따에 사회 문제를 향해 나아갈 수 있는 기회를 주지 못했다. 한마디로 근현대에 '인도'라는 나라는 힘이 없었다. 베단따도 힘이 없었다. 서구 중심의 세계에서 인도의 베단따가 무엇을 하겠는가. 서구화된 세계의 문제점을 해결하는 데 누가 고대 인도의 사상을 불러내겠는가. 이렇게 저렇게 베단따는 뒷방이나 차지한다. 태생적 한계이다. 개인적 문제를 대면할 때 나오던 그 자신감은 온데간데없다. 사회적 문제에 대해서는 베단따가 빛을 잃고 만다.

가능성이 아주 없지는 않다. 조심스럽게 가능성을 찾아볼 수도 있다. 예컨대 '생명 사상'과 같은 것이 있다. 베단따의 아뜨만 사상은 생명 사상으로 풀이될 수 있다. 생명의 전체성과 생명의 존엄성을 일깨우는 사상 말이다. 이를 통해 기존의 생태학 담론에 새로운 언어를 제공할 수도 있을 것이

---

2   기원전 4세기 초에 쓰인 것으로 전승되는 까우띨르야Kautilya의 『아르타 샤스뜨라 Artha-śāstra』에서는 당대의 교과(학문)를 4가지로 분류한다. 그것들은 3베다trayī, 농상(農商, 경제학)vārtā, 정법(政法, 정치학)daṇḍanīti, 철학ānvīkṣikī이다. 사회철학에 가까운 정법은 기원전부터 철학과는 다른 길을 걸은 셈이다. 그리고 철학은 다시 상크야sāmkhya, 요가yoga, 로까야따lokāyata로 나뉜다. 각각 형이상학, 수행론, 유물론적 사유라고 이해할 수 있다.

다. 가능할 법하다. 베단따는 전통을 살리면서 생태 문제에 뛰어들 수 있다.

'아뜨만'이라는 말의 기원은 숨이나 생기이다. 숨이 끊기는 것은 생명이 끝나는 것과 같다. 아뜨만이 없으면 생명도 없다. 아뜨만은 생명의 원천인 셈이다. 『찬도그야 우빠니샤드』 5.1에는 '생기들의 대화'prāṇa-saṃvāda라고 불리는 이야기가 등장한다. 이야기는 이러하다. 언어(목소리), 시각, 청각, 마음이 각자 자기가 잘났다고 말싸움을 벌인다. 누가 잘났는지 확인하기 위해 하나씩 차례대로 육체를 떠나본다. 각자 육체를 1년 동안 떠났다가되돌아오는데 육체는 여전히 멀쩡하다. 그들은 각자 자기가 없어도 육체가 살아 있다는 것에 실망한다. 마지막으로 생기가 떠나려고 한다. 떠나려고 하는 바로 그 순간부터 육체는 힘이 빠지기 시작한다. 언어 등은 힘겨워하면서 생기가 떠나지 못하게 말린다. 결국 생기가 가장 우월하다는 것을인정한다. 이 이야기가 왜 '생기들의 대화'인지 짐작할 수 있다. 언어 등은'생기들'이고 그들이 '대화'를 한다. 최후의 주인공인 생기는 '생기들의 생기'이다. 으뜸인 생기이다. 아뜨만이다. 이처럼 아뜨만은 생명 중의 생명이다. 아뜨만이 떠나는 순간 생명은 바로 시들어버린다. 아뜨만이 있으면 모든 것이 있다. 아뜨만이 없으면 모든 것이 없다. 마찬가지로 생명이 있으면모든 것이 있다. 생명이 없으면 모든 것이 없다. 아뜨만은 마치 '생명 원자'와 같은 것이다. 모든 생명의 원천이다.

그렇다면 베단따 사상은 생명 사상이다. 우빠니샤드의 생명 사상을더욱 발전시킨다. 브라흐만이나 아뜨만은 '한 생명'이다. 아뜨만으로부터세계가 창조되는 것은 한 생명의 분화이다. 분화된 모든 창조물들은 실제로 존재한다기보다 허구로 존재한다. 가현설이다. 가현설의 관점에서는 각 생명체의 차이란 그저 착각에 불과하다. 하나의 생명이 착각 때문에 무수한 생명으로 보이는 것이다. 착각이 바로 무지이다. 무지란 생명의 유일성이나 전체성에 대한 몰이해이다. 모든 것이 한 생명이라는 것을 알아야만 몰이해를 없앨 수 있다. 올바른 지식이 필요하다. 그 지식은 생명의 유일성과 전체성으로 이끈다. 하나의 생명을 알면 모든 생명체를 안다. 해탈이다. 이렇게 베단따 사상은 생명 사상으로 탈바꿈할 수 있다. 우주적인 시선에서 생명의 존귀함을 노래하는 사상으로 변모한다.

하지만 이게 전부는 아니다. 누군가는 다른 진실을 보기도 한다. 베단따를 반(反)생태주의로 보는 관점도 있다. 세계를 환영으로 간주하는 태도는 세계를 평가절하하는 태도이다. 반(反)자연적이다.[3] 세계를 초월하려는 태도는 자연을 세속화하는 태도이다. 역시 반자연적이다.[4] 베단따의 한계인 것이다. 베단따의 영혼은 자연으로부터 물러섬으로써 자연과 관계를 맺지 않으려고 한다. 자연으로부터 자유로워지려고 한다. 생태 사상으로 그다지 적합하지 않다는 결론이 나온다. 그런 만큼 아뜨만 사상을 생명 사상으로 탈바꿈시키는 일도 어렵다. 보다 정교한 작업이 요구된다.

베단따는 고대 인도의 사상이다. 갑작스럽게 현대로 건너뛰어 문제 해결에 앞장설 수는 없다. 만병통치약이 전혀 아니다. 찬사는 베단따의 일부분에 대한 찬사로 남아야 한다. 베단따의 빛은 베단따가 빛날 수 있는 영역에서 더 빛난다. 물론 베단따의 어둠을 드러내는 일도 소홀히 하지 말아

---

3   Nelson(1998) p. 79 참조.
4   Sherma(1998) pp. 95; 101-102; 120 참조.

야 한다. 부정적인 측면과 부정적인 영향은 종종 이정표가 되기도 한다. 베단따가 나아가야 할 방향을 넌지시 알려주기도 할 것이다.

베단따는 인도에서 가장 강력한 전통이다. 전통 계승이라는 견지에서 놀라울 따름이다. 이론과 실천을 면면이 계승해왔다는 차원을 뛰어넘는다. 인도 문화의 곳곳에 그 이론과 실천의 흔적을 남기고 있다. 마치 '베단따 문화'라는 하나의 집합이 현재까지 전통을 이어오고 있는 듯하다. 그만큼 막강했다. 그만큼 오랫동안 힘을 행사했다. 부작용도 있을 수밖에 없다. 찬란한 빛을 위한 어둠의 책략이 있을 수밖에 없다. 베단따의 지적 권력은 분명 지배자의 폭력을 동반했을 것이다.

추정해볼 수 있다. 증거를 찾는 일이 어려우므로 단지 추정한다. 베단따의 권력은 인도 사회에 어떤 폭력을 낳았을까? 인도 문화에 어떤 폭력을 낳았을까? 강하게 의도하지 않았을 수 있다. 혹은 모른 체했을 수 있다. 어찌되었든 틀림없이 교묘하게 그 힘을 사용하긴 했을 것이다.

무엇보다도 베단따는 사유의 다양성을 저해했다. 동일성의 사유이기 때문이다. 인도에서 불교가 멸망한 것은 큰 사건이었다. 이질적인 사유의 거대한 흐름 하나를 잃어버린 대사건이었다. 힌두교의 동질적인 사유만이 남았다. 그러한 토양에서 베단따는 다양성을 부정하는 사유를 펼쳤다. 삼라만상이 동일하다고 보았다. 다양한 사유를 위한 토양은 크게 상실되고 말았다.

물론 동일성의 사유가 무조건 나쁜 것은 아니다. 좋은 점도 있다. 세상 모든 것이 브라흐만이라면 세상 모든 것은 하나이다. 차별을 부정한다. 썩 괜찮다. 차별이 있어서는 안 된다. 계급이 높은 사람과 계급이 낮은 사람도 하나이다. 사제인 브라흐만과 일꾼인 슈드라도 하나이다. 이론적으로 그래야만 한다. 그런데 베단따는 이론적으로만 차이를 부정했다. 현실적으로는 차별을 승인했다. 슈드라에게 공부할 수 있는 자격조차 주지 않았다. 당연히 해탈의 가능성도 주지 않았다. 베단따는 이와 같이 이중적이었다. 말로만 평등성을 외쳤을 뿐 현실의 차별에 눈을 감았다.

또한 베단따는 구원의 지식과 그 방법론을 독점했다. 독점함으로써 지배 권력을 영속화할 수 있었다. 힌두교 사제들이 제의를 독점한 것과 비슷하다. 사제들은 유일하게 제의에 대한 지식을 가졌다. 오직 그들만이 세상을 정화하는 일을 떠맡을 수 있었다. 제의에 대해서는 독점적이었다. 그들은 대대손손 권력을 누렸다. 베단따 학자들도 마찬가지이다. 그들은 해탈에 대한 지식을 가졌다. 오직 그들만이 구원에 관한 방법론을 떠맡을 수 있었다. 구원에 대해서는 독점적이었다. 그들도 대대손손 권력을 누렸다. 그런데 바로 그 방법론이 무서운 것이다. 지식을 얻기 위해 욕망을 제어해야 한다는 논리가 동원되었기 때문이다. 베단따 학자들은 욕망을 지배하는 자였다. 아니, 지배하는 모습을 보여주려는 자였다. 욕망은 한없이 부정적인 것으로 간주되었다. 욕망에 지배당하는 자는 욕망을 지배하는 자에게 복종해야 했다. 그래서 베단따는 대중의 욕망을 관리하고 통제할 수 있었다. 욕망을 부정함으로써 타자의 욕망을 지배했던 것이다. 욕망을 지배함으로써 대중을 지배했던 것이다.

어둠이다. 베단따가 인도 사회와 문화에 끼친 악영향이다. 베단따는 그렇게 장애물이었다. 세상을 바꾸는 데 장애물이었다. 사회를 개혁하는 데 거의 무관심했다는 것이다. 인도의 대부분 사유체계들이 그러했던 바와 같다. 변화를 향한 세상의 움직임에 큰 걸림돌이었다. 힌두교 사회에서 꿈틀대는 변화의 움직임마저 베단따가 가로막았다는 말이다. 베단따 사유에서 변화는 실재가 아니라 착각이다. 실제로 변화란 변화는 모조리 오류나 거짓으로 간주했을지 모를 일이다.

현대에는 베단따에 또 다른 어둠이 깔린다. 현대 사회는 기본적으로 다원주의를 표방한다. 동일성의 사유는 거의 수명이 다한 듯하다. 베단따는 매우 심각한 타격을 입는다. 타자를 인정하지 않고 차이를 인정하지 않는다. 관계도 부정한다. 뭔가 할 수 있는 게 없다. 주연이 아닐뿐더러 조연도 아니다. 한때 베단따가 제시한 삶의 이유는 인류에게서 삶의 이유여야 했다. 꿈같은 이야기이다. 이제는 베단따가 제시한 삶의 이유마저 변화를 받아들여야 한다. 이것도 꿈같은 이야기이다.

구체적으로 오래된 역사가 있다. 베단따가 타자와 차이를 경시한 역사는 범아일여에서부터 시작된다. 전통적으로 인도에서는 세 가지 지평이 알려져 있다. 세 가지 지평은 존재하는 모든 것을 포괄한다. 그것은 대(大)우주적 지평ādhidaivika, 소(小)우주적 지평ādhyātmika, 타자(他者)우주적 지평ādhibhautika[5]이다. 각각 신격성(神格性), 인격성(人格性), 대상성을 가리킨다. 각각 신, 나(인간), 존재들이라고 이해해도 무방하다. 범아일여는 대우주적 지평과 소우주적 지평의 만남이다. 신격성과 인격성이 동등하다

---

5   이 용어는 글자 그대로 '존재들과 관련되는'이라는 뜻이다. 세 가지 지평의 맥락에서 '존재들'이란 '나'(소우주)를 제외한 모든 것들을 가리키므로, 이 용어를 '타자들과 관련되는'이라고 읽을 수 있다. 그리고 대우주적 지평, 소우주적 지평과 대비하여 '타자우주적 지평'이라고 이해할 수 있다.

는 사고방식이다. 신과 나의 합일이다. 그러자 타자우주적 지평은 자연스럽게 배제되고 만다. 외부 세계에서 개별자들이 만드는 역동적인 지평은 버려지고 만다. 특히 수행론에서는 '나의 신성' 이외에 모든 것이 타자일 뿐이다. '신성'과 '나'가 만나는 자리에서 '타자들'은 거추장스러운 것들에 지나지 않는다.

결국 베단따에는 타자에 관한 서사가 존재하지 않는다. 독방에 갇힌 자기의 서사만이 존재한다. 베단따는 바깥을 향한 감각의 문을 꼭 닫으라고 한다. 내부의 신성만을 뚫어지게 쳐다보라고 한다. 결말이 확정된 이야기이다. 오로지 그 결말로 도약할 것을 요구한다. 매섭게 몰아친다. 그러니 결말에 이르는 과정은 어김없이 생략되고 만다. 타자는 단지 도약의 발판으로서 그 운명을 다한다. 타자는 등장하자마자 퇴장한다. 한번 닫힌 문은 더 이상 열리지 않는다. 베단따에는 더 이상 열린 현재를 품는 이야기가 만들어지지 않는다. 미래가 어둡다.

베단따는 빛과 어둠으로 둘러싸여 있다. 빛나는 만큼 빛나고 어두운 만큼 어둡다. 어둠을 없앤다고 해서 빛이 더 빛나지 않는다. 빛을 가린다고 해서 어둠이 더 어두워지지 않는다. 차라리 빛과 어둠은 베단따의 민낯이다. 아무런 치장도 하지 않은 맨얼굴이다. 기어이 살아남은 고대 유물의 현재 모습이다. 투명하고도 초췌하다.

베단따의 보이지 않는 힘[6]

베단따의 진면목은 겉으로 잘 드러나지 않는다. 마치 힌두교의 진면목이 겉으로 잘 드러나지 않는 것과 같다. 힌두교를 이해하려면 천 개의 강을 건너야 한다. 사람들은 맨 첫 번째 강에서 손만 씻고 되돌아선다.[7] 그러고서 힌두교에 대해 이러쿵저러쿵 입을 댄다. 힌두교는 어리둥절하다. 매번 힌두교는 낯설게 규정된 자기 자신을 대면한다. 베단따도 그렇다. 자주 낯설게 규정된다. 자신이 자신인지도 모르는 형태로 재단된다. 물론 베단따에 대한 새로운 해석을 부정하는 것은 아니다. 새로운 해석은 언제나 환영받아야 마땅하다. 다만 첫 번째 강이라도 건넌 다음에 뭔가를 하긴 해야 한다는 것이다.

베단따의 힘도 겉으로 잘 드러나지 않는다. '힌두교'라는 문화에서 베단따는 표층에 존재하지 않는다. 주로 눈에 보이지 않는 심층에 존재한다. 베단따 사상이 힌두교 문화의 근본정신으로 자리 잡고 있다는 말이다. 베단따가 제시하는 삶의 방법론이 힌두교도의 의식 깊숙이 자리 잡고 있다

---

6   '보이지 않는 힘'이라는 표현은 미맘사학파의 'adṛṣṭa'에서 가져온 것이다. 'adṛṣṭa'라는 것은 개인의 영혼에 존재한다고 한다. 어떤 행위와 그 행위의 결과를 연결시키기 위해 고안된 개념이라고 한다. 사람들은 선행이나 악행을 행한다. 선행이나 악행은 현생에서 그 결과를 낳지 않고 내생에서나 행복이나 불행이라는 결과를 낳는다. 그렇다면 선행이나 악행은 결과를 낳을 때까지 잠재된 형태로 존재해야 하고, 나중에 결과를 낳아야 하기 때문에 힘의 형태로 존재해야 한다. 이에 따라 잠재된 힘으로서 '보이지 않는 힘'이 필요하다.

7   김중식 시인의 '가까이 가려면 천 개의 강을 건너야 한다'라는 시로부터 표현을 빌려 왔다.

는 말이다. 이로부터 베단따의 힘은 저력(底力)으로 존재한다. 숨어 있는 힘이다. 겉으로 선명하게 드러나지 않는다고 해서 그 힘이 존재하지 않는 것은 아니다. 가끔은 눈에 보이지 않는 것이 더 확실하게 존재하는 것일 수 있다. 그 심층에서 오래된 것은 사라지지 않는다. 오래된 것은 현재의 새 것 속에 남아 있다. 잘 보이지 않을 뿐이다.

아뜨만을 닮은 듯하다. 베단따의 숨은 힘은 아뜨만의 숨은 힘과 흡사하다. 아뜨만이 무엇이던가. 현상세계의 모든 것들은 아뜨만이 없으면 존재하지 못한다. 아뜨만은 유한한 그것들에 힘을 부여한다. 그것들의 존재를 가능케 하는 원천적 힘이다. 인간으로만 한정해도 마찬가지이다. 인간의 모든 경험들은 아뜨만이 없으면 작용하지 못한다. 아뜨만은 잡다한 그것들에 힘을 부여한다. 그 모든 경험들을 가능케 하는 원천적 힘이다. 아뜨만의 힘은 이와 같이 숨어 있다. 숨은 힘이지만 항상 영향을 미친다. 베단따의 힘도 숨어 있다. 숨은 힘이지만 항상 영향을 미친다. 마치 '집단 무의식'이나 '보편적 무의식'과 같다. 한국인의 집단 무의식은 지속적으로 한국인의 삶에 영향을 준다. 인류의 집단 무의식은 지속적으로 인류의 삶에 영향을 준다. 베단따의 힘도 지속적으로 힌두교도의 삶에 영향을 준다. 당연하게도 베단따의 힘이 유일무이한 원천인 것은 아니다. 힌두교에는 여러 원천들이 존재한다. 그렇지만 베단따의 힘이 중요한 원천인 것만큼은 틀림없다.

한 인간을 둘러싸고 있는 세상은 바로 그 인간을 규정한다. '인도'라는 하나의 세상에는 베단따의 힘이 곳곳에 스며들어 있다. 그 힘은 힌두교의 정신문화와 물질문화를 이루는 중심축이다. 인도인이라면 자유로울 수 없다. 베단따의 힘에 따라 정체성이 규정될 수밖에 없다. 불가피하게 인도인은 베단따의 사고방식을 어느 정도 체현한다. 삶을 통해 베단따의 전망을 어느 정도 재현한다. 베단따의 힘은 인도인을 통해 마치 불멸을 얻는 듯하다. 베단따가 인도인을 낳고, 다시 인도인이 베단따를 낳는다. 인도인이 존재하는 한 베단따는 그렇게 불멸할지도 모른다.

누군가는 베단따의 힘이 과장된 것이라고 보기도 한다. 충분히 그럴 수 있다. 영국 식민지 시대에 벌어진 일이다. 서구의 연구자들과 인도의 민족주의자들이 베단따의 신화를 조장한 것은 사실이다. 하지만 살아남은 전통이 강한 전통이다. 살아남았다는 것은 살아남을 수 있는 여지가 있었다는 것이다. 힘이다. 인도에서 사라진 전통들은 생명력이 강하지 않다. 적어도 '인도'라는 토양에 적응하지 못한 전통이다. 베단따는 경쟁 속에서 살아남았다. 중요한 순간마다 호명되었다. 가장 강력한 전통으로 자리 잡았다. 이유가 있을 것이다. 베단따가 가진 전형성이든 보편성이든 통합성이든 이유가 있기는 있을 것이다. 그 이유가 바로 베단따의 숨은 힘이다.

현재 인도는 역동성으로 넘쳐난다. 역동성을 바탕으로 인도는 장밋빛 미래를 꿈꾼다. 역동성은 인도의 다양성과 힌두교의 다양성으로부터 나온다. 서구적 세계관과 자본주의도 다양성을 거든다. 다양성이 인도의 힘이다. 천차만별의 전망들이 기묘한 조화를 이룬다. 다양성은 통일성으로 나아가지 않아도 좋다. 그저 다양성으로 존속하기 때문에 역동적인 힘을 발휘한다. 베단따는 그 흐름 속에서 하나의 거대한 반역이다. 반역이면서 그 흐름의 중심을 잡는다. 살아남은 전통의 특별한 역할인 셈이다.

베단따는 다양성을 부정하고 동일(同一)을 옹호한다. 핵심인 것은 오직 하나일 뿐이라고 외친다. 그 동일마저 다양성의 한 줄기를 이룬다. 또한 베단따는 역동성을 부정하고 정적(靜寂)을 옹호한다. 궁극인 것은 전혀 움직이지 않을 뿐이라고 외친다. 그 정적마저 역동성의 한 줄기를 이룬다. 그렇게 베단따는 인도의 힘이 된다. 동일의 힘으로 다양성을 강화한다. 정적의 힘으로 역동성을 강화한다. 다양성도 커지고 역동성도 커진다. 그러면서 동일의 힘은 다양성 너머를 지시한다. 정적의 힘은 역동성 너머를 지시한다. 베단따의 힘은 저력으로서 그렇게 한다. 언젠가 표면에 나타날지도 모를 미래의 힘이다. 아이러니하다. 베단따는 아이러니하게도 현대 인도의 흐름에 반역적으로 합류한다. 반현대적인 방식으로 현대에 살아남는다. 아니, 미래에 살아남을 수 있다.

혹여 베단따와 자본주의의 동거를 염려할 수 있다. 과연 둘 사이의 길항(拮抗)이 가능할까? 각자가 각자의 영역을 견지하면서도 공존할 수 있을까? 베단따는 환영일 뿐인 세계를 버리거나 멀리하고자 한다. 자본주의는 소유와 이익을 중심으로 작동한다. 과연 인도의 베단따는 서구의 자본주의 치하에서 무언가를 할 수 있기나 할까?

베단따가 세계를 부정적으로 보는 것은 분명하다. 환영설을 통해서이다. 하지만 오직 구원이라는 목표를 이루기 위해 그렇게 본다. 힌두교의 구원이란 업과 윤회로부터 벗어나는 것이다. 세계에 애착을 가져서는 안 된다. 애착은 업을 낳고 윤회를 낳기 때문이다. 세계를 부정적인 것으로 볼 수밖에 없다. 세계에 대한 애착을 끊어야 구원을 얻을 수 있는 법이다. 환영설의 중요한 의도가 드러난다. 세계 자체를 부정하기 위해서가 아니다. 세계에 대한 애착을 부정하기 위해서이다. 이런 만큼 베단따의 환영설은 극단적이지 않다. 균형을 위한 장치로 이해될 수도 있는 것이다. 환영설은 그저 세계와의 관계를 적극적으로 재고해보라고 한다. 깊이 성찰하라는 뜻이다. 세계가 온통 긍정적으로만 받아들여지고 있지나 않은지. 세계에 일방적으로 끌려가고 있지나 않은지. 환영설은 그렇게 균형 잡힌 사고를 위한 장치가 된다. 세계는 저울대에 오른다. 세계의 독주에 제동이 걸린다.

결국 베단따의 역할은 견제와 조정이다. 베단따는 자본주의를 견제하거나 조정하는 방식으로 힘을 발휘할 수 있다. 베단따의 가르침을 통해서이다. 특히 정신적 미니멀리즘을 통해서이다. 정신이 최소화되어야 삶이 최소화된다. 정신이 최소화된 곳에서는 물질적으로 과잉 상태인 삶이 그 자체로 계속될 수 없다. 물질적 삶도 최소화되는 것이다. 아니, 적어도 최소화를 향하는 것이다. 베단따는 그 이상의 역할을 하지 않는다. 할 수가 없다. 베단따는 절대 누구나 선택해야 하는 삶이 아니다. 누군가 선택할 수 있는 삶이다. 그렇지만 누구나 선택해도 된다고 인정하는 삶이다. 누군가 선택해서 인정받는 삶이다. 그 정도만이다. 베단따는 상징적으로 또 현실적으로 견제하고 조정할 뿐이다. 기울어진 이 세계의 무게중심을 반대편에서 균형 잡을 뿐이다.

생각을 비우는 삶은 생각하는 삶과 반드시 대립적일 필요가 없다. 상보적이기도 하다. 삶은 일과 휴식의 연속이지 않은가. 일이 휴식을 더 달콤하게 만들고 휴식이 일을 더 신명나게 만들지 않은가. 일과 휴식은 삶의 두 얼굴이다. 상보적이다. 베단따에서 전하는 삶은 마치 이러한 휴식과도 같다. 생각을 비우는 시간은 생각하는 시간을 더 알차게 만들 것이다. 정말 상보적이기 위해서는 그 반대도 가능해야 한다. 생각하는 시간이 생각을 비우는 시간을 더 알차게 만든다고 말할 수 있어야 한다. '일이 없는 것'이 휴식이고 '휴식이 없는 것'이 일이다. 이래야만 정말 상보적인 관계가 만들어진다. 새로운 전망이 생긴다.

정신의 힘은 잘 보이지 않는다. 그것을 볼 수 있더라도 애써 보려고 하지 않는다. 영향력도 없는 듯이 여겨진다. 베단따의 힘 역시 마찬가지이다. 현재의 인도에서 잘 보이지 않는다. 애써 보려고 하지도 않는다. 영향력도 과소평가된다. 하지만 그 힘은 인도와 힌두교에 마치 업처럼 붙어 있다. 과거와 현재와 미래에 반복적으로 나타난다. 접착된 채로 결코 떨어질 줄 모른다. 그렇다고 업처럼 부정적인 것은 아니다. 인도와 힌두교에 무한한 에너지를 제공한다.

베단따의 힘은 갠지스강의 도도한 물결에서 흐른다. 새벽 힌두 사원의 오래된 종소리를 따라 퍼진다. '사두'라고 불리는 수행자의 총총 발걸음마다 뒤따른다. 무언가를 하릴없이 기다리는 힌두교도의 무연한 눈빛에서 맴돈다. 그 보이지 않는 베단따의 힘이 인도의 힘이다. 힌두교의 힘이다.

인류의 베단따로 남을 수 있을까?

베단따는 대략 삼천 년의 역사를 가진 사상이다. 삼천 년이라는 시간은 장구하다. 인류의 문명도 겨우 오천 년에 지나지 않는다. 그 삼천 년 동안 베단따는 생존해왔다. 단절의 시간도 없이 현재까지 살아남았다. 변화 속에서도 거의 유사한 형태로 전승되었다. 범아일여와 같은 전형적인 사유로 인정받았다. 한마디로 생명력이 넘치는 역사이다. 까마득한 역사이자 눈앞의 역사이다. 거의 견줄 데가 없는 전통이다.

인도인은 전통 속에서 현재를 산다. 그렇게 살아왔기 때문에 그렇게 살아간다. 전통의 깊이는 가늠하기 힘들다. 그 힘도 가늠하기 힘들다. 전통은 인도의 모든 대지에 스며들어 있다. 대지 전체가 하나의 거대한 뿌리이다. 인도인은 그곳에서 싹을 틔우고 꽃을 피우고 열매를 맺는다. 그 거대한 뿌리에 비하면 타지마할Taj Mahal의 웅장한 대리석 기둥도 좀벌레의 솜털이다. 영국이 건설한 장대한 철길 망도 좀벌레의 솜털이다.[8] 베단따는 거대한 뿌리의 기원이었다. 과장을 보태자면, 한때 거대한 뿌리의 전부에 가까웠다. 지금도 거대한 뿌리의 중심이다.

때로 베단따의 사유는 미숙해보일 수 있다. 당혹스러울 수 있다. 특정한 시대에 특정한 지역의 인류가 낳은 것이기에 어쩔 수 없다. 고대 인도의 정신적 유산이 현재에 전적으로 유효할 수는 없다. 오히려 한계가 있는 것이 정상이다. 한계를 안은 채로 베단따는 존중받아야 한다. 인간이 세계와 대결했던 중요한 한 풍경이기 때문이다. 그냥 잠시 스쳐가는 풍경이 아니라 삼천 년이나 지속된 풍경이기 때문이다. 존중마저 넘어서야 한다. 차분한 탐구로 이어져야만 한다. 인류의 역사에 그렇게 오래되고 끈질긴 풍경은 흔치 않기 때문이다. 인류 전체의 풍경이기도 하기 때문이다.

이로부터 베단따의 고유한 사상은 베단따의 보편성을 암시한다. 그

---

8 김수영의 시 '거대한 뿌리'에는 "제3인도교의 물속에 박은 철근기둥도 내가 내 땅에 박는 거대한 뿌리에 비하면 좀벌레의 솜털"이라는 표현이 등장한다.

보다는 보편성을 가질 수 있는 힘을 암시한다. 무작정 보편성을 가진다고 구호로만 외칠 수는 없다. 인류의 보편적인 정신 유산으로 계속 살아남을 수 있는 가능성을 말해야 한다. 구체적으로 찾아내고 엮어내야 한다. 개발하고 경쟁해야 한다. 쉽지 않은 길이다. '인도의 베단따'로 남는 것마저 어려웠고 또 어렵다. '인류의 베단따'로 남는 길이 쉬울 리는 없다.

힌두교는 포용성과 배타성의 기로에 서 있었다. 지난 19세기와 20세기에 걸쳐 그러했다. 한 편에서는 힌두교가 자기 개혁을 통해 세계적인 종교로 자리 잡았다. 서양 문화와 서양 종교를 수용하는 방식이었다. 포용적인 흐름이다. 다른 편에서는 힌두 민족주의가 강세를 보이기도 했다. 영국 식민정부에 저항하고 힌두교 중심의 근대 국가를 건립하기 위해서였다. 배타적인 흐름이다. 동일한 힌두교가 포용성을 보이기도 했고 배타성을 보이기도 했다. 21세기 힌두교에는 그 흐름이 고착되는 양상을 보인다. 예를 들어 현대 요가의 이미지와 힌두 원리주의의 이미지이다. 두 가지 이미지는 병존한다. 각각 비폭력의 이미지와 폭력의 이미지이다. 각각 포용성과 배타성을 대변한다. 아예 두 종류의 상이한 힌두교가 존재하는 듯하다. 심각한 갈림길이다. 21세기에는 인도와 힌두교의 목전에 이렇듯 운명적인 갈림길이 놓여 있는 셈이다. 베단따도 불가피하게 포용성과 배타성의 기로에 서 있다. 베단따를 주축으로 삼아 힌두교 개혁과 힌두 민족주의가 시작되었기 때문이다. 외면하거나 회피할 수 없다. 다만 어느 길을 선택해야 하는지 답은 정해져 있다. 인류의 베단따로 남기 위해서는 배타성의 흐름을 제어해야 한다. 포용성의 흐름을 선도해야 한다.

다행히 희망은 베단따의 중립적인 면모에 있다. 극단적이지 않은 특성에 있다. 한마디로 맹신의 여지가 거의 없다는 것이다. 무신론적 베단따의 경우이다. 유신론적 베단따는 그렇지 않다. 중립적인 면모가 꽤 약하다. 일신론적인 교리에는 절대적인 믿음이 필수이기 때문이다. 맹신의 가능성이 높은 것이다. 맹신은 곧장 배타성으로 나아가기 십상이다. 반면에 무신론적 베단따는 맹신의 가능성이 매우 희박하다. 맹신의 대상이 없다고 볼 수 있기 때문이다. 자신이 자신을 구원하는 경우에는 그 무엇에도 기댈 필요가 없다. 아뜨만조차 기댈 대상은 아니다. 아뜨만은 알기 위해 믿어야만 하는 대상일 뿐 의지하기 위해 믿어야만 하는 대상이 아니다. 또한 무신론적 베단따는 그저 베단따의 길이 어떤 것인지 알려주기만 한다. 이러한 길이 있다. 썩 괜찮은 길일 수도 있다. 이렇게 알리기만 하는 것이 베단따의 정신이다. 그 길을 따르거나 벗어나는 데 어떤 강제도 없다. 오롯이 자기 자신의 자유로운 선택이다. 바로 이렇게 맹신의 가능성이 없는 것이 베단따의 중립적인 면모이다. 중립적이기 때문에 다른 전통을 배타적으로 대하지 않을 수 있다. 포용성을 향해 나아갈 수 있다.

'인류의 베단따'라는 것은 베단따의 목표가 아니다. 그저 인도의 베단따로 남기만 해도 인류의 베단따로 남을 것이다. 일종의 노파심이다. 노파심에서 '인류의 베단따'라고 명명해보는 것이다. 몇 가지 우려 때문이다. 베단따의 고유한 풍경이 힌두 원리주의에 의해 훼손되지는 않을까? 힌두교의 과격한 흐름 속에서 베단따가 제 갈 길을 찾지 못하지는 않을까? 인도의 베단따가 급변하는 시대의 흐름을 전혀 따라가지 못하지는 않을까? 세계적인 무대에 등장한 베단따가 그 단독성을 잃어버리지는 않을까? 이러한 만큼 '인류의 베단따'라는 것은 소망이 들어간 명명이다. 인류의 지평에서 인도의 베단따가 저 유산을 비판적으로 계승해야 한다는 소망이다. 소소하게 꿈꾼다. 인도의 베단따는 인류의 지평에서 미래를 그려야 한다. 그래야만 인도의 당당한 유산으로 계속 남을 것이다. 인도의 정정한 힘으로 계속 남을 것이다.

참고문헌

1. 베단따의 원전

까타 우빠니샤드: *Kaṭha-upaniṣad*, Olivelle, 1998.

께나 우빠니샤드: *Kena-upaniṣad*, Olivelle, 1998.

나이슈까르므야 싯디: *The Naiṣkarmyasiddhi of Sureśvara*, Edited with Introduction, English Translation Annotation, and Indices by R. Balasubramanian, Madras: University of Madras, 1988.

느야야 수뜨라 주석(Nyāya-sūtra-bhāṣya): *Nyāyadarśanam with Vātsyāyana's Bhāṣya, Uddyotkara's Vārttika, Vācaspati Miśra's Tātparyaṭīkā & Viśvanātha's Vṛtti*, Edited by Taranatha Nyaya-Tarkatirtha and Amarendramohan Tarkatirtha, Delhi: Munshiram Manoharlal Publishers, 2003[1936-44].

드리그 드리슈야 비베까: *Dṛg-Dṛśya-Viveka (An Inquiry into the Nature of the 'Seer' and the 'Seen')*, Text with English Translation and Notes by Swami Nikhilananda, Kolkata: Advaita Ashrama, 2006.

디가 니까야: *Dīgha-nikāya*, PTS.

따잇띠리야 우빠니샤드: *Taittirīya-upaniṣad*, Olivelle, 1998.

따잇띠리야 우빠니샤드 주석: *Taittirīya-upaniṣad-bhāṣya*.

만두끄야 까리까: *Māṇḍūkya-kārikā*.

문다까 우빠니샤드: *Muṇḍaka-upaniṣad*, Olivelle, 1998.

바가바드 기따: *Bhagavad-gītā*.

바가바드 기따 구다르타 디삐까: *Bhagavad-gītā-gūḍhārtha-dīpikā*.

바가바드 기따 주석(샹까라): *Bhagavad-gītā-bhāṣya*.

바끄야 브릿띠: *Vakyavritti of Sri Sankaracharya*, Translated by Swami Jagadananda, Chennai: Sri Ramakrishna Math, (n.d.).

바이라그야 샤따깜: *Vairāgya-śatakam of Bhartṛhari*, Translated by Swami Madhavananda, Kolkata: Advaita Ashrama, 2004.

베단따 빠리바샤: *Vedāntaparibhāṣā*, Edited with an English Translation by S. S. Suryanarayana Sastri, Madras: The Adyar Library and Research Centre, 1984[1942].

베단따 사라: *Vedāntasāra of Sadānanda*, Edited by G. A. Jacob, Varanasi: Krishnadas Academy, 1911. [『베단따의 정수』, 사다난다 지음, 박효엽 옮김, 서울: 지식산업사, 2006.]

브라흐마 수뜨라 주석(Brahma-sūtra-bhāṣya): *Brahmasūtraśāṅkarabhāṣyam*, Second Edition, Revised by Wāsudev Laxmaṇ Shāstrī Paṇśīkar, Bombay: Pāndurang Jāwajī (Nirnaya Sāgar Press), 1927.[『브라흐마 수뜨라 주석』(1)-(4), 샹까라 지음, 박효엽 옮김, 서울: 세창출판사, 2016.]

브라흐마 싯디: *Brahma-siddhi*.

브라흐마 즈냐나 아발리말라: "Brahma-jñāna-āvalīmālā", *Complete Works of Sri Sankaracharya*, Volume II, Chennai: Samata Books, 1981.

브리하다란야까 우빠니샤드: *Bṛhadāraṇyaka-upaniṣad*, Olivelle, 1998.

브리하다란야까 우빠니샤드 주석: *Bṛhadāraṇyaka-upaniṣad-bhāṣya*.

비베까 쭈다마니: *The Vivekacūḍāmaṇi of Śaṅkarācārya Bhagavatpāda*, Translated and Edited by John Grimes, Delhi: Motilal Banarsidass Publishers, 2004.

빤짜다쉬: *Pañcadaśī*, Fifth Impression, Madras: Sri Ramakrishna Math, 1995.

상끄셰빠 샤리라까: *The Saṃkṣepaśārīraka of Sarvajñātman*, Critically Edited with Introduction, English Translation Notes and Indexes by N. Veezhinathan, Madras: University of Madras, 1985.

슈베따슈바따라 우빠니샤드: *Śvetāśvatara-upaniṣad*, Olivelle, 1998.

아뜨마 보다: "Ātma-bodha", *Complete Works of Sri Sankaracharya*, Volume II, Chennai: Samata Books, 1981.

아빠록샤 아누부띠: *Aparokshanubhuti or Self-Realization of Sri Sankarāchārya*, Text, with Word-for-word Translation, English Rendering and Comments by Swami Vimuktananda, Calcutta: Advaita Ashrama, 2000.

아슈따바끄라 상히따: *Aṣṭāvakra Saṃhitā*, Text with Word-for-word Translation, English Rendering, Comments, and Index by Swami Nityaswarupananda, Calcutta:

Advaita Ashrama, 1998.

아이따레야 우빠니샤드: *Aitareya-upaniṣad*, Olivelle, 1998.

아이따레야 우빠니샤드 주석: *Aitareya-upaniṣad-bhāṣya*.

우빠데샤 사하스리: *Śaṅkara's Upadeśasāhasrī (Critically Edited with Introduction and Indices)*, Edited by Sengaku Mayeda, Tokyo: The Sankibo Press, 1973.

이샤 우빠니샤드: *Īśā-upaniṣad*, Olivelle, 1998.

자발라 우빠니샤드: *Jābāla-upaniṣad*.

지반묵띠 비베까: *Jīvanmuktiviveka of Vidyāraṇya*, Edited with English Translation by Pandit S. Subrahmanya Sastri and T. R. Srinivasa Ayyangar, Madras: The Adyar Library and Research Centre, 1978.

찬도그야 우빠니샤드: *Chāndogya-upaniṣad*, Olivelle, 1998.

2. 이차자료

가빈 플러드(2008), 『힌두교, 사상에서 실천까지』, 이기연 옮김, 부산: 산지니.

로버트 찰스 제너(1996), 『힌두이즘』, 남수영 옮김, 서울: 여래.

마에다 센가쿠(2005), 『웨단따철학 – 샹까라를 중심으로』, 강종원 옮김, 서울: 동국대학교출판부.

스탠리 월퍼트(1999), 『인디아, 그 역사와 문화』, 이창식·신현승 옮김, 서울: 가람기획.

유발 하라리(2015), 『사피엔스』, 조현욱 옮김, 파주: 김영사.

조나단 베이더(2011), 『샹까라의 베단따 철학과 명상』, 박영길 옮김, 서울: 여래.

존 M. 콜러(2003), 『인도인의 길』, 허우성 옮김, 서울: 소명출판.

하인리히 짐머(1992), 『인도의 철학』, 조셉 캠벨 엮음, 김용환 옮김, 서울: 대원사.

하인리히 짐머(1995), 『인도의 신화와 예술』, 조셉 캠벨 엮음, 이숙종 옮김, 서울: 대원사.

Balasubramanian, R.(1988), *The Naiṣkarmyasiddhi of Sureśvara*, Madras: University of Madras.

Black, Brian(2007), *The Character of the Self in Ancient India: Priest, Kings, and Women in the Early Upaniṣads*, Albany: State University of New York Press.

Brereton, Joel P(1986), "Tat Tvam Asi in Context", *Zeitschrift der Deutschen Morgenländischen Gesellschaft*, 136.

Bronkhorst, Johannes(2007), *Mīmāṃsā and Vedānta*, Delhi: Motilal Banarsidass Publishers.

Burley, Mikel(2007), *Classical Sāṃkhya and Yoga - An Indian Metaphysics of Experience*, Oxon: Routledge.

Clooney, Francis X.(1993), *Theology after Vedānta*, Delhi: Sri Satguru Publications.

Clooney, Francis X.(2000), "Samkara's Theological Realism", *New Perspectives on Advaita Vedānta*, ed. Bradley J. Malkovsky, Leiden: Brill.

Cohen, Signe(2008), *Text and Authority in the Older Upaniṣads*, Leiden: Brill.

Comans, Michael(2000), *The Method of Early Advaita Vedānta*, Delhi: Motilal Banarsidass Publishers.

Dubois, Joël André-Michel(2013), *The Hidden Lives of Brahman*, Albany: State University of New York Press.

D'sa, Francis X.(1980), *Śabdaprāmāṇyam in Śabara and Kumārila*, Vienna: Indological Institute University of Vienna.

Framarin, Christopher G.(2009), *Desire and Motivation in Indian Philosophy*, Oxon: Routledge.

Frauwallner, Erich(1973), *History of Indian Philosophy*, vol-I, Delhi: Motilal Banarsidass Publishers.

Grant, Sara(1999), *Śaṅkarācārya's Concept of Relation*, Delhi: Motilal Banarsidass Publishers.

Gupta, Bina(1998), *The Disinterested Witness*, Evanston: Northwestern University Press.

Hacker, Paul(1995), *Philology and Confrontation*, ed. Wilhelm Halbfass, Albany: State University of New York Press.

Halbfass, Wilhelm(1992), *Tradition and Reflection*, Delhi: Sri Satguru Publications.

Halbfass, Wilhelm(2007), "Practical Vedānta", *The Oxford India Hinduism Reader*, ed.

Vasudha Dalmia and Heinrich von Stietencron, Delhi: Oxford University Press.

Hirst, J. G. Suthren(2005), *Śaṃkara's Advaita Vedānta - A Way of Teaching*, Oxon: RoutledgeCurzon.

Indich, William M.(1980), *Consciousness in Advaita Vedānta*, Delhi: Motilal Banarsidass.

Lipner, J.(1994), *Hindus: Their Religious Beliefs and Practices*, London: Routledge.

Mayeda, Sengaku(1979), *A Thousand Teachings*, Tokyo: University of Tokyo Press.

Mayeda, Sengaku(2000), "Śankara and Buddhism", *New Perspectives on Advaita Vedānta*, ed. Bradley J. Malkovsky, Leiden: Brill.

Matilal, B. K.(2002), *Ethics and Epics*, ed. Jonardon Ganeri, Delhi: Oxford University Press.

Moghe, S. G.(1984), *Studies in the Pūrva Mīmāṃsā*, Delhi: Ajanta Publications.

Murti, T. R. V.(1983), *Studies in Indian Thought*, ed. Harold G. Coward, Delhi: Motilal Banarsidass Publishers.

Murty, K. Satchidananda(1961), *Revelation and Reason in Advaita Vedānta*, Bombay: Asia Publishing House.

Nakamura, Hajime(1983), *A History of Early Vedānta Philosophy*, Part One, Delhi: Motilal Banarsidass Publishers.

Nakamura, Hajime(2004), *A History of Early Vedānta Philosophy*, Part Two, Delhi: Motilal Banarsidass Publishers.

Nelson, Lance E.(1998), "The Dualism of Nondualism", *Purifying the Earthly Body of God*, ed. Lance E. Nelson, Albany: State University of New York Press.

Oldenberg, Hermann(1991), *The Doctrine of the Upaniṣads and the Early Buddhism*, tr. Shridhar B. Shrotri, Delhi: Motilal Banarsidass.

Olivelle, Patrick(1998), *The Early Upaniṣads*, New York: Oxford University Press.

Potter, Karl H.(1981), *Encyclopedia of Indian Philosophies － Advaita Vedānta up to Śaṃkara and His Pupils*, Volume III, Delhi: Motilal Banarsidass Publishers.

Potter, Karl H.(1991), *Presuppositions of India's Philosophies*, Delhi: Motilal Banarsidass Publishers.

Radhakrishnan, S.(1989), *Indian Philosophy*, vol 1, Delhi: Oxford University Press.

Raghuramaraju, A.(2006), *Debates in Indian Philosophy - Classical, Colonial, and Contemporary*, Oxford: University Press.

Rambachan, A.(1991), *Accomplishing the Accomplished*, Hawaii: University of Hawaii Press.

Rambachan, A.(2006), *The Advaita Worldview - God, World, and Humanity*, Albany: State University of New York Press.

Ram-Prasad, Chakravarthi(2001), *Knowledge and Liberation in Classical Indian Thought*, Basingstoke: Palgrave.

Renou, Louis(1965), *The Destiny of the Veda in India*, ed. Dev Raj Chanana, Delhi: Motilal Banarsidass Publishers.

Roy, S. S.(1982), *The Heritage of Śaṅkara*, Delhi: Munshiram Manoharlal Publishers.

Saccidānandendra Saraswati(1929), *Mūlāvidyānirāsaḥ*, Bangalore: Adhyātma Prakāsha Kāryālaya.

Satchidānandendra Saraswati(1996), *Śaṅkara's Clarification of Certain Vedāntic Concepts*, Holenarsipur: Adhyātma Prakāsha Kāryālaya.

Satchidānandendra Saraswati(1997), *The Method of the Vedanta*, Delhi: Motilal Banarsidass Publishers.

Sherma, Rita DasGupta(1998), "Sacred Immanence", *Purifying the Earthly Body of God*, Albany: State University of New York Press.

Sinha, Debabrata(1983), *Metaphysic of Experience in Advaita Vedānta*, Delhi: Motilal Banarsidass Publishers.

Thibaut, George(1992), *The Vedānta Sūtras*, Part I, Delhi: Motilal Banarsidass Publishers.

Upadhyaya, Veermani Prasad(1999), *Lights on Vedanta*, Varanasi: Chowkhamba Sanskrit Series Office.

Whaling, Frank(1979), "Śaṅkara and Buddhism", *Journal of Indian Philosophy*, 7.

Zimmer, Heinrich(1969), *Philosophies of India*, ed. Joseph Campbell, Princeton: Princeton University Pres.

찾아보기

베단따의 힘 왜 인도를 대표하는 사상은 베단따인가?

초판발행 2019년 8월 7일
초판 2쇄 2020년 8월 10일

저 자 박효엽
펴 낸 이 김성배
펴 낸 곳 도서출판 씨아이알

책임편집 박영지, 최장미
디 자 인 백정수, 윤미경
제작책임 김문갑

등록번호 제2-3285호
등 록 일 2001년 3월 19일
주 소 (04626) 서울특별시 중구 필동로8길 43(예장동 1-151)
전화번호 02-2275-8603(대표)
팩스번호 02-2265-9394
홈페이지 www.circom.co.kr

I S B N 979-11-5610-750-7 (93150)
정 가 26,000원